드림중국어 고급 회화 800 상 (해석 버전)

梦想中国语 高级 会话 800 上 （解析）

드림중국어 고급 회화 800 상 (해석 버전)

梦想中国语 高级 会话 800 上 （解析）

종이책 발행　2017 년 11 월 11 일
전자책 발행　2020 년 10 월 01 일

편저:　　류환 (刘欢)
디자인:　曹帅

발행인:　　류환
발행처:　　드림중국어
주소:　　　인천 서구 청라루비로 93, 7 층 703 호
전화:　　　032-567-6880
이멜:　　　5676888@naver.com
등록번호:　654-93-00416
등록일자:　2016 년 12 월 25 일

종이책 ISBN:　979-11-88182-21-3 (13720)
전자책 ISBN:　979-11-91186-09-3 (15720)

값:　　　　39,800 원

이 책은 저작권법에 따라 보호받는 저작물이므로 무단복제나 사용은 금지합니다. 이 책의 내용을 이용하거나 인용하려면 반드시 저작권자 드림중국어의 서면 동의를 받아야 합니다. 잘못된 책은 교환해 드립니다.

<MP3 무료 다운!> <영상 무료 보기!>

이 책에 관련된 모든 MP3 는 드림중국어 카페(http://cafe.naver.com/dream2088)를 회원 가입 후에 <교재 MP3 무료 다운> 에서 무료로 다운 받으실 수 있습니다.

梦想中国语 会话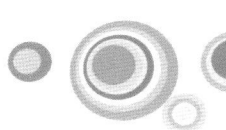

<목 록> (병음 순)

- A 1
- B 3
- C 23
- D 51
- E 83
- F 84
- G 110
- H 147
- J 167
- K 216
- L 227
- M 248
- N 264
- O 273
- P 274

<목 록> (번호 순)

문장 1-50 1

문장 51-100 31

문장 101-150 58

문장 151-200 99

문장 201-250 142

문장 251-300 175

문장 301-350 216

문장 351-400 251

<부 록>

단어 1-50 288

단어 51-100 300

단어 101-150 311

단어 151-200 325

단어 201-250 336

단어 251-300 351

단어 301-350 366

단어 351-400 379

梦想中国语 会话

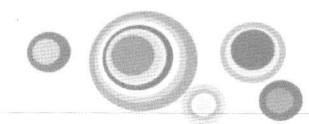

01 爱护　àihù　　　　잘 보살피다. 사랑하고 보호하다

A：作为一个国家的公民，应该爱护公共财产吗？

B：我认为应该爱护。

A:zuò wéi yí gè guó jiā de gōng mín, yīng gāi ài hù gōng gòng cái chǎn ma?

한 국가의 국민으로서 공공재산을 보호해야 해요?

B:wǒ rèn wéi yīng gāi ài hù.

저는 보호해야 한다고 생각해요.

A：我们为什么要爱护动物？

B：因为动物是我们的朋友。

A:wǒ men wèi shén me yào ài hù dòng wù?

우리는 왜 동물을 잘 보호해야 해요?

B:yīn wèi dòng wù shì wǒ men de péng you.

동물은 우리의 친구이기 때문이에요.

A：我们应该怎样爱护环境？

B：我们应该爱护花草树木，不乱扔垃圾。

A:wǒ men yīng gāi zěn yàng ài hù huán jìng?

우리는 어떻게 환경을 보호해야 해요?

B:wǒ men yīng gāi ài hù huā cǎo shù mù, bú luàn rēng lā jī.

우리는 꽃, 풀과 나무를 잘 살펴야 하고 쓰레기를 함부로 버리지 않아야 해요.

A：同学之间应该怎样相处？

B：同学之间应该互相帮助，互相爱护。

A:tóng xué zhī jiān yīng gāi zěn yàng xiāng chǔ?

동창 간에 어떻게 지내야 해요?

B:tóng xué zhī jiān yīng gāi hù xiāng bāng zhù, hù xiāng ài hù.

동창 간에 서로 돕고 서로 아끼고 사랑해야 해요.

02 爱惜　àixī　　　　아끼다. 소중히 여기다

A：我们为什么要爱惜时间？

B：因为时间就是生命。

A:wǒ men wèi shén me yào ài xī shí jiān?

우리는 시간을 왜 아껴야 해요?

B:yīn wèi shí jiān jiù shì shēng mìng.

시간은 곧 생명이기 때문이에요.

A：你最爱惜的东西是什么？

B：我最爱惜的东西是我的手机。

A:nǐ zuì ài xī de dōng xi shì shén me?

당신이 제일 아끼는 물건은 뭐예요?

B:wǒ zuì ài xī de dōng xi shì wǒ de shǒu jī.

제가 제일 아끼는 물건은 제 핸드폰이에요.

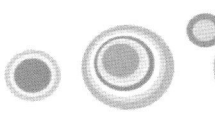
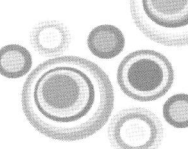

梦想中国语 会话

A：我们为什么应该爱惜粮食？

B：因为粮食是农民伯伯用辛勤劳动换来的。

A:wǒ men wèi shén me yīng gāi ài xī liáng shi?

우리는 식량을 왜 아껴야 해요?

B:yīn wèi liáng shi shì nóng mín bó bo yòng xīn qín láo dòng huàn lái de.

식량은 농부 아저씨들의 부지런한 노동과 맞바꾼 것이기 때문이에요.

A：怎样爱惜自己的身体？

B：好好儿吃饭，好好儿睡觉，坚持运动并注意休息。

A:zěn yàng ài xī zì jǐ de shēn tǐ?

자신의 몸을 아끼려면 어떻게 해야 해요?

B:hǎo hāor chī fàn, hǎo hāor shuì jiào, jiān chí yùn dòng bìng zhù yì xiū xi.

밥을 잘 먹고 잘 자고 운동을 꾸준히 하며 휴식을 취해야 해요.

03 安慰 ānwèi

위로하다. 안위하다

A：朋友伤心的时候你会怎样安慰他？

B：我会耐心地听朋友倾诉。

A:péng you shāng xīn de shí hòu nǐ huì zěn yàng ānwèi tā?

친구가 슬플 때 그를 어떻게 위로할 거예요?

B:wǒ huì nài xīn de tīng péng you qīng sù.

인내심을 가지고 친구가 털어놓은 말을 들을 거예요.

A：你什么时候最需要家人或朋友的安慰？

B：我遇到困难和挫折的时候。

A:nǐ shén me shí hòu zuì xū yào jiā rén huò péng you de ān wèi?

당신은 언제 가족이나 친구의 위로가 가장 필요해요?

B:wǒ yù dào kùn nán hé cuò zhé de shí hòu.

제가 어려움과 좌절을 겪을 때요.

A：你是一个会安慰人的人吗？

B：我是一个会安慰人的人。

A:nǐ shì yí gè huì ān wèi rén de rén ma?

당신은 위로를 할 줄 아는 사람이에요?

B:wǒ shì yí gè huì ān wèi rén de rén.

네.

A：孩子给父母最大的安慰是什么？

B：好好学习，长大成人。

A:hái zi gěi fù mǔ zuì dà de ān wèi shì shén me?

아이가 부모님께 주는 제일 큰 위안이 무엇이에요?

B:hǎo hāo xué xí, zhǎng dà chéng rén.

잘 배우고 잘 크는 것이에요.

梦想中国语 会话

04 安装　ānzhuāng — (기계·기자재 등을) 설치하다

A：电脑为什么需要安装杀毒软件？
A: diàn nǎo wèi shén me xū yào ān zhuāng shā dú ruǎn jiàn?
컴퓨터에는 왜 백신 프로그램을 설치해야 해요?

B：杀毒软件可以保护电脑，防止病毒入侵。
B: shā dú ruǎn jiàn kě yǐ bǎo hù diàn nǎo, fáng zhǐ bìng dú rù qīn.
백신 프로그램은 컴퓨터를 보호할 수 있고 바이러스 침입을 방지할 수 있어요.

A：你家里安装无线网络了吗？
A: nǐ jiā lǐ ān zhuāng wú xiàn wǎng luò le ma?
당신의 집에 무선 인터넷을 설치했어요?

B：我家里安装无线网络了。
B: wǒ jiā lǐ ān zhuāng wú xiàn wǎng luò le.
우리 집에 무선 인터넷을 설치했어요.

A：教室里安装了几盏日光灯？
A: jiào shì lǐ ān zhuāng le jǐ zhǎn rì guāng dēng?
교실에 형광등을 몇 개 설치했어요?

B：教室里安装了6盏日光灯。
B: jiào shì lǐ ān zhuāng le 6 zhǎn rì guāng dēng.
교실에 형광등을 6개 설치했어요.

A：你的房间里安装空调了吗？
A: nǐ de fáng jiān lǐ ān zhuāng kōng tiáo le ma?
당신의 방에 에어컨을 설치했어요?

B：我的房间里安装空调了。
B: wǒ de fáng jiān lǐ ān zhuāng kōng tiáo le.
제 방에 에어컨을 설치했어요.

05 把握　bǎwò — (손으로 꽉 움켜)잡다. 쥐다. 파악하다

A：如何提高学习效率？
A: rú hé tí gāo xué xí xiào lǜ?
학습 효율을 향상시키려면 어떻게 해야 해요?

B：把握学习重点，预习和复习相结合。
B: bǎ wò xué xí zhòng diǎn, yù xí hé fù xí xiāng jié hé.
학습 중점을 파악하고 예습과 복습을 결합해야 해요.

A：你有把握学好哪门课？
A: nǐ yǒu bǎ wò xué hǎo nǎ mén kè?
어느 과목을 잘 배울 자신이 있어요?

B：我有把握学好中文课。
B: wǒ yǒu bǎ wò xué hǎo zhōng wén kè.
중국어를 잘 배울 자신이 있어요.

A：怎样才能成功？
A: zěn yàng cái néng chéng gōng?

梦想中国语　会话

B：努力准备，并且把握住机会。	어떻게 해야 성공할 수 있어요? B:nǔ lì zhǔn bèi bìng qiě bǎ wò zhù jī huì. 열심히 준비해야 해요, 그리고 기회를 잘 잡아야 해요.
A：和朋友开玩笑的时候应该注意什么？ B：应该注意把握分寸。	A:hé péng you kāi wán xiào de shí hòu yīng gāi zhù yì shén me？ 친구와 농담할 때 무엇을 주의해야 해요? B:yīng gāi zhù yì bǎ wò fēn cùn. 한도를 잘 파악해야 해요.
06 摆 bǎi	**놓다, 벌여놓다. 배열하다**
A：你一般把镜子摆在哪里？ B：我一般把镜子摆在化妆台上。	A:nǐ yì bān bǎ jìng zi bǎi zài nǎ lǐ？ 당신은 보통 거울을 어디에 놓아요? B:wǒ yì bān bǎ jìng zi bǎi zài huà zhuāng tái shàng. 저는 일반적으로 거울을 화장대에 놓아요.
A：小狗开心的时候会做什么？ B：小狗开心的时候会摆尾巴。	A:xiǎo gǒu kāi xīn de shí hòu huì zuò shén me？ 강아지는 기쁠 때 어떻게 해요? B:xiǎo gǒu kāi xīn de shí hòu huì bǎi wěi bā. 기쁠 때 꼬리를 흔들어요.
A：我们怎样和朋友分别？ B：一边摆手，一边说"再见！"。	A:wǒ men zěn yàng hé péng you fēn bié？ 우리는 어떻게 친구들과 이별해요? B:yì biān bǎi shǒu, yì biān shuō zài jiàn. 손을 흔들면서 "안녕!"이라고 해요.
A：吃饭之前我们会做什么？ B：我们会提前把筷子和勺子摆在桌子上。	A:chī fàn zhī qián wǒ men huì zuò shén me？ 우리는 밥을 먹기 전에 무엇을 하나요? B:wǒ men huì tí qián bǎ kuài zi hé sháo zi bǎi zài zhuō zi shàng. 우리는 수저를 미리 상에 올려 놓아요.
07 办理 bànlǐ	**처리하다. 취급하다. 수속하다**
A：出国之前需要办理什么？	A:chū guó zhī qián xū yào bàn lǐ shén me？ 출국 전에 무엇을 처리해야 해요?

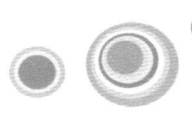

B：出国之前需要办理护照。
B:chū guó zhī qián xū yào bàn lǐ hù zhào.
출국하기 전에 여권을 만들어야 해요.

A：登机一个小时前需要办理什么？
A:dēng jī yí gè xiǎo shí qián xū yào bàn lǐ shén me？
탑승 한 시간 전에 무슨 수속을 할 필요가 있어요?

B：需要办理登机手续。
B:xū yào bàn lǐ dēng jī shǒu xù.
탑승 수속하는 것이 필요해요.

A：入住酒店时需要办理什么？
A:rù zhù jiǔ diàn shí xū yào bàn lǐ shén me？
호텔에 투숙할 때는 무슨 수속이 필요해요?

B：需要办理入住手续。
B:xū yào bàn lǐ rù zhù shǒu xù.
체크인 수속이 필요해요.

A：你去银行办理过什么业务？
A:nǐ qù yín háng bàn lǐ guò shén me yè wù？
은행에 가서 어떤 업무를 처리해본 적이 있어요?

B：我去银行办理过开设银行卡的业务。
B:wǒ qù yín háng bàn lǐ guò kāi shè yín háng kǎ de yè wù.
은행 카드를 개설하는 업무를 한 적이 있어요.

08 保持 bǎochí — (지속적으로) 유지하다

A：怎样保持房间干净整洁？
A:zěn yàng bǎo chí fáng jiān gān jìng zhěng jié？
방을 어떻게 깨끗하고 말끔하게 유지해요?

B：每天按时打扫卫生。
B:měi tiān àn shí dǎ sǎo wèi shēng.
매일 제시간에 청소를 해야 해요.

A：怎样才能长命百岁？
A:zěn yàng cái néng cháng mìng bǎi suì？
어떻게 해야만 무병장수할 수 있어요?

B：保持健康的生活习惯和良好的心态。
B:bǎo chí jiàn kāng de shēng huó xí guàn hé liáng hǎo de xīn tài.
건강한 생활 습관을 유지하고 긍정적인 마음을 가져요.

A：在读书室学习时应该注意什么？
A:zài dú shū shì xué xí shí yīng gāi zhù yì shén me？
독서실에서 공부할 때 무엇을 주의해야 해요?

B：应该注意保持安静。
B:yīng gāi zhù yì bǎo chí ān jìng.
안정을 유지하는 것을 주의해야 해요.

A：司机开车时应该注意什么？
A:sī jī kāi chē shí yīng gāi zhù yì shén me？

梦想中国语 会话

B：应该时刻保持头脑清醒，注意安全。
기사는 운전할 때 무엇을 주의해야 해요?
B:yīng gāi shí kè bǎo chí tóu nǎo qīng xǐng zhù yì ān quán.
항상 머리를 맑게 유지하고 안전에 주의해야 해요.

09 保存 bǎocún

보존하다. 간수하다. 간직하다

A：电脑突然死机会有什么后果？

A:diàn nǎo tū rán sǐ jī huì yǒu shén me hòu guǒ？
컴퓨터가 갑자기 다운되면 어떻게 되나요?

B：还没来得及保存的资料会丢失。

B:hái méi lái de jí bǎo cún de zī liào huì diū shī.
미처 저장 못한 자료를 잃게 될 거예요.

A：你还保存着儿时的照片吗？

A:nǐ hái bǎo cún zhe ér shí de zhào piàn ma？
어린 시절 사진을 아직도 가지고 있어요?

B：我一直保存着儿时的照片。

B:wǒ yì zhí bǎo cún zhe ér shí de zhào piàn.
저는 어린 시절 사진을 계속 가지고 있어요.

A：你一般把重要的信息保存在哪里？

A:nǐ yì bān bǎ zhòng yào de xìn xī bǎo cún zài nǎ lǐ？
일반적으로 중요한 정보를 어디에 저장해요?

B：我一般保存在我的电子邮箱里。

B:wǒ yì bān bǎo cún zài wǒ de diàn zǐ yóu xiāng lǐ.
저는 보통 제 이메일에 저장해요.

A：你的手机里保存了多少张照片？

A:nǐ de shǒu jī lǐ bǎo cún le duō shǎo zhāng zhào piàn？
휴대폰에 저장된 사진은 얼마나 돼요?

B：我的手机里保存了100多张照片。

B:wǒ de shǒu jī lǐ bǎo cún le 100 duō zhāng zhào piàn.
제 휴대폰에 저장해 둔 사진은 100여장이 있어요.

10 保留 bǎoliú

보류하다. 남겨두다. 보존하다

A：当你和他人意见不同时会怎么做？

A:dāng nǐ hé tā rén yì jiàn bù tóng shí huì zěn me zuò？
당신은 다른 사람과 의견이 다르면 어떻게 할 거예요?

B：我会尊重别人的意见，并且保留自己的想法。

B:wǒ huì zūn zhòng bié rén de yì jiàn, bìng qiě bǎo liú zì jǐ de xiǎng fǎ.
저는 남의 의견을 존중하는 동시에 자신의 생각을 보류할 거예요.

A：你还保留着小时候穿过的衣服吗？

A:nǐ hái bǎo liú zhe xiǎo shí hòu chuān guò de yī fu ma？
어렸을 때 옷이 아직도 남아 있어요?

B：我家里只剩下一两件小时候的衣服了。

B:wǒ jiā lǐ zhǐ shèng xià yì liǎng jiàn xiǎo shí hòu de yī fu le.

어렸을 때의 옷 한 두 벌만 집에 남아 있어요.

A：老师的职责是什么？

A:lǎo shī de zhí zé shì shén me?

선생님의 소임은 뭐예요?

B：老师的职责是毫无保留地把知识传授给学生。

B:lǎo shī de zhí zé shì háo wú bǎo liú de bǎ zhī shi chuán shòu gěi xué shēng.

학생에게 지식을 남김없이 모두 가르치는 것이에요.

A：你觉得北京这个城市怎么样？

A:nǐ jué de běi jīng zhè ge chéng shì zěn me yàng?

베이징이란 도시에 대해 어떻게 생각해요?

B：北京的许多古迹还保留着本来的面貌。

B:běi jīng de xǔ duō gǔ jì hái bǎo liú zhe běn lái de miàn mào.

베이징의 많은 고적에는 아직 본래의 모습이 남아 있어요.

11 报告 bàogào

보고서. 리포트. 보고하다.

A：你听过什么报告？

A:nǐ tīng guò shén me bào gào?

무슨 보고를 들어 봤어요?

B：我听过战斗英雄的报告。

B:wǒ tīng guò zhàn dòu yīng xióng de bào gào.

전투 영웅의 보고를 들어 봤어요.

A：你做过什么报告？

A:nǐ zuò guò shén me bào gào?

무슨 보고를 한 적이 있어요?

B：我做过毕业论文报告。

B:wǒ zuò guò bì yè lùn wén bào gào.

졸업 논문 보고를 한 적이 있어요.

A：学校一般在哪里进行报告演讲？

A:xué xiào yì bān zài nǎ lǐ jìn xíng bào gào yǎn jiǎng?

학교는 일반적으로 어디에서 보고 연설을 해요?

B：学校一般在大礼堂进行报告演讲。

B:xué xiào yì bān zài dà lǐ táng jìn xíng bào gào yǎn jiǎng.

일반적으로 대강당에서 보고 연설을 해요.

A：如果在校园里看到同学打架，你会向老师报告吗？

A:rú guǒ zài xiào yuán lǐ kàn dào tóng xué dǎ jià nǐ huì xiàng lǎo shī bào gào ma?

캠퍼스에서 학생들이 다툼을 보면 선생님에게 보고할 수 있어요?

B：我会马上去向老师报告。

B:wǒ huì mǎ shàng qù xiàng lǎo shī bào gào.

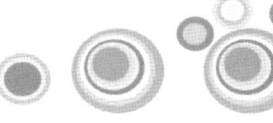

梦想中国语 会话

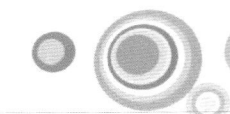

저는 즉시 선생님에게 보고할 거예요.

12 本领 běnlǐng 　　기량. 능력. 재능. 솜씨

A：你想学习什么本领？

B：我想学习跆拳道。

A:nǐ xiǎng xué xí shén me běn lǐng?
당신은 무엇을 배우고 싶어요?

B:wǒ xiǎng xué xí tái quán dào.
저는 태권도를 배우고 싶어요.

A：在你家谁的做饭本领最大？

B：我的妈妈。

A:zài nǐ jiā shuí de zuò fàn běn lǐng zuì dà?
당신 집에서는 누가 밥 짓는 능력이 가장 뛰어나요?

B:wǒ de mā ma.
우리 엄마.

A：你觉得哪项本领可以从小就开始学习？

B：外国语，钢琴，绘画，跳舞等。

A:nǐ jué de nǎ xiàng běn lǐng kě yǐ cóng xiǎo jiù kāi shǐ xué xí?
어려서부터 배우기 시작할 수 있는 능력에는 어떤 것이 있다고 생각해요?

B:wài guó yǔ gāng qín huì huà tiào wǔ děng.
외국어, 피아노, 회화, 춤 등이요.

A：怎样才能获得真本领？

B：刻苦学习，埋头苦干。

A:zěn yàng cái néng huò dé zhēn běn lǐng?
어떻게 해야만 진정한 실력을 얻을 수 있어요?

B:kè kǔ xué xí mái tóu kǔ gàn.
각고의 노력으로 열심히 공부해요.

13 本质 běnzhì 　　본질. 본성.

A：我们应该怎样看待事情？

B：我们应该透过现象看到本质。

A:wǒ men yīng gāi zěn yàng kàn dài shì qíng?
우리는 어떻게 사건을 봐야 해요?

B:wǒ men yīng gāi tòu guò xiàn xiàng kàn dào běn zhì.
우리는 현상을 통해서 본질을 보아야 해요.

A：怎样评价一个人？

B：我们应该从本质上评价一个人，不能以貌取人。

A:zěn yàng píng jià yí gè rén?
어떻게 사람을 평가하나요?

B:wǒ men yīng gāi cóng běn zhì shàng píng jià yí gè rén.
우리는 근본적인 면에서 사람을 평가해야 해요. 겉모습을 통

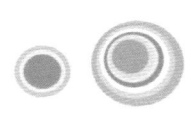
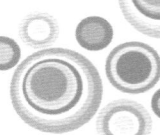

14 比例 bǐlì

A：蒸米饭时，米和水的合适比例是多少？

B：米和水的合适比例是1:1.2。

A：最具有审美意义的黄金比例是多少？

B：1∶0.618。

A：你们班的男女比例是多少？

B：我们班的男女比例是2:1。

A：成功和勤奋是什么关系？

B：成功和勤奋是正比例关系。

15 比如 bǐrú

A：你最喜欢吃什么中国菜？

B：我喜欢吃很多中国菜，比如：火锅，鱼香肉丝等。

A：你知道哪些中国成语？

B：比如说：学富五车等。

해서 사람을 판단해서는 안 돼요.

비. 비례

A:zhēng mǐ fàn shí mǐ hé shuǐ de hé shì bǐ lì shì duō shǎo?
밥을 지을 때 쌀과 물의 적당한 비율은 얼마이에요?

B:mǐ hé shuǐ de hé shì bǐ lì shì 1:1.2.
적절한 쌀과 물의 비율은 1:1.2 예요.

A:zuì jù yǒu shěn měi yì yì de huáng jīn bǐ lì shì duō shǎo?
가장 심미적으로 의미 있는 황금 비율은 얼마인가요?

B:1∶0.618.
1∶0.618

A:nǐ men bān de nán nǚ bǐ lì shì duō shǎo?
당신 반의 남녀 비율은 얼마예요?

B:wǒ men bān de nán nǚ bǐ lì shì 2:1.
우리 반의 남녀 비율이 2 대 1 예요.

A:chéng gōng hé qín fèn shì shén me guān xi?
성공은 근면과 어떤 관계예요?

B:chéng gōng hé qín fèn shì zhèng bǐ lì guān xi.
정비례 관계예요.

예를 들면. 예컨대. 가령.

A:nǐ zuì xǐ huān chī shén me zhōng guó cài?
당신은 어떤 중국 요리를 가장 즐겨 먹어요?

B:wǒ xǐ huān chī hěn duō zhōng guó cài bǐ rú huǒ guō yú xiāng ròu sī děng.
좋아하는 요리가 많아요. 예를 들면 샤브샤브, 위샹러우쓰 등이 있어요.

A:nǐ zhī dào nǎ xiē zhōng guó chéng yǔ?
어떤 중국의 성어를 알고 있어요?

B:bǐ rú shuō: xué fù wǔ chē děng.
예를 들어, '学富五车' 등이 있어요.

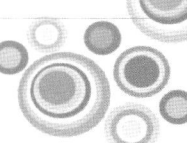

梦想中国语 会话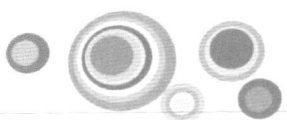

A：你想去中国哪些城市旅游？

B：比如上海，广州，香港等城市我都想去旅游一次。

A:nǐ xiǎng qù zhōng guó nǎ xiē chéng shì lǚ yóu?
당신은 중국의 어떤 도시에 여행가고 싶어요?.

B:bǐ rú shàng hǎi guǎng zhōu xiāng gǎng děng chéng shì wǒ dōu xiǎng qù lǚ yóu yí cì.
예를 들어 상하이, 광저우, 홍콩 등 도시에 다 한 번 여행가고 싶어요.

A：你喜欢听音乐吗，比如流行音乐？

B：我喜欢流行音乐和经典老歌。

A:nǐ xǐ huān tīng yīn yuè ma, bǐ rú liú xíng yīn yuè?
음악, 예를 들면, 유행가를 듣는 것을 좋아해요?

B:wǒ xǐ huān liú xíng yīn yuè hé jīng diǎn lǎo gē.
저는 유행 음악과 클래식한 옛 노래를 좋아해요.

16 必然 bìrán

필연적이다. 꼭. 필연적으로.

A：人类发展的必然规律是什么？

B：优胜劣汰，适者生存。

A:rén lèi fā zhǎn de bì rán guī lǜ shì shén me?
인류 발전의 필연적인 규칙이 무엇이에요?

B:yōu shèng liè tài shì zhě shēng cún.
우승열패, 적자생존이에요.

A：违法犯罪的必然下场是什么？

B：受到法律的制裁。

A:wéi fǎ fàn zuì de bì rán xià chǎng shì shén me?
불법 범죄의 필연적인 결말은 무엇이에요?

B:shòu dào fǎ lǜ de zhì cái.
법의 제재를 받아요.

A：人的成长必然要经历什么？

B：必然要经历一些风雨的磨砺。

A:rén de chéng zhǎng bì rán yào jīng lì shén me?
사람은 성장하는 과정에서 드시 무엇을 겪어야 해요?

B:bì rán yào jīng lì yì xiē fēng yǔ de mó lì.
반드시 여러 비바람과 같은 혹독한 시련을 겪어야 해요.

A：梦想的实现必然要付出什么？

B：努力和汗水。

A:mèng xiǎng de shí xiàn bì rán yào fù chū shén me?
꿈을 실현하기 위해서는 필연적으로 무엇을 대가로 치러야 해요?

B:nǔ lì hé hàn shuǐ.
노력과 땀을 치러야 해요.

17 必需 bìxū

꼭 필요로 하다. 필수품. 반드시 필요하다

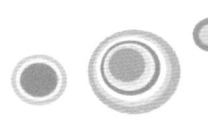
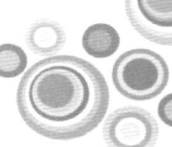

梦想中国语 会话

A：我们的日常生活必需品有哪些？

B：柴米油盐。

A:wǒ men de rì cháng shēng huó bì xū pǐn yǒu nǎ xiē?

우리의 일상 생활 필수품은 어떤 것이 있어요?

B:chái mǐ yóu yán.

땔감, 곡식, 기름, 소금이에요.

A：人类生存的必需资源是什么？

B：淡水是人类生存的必需品。

A:rén lèi shēng cún de bì xū zī yuán shì shén me?

인류의 생존 필수 자원은 무엇이에요?

B:dàn shuǐ shì rén lèi shēng cún de bì xū pǐn.

담수는 인류가 생존하기 위한 필수품이에요.

18 必要 bìyào

필요로 하다. 반드시 필요하다

A：你觉得有必要复习上节课学习过的知识吗？

B：我觉得有必要。

A:nǐ jué de yǒu bì yào fù xí shàng jié kè xué xí guò de zhī shi ma?

당신은 수업 시간에 배운 지식을 복습할 필요가 있다고 생각해요?

B:wǒ jué de yǒu bì yào.

필요가 있다고 생각해요.

A：怎样才能做到珍惜时间？

B：每时每刻都做些有意义的事，戒掉不必要的行为。

A:zěn yàng cái néng zuò dào zhēn xī shí jiān?

어떻게 해야만 시간을 아낄 수 있어요?

B:měi shí měi kè dōu zuò xiē yǒu yì yì de shì, jiè diào bú bì yào de xíng wéi.

항상 의미 있는 일을 하고 불필요한 행위을 끊으면 돼요.

A：顺其自然是怎样的心态？

B：不要过分追求完美，不要给自己不必要的压力。

A:shùn qí zì rán shì zěn yàng de xīn tài?

순리에 따르는 것이 어떤 마음이에요?

B:bú yào guò fèn zhuī qiú wán měi, bú yào gěi zì jǐ bú bì yào de yā lì.

지나치게 완벽을 추구하지는 말고, 자신에게 불필요한 스트레스를 가하지 말아야 해요.

A：怎样学好一门外语？

B：学习外语时，努力和敢说是非常必要的。

A:zěn yàng xué hǎo yì mén wài yǔ?

어떻게 하면 외국어를 잘 공부할 수 있어요?

B:xué xí wài yǔ shí, nǔ lì hé gǎn shuō shì fēi cháng bì yào de.

외국어를 배울 때는 노력과 용기가 매우 필요해요.

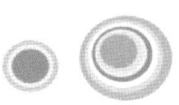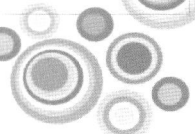

19 毕竟 bìjìng — 결국. 끝내

A：你爷爷的身体怎么样?
A: nǐ yé ye de shēn tǐ zěn me yàng?
당신 할아버지의 건강이 어때요?

B：爷爷毕竟是上了年纪, 腿脚已经大不如以前。
B: yé ye bì jìng shì shàng le nián jì tuǐ jiǎo yǐ jīng dà bù rú yǐ qián.
할아버지는 결국 나이 들어서 팔다리가 예전보다 훨씬 안 좋으세요.

A：你认为高中生可以早恋吗?
A: nǐ rèn wéi gāo zhōng shēng kě yǐ zǎo liàn ma?
고등학생은 풋사랑(이른 사랑)해도 된다고 생각해요?

B：我不赞同，毕竟还是学生，一切应以学习为中心。
B: wǒ bú zàn tóng, bì jìng hái shì xué shēng, yí qiè yīng yǐ xué xí wéi zhōng xīn.
저는 찬성하지 않아요, 결국 학생이니까 모든 것이 학습을 중심으로 해야 한다고 생각해요.

A：你会原谅朋友对你做错过的事情吗?
A: nǐ huì yuán liàng péng you duì nǐ zuò cuò guò de shì qíng ma?
당신은 친구가 당신에게 저지른 잘못을 용서할 수 있어요?

B：我会原谅, 毕竟人无完人。
B: wǒ huì yuán liàng bì jìng rén wú wán rén.
저는 용서할 수 있어요. 필경 완벽한 사람은 없어요.

A：为什么很多华侨晚年落叶归根, 回到了故乡?
A: wèi shén me hěn duō huá qiáo wǎn nián luò yè guī gēn huí dào le gù xiāng?
왜 많은 화교들이 말년에 낙엽은 뿌리로 돌아오는 것처럼 고향으로 돌아갔어요?

B：毕竟那里是他们出生的地方。
B: bì jìng nà lǐ shì tā men chū shēng de dì fāng.
필경 그곳은 그들이 태어난 곳이기 때문이에요.

20 避免 bìmiǎn — (나쁜 상황을) 피할 수 있다. 피하다

A：经常旅游有什么好处?
A: jīng cháng lǚ yóu yǒu shén me hǎo chù?
자주 여행하는 게 무슨 좋은 점이 있어요?

B：经常旅游可以增长见闻，避免坐井观天。
B: jīng cháng lǚ yóu kě yǐ zēng zhǎng jiàn wén, bì miǎn zuò jǐng guān tiān.
자주 여행을 가면 견문을 넓히고, 우물 안 개구리가 되는 것을 피할 수 있어요.

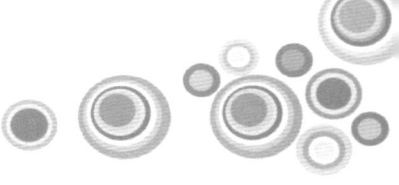

A：工作的时候什么是不可避免的？

B：工作的时候失误是不可避免的。

A：怎样做可以避免交通事故？

B：遵守交通规则，不酒后驾车。

A：人生在世，什么是不可避免的？

B：挫折和失败是不可避免的。

21 标志 biāozhì

A：中华人民共和国成立的意义是什么？

B：标志着中国人民从此站起来了。

A：你觉得心理成熟的标志是什么？

B：不再用哭闹来解决问题。

A："神舟号"飞船发射成功标志着什么？

B：标志着中国航天技术达到新的水平。

A：高速公路上有哪些标志？

A:gōng zuò de shí hòu shén me shì bù kě bì miǎn de?
일을 할 때는 무엇이 불가피해요?

B:gōng zuò de shí hòu shī wù shì bù kě bì miǎn de.
일을 할 때 실수가 불가피해요.

A:zěn yàng zuò kě yǐ bì miǎn jiāo tōng shì gù?
어떻게 하면 교통 사고를 피할 수 있어요?

B:zūn shǒu jiāo tōng guī zé, bù jiǔ hòu jià chē.
교통 법규를 준수하고 음주 운전을 하지 않아야 해요.

A:rén shēng zài shì shén me shì bù kě bì miǎn de?
살면서 무엇이 불가피해요?

B:cuò zhé hé shī bài shì bù kě bì miǎn de.
좌절과 실패는 불가피해요.

표지. 명시하다. (상징)하다.

A:zhōng huá rén mín gòng hé guó chéng lì de yì yì shì shén me ?
중화 인민 공화국 건립의 의미는 무엇이에요?

B:biāo zhì zhe zhōng guó rén mín cóng cǐ zhàn qǐ lái le.
중국 인민은 이때부터 일어섰다는 것을 상징해요.

A:nǐ jué de xīn lǐ chéng shú de biāo zhì shì shén me ?
당신이 심리적으로 성숙해졌다는 표지가 무엇이에요?

B:bú zài yòng kū nào lái jiě jué wèn tí.
더 이상 울음을 통해 문제를 해결하지 않아요.

A:shén zhōu hào fēi chuán fā shè chéng gōng biāo zhì zhe shén me?
'신주호' 우주선 발사 성공은 무엇을 상징해요?

B:biāo zhì zhe zhōng guó háng tiān jì shù dá dào xīn de shuǐ píng.
중국의 우주 비행 기술이 새로운 수준에 도달했다는 것을 상징해요.

A:gāo sù gōng lù shàng yǒu nǎ xiē biāo zhì?

B：有限速标志,应急停车标志,指路标志等。

고속 도로에는 어떤 표시가 있어요?
B:yǒu xiàn sù biāo zhì, yìng jí tíng chē biāo zhì, zhǐ lù biāo zhì děng.
속도 제한 표지, 비상 주차 표지, 길안내 표지 등이 있어요.

A：人类区别于动物的根本标志是什么？

B：劳动。

A:rén lèi qū bié yú dòng wù de gēn běn biāo zhì shì shén me?
인류가 동물과 구별되는 근본적인 표시는 무엇이에요?
B:láo dòng.
노동이에요.

22 表明 biǎomíng

분명하게 밝히다. 표명하다.

A：有的学生努力学习但没有好成绩表明什么？

B：表明他的学习方法不对。

A:yǒu de xué shēng nǔ lì xué xí dàn méi yǒu hǎo chéng jì biǎo míng shén me?
어떤 학생들은 열심히 공부했는데, 좋은 성적을 얻지 못하는 것은 무엇을 표명해요?
B:biǎo míng tā de xué xí fāng fǎ bú duì.
그의 학습 방법이 틀렸다는 것을 표명해요.

A：她考过了HSK6级考试表明了什么？

B：表明了她的汉语已经达到了高级水平。

A:tā kǎo guò le HSK6 jí kǎo shì biǎo míng le shén me?
그녀가 HSK 6급 시험을 통과했다는 것은 무엇을 표명했어요?
B:biǎo míng le tā de hàn yǔ yǐ jīng dá dào le gāo jí shuǐ píng.
그녀의 중국어가 이미 고급 수준에 도달했다는 것을 표명했어요.

A："三人行，必有我师。"这句话表明了什么？

B：表明每个人都有值得他人学习的地方。

A:sān rén xíng bì yǒu wǒ shī zhè jù huà biǎo míng le shén me?
'세 사람중에 반드시 나의 스승이 있다'.란 말은 무엇을 표현해요?
B:biǎo míng měi ge rén dōu yǒu zhí dé tā rén xué xí de dì fāng.
누구에게나 배울 만한 가치가 있다는 것을 보여 줘요.

A：对于原则性问题我们应该怎么做？

B：我们应该表明自己的立场和态度。

A:duì yú yuán zé xìng wèn tí wǒ men yīng gāi zěn me zuò?
원칙적인 문제에 대해서 우리는 어떻게 해야 해요?
B:wǒ men yīng gāi biǎo míng zì jǐ de lì chǎng hé tài dù.
우리는 자신의 입장과 태도를 표명해야 해요.

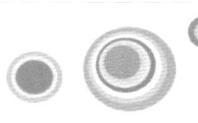
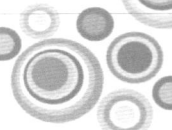

23 脖子 bózi — 목

A：什么动物的脖子很长？
A:shén me dòng wù de bó zi hěn cháng?
어떤 동물의 목이 길어요?

B：长颈鹿的脖子很长。
B:cháng jǐng lù de bó zi hěn cháng.
기린의 목은 길어요.

A：晚上睡觉落枕了哪里会不舒服？
A:wǎn shàng shuì jiào lào zhěn le nǎ lǐ huì bù shū fu?
밤에 잠을 자다가 목이 뻣뻣해지면 어디가 불편해요?

B：脖子会不舒服，第二天一点儿都不能动。
B:bó zǐ huì bù shū fu dì èr tiān yì diǎnr dōu bù néng dòng.
목이 불편해서 다음 날엔 조금도 움직일 수 없어요.

A：你吃过中国有名小吃"鸭脖子"吗？
A:nǐ chī guò zhōng guó yǒu míng xiǎo chī yā bó zi ma?
중국 유명 음식인 '오리 목'을 먹은 적이 있어요?

B：我没有吃过，它是什么味道呢？
B:wǒ méi yǒu chī guò, tā shì shén me wèi dào ne?
저는 먹어 본 적이 없는데, 그것은 무슨 맛이에요?

A：手脖子上可以戴哪些东西？
A:shǒu bó zi shàng kě yǐ dài nǎ xiē dōng xi?
손목에는 어떤 것들을 찰 수 있어요?

B：手表和手链等。
B:shǒu biǎo hé shǒu liàn děng.
손목 시계와 팔찌 등.

24 播放 bōfàng — 방송하다. 방영하다

A：你经常使用MP3播放器吗？
A:nǐ jīng cháng shǐ yòng MP3 bō fàng qì ma?
당신은 MP3 플레이어를 자주 사용해요?

B：我上大学的时候经常使用MP3播放器。
B:wǒ shàng dà xué de shí hòu jīng cháng shǐ yòng MP3 bō fàng qì.
저는 대학에 다닐 때 자주 MP3 플레이어를 사용했어요.

A：中文课上老师播放过什么歌曲？
A:zhōng wén kè shàng lǎo shī bō fàng guò shén me gē qǔ?
중국어 수업에서 선생님께서 무슨 노래를 틀어주셨어요?

B：老师播放过中文流行歌曲。
B:lǎo shī bō fàng guò zhōng wén liú xíng gē qǔ.
선생님께서는 중국어 유행 노래를 틀어 주셨어요.

A：你开车的时候会听广播吗？
A:nǐ kāi chē de shí hòu huì tīng guǎng bō ma?

梦想中国语 会话

B：我会听娱乐电台播放的广播。
당신은 운전할 때 라디오를 들어요?
B:wǒ huì tīng yú lè diàn tái bō fàng de guǎng bō.
저는 오락 라디오에서 하는 방송을 들어요.

A：一般一首歌曲会播放多长时间？
A:yì bān yì shǒu gē qǔ huì bō fàng duō cháng shí jiān?
보통 노래 한 곡은 얼마나 오래 걸려요?

B：一般一首歌曲会播放4分钟左右。
B:yì bān yì shǒu gē qǔ huì bō fàng sì fēn zhōng zuǒyòu.
보통 노래 한 곡은 4분 가량 재생돼요.

25 不必 búbì

~할 필요 없다

A：怎样对待不讲道理的人？
A:zěn yàng duì dài bù jiǎng dào lǐ de rén?
도리를 지키지 않는 사람을 어떻게 대해야 해요?

B：不必理他就可以了。
B:bú bì lǐ tā jiù kě yǐ le.
그런 사람은 신경쓰지 않으면 돼요.

A：小时候我们不必担心什么事情？
A:xiǎo shí hòu wǒ men bú bì dān xīn shén me shì qíng?
어릴 적에 우리는 무슨 일을 걱정할 필요가 없어요?

B：我们不必担心挣钱的事情。
B:wǒ men bú bì dān xīn zhèng qián de shì qíng.
우리는 돈 버는 일을 걱정할 필요가 없어요.

A：你的什么事情妈妈不必操心？
A:nǐ de shén me shì qíng mā ma bú bì cāo xīn?
당신의 무엇에 대해 엄마가 걱정할 필요가 없어요?

B：我工作的事情妈妈不必操心。
B:wǒ gōng zuò de shì qíng mā ma bú bì cāo xīn.
제가 일하는 것에 대해 엄마가 걱정할 필요가 없어요.

A：头疼的时候你会去医院吗？
A:tóu téng de shí hòu nǐ huì qù yī yuàn ma?
머리가 아플 때 병원에 가요?

B：我觉得不必去医院，休息一下就好了。
B:wǒ jué de bú bì qù yī yuàn, xiū xi yí xià jiù hǎo le.
병원에 갈 필요가 없다고 생각해요. 좀 쉬면 나아져요.

26 不断 búduàn

계속해서. 끊임 없이

A：怎样才能不断进步？
A:zěn yàng cái néng bú duàn jìn bù?
어떻게 해야만 계속 진보할 수 있어요?

B：不断反省自己和超越自己。
B:bú duàn fǎn xǐng zì jǐ hé chāo yuè zì jǐ.

梦想中国语 会话

끊임 없이 자신을 반성하고 초월해야 해요.

A：中国除夕夜为什么那么热闹？

A:zhōng guó chú xī yè wèi shén me nà me rè nào?

중국의 섣달 그믐날 밤은 왜 그렇게 떠들썩해요?

B：因为到处可以听到接连不断的鞭炮声。

B:yīn wèi dào chù kě yǐ tīng dào jiē lián bú duàn de biān pào shēng.

끊임 없는 폭죽 소리가 여기저기서 들려 와서요.

A：好吃的饭馆有什么特点？

A:hǎo chī de fàn guǎn yǒu shén me tè diǎn?

맛있는 음식점에는 어떤 특징이 있어요?

B：每天顾客源源不断。

B:měi tiān gù kè yuán yuán bú duàn.

매일 고객이 끊이지 않아요.

A：怎样才能拥有一个健康的身体？

A:zěn yàng cái néng yōng yǒu yí gè jiàn kāng de shēn tǐ?

어떻게 해야만 건강한 신체를 가질 수 있어요?

B：每天坚持不断地运动。

B:měi tiān jiān chí bú duàn de yùn dòng.

매일 꾸준히 운동을 계속해요

27 不见得 bújiàndé

확정할 수 없다. 반드시 ~라고는 할 수 없다.

A：有很多钱就一定会幸福吗？

A:yǒu hěn duō qián jiù yí dìng huì xìng fú ma?

돈이 많으면 꼭 행복할까요?

B：钱很重要，但是有很多钱不见得一定会幸福。

B:qián hěn zhòng yào dàn shì yǒu hěn duō qián bú jiàn de yí dìng huì xìng fú.

돈이 아주 중요하지만 꼭 돈이 많다고 행복한 것만은 아니에요.

A：你觉得人在任何时候都不能说谎吗？

A:nǐ jué de rén zài rèn hé shí hòu dōu bù néng shuō huǎng ma?

당신은 어떠한 경우에도 거짓말을 할 수 없다고 생각해요?

B：有时候说善意的谎言不见得是件坏事。

B:yǒu shí hòu shuō shàn yì de huǎng yán bú jiàn de shì jiàn huài shì.

선의의 거짓말은 꼭 나쁜 짓이 아니에요.

A：衣着打扮很普通的人都是普通人吗？

A:yī zhuó dǎ bàn hěn pǔ tōng de rén dōu shì pǔ tōng rén ma?

옷차림이 수수하면 다 보통 사람이에요?

B：衣着打扮很普通的人不见得都是普通人。

B:yī zhuó dǎ bàn hěn pǔ tōng de rén bú jiàn de dōu shì pǔ tōng rén.

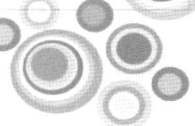

梦想中国语 会话

A：言谈举止很有礼貌的人一定是善良的人吗?

B：言谈举止很有礼貌的人不见得都是善良的人。

A:yán tán jǔ zhǐ hěn yǒu lǐ mào de rén yí dìng shì shàn liáng de rén ma?

언행이 매우 예의 바른 사람이 반드시 선량한 사람이에요?

B:yán tán jǔ zhǐ hěn yǒu lǐ mào de rén bú jiàn de dōu shì shàn liáng de rén.

언행이 매우 예의 바른 사람이라고 모두 선량한 사람은 아니에요.

A：父母应该给孩子无限多的爱吗?

B：过分的爱不见得对孩子的人格成长有帮助。

A:fù mǔ yīng gāi gěi hái zi wú xiàn duō de ài ma?

부모님은 마땅히 아이들에게 무한한 사랑을 주어야 해요?

B:guò fèn de ài bú jiàn de duì hái zi de rén gé chéng zhǎng yǒu bāng zhù.

지나친 사랑은 아이의 인격 발달에 도움이 되지 않아요.

28 不耐烦 búnàifán

귀찮다. 못 참다. 견디지 못하다.

A：妈妈对你唠叨的时候你会感到不耐烦吗?

B：小时候会, 但长大后才明白这都是因为妈妈爱我。

A:mā ma duì nǐ láo dao de shí hòu nǐ huì gǎn dào bú nài fán ma?

엄마가 당신에게 잔소리를 할 때 짜증이 나요?

B:xiǎo shí hòu huì dàn zhǎng dà hòu cái míng bai zhè dōu shì yīn wèi mā ma ài wǒ.

어릴 때는 짜증이 났어요. 하지만 크고 나서 엄마가 저를 사랑하기 때문이라는 것을 알게 되었어요.

A：你什么时候会变得不耐烦?

B：在超市排长队等待结账时我会变得不耐烦。

A:nǐ shén me shí hòu huì biàn de bú nài fán?

당신은 언제 짜증을 참을 수 없어요?

B:zài chāo shì pái cháng duì děng dài jié zhàng shí wǒ huì biàn de bú nài fán.

슈퍼에서 계산하려고 줄을 설 때 저는 짜증을 참을 수 없어요.

A：你会不耐烦跟谁讲话?

B：我会不耐烦跟路边发广告单的人讲话。

A:nǐ huì bú nài fán gēn shuí jiǎng huà?

당신은 누구와의 이야기가 귀찮아요?

B:wǒ huì bú nài fán gēn lù biān fā guǎng gào dān de rén jiǎng huà.

저는 길거리에서 전단지를 돌리는 사람들과의 이야기가 귀찮아요.

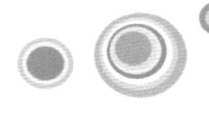
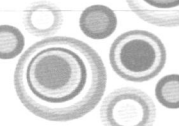

梦想中国语　会话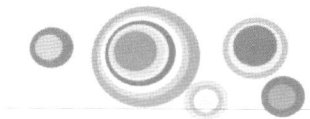

A：你爸爸不耐烦的时候会做什么？

B：我爸爸不耐烦的时候会抽一根烟。

A:nǐ bà ba bú nài fán de shí hòu huì zuò shén me?

당신의 아버지는 참을 수 없을 때 무엇을 하나요?

B:wǒ bà ba bú nài fán de shí hòu huì chōu yì gēn yān.

우리 아버지는 담배를 피워요.

29 不要紧 búyàojǐn

괜찮다. 문제될 것이 없다.

A：犯错误了怎么办？

B：不要紧，只要及时改正就好。

A:fàn cuò wù le zěn me bàn?

실수하면 어쩌죠?

B:bú yào jǐn, zhǐ yào jí shí gǎi zhèng jiù hǎo.

괜찮아요. 즉시 고치면 돼요.

A：失败可怕吗？

B：失败不要紧，要紧的是没有重新挑战的勇气。

A:shī bài kě pà ma?

실패가 무서워요?

B:shī bài bú yào jǐn, yào jǐn de shì méi yǒu chóng xīn tiǎo zhàn de yǒng qì.

실패는 괜찮아요. 문제되는 것은 재도전할 용기가 없다는 것이에요.

A：期中考试没考好怎么办？

B：不要紧，只要及时亡羊补牢，认真学习，期末考试一定会取得好成绩。

A:qī zhōng kǎo shì méi kǎo hǎo zěn me bàn?

중간 시험을 못 봤는데 어떻게 해야 해요?

B:bú yào jǐn, zhǐ yào jí shí wáng yáng bǔ láo, rèn zhēn xué xí, qī mò kǎo shì yí dìng huì qǔ dé hǎo chéng jì.

괜찮아요, 소 잃고 외양간 고친 것처럼 열심히 공부하면 기말고사에 반드시 좋은 성적을 거둘 것이에요.

A：女孩子一个人走夜路不要紧吗？

B：女孩子尽量不要独自一人走夜路。

A:nǚ hái zi yí gè rén zǒu yè lù bú yào jǐn ma?

여자가 혼자서 밤길을 걸어도 괜찮아요?

B:nǚ hái zi jìn liàng bú yào dú zì yì rén zǒu yè lù.

여자 아이는 밤길을 되도록 혼자 가지 마세요.

30 不得了 bùdéliǎo

(정도가) 깊다. (사태가) 심각하다.

A：你收到过的最喜欢得不得了的礼物是什么？

B：爸爸送给我的音乐手机。

A:nǐ shōu dào guò de zuì xǐ huān de bù dé liǎo de lǐ wù shì shén me?

당신이 받았던 가장 좋은 선물은 무엇이에요?

B:bà ba sòng gěi wǒ de yīn yuè shǒu jī.

19

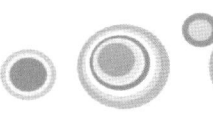 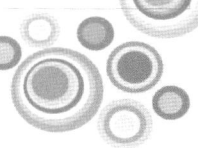

梦想中国语 会话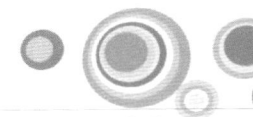

아버지께서 저에게 주신 음악 휴대폰이에요.

A：你什么时候会紧张得不得了？
A:nǐ shén me shí hòu huì jǐn zhāng de bù dé liǎo?
당신은 언제 바짝 긴장해요?

B：考试开始前十分钟。
B:kǎo shì kāi shǐ qián shí fēn zhōng.
시험 시작 10분 전이에요.

A：你觉得什么食物好吃得不得了？
A:nǐ jué de shén me shí wù hǎo chī de bù dé liǎo?
당신은 어떤 음식이 엄청 맛있다고 생각해요?

B：奶酪蛋糕。
B:nǎi lào dàn gāo.
치즈 케이크요.

A：如果你晚上12点还没有回家，家人会怎么样？
A:rú guǒ nǐ wǎn shàng 12 diǎn hái méi yǒu huí jiā, jiā rén huì zěn me yàng?
만약 당신이 밤 12시에 아직도 집에 돌아오지 않았다면 가족들은 어떻게 할 거예요?

B：家人会担心得不得了。
B:jiā rén huì dān xīn de bù dé liǎo.
가족들은 걱정이 이만 저만이 아닐 거예요.

31 不免 bùmiǎn   면할 수 없다. ~을 피하지 못하다.

A：走在路上听到了一首熟悉的歌，你会有什么感想？
A:zǒu zài lù shàng tīng dào le yì shǒu shú xī de gē, nǐ huì yǒu shén me gǎn xiǎng?
길에서 낯익은 노래를 들으면 어떤 감상이 들어요?

B：熟悉的歌不免让我回忆起往事。
B:shú xī de gē bù miǎn ràng wǒ huí yì qǐ wǎng shì.
익숙한 노래에 지난 일을 회상하게 될 거예요.

A：一个人性格的形成不免受到什么的影响？
A:yí gè rén xìng gé de xíng chéng bù miǎn shòu dào shén me de yǐng xiǎng?
한 사람의 성격 형성은 어떤 것의 영향을 받을 수 있어요?

B：家庭和社会的影响。
B:jiā tíng hé shè huì de yǐng xiǎng.
가정과 사회의 영향을 받을 수 있어요.

A：你第一次面试的时候紧张吗？
A:nǐ dì yī cì miàn shì de shí jǐn zhāng ma?
당신은 첫 번째 면접을 볼 때 긴장했나요?

B：因为是第一次，不免有些紧张。
B:yīn wèi shì dì yī cì, bù miǎn yǒu xiē jǐn zhāng.
처음이라 긴장은 피할 수 없었어요.

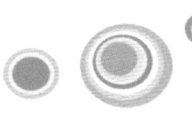
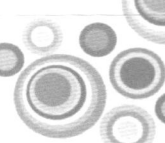

梦想中国语 会话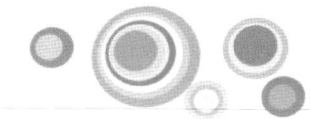

A：违法犯罪会有什么下场？

B：不免受到法律的制裁。

A:wéi fǎ fàn zuì huì yǒu shén me xià chǎng?
불법 범죄에는 어떤 결말이 있어요?

B:bù miǎn shòu dào fǎ lǜ de zhì cái.
법적 제재를 면치 못할 수밖에 없어요.

32 不然 bùrán

그렇지 않으면. 아니면

A：小明今天怎么没来上课？

B：我怀疑他生病了，不然他不会缺课的。

A:xiǎo míng jīn tiān zěn me méi lái shàng kè?
샤오밍은 오늘 왜 결석했어요?

B:wǒ huái yí tā shēng bìng le, bù rán tā bú huì quē kè de.
아픈 것이 같아요, 안 그러면 그가 결석할리가 없어요.

A：酒后可以驾车吗？

B：酒后不可以驾车，不然很可能发生交通事故。

A:jiǔ hòu kě yǐ jià chē ma?
술을 마신 후 차를 몰 수 있어요?

B:jiǔ hòu bù kě yǐ jià chē, bù rán hěn kě néng fā shēng jiāo tōng shì gù.
음주 운전을 하면 안 되고, 그렇지 않으면 교통 사고가 발생할 가능성이 커요.

A：怎样向别人承诺？

B：在做出承诺前一定要想清楚，不然一言既出,驷马难追。

A:zěn yàng xiàng bié rén chéng nuò?
어떻게 남에게 승낙을 받아요?

B:zài zuò chū chéng nuò qián yí dìng yào xiǎng qīng chǔ, bù rán yì yán jì chū, sì mǎ nán zhuī.
그 전에 반드시 잘 생각해야 해요, 그렇지 않고 말이 입 밖으로 나가면 사두마차로도 되돌릴 수가 없어요.

33 不如 bùrú

~하는 편이 낫다. ~ 만 못하다

A：你喜欢吃红烧肉还是北京烤鸭？

B：这两个都不如火锅好吃。

A:nǐ xǐ huān chī hóng shāo ròu hái shì běi jīng kǎo yā?
당신은 홍사오러우와 북경오리 중에 무엇을 더 좋아하나요?

B:zhè liǎng gè dōu bù rú huǒ guō hǎo chī.
이 두 개의 맛이 다 샤브샤브보다 못해요.

A："天时不如地利"下一句是什么？

B："地利不如人和"。

A:tiān shí bù rú dì lì xià yí jù shì shén me?
'천시불여지리'란 말의 다음 한 마디가 뭐예요?.

B:dì lì bù rú rén hé.
'지리적 이점이 남보다 못하다'는 것이에요.

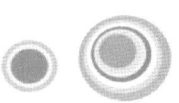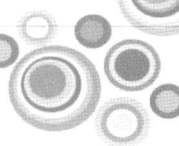

梦想中国语 会话

A：“双鸟在林，不如一鸟在手”告诉我们什么道理？

B：把握现在，不要空想未来。

A:shuāng niǎo zài lín, bù rú yì niǎo zài shǒu gào sù wǒ men shén me dào lǐ?

'손 안에 든 새 한 마리는 풀숲에 있는 두 마리 새의 가치가 있다.' 란 말은 우리에게 무슨 도리를 알려 줘요?

B:bǎ wò xiàn zài, bú yào kōng xiǎng wèi lái.

현재를 잡아라, 미래를 공상하지 말아라.

A：你觉得附近哪家饭店的菜最好吃？

B：哪家饭店的菜都不如妈妈做的菜好吃。

A:nǐ jué de fù jìn nǎ jiā fàn diàn de cài zuì hǎo chī?

근처의 어느 식당 음식이 가장 맛있다고 생각해요?

B:nǎ jiā fàn diàn de cài dōu bù rú mā ma zuò de cài hǎo chī.

어느 식당 음식이든 엄마가 만든 요리만큼 맛있지 못해요.

A：“远亲不如近邻”是什么意思？

B：遇到急难，远道的亲戚就不如近旁的邻居那样能及时帮助。

A:yuǎn qīn bù rú jìn lín shì shén me yì si?

'먼 친척보다 가까운 이웃이 더 낫다.'란 무슨 뜻이에요?

B:yù dao jí nàn, yuǎn dào de qīn qi jiù bù rú jìn páng de lín jū nà yàng néng jí shí bāng zhù.

재난이 닥치면 먼 친척은 가까운 이웃처럼 제때에 도와 줄 수 없어요.

34 不足 bùzú

부족하다. 충분하지 않다. 모자라다.

A：你希望将来过上怎样的生活？

B：我不求什么大富大贵，“比上不足，比下有余”就行了。

A:nǐ xī wàng jiāng lái guò shàng zěn yàng de shēng huó?

당신은 나중에 어떤 생활을 보내기를 바래요?

B:wǒ bù qiú shén me dà fù dà guì, bǐ shàng bù zú bǐ xià yǒu yú jiù xíng le.

저는 대박을 바라지 않아요. '위에 비하면 조금 떨어지고, 아래에 비하면 조금 낫다.'면 돼요.

A：“读书补天然之不足，经验又补读书之不足。”这句话是谁说的？

B：培根。

A:dú shū bǔ tiān rán zhī bù zú, jīng yàn yòu bǔ dú shū zhī bù zú. Zhè jù huà shì shuí shuō de?

'독서는 타고난 것의 부족을 보충해 주고, 경험은 독서의 부족한 것을 보충해 준다.'이 말은 누가 말했어요?

B:péi gēn.

베이컨이에요.

A：你为什么喜欢夏天？

A:nǐ wèi shén me xǐ huān xià tiān?

당신은 왜 여름을 좋아해요?

B:yīn wèi xià tiān wǔ cǎi bīn fēn, dàn měi zhōng bù zú de shì

B：因为夏天五彩缤纷，但美中不足的是太热了。
tài rè le.
여름에는 오색찬란하지만, 부족하는 점은 너무 덥다는 것이에요.

A："尺有所短，寸有所长。"比喻什么？
A: chǐ yǒu suǒ duǎn, cùn yǒu suǒ cháng. bǐ yù shén me?
'한 자의 길이도 짧을 때가 있고, 한 치의 길이도 길 때가 있다'란 말은 무엇을 비유해요?

B：人或事物各有长处和不足之处。
B: rén huò shì wù gè yǒu cháng chù hé bù zú zhī chù.
사람이나 사물은 각기 나름대로의 장점과 단점이 있어요.

35 步骤 bùzhòu

(일이 처리의) 순서. 절차. 차례

A：你会安装空调吗？
A: nǐ huì ān zhuāng kōng tiáo ma?
에어컨을 설치할 줄 알아요?

B：我会按照说明书上的步骤安装空调。
B: wǒ huì àn zhào shuō míng shū shàng de bù zhòu ān zhuāng kōng tiáo.
저는 설명서의 순서에 따라 에어컨을 설치할 수 있어요.

A：怎样完美地处理一件事情？
A: zěn yàng wán měi de chǔ lǐ yí jiàn shì qíng?
어떻게 하나의 일을 완벽하게 처리해요?

B：有步骤有条理，不能操之过急。
B: yǒu bù zhòu yǒu tiáo lǐ, bù néng cāo zhī guò jí.
순서와 맥락이 있어야 하고 너무 조급하면 안 돼요.

A：怎样解一道数学题？
A: zěn yàng jiě yí dào shù xué tí?
어떻게 하나의 수학 문제를 풀어요?

B：按照正确的方法和步骤解题。
B: àn zhào zhèng què de fāng fǎ hé bù zhòu jiě tí.
정확한 방법과 절차에 따라 문제를 풀어요.

36 采访 cǎifǎng

탐방하다. 인터뷰하다. 취재하다

A：记者的职业是什么？
A: jì zhě de zhí yè shì shén me?
기자의 직업은 무엇이에요?

B：采访和报道新闻。
B: cǎi fǎng hé bào dào xīn wén.
취재와 기사 보도예요.

A：你喜欢看什么采访节目？
A: nǐ xǐ huān kàn shén me cǎi fǎng jié mù?
당신은 어떤 인터뷰 프로그램을 즐겨 봐요?

B：我喜欢看明星采访节目。
B: wǒ xǐ huān kàn míng xīng cǎi fǎng jié mù.

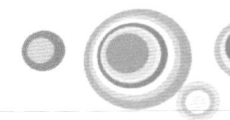

저는 스타 인터뷰 프로그램을 즐겨 봐요.

37 采取 cǎiqǔ

채택하다. 취하다.

A：对待学习应采取怎样的态度？

A:duì dài xué xí yīng cǎi qǔ zěn yàng de tài dù ?

공부에 대해서는 어떠한 태도를 취해야 해요?

B：对待学习应采取认真仔细的态度。

B:duì dài xué xí yīng cǎi qǔ rèn zhēn zǐ xì de tài dù.

공부에 대해서는 진지하고 자세한 태도를 취해야 해요.

A：紧急时刻我们应采取怎样的措施？

A:jǐn jí shí kè wǒ men yīng cǎi qǔ zěn yàng de cuò shī?

긴급한 순간에 우리는 어떤 조치를 취해야 해요?

B：紧急时刻我们应采取果断的措施。

B:jǐn jí shí kè wǒ men yīng cǎi qǔ guǒ duàn de cuò shī.

긴급한 순간에 우리는 단호한 조치를 취해야 해요.

38 踩 cǎi

밟다. 딛다.

A：急刹车的时候应该怎么做？

A:jí shā chē de shí hòu yīng gāi zěn me zuò?

급브레이크할 때 어떻게 해야 해요?

B：快速踩下刹车踏板。

B:kuài sù cǎi xià shā chē tà bǎn.

브레이크 페달을 빨리 밟아야 해요.

A：不小心踩到别人脚的时候应该怎么做？

A:bù xiǎo xīn cǎi dào bié rén jiǎo de shí hòu yīng gāi zěn me zuò?

부주의 해서 남의 발을 밟을 때는 어떻게 해야 해요?

B：应该对别人道歉。

B:yīng gāi duì bié rén dào qiàn.

다른 사람에게 사과해야 해요.

39 参考 cānkǎo

(의견. 자료를) 참고하다. 참조하다

A：做重要决定的时候，你会参考谁的意见？

A:zuò zhòng yào jué dìng de shí hòu, nǐ huì cān kǎo shuí de yì jiàn?

중요한 결정을 할 때 당신은 누구의 의견을 참고할 거예요?

B：我会参考家人的意见。

B:wǒ huì cān kǎo jiā rén de yì jiàn.

저는 가족의 의견을 참고할 거예요.

A：《中级会话600》的参考译文在哪里？

A:zhōng jí huì huà de cān kǎo yì wén zài nǎ lǐ?

<중급 회화 600>의 참조 번역본은 어디에 있어요?

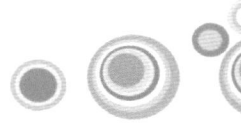

B：在网上可以买到。

B:zài wǎng shàng kě yǐ mǎi dào.
인터넷에서 살 수 있어요.

40 参与 cānyù

참여하다. 참가하다.

A：你积极参与班级的集体活动吗？

A:nǐ jī jí cān yù bān jí de jí tǐ huó dòng ma?
당신은 반 학우들의 집단 활동에 적극적으로 참여해요?

B：我积极参与班级的集体活动。

B:wǒ jī jí cān yù bān jí de jí tǐ huó dòng.
저는 반의 단체 활동에 적극적으로 참여해요.

A：环境保护需要谁的参与？

A:huán jìng bǎo hù xū yào shuí de cān yù?
환경 보호는 누구의 참여가 필요해요?

B：环境保护需要人人参与。

B:huán jìng bǎo hù xū yào rén rén cān yù.
환경 보호에는 모든 사람이 참여해야 애요.

41 惭愧 cánkuì

부끄럽다. 창피하다.

A：你什么时候会感到惭愧？

A:nǐ shén me shí hòu huì gǎn dào cán kuì?
당신은 언제 부끄러움을 느껴요?

B：老师批评我的时候我会感到惭愧。

B:lǎo shī pī píng wǒ de shí hòu wǒ huì gǎn dào cán kuì.
선생님께서 저를 꾸짖을 때 저는 창피함을 느껴요.

A：你惭愧的时候想做什么？

A:nǐ cán kuì de shí hòu xiǎng zuò shén me?
당신은 부끄러울 때 무엇을 하고 싶어요?

B：恨不得找一个老鼠洞钻进去。

B:hèn bu dé zhǎo yí gè lǎo shǔ dòng zuān jìn qù.
쥐 구멍이라도 찾아 들어갔으면 해요.

42 操心 cāoxīn

마음을 쓰다. 신경을 쓰다. 걱정하다

A："儿行千里母担忧"表明了什么？

A:ér xíng qiān lǐ mǔ dān yōu biǎo míng le shén me?
'어머니는 먼길을 떠난 자식을 걱정한다'은 무슨 뜻이에요?

B：做父母的总为儿女操心。

B:zuò fù mǔ de zǒng wèi ér nǚ cāo xīn.
부모는 항상 자식을 걱정해요.

A：你学习的事情会让妈妈操心吗？

A:nǐ xué xí de shì qíng huì ràng mā ma cāo xīn ma?
당신이 공부하는 일은 어머니께 심려를 끼쳐 드렸어요?

B：我学习的事情从来不让妈妈操心。

B:wǒ xué xí de shì qíng cóng lái bú ràng mā ma cāo xīn.

梦想中国语 会话

제가 공부하는 일은 어머니께 심려를 끼쳐 드렸던 적이 없어요.

43 册 cè

책. 책자. 권, 책 [책을 세는 양사]

A：你有几册汉语书？

A:nǐ yǒu jǐ cè hàn yǔ shū?

당신은 중국어 책을 몇 권 가지고 있어요?

B：我有四册汉语书。

B:wǒ yǒu sì cè hàn yǔ shū.

저은 중국어 책을 4권 가지고 있어요.

A：你家里有几本相册？

A:nǐ jiā lǐ yǒu jǐ běn xiàng cè?

당신 집에는 몇 권의 앨범이 있어요?

B：我家里有两本相册。

B:wǒ jiā lǐ yǒu liǎng běn xiàng cè.

우리 집에는 앨범 두 권이 있어요.

44 测验 cèyàn

시험. 테스트. 시험하다. 테스트하다

A：汉语课上经常做什么测验？

A:hàn yǔ kè shàng jīng cháng zuò shén me cè yàn?

중국어 수업에서는 자주 어떤 테스트를 봐요?

B：汉字听写测验。

B:hàn zì tīng xiě cè yàn.

한자 받아쓰기 테스트요.

A：定期考试的意义是什么？

A:dìng qī kǎo shì de yì yì shì shén me?

정기 시험의 의의가 뭐예요?

B：可以测验学生对所学知识掌握的程度。

B:kě yǐ cè yàn xué shēng duì suǒ xué zhī shi zhǎng wò de chéng dù.

학생들이 배운 지식에 대해 파악하는 정도를 측정할 수 있어요.

A：发明家是怎样发明一件东西的？

A:fā míng jiā shì zěn yàng fā míng yí jiàn dōng xi de?

발명가는 어떻게 물건을 발명한 거예요?

B：经过无数次测验后，最终发明出一件东西。

B:jīng guò wú shù cì cè yàn hòu, zuì zhōng fā míng chū yí jiàn dōng xi.

무수한 테스트 끝에, 결국 하나의 물건을 발명했어요.

45 曾经 céngjīng

일찍이. 이전에

A：你曾经去过哪些国家旅游？

A:nǐ céng jīng qù guò nǎ xiē guó jiā lǚ yóu?

梦想中国语　会话

B：我曾经去中国、日本、菲律宾和泰国旅游过。

당신은 이전에 어느 국가에 여행한 적이 있어요?
B:wǒ céng jīng qù zhōng guó,rì běn,fēi lǜ bīn hé tài guó lǚ yóu guò.
전에 중국, 일본, 필리핀, 태국을 여행간 적이 있어요.

A：青罗和松岛在地理上曾经是什么？

B：青罗和松岛在地理上曾经是一片海。

A:qīng luó hé sōng dǎo zài dì lǐ shàng céng jīng shì shén me?
송도와 청라는 지리적으로 이전에 무엇이었어요?
B:qīng luó hé sōng dǎo zài dì lǐ shàng céng jīng shì yí piàn hǎi.
지리적으로 송도와 청라는 이전에 바다였어요.

A：你爸爸曾经做过什么工作？

B：我爸爸曾经做过食品贸易工作。

A:nǐ bà ba céng jīng zuò guò shén me gōng zuò?
아버지가 이전에 무슨 일을 한 적이 있어요?
B:wǒ bà ba céng jīng zuò guò shí pǐn mào yì gōng zuò.
아빠가 이전에 식품 무역을 한 적이 있어요.

A：你曾经做过怎样的梦？

B：我曾经梦到自己成为了皇帝。

A:nǐ céng jīng zuò guò zěn yàng de mèng?
어떤 꿈을 꾼 적이 있어요?
B:wǒ céng jīng mèng dào zì jǐ chéng wéi le huáng dì.
저는 황제가 된 꿈을 꾼 적이 있어요.

46 产生　chǎnshēng

생기다. 발생하다. 나타나다.

A：在山谷中呐喊会产生什么？

B：在山谷中呐喊会产生回音。

A:zài shān gǔ zhōng nà hǎn huì chǎn shēng shén me?
산골짜기에 외치면 무엇이 생길 수 있어요?
B:zài shān gǔ zhōng nà hǎn huì chǎn shēng huí yīn.
산골짜기에 외치면 메아리가 생길 수 있어요

A：韩国总统是怎样产生的？

B：全民投票选举产生的。

A:hán guó zǒng tǒng shì zěn yàng chǎn shēng de?
한국 대통령은 어떻게 선출되나요?
B:quán mín tóu piào xuǎn jǔ chǎn shēng de.
국민 투표 선거로 선출되었어요.

A：人和人在一起相处久了会产生什么？

B：人和人在一起相处久了会产生感情。

A:rén hé rén zài yì qǐ xiāng chǔ jiǔ le huì chǎn shēng shén me?
사람과 사람이 함께 오래 지내면 무엇이 생겨요?
B:rén hé rén zài yì qǐ xiāng chǔ jiǔ le huì chǎn shēng gǎn qín

梦想中国语 会话

A：在路边看到一只可怜的小狗你会有什么心情？

B：我会对小狗产生同情心。

A:zài lù biān kàn dào yì zhī kě lián de xiǎo gǒu nǐ huì yǒu shén me xīn qíng?

길가에 불쌍한 강아지를 보면 어떤 기분이 들어요?

B:wǒ huì duì xiǎo gǒu chǎn shēng tóng qíng xīn.

강아지에 대한 동정심이 생겨요.

47 朝 cháo

~를 향하여. ~쪽으로

A：去超市怎么走？

B：沿着小河一直朝东走，10分钟左右就到了。

A:qù chāo shì zěn me zǒu?

슈퍼에 어떻게 가요?

B:yán zhe xiǎo hé yì zhí cháo dōng zǒu,10 fēn zhōng zuǒ yòu jiù dào le.

작은 강을 따라 계속 동쪽으로 가다 10분 정도면 도착할 거예요.

A：你朝谁发过火？

B：我朝妹妹发过火。

A:nǐ cháo shuí fā guò huǒ?

누구에게 화를 낸 적이 있어요?

B:wǒ cháo mèi mei fā guò huǒ.

저는 여동생에게 화를 낸 적이 있어요.

48 彻底 chèdǐ

철저하다. 철저히 하다

A：你多久彻底打扫一次房间？

B：我一周彻底打扫一次房间。

A:nǐ duō jiǔ chè dǐ dǎ sǎo yí cì fáng jiān?

얼마만에 제대로 한 번 방을 청소해요?

B:wǒ yì zhōu chè dǐ dǎ sǎo yí cì fáng jiān.

일주일에 한 번씩 철저히 방을 청소해요.

A：你彻底改掉过什么坏习惯？

B：我彻底改掉过睡懒觉的坏习惯。

A:nǐ chè dǐ gǎi diào guò shén me huài xí guàn?

무슨 나쁜 습관을 철저히 고친 적이 있어요?

B:wǒ chè dǐ gǎi diào guò shuì lǎn jiào de huài xí guàn.

저는 늦잠을 자는 나쁜 습관을 철저히 고친 적이 있어요.

A：要想获得好的考试成绩应该怎么做？

B：要彻底理解平时所学的知识。

A:yào xiǎng huò dé hǎo de kǎo shì chéng jì yīng gāi zěn me zuò?

좋은 성적을 얻으려면 어떻게 해야 해요?

B:yào chè dǐ lǐ jiě píng shí suǒ xué de zhī shi.
평소에 배운 지식을 철저히 이해해야 해요.

49 沉默 chénmò

과묵하다. 말이 적다. 침묵하다.

A：你是一个沉默寡言的人吗？

A:nǐ shì yí gè chén mò guǎ yán de rén ma?
당신은 말수가 적은 사람이에요?

B：我不是一个沉默寡言的人。

B:wǒ bú shì yí gè chén mò guǎ yán de rén.
저는 말수가 적은 사람이 아니에요.

A："沉默是金"是什么意思？

A:chén mò shì jīn shì shén me yì si?
"침묵은 금"은 무슨 뜻이에요?

B：指不常说话的人易取得成功。

B:zhǐ bù cháng shuō huà de rén yì qǔ dé chéng gōng.
말을 자주 안 하는 사람이 더 성공을 하기 쉬워요.

A："不在沉默中爆发，就在沉默中灭亡。" 作者是谁？

A:bú zài chén mò zhōng bào fā,jiù zài chén mò zhōng miè wáng. Zuò zhě shì shuí?
"침묵 속에 폭발하지 않으면 침묵 속에 멸망한다."란 말을 한 작가는 누구예요?

B：中国著名文学家鲁迅。

B:zhōng guó zhù míng wén xué jiā lǔ xùn.
중국의 유명한 문학가 루쉰이에요.

50 趁 chèn

(시간, 기회를) 틈타다.

A：趁年轻，我们应该多做什么？

A:chèn nián qīng, wǒ men yīng gāi duō zuò shén me?
젊은 때, 우리는 무엇을 많이 해야 해요?

B：多学习，多旅游，多交往朋友。

B:duō xué xí, duō lǚ yóu, duō jiāo wǎng péng you.
공부와 여행을 많이 하며 친구를 많이 사귀어야 해요.

A：妈妈趁家人不在家的时候会做什么？

A:mā ma chèn jiā rén bú zài jiā de shí hòu huì zuò shén me?
엄마가 가족들이 집에 없는 틈을 타서 무엇을 해요?

B：打扫房间和洗衣服。

B:dǎ sǎo fáng jiān hé xǐ yī fu.
방을 청소하고 빨래해요.

A：饭桌上我们经常会听到什么礼貌话？

A:fàn zhuō shàng wǒ men jīng cháng huì tīng dào shén me lǐ mào huà?
우리는 밥상에서 무슨 예의 바른 말을 자주 들어요?

B：快点趁热吃，快点趁热吃。

梦想中国语 会话

B:kuài diǎn chèn rè chī, kuài diǎn chèn rè chī.

식기 전에 어서 드세요.

51 称 chēng

부르다. 칭하다

A：请问怎么称呼你？

A:qǐng wèn zěn me chēng hu nǐ?

실례하지만 어떻게 불러 드릴까요?

B：请叫我小明就可以。

B:qǐng jiào wǒ xiǎo míng jiù kě yǐ.

샤오명이라고 부르시면 돼요.

A：写作文一般使用第几人称？

A:xiě zuò wén yì bān shǐ yòng dì jǐ rén chēng?

보통 글을 쓸 때 어떤 인칭을 사용하나요?

B：一般使用第一人称。

B:yì bān shǐ yòng dì yī rén hēng.

보통 제1인칭을 사용해요.

A：中国乐器之首是什么？

A:zhōng guó yuè qì zhī shǒu shì shén me?

중국 악기의 우두머리가 무엇이에요?

B：鼓被称为中国乐器之首。

B:gǔ bèi chēng wéi zhōng guó yuè qì zhī shǒu.

북은 중국 악기의 우두머리라고 불려요.

52 成果 chéngguǒ

성과. 결과자신의 성과, 일반적인 성과를 말할 때 씀l

A：我们为什么要爱惜粮食？

A:wǒ men wèi shén me yào ài xī liáng shi?

우리는 식량을 왜 소중히 여겨야 하나요?

B：爱惜粮食就是尊重农民的劳动成果。

B:ài xī liáng shi jiù shì zūn zhòng nóng mín de láo dòng chéng guǒ.

식량을 소중히 여기는 것은 농민의 노동 성과를 존중하는 것이기 때문이에요.

A：人生最大的快乐是什么？

A:rén shēng zuì dà de kuài lè shì shén me?

인생에서 제일 큰 즐거움은 무엇이에요?

B：自己的劳动得到了成果。

B:zì jǐ de láo dòng dé dào le chéng guǒ.

자기의 노동으로 성과를 얻는 것이에요.

A：科技发展的成果有哪些？

A:kē jì fā zhǎn de chéng guǒ yǒu nǎ xiē?

과학 기술 발전의 성과에는 어떤 것들이 있나요?

B：手机，电脑，机器人等。

B:shǒu jī,diàn nǎo,jī qì rén děng.

휴대폰, 컴퓨터, 로봇 등이 있어요.

53 成就 chéngjiù

성취. 성과[존대의 의미로 남의 성과를 평가할 때 씀]

A：你想在哪方面有所成就？
A:nǐ xiǎng zài nǎ fāng miàn yǒu suǒ chéng jiù?
당신은 어느 방면에서 성과를 올리고 싶나요?

B：我想在语言方面有所成就。
B:wǒ xiǎng zài yǔ yán fāng miàn yǒu suǒ chéng jiù.
저는 언어 방면에서 성과를 올리고 싶어요.

A：你什么时候最有成就感？
A:nǐ shén me shí hòu zuì yǒu chéng jiù gǎn?
당신은 언제 성취감을 가장 많이 느꼈나요?

B：我考试考了100分的时候最有成就感。
B:wǒ kǎo shì kǎo le 100 fēn de shí hòu zuì yǒu chéng jiù gǎn.
저는 시험에서 100점을 받았을 때 성취감을 가장 많이 느꼈어요.

A：是什么成就了今天的你？
A:shì shén me chéng jiù le jīn tiān de nǐ?
오늘의 당신은 어떻게 이루어진 거예요?

B：对过去的总结，对未来的坚持，成就了今天的我。
B:duì guò qù de zǒng jié,duì wèi lái de jiān chí,chéng jiù le jīn tiān de wǒ.
과거에 대한 성찰과 미래에 대한 끈기가 오늘의 저를 이루어냈어요.

54 成立 chénglì

**(조직·기구 등을)창립하다. 결성하다.
(나라, 정권, 기관 등을) 세워지다.**

A：中华人民共和国什么时候成立的？
A:zhōng huá rén mín gòng hé guó shén me shí hòu chéng lì de?
중화 인민 공화국은 언제 설립되었나요?

B：1949年10月1日。
B:1949nián 10yuè 1rì.
1949년 10월 1일이에요.

A：成立新公司之前要做哪些准备？
A:chéng lì xīn gōng sī zhī qián yào zuò nǎ xiē zhǔn bèi?
새로운 회사를 설립하기 전에 어떤 준비를 해야 하나요?

B：首先，需要获得各项审批。
B:shǒu xiān,xū yào huò dé gè xiàng shěn pī.
우선 각종 심사 허가를 받아야 해요.

55 成长 chéngzhǎng

성장하다. 자라다.

A：成长的路上充满了什么？
A:chéng zhǎng de lù shàng chōng mǎn le shén me?
성장하는 과정에는 무엇이 가득한가요?

梦想中国语 会话

B：酸甜苦辣。
B:suān tián kǔ là.
고난과 역경이요.

A："孟母三迁"这个典故说明了什么？
A:"mèng mǔ sān qiān'zhè gè diǎn gù shuō míng le shén me?
맹모삼천이라는 고사는 무엇을 증명했어요?

B：环境对人的成长有重要作用。
B:huán jìng duì rén de chéng zhǎng yǒu zhòng yào zuò yòng.
환경은 인간의 성장에 중요한 역할을 한다는 것을 증명했어요.

A：在你的成长过程中，谁对你的影响最大？
A:zài nǐ de chéng zhǎng guò chéng zhōng,shuí duì nǐ de yǐng xiǎng zuì dà?
당신의 성장 과정 중에 누가 당신에게 가장 큰 영향을 주었어요?

B：我的妈妈。
B:wǒ de mā ma.
우리 엄마요.

56 诚恳 chéngkěn   진실하다. 간절하다.

A：都是我不好，对不起。
A:dōu shì wǒ bù hǎo,duì bù qǐ.
다 제 탓이에요, 죄송해요.

B：看在你这么诚恳的份儿上，我就原谅你吧！
B:kàn zài nǐ zhè me chéng kěn de fèn ér shàng,wǒ jiù yuán liàng nǐ ba!
당신이 이렇게 간절한 처지에 있으니, 용서할게요!

A：请别人帮忙的时候应该怎么做？
A:qǐng bié rén bāng máng de shí hòu yīng gāi zěn me zuò?
다른 사람의 도움을 구할 때 어떻게 해야 되나요?

B：应该态度诚恳地去请求。
B:yīng gāi tài dù chéng kěn de qù qǐng qiú.
진실한 태도로 부탁해야 돼요.

A：你爸爸是一个怎样的人？
A:nǐ bà ba shì yí gè zěn yàng de rén?
당신의 아버지는 어떤 분이에요?

B：为人厚道，待人诚恳。
B:wéi rén hòu dào,dài rén chéng kěn.
사람됨이 너그럽고 관대하여, 남을 솔직하게 대하는 분이에요.

57 承担 chéngdān   맡다, 감당하다

A：做了错事该怎么办？
A:zuò le cuò shì gāi zěn me bàn?

B：应该勇于承担责任。

실수를 했으면 어떻게 해야 하나요?

B:yīng gāi yǒng yú chéng dān zé rèn.

용감하게 책임을 져야 해요.

A：做生意容易吗？

A:zuò shēng yì róng yì ma?

장사를 하는 건 쉬워요?

B：做生意难免要承担风险。

B:zuò shēng yì nán miǎn yào chéng dān fēng xiǎn.

장사를 하면 위험을 감수하는 것을 피할 수 없어요.

A：你妈妈上班吗？

A:nǐ mā ma shàng bān ma?

당신 어머니께서는 직장에 다니세요?

B：我妈妈不仅上班，还承担着繁重的家务劳动。

B:wǒ mā ma bù jǐn shàng bān,hái chéng dān zhe fán zhòng de jiā wù láo dòng.

직장일 뿐만 아니라, 고된 집안 일도 맡고 계세요.

58 承认 chéngrèn

인정하다.

A：你为什么总是不听妈妈的话？

A:nǐ wèi shén me zǒng shì bù tīng mā ma de huà?

어째서 늘 어머니의 말을 듣지 않아요?

B：我承认是妈妈把我惯坏了。

B:wǒ chéng rèn shì mā ma bǎ wǒ guàn huài le.

엄마가 제 버릇이 잘못 들였다는 걸 인정해요.

A：你喜欢唱歌吗？

A:nǐ xǐ huān chàng gē ma?

당신은 노래 부르는 것을 좋아해요?

B：是的，我承认我是个麦霸。

B:shì de,wǒ chéng rèn wǒ shì gè mài bà.

네, 저는 노래방에서 마이크를 한 번 잡으면 놓지 않을 정도로 좋아해요.

A：你会喝酒吗？

A:nǐ huì hē jiǔ ma?

당신은 술 마실 줄 알아요?

B：我承认我会喝酒，但是我很讨厌喝酒。

B:wǒ chéng rèn wǒ huì hē jiǔ,dàn shì wǒ hěn tǎo yàn hē jiǔ.

저는 마실 줄 알지만 술 마시기 싫어요.

59 承受 chéngshòu

견뎌 내다. 받아들이다.

A：我们应该学会承受什么？

A:wǒ men yīng gāi xué huì chéng shòu shén me?

우리는 무엇을 받아들이는 걸 배워야 하나요?

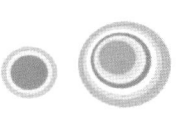
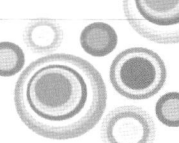

梦想中国语 会话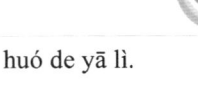

B：生活的压力。
B:shēng huó de yā lì.
생활에서 받는 스트레스요.

A：你可以承受什么痛苦？
A:nǐ kě yǐ chéng shòu shén me tòng kǔ?
당신은 어떤 고통을 견딜 수 있나요?

B：失恋的痛苦。
B:shī liàn de tòng kǔ.
실연의 아픔이요.

A：你的心理承受能力强吗？
A:nǐ de xīn lǐ chéng shòu néng lì qiáng ma?
당신의 인내심(심리 감당 능력)이 강해요?

B：我的心理承受能力很强。
B:wǒ de xīn lǐ chéng shòu néng lì hěn qiáng.
저는 인내심이 매우 강해요.

A：你无法承受什么痛苦？
A:nǐ wú fǎ chéng shòu shén me tòng kǔ?
당신은 어떤 고통을 견딜 수 없어요?

B：我无法承受失去亲人的痛苦。
B:wǒ wú fǎ chéng shòu shī qù qīn rén de tòng kǔ.
저는 가족을 잃는 아픔을 견딜 수가 없어요.

60 吃亏 chīkuī
손해를 보다. 손실을 입다

A："不听老人言"后果是什么？
A:"bù tīng lǎo rén yán"hòu guǒ shì shén me?
어르신의 말을 듣지 않은 결과는 무엇이에요?

B："吃亏在眼前"。
B:"chī kuī zài yǎn qián'.
눈앞에서 손해를 보는 것이에요.

A：怎样工作不会吃亏？
A:zěn yàng gōng zuò bú huì chī kuī?
어떻게 일을 하면 손해를 보지 않아요?

B：诚实细心地工作是不会吃亏的。
B:chéng shí xì xīn de gōng zuò shì bú huì chī kuī de.
성실하고 세심하게 일하면 손해를 보지 않을 것이에요.

A：说实话会吃亏吗？
A:shuō shí huà huì chī kuī ma?
솔직한 말을 하면 손해 볼까요?

B：说实话不会吃亏，但说谎话迟早会吃亏的。
B:shuō shí huà bú huì chī kuī,dàn shuō huǎng huà chí zǎo huì chī kuī de.
솔직한 말을 하면 손해를 보지 않지만, 거짓말을 하면 조만간 손해를 볼 것이에요.

梦想中国语 会话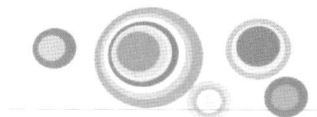

A：你买东西的时候吃过亏吗？

B：我买衣服的时候吃过亏。

A: nǐ mǎi dōng xī de shí hòu chī guò kuī ma?
당신은 물건을 살 때 손해를 본 적이 있나요?

B: wǒ mǎi yī fu de shí hòu chī guò kuī.
저는 옷을 살 때 손해를 본 적이 있어요.

61 持续 chíxù

지속하다.

A：雨季的时候，雨会持续下多久？

B：一个月左右。

A: yǔ jì de shí hòu, yǔ huì chí xù xià duō jiǔ?
장마 때 비가 얼마 동안 계속해서 올까요?

B: yí gè yuè zuǒ yòu.
한 달 정도요.

A：怎样才能一直保持优秀的成绩？

B：持续不断地努力。

A: zěn yàng cái néng yì zhí bǎo chí yōu xiù de chéng jì?
어떻게 해야 우수한 성적을 유지할 수 있어요?

B: chí xù bú duàn de nǔ lì.
끊임없이 노력해야 돼요.

A：近几年物价有什么变化？

B：物价持续上涨。

A: jìn jǐ nián wù jià yǒu shén me biàn huà?
최근 몇 년 동안 물가에는 어떤 변화가 있어요?

B: wù jià chí xù shàng zhǎng.
물가가 지속적으로 오르고 있어요.

A：你发高烧最严重持续几天？

B：三天。

A: nǐ fā gāo shāo zuì yán zhòng chí xù jǐ tiān?
고열이 제일 심하게 났을 때 며칠 동안 아팠어요?

B: sān tiān.
3일이요.

62 冲 chōng

(물로)씻어 내다. 돌진하다.

A：饭前怎么做比较讲卫生？

B：饭前冲洗一下手。

A: fàn qián zěn me zuò bǐ jiào jiǎng wèi shēng?
밥을 먹기 전에 어떻게 해야 위생적이에요?

B: fàn qián chōng xǐ yí xià shǒu.
밥을 먹기 전에 손을 씻어야 돼요.

A：夏天很热该怎么办？

A: xià tiān hěn rè gāi zěn me bàn?
여름에 더우면 어떻게 해야 돼요?

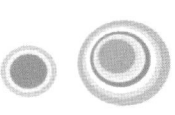
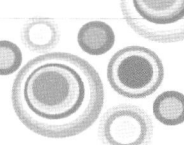

梦想中国语 会话

B：我每天都会冲个凉水澡。
B:wǒ měi tiān dōu huì chōng ge liáng shuǐ zǎo.
저는 매일 찬물로 목욕해요.

A：你早饭一般吃什么？
A:nǐ zǎo fàn yì bān chī shén me?
당신은 보통 아침으로 무엇을 먹어요?

B：我一般冲一袋儿燕麦片。
B:wǒ yì bān chōng yí dàir yàn mài piàn.
저는 보통 오트밀 한 봉지를 타 먹어요.

A：上学快迟到的时候你会怎么办？
A:shàng xué kuài chí dào de shí hòu nǐ huì zěn me bàn?
학교에 곧 지각하게 생겼을 때 어떻게 할 거예요?

B：我会飞快地冲出家门，打出租车。
B:wǒ huì fēi kuài de chōng chū jiā mén, dǎ chū zū chē.
저는 재빠르게 집 밖으로 나가서 택시를 부를 거예요.

63 充分 chōngfèn　　　　충분하다. 충분히

A：怎样获得充分的自信？
A:zěn yàng huò dé chōng fèn de zì xìn?
어떻게 해야 충분한 자신감을 얻을 수 있을까요?

B：正确地评价自我，接受真实的自己。
B:zhèng què de píng jià zì wǒ, jiē shòu zhēn shí de zì jǐ.
정확하게 자기 평가를 하고 진실한 자신을 받아들여요.

A：我们应该怎样利用时间？
A:wǒ men yīng gāi zěn yàng lì yòng shí jiān?
우리는 시간을 어떻게 이용해야 해요?

B：我们应该充分利用时间。
B:wǒ men yīng gāi chōng fèn lì yòng shí jiān.
우리는 시간을 충분히 이용해야 해요.

A：HSK考试你准备得怎么样了？
A:HSK kǎo shì nǐ zhǔn bèi de zěn me yàng le?
HSK 시험 준비가 어떻게 되고 있어요?

B：我已经做好充分的准备了。
B:wǒ yǐ jīng zuò hǎo chōng fèn de zhǔn bèi le.
저는 이미 충분한 준비를 했어요.

A：自信对我们有什么重要意义？
A:zì xìn duì wǒ men yǒu shén me zhòng yào yì yì?
자신감은 우리에게 어떤 중요한 의미가 있나요?

B：自信是我们充分相信自己，并朝着目标不断努力的原动力。
B:zì xìn shì wǒ men chōng fèn xiāng xìn zì jǐ, bìng cháo zhe mù biāo bú duàn nǔ lì de yuán dòng lì.
자신감은 우리가 자신에 대해 충분히 믿음을 갖고 목표를 향해 끊임없이 노력하게 하는 원동력이에요.

64 充满 chōngmǎn

가득 퍼지다. 가득 차다. 넘치다.

A：你的眼里为什么充满了泪水？
A:nǐ de yǎn lǐ wèi shén me chōng mǎn le lèi shuǐ?
당신의 눈에는 왜 눈물이 가득하나요?

B：这部电影让我很感动。
B:zhè bù diàn yǐng ràng wǒ hěn gǎn dòng.
이 영화는 저를 매우 깊이 감동시켰어요.

A：家是一个怎样的地方？
A:jiā shì yí gè zěn yàng de dì fāng?
집은 어떤 곳인가요?

B：家是一个充满爱的地方。
B:jiā shì yí gè chōng mǎn ài de dì fāng.
집은 사랑이 넘치는 곳이에요.

A：现实社会充满了什么？
A:xiàn shí shè huì chōng mǎn le shén me?
현실 사회에는 무엇으로 가득 찼어요?

B：诱惑和选择。
B:yòu huò hé xuǎn zé.
유혹과 선택이요.

A：教室里为什么有一股香香的味道？
A:jiào shì lǐ wèi shén me yǒu yì gǔ xiāng xiāng de wèi dào?
교실에서 왜 좋은 냄새가 나요?

B：因为有个女同学喷了香水。
B:yīn wèi yǒu gè nǚ tóng xué pēn le xiāng shuǐ.
한 여학생이 향수를 뿌렸어요.

65 重复 chóngfù

(같은 일을)반복하다. 중복하다. 반복되다.

A：重要的内容老师会重复讲几遍？
A:zhòng yào de nèi róng lǎo shī huì chóng fù jiǎng jǐ biàn?
선생님께서는 중요한 내용을 몇 번 되풀이하시나요?

B：老师会重复讲两遍。
B:lǎo shī huì chóng fù jiǎng liǎng biàn.
두 번이요.

A：你每天重复做什么事情？
A:nǐ měi tiān chóng fù zuò shén me shì qíng?
당신은 매일 무슨 일을 반복해요?

B：我每天重复做运动。
B:wǒ měi tiān chóng fù zuò yùn dòng.
저는 매일 운동을 반복해요.

A：什么事情不可以重复？
A:shén me shì qíng bù kě yǐ chóng fù?
무슨 일이 되풀이되어서는 안 돼요?

B：相同的错误不可以重复。
B:xiāng tóng de cuò wù bù kě yǐ chóng fù.
같은 잘못을 반복하면 안 돼요.

A：怎样实现目标？
A:zěn yàng shí xiàn mù biāo?
어떻게 해야 목표를 달성할 수 있어요?

B：第一要专注，第二要重复。
B:dì yī yào zhuān zhù, dì èr yào chóng fù.
첫째는 집중해야 하고, 둘째는 반복해야 해요.

66 出色 chūsè

대단히 뛰어나다. 특출 나다. 훌륭하다

A：你能出色地完成老师布置的任务吗？
A:nǐ néng chū sè de wán chéng lǎo shī bù zhì de rèn wù ma?
선생님이 맡기신 임무를 훌륭하게 수행할 수 있어요?

B：我能出色地完成老师布置的任务。
B:wǒ néng chū sè de wán chéng lǎo shī bù zhì de rèn wù.
저는 훌륭하게 수행할 수 있어요.

A：你在哪方面比较出色？
A:nǐ zài nǎ fāng miàn bǐ jiào chū sè?
당신은 어느 방면에서 좀 뛰어나요?

B：我在外语方面比较出色。
B:wǒ zài wài yǔ fāng miàn bǐ jiào chū sè.
저는 외국어 방면에서 좀 뛰어나요.

A：你的梦想是什么？
A:nǐ de mèng xiǎng shì shén me?
당신의 꿈이 무엇이에요?

B：我想成为一名出色的翻译家。
B:wǒ xiǎng chéng wéi yì míng chū sè de fān yì jiā.
저는 훌륭한 번역가가 되고 싶어요.

A：怎样留住一个人的心？
A:zěn yàng liú zhù yí gè rén de xīn?
사람의 마음을 어떻게 사로잡을 수 있나요?

B：活得出色和漂亮！
B:huó dé chū sè hé piào liàng!
훌륭하고 멋지게 살아요!

67 出席 chūxí

(회의, 모임에) 참가하다. 출석하다.

A：爸爸明天要坐飞机去哪里？
A:bà ba míng tiān yào zuò fēi jī qù nǎ lǐ?
아빠는 내일 비행기를 타고 어디로 가요?

B：爸爸要去中国出席一个重要的国际会议。
B:bà ba yào qù zhōng guó chū xí yí gè zhòng yào de guó jì huì yì.
아빠는 중국에 가서 중요한 국제 회의에 참석해야 돼요.

梦想中国语 会话

A：谁出席了开学典礼？

B：校长出席了开学典礼。

A:shuí chū xí le kāi xué diǎn lǐ?

개학식에 누가 참석했어요?

B:xiào zhǎng chū xí le kāi xué diǎn lǐ.

교장이 개학식에 출석했어요.

A：爸爸妈妈出席过谁的婚礼？

B：爸爸妈妈出席了表姐的婚礼。

A:bà ba mā ma chū xí guò shuí de hūn lǐ?

아빠와 엄마는 누구의 결혼식에 참석한 적이 있어요?

B:bà ba mā ma chū xí le biǎo jiě de hūn lǐ.

사촌 언니의 결혼식에 참석한 적이 있어요.

A：谁出席了你的毕业典礼？

B：妈妈出席了我的毕业典礼。

A:shuí chū xí le nǐ de bì yè diǎn lǐ?

누가 당신의 졸업식에 참석했어요?

B:mā ma chū xí le wǒ de bì yè diǎn lǐ.

우리 엄마가 제 졸업식에 참석했어요.

68 除 chú

~를 제외하고 ~이외에

A：除了汉语，你还会说哪些外国语？

B：英语和日语。

A:chú le hàn yǔ,nǐ hái huì shuō nǎ xiē wài guó yǔ?

중국어 이외에 어떤 외국어를 할 줄 알아요?

B:yīng yǔ hé rì yǔ.

영어와 일본어요.

A：教室里除了你以外还有几个人？

B：除了我，还有两个人。

A:jiào shì lǐ chú le nǐ yǐ wài hái yǒu jǐ gè rén?

교실에 당신을 제외하고 또 몇 명이 있나요?

B:chú le wǒ,hái yǒu liǎng gè rén.

저를 제외하고 또 두 명이 있어요.

A：除春节外，你还喜欢哪个节日？

B：我还喜欢中秋节。

A:chú chūn jié wài,nǐ hái xǐ huān nǎ gè jié rì?

설날 말고 당신은 또 어떤 명절을 좋아해요?

B:wǒ hái xǐ huān zhōng qiū jié.

저는 추석도 좋아해요.

A：周末你除了做作业，还做什么？

B：周末我还彻底打扫一下房间。

A:zhōu mò nǐ chú le zuò zuò yè,hái zuò shén me?

주말에 당신은 숙제를 하는 것 외에 또 무엇을 해요?

B:zhōu mò wǒ hái chè dǐ dǎ sǎo yí xià fáng jiān.

梦想中国语 会话

주말에 저는 방을 깨끗이 청소하기도 해요.

69 除非 chúfēi

오직 ~하여야. ~한다면 몰라도

A："若要人不知，除非己莫为。"说明了什么？

A:"ruò yào rén bù zhī,chú fēi jǐ mò wéi."shuō míng le shén me？

'남이 모르게 하려면 아예 일을 저지르지 마라'라는 말은 무엇을 설명했어요?

B：干了坏事是隐瞒不住的。

B:gàn le huài shì shì yīn mán bú zhù de.

나쁜 짓을 하고서 사람을 속일 수는 없어요.

A：怎样才能考上大学？

A:zěn yàng cái néng kǎo shàng dà xué？

어떻게 해야만 대학에 합격할 수 있어요?

B：除非努力学习，否则无论复读几次都考不上的。

B:chú fēi nǔ lì xué xí,fǒu zé wú lùn fù dú jǐ cì dōu kǎo bú shàng de.

오직 열심히 공부해야지, 아니면 몇 번 재수해도 합격하지 못할 거예요.

A：你的人生信念是什么？

A:nǐ de rén shēng xìn niàn shì shén me？

당신의 인생 신념은 무엇이에요?

B：除非我自己放弃了，否则我永远不会被打败！

B:chú fēi wǒ zì jǐ fàng qì le,fǒu zé wǒ yǒng yuǎn bú huì bèi dǎ bài！

제가 스스로 포기하지 않는다면 저는 영원히 패배하지 않을 것이에요!

A：爸爸经常发火吗？

A:bà ba jīng cháng fā huǒ ma？

아빠는 자주 화를 내요?

B：爸爸不经常发火，除非我犯了大错。

B:bà ba bù jīng cháng fā huǒ,chú fēi wǒ fàn le dà cuò.

제가 큰 실수를 한다면 몰라도 아빠는 자주 화를 내지 않아요.

70 传播 chuánbō

널리 퍼뜨리다. 전파하다. 유포하다

A：蜜蜂在花丛中做什么？

A:mì fēng zài huā cóng zhōng zuò shén me？

꿀벌은 꽃밭에서 무엇을 해요?

B：蜜蜂在花丛中传播花粉。

B:mì fēng zài huā cóng zhōng chuán bō huā fěn.

꿀벌은 꽃 사이에서 꽃가루를 전파시키고 있어요.

A：声音在真空中可以传播吗？

A:shēng yīn zài zhēn kōng zhōng kě yǐ chuán bō ma？

소리가 진공에서 전파될 수 있을까요?

B：声音不可以在真空中传播。

B:shēng yīn bù kě yǐ zài zhēn kōng zhōng chuán bō.

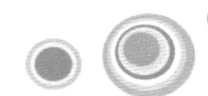

梦想中国语 会话

A：教师的职责是什么？

B：传播知识。

A:jiào shī de zhí zé shì shén me?
교사의 직책은 무엇입니까?

B:chuán bō zhī shi.
지식을 전하는 것이에요.

A：文化传播的方式有哪些？

B：商业贸易、人口迁徙和教育。

A:wén huà chuán bō de fāng shì yǒu nǎ xiē?
문화를 전파하는 방식에는 어떤 것이 있어요?

B:shāng yè mào yì,rén kǒu qiān xǐ hé jiào yù.
상업 무역, 인구 이동, 교육이 있어요.

71 传递 chuándì (차례차례) 전달하다. 전하다

A：手机的作用是什么？

B：手机是我们传递信息的工具。

A:shǒu jī de zuò yòng shì shén me?
핸드폰의 역할은 무엇이에요?

B:shǒu jī shì wǒ men chuán dì xìn xī de gōng jù.
핸드폰은 우리가 메시지를 전달하는 도구예요.

A：你看过奥运圣火的传递吗？

B：我在电视上看过，很壮观。

A:nǐ kàn guò ào yùn shèng huǒ de chuán dì ma?
당신은 올림픽 성화 봉송을 본 적이 있어요?

B:wǒ zài diàn shì shàng kàn guò,hěn zhuàng guān.
저는 텔레비전에서 본 적이 있어요, 매우 장관이에요.

A：歌声可以传递什么？

B：快乐与忧伤。

A:gē shēng kě yǐ chuán dì shén me?
노래는 무엇을 전달할 수 있어요?

B:kuài lè yǔ yōu shāng.
기쁨과 슬픔을 전달할 수 있어요.

A：春节的时候人们为什么发短信拜年？

B：因为短信可以传递对亲朋好友的祝福。

A:chūn jié de shí hòu rén men wèi shén me fā duǎn xìn bài nián?
설날에 사람들이 왜 문자 메시지로 신년 인사를 보내요?

B:yīn wèi duǎn xìn kě yǐ chuán dì duì qīn péng hǎo yǒu de zhù fú.
문자 메시지는 친지들에게 안부 인사를 전달해줄 수 있기 때문이에요.

72 传染 chuánrǎn 전염하다. 감염하다

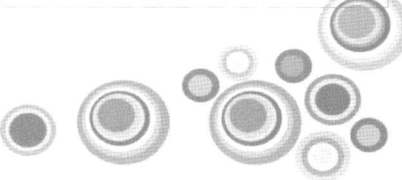

梦想中国语 会话

A：你怎么突然感冒了？

B：我的同学感冒了，不久传染给我了。

A:nǐ zěn me tū rán gǎn mào le?
당신은 왜 갑자기 감기에 걸렸나요?

B:wǒ de tóng xué gǎn mào le, bù jiǔ chuán rǎn gěi wǒ le.
동창이 감기에 걸려서 저도 바로 전염되었어요.

A：怎样预防传染病？

B：打预防针可以有效预防传染病。

A:zěn yàng yù fáng chuán rǎn bìng?
전염병을 어떻게 예방해요?

B:dǎ yù fáng zhēn kě yǐ yǒu xiào yù fáng chuán rǎn bìng.
예방 주사를 놓으면 전염병을 효과적으로 예방할 수 있어요.

A：传染病会通过哪些途径传播？

B：空气、飞沫、接触等途径。

A:chuán rǎn bìng huì tōng guò nǎ xiē tú jìng chuán bō?
전염병은 어떤 경로를 통해 전파될 수 있어요?

B:kōng qì, fēi mò, jiē chù děng tú jìng.
공기, 비말, 접촉 등의 경로를 통해 전파될 수 있어요.

A：不幸患上传染病应该怎么办？

B：应该接受隔离治疗。

A:bú xìng huàn shàng chuán rǎn bìng yīng gāi zěn me bàn?
불행하게도 전염병에 걸리면 어떻게 해야 해요?

B:yīng gāi jiē shòu gé lí zhì liáo.
격리 치료를 받아야 해요.

73 创造 chuàngzào

창조하다. 만들다

A：谁创造了历史？

B：人民群众是历史的创造者。

A:shuí chuàng zào le lì shǐ?
누가 역사를 창조했어요?

B:rén mín qún zhòng shì lì shǐ de chuàng zào zhě.
국민이 역사의 창조자예요.

A：一个企业怎样才能一直保持盈利？

B：与时俱进，不断地创造新产品。

A:yí gè qǐ yè zěn yàng cái néng yì zhí bǎo chí yíng lì?
기업이 어떻게 해야 계속해서 이윤을 얻을 수 있어요?

B:yǔ shí jù jìn, bú duàn de chuàng zào xīn chǎn pǐn.
시대와 같이 전진하고 계속 신제품을 창조해야 돼요.

A：普通人怎样实现人生的价值？

B：在平凡的岗位创造出不平凡的业绩。

A:pǔ tōng rén zěn yàng shí xiàn rén shēng de jià zhí?
보통 사람들은 인생의 가치를 어떻게 실현해야 하나요?

B:zài píng fán de gǎng wèi chuàng zào chū bù píng fán de yè jì.

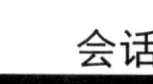
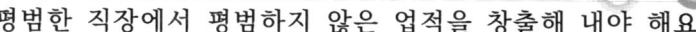

평범한 직장에서 평범하지 않은 업적을 창출해 내야 해요.

A：爱迪生发明创造了什么？

B：爱迪生发明创造了电灯。

A:ài dí shēng fā míng chuàng zào le shén me?
에디슨이 무엇을 발명·창조했어요?

B:ài dí shēng fā míng chuàng zào le diàn dēng.
에디슨이 전등을 창조를 했어요.

74 吹 chuī

불다. (입으로) 바람을 불다

A：你会吹口哨吗？

B：我不会吹口哨。

A:nǐ huì chuī kǒu shào ma?
당신은 휘파람을 불 줄 알아요?

B:wǒ bú huì chuī kǒu shào.
저는 휘파람을 못 불어요.

A：什么人的话不能相信？

B：爱吹牛皮的人的话不能相信。

A:shén me rén de huà bù néng xiāng xìn?
어떤 사람의 말을 믿을 수가 없어요?

B:ài chuī niú pí de rén de huà bù néng xiāng xìn.
허풍을 떠는 사람의 말을 믿을 수가 없어요.

A：路边的小树怎么折断了？

B：树枝昨晚被大风吹断了。

A:lù biān de xiǎo shù zěn me zhé duàn le?
길가의 작은 나무가 어쩌다가 꺾였어요?

B:shù zhī zuó wǎn bèi dà fēng chuī duàn le.
어젯밤 강한 바람에 의해 나뭇가지가 꺾였어요.

A：她怎么看起来不开心？

B：她刚和新交的男朋友吹了。

A:tā zěn me kàn qǐ lái bù kāi xīn?
그녀는 어째서 기분이 안 좋아 보여요?

B:tā gāng hé xīn jiāo de nán péng you chuī le.
그녀는 새로운 사귄 남자 친구와 헤어졌어요.

75 此外 cǐwài

이 외에, 이 밖에.

A：怎样才能学好中文？

B：只有下功夫多读多练，
此外没有别的办法。

A:zěn yàng cái néng xué hǎo zhōng wén?
어떻게 해야 중국어를 잘 배울 수 있어요?

B:zhǐ yǒu xià gōng fu duō dú duō liàn,cǐ wài méi yǒu bié de bàn fǎ.
공을 들여 많이 읽고 연습해야 돼요, 그밖에 다른 방법이 없어요.

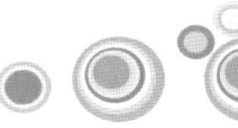

梦想中国语 会话

A：怎样做一个好学生？

B：上课认真听讲，此外还要积极完成作业。

A:zěn yàng zuò yí gè hǎo xué shēng？
어떻게 하면 좋은 학생이 될 수 있을까요?

B:shàng kè rèn zhēn tīng jiǎng,cǐ wài hái yào jī jí wán chéng zuò yè.
수업을 진지하게 듣고, 이 밖에 또 적극적으로 숙제를 완성해야 해요.

A：饭后散步有什么好处？

B：促进肠胃消化，此外还可以减肥。

A:fàn hòu sàn bù yǒu shén me hǎo chù？
식후 산책에는 어떤 이점이 있어요?

B:cù jìn cháng wèi xiāo huà,cǐ wài hái kě yǐ jiǎn féi.
위장 소화를 촉진시키고, 이 외에 또 다이어트를 할 수 있어요.

A：你去过哪些地方旅游？

B：国内的北京、上海等大城市，此外还有海外的一些城市。

A:nǐ qù guò nǎ xiē dì fāng lǚ yóu？
당신은 어느 곳들을 여행해 보았나요?

B:guó nèi de běi jīng,shàng hǎi děng dà chéng shì,cǐ wài hái yǒu hǎi wài de yì xiē chéng shì.
중국 국내의 베이징, 상하이 등 대도시, 이 외에 또 해외의 몇몇 도시에 가 본 적이 있어요.

76 次要 cìyào

부차적인. 이차적인

A：怎样提高学习效率？

B：分清主要和次要内容，有重点地学习。

A:zěn yàng tí gāo xué xí xiào lǜ？
학습 효율을 어떻게 향상시킬 수 있어요?

B:fēn qīng zhǔ yào hé cì yào nèi róng,yǒu zhòng diǎn de xué xí.
주요한 내용과 부차적인 내용을 잘 가려서 중점적으로 공부해요.

A：刚毕业找工作时应该注意什么？

B：是否有发展前景是重要的，工资多少是次要的。

A:gāng bì yè zhǎo gōng zuò shí yīng gāi zhù yì shén me？
대학교를 막 졸업해서 직장을 구할 때 무엇을 주의해야 해요?

B:shì fǒu yǒu fā zhǎn qián jǐng shì zhòng yào de,gōng zī duō shǎo shì cì yào de.
발전 전망이 있는지가 중요하고 임금이 얼마인지는 부차적이에요.

77 刺激 cìjī

자극하다. (정신적인) 자극. 충격

A：他今天怎么浑身火药味？

A:tā jīn tiān zěn me hún shēn huǒ yào wèi？

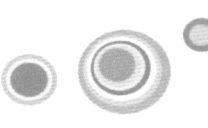

梦想中国语 会话

B：他今天好像受到什么刺激了。
B:tā jīn tiān hǎo xiàng shòu dào shén me cì jī le.
그는 오늘 무슨 사고를 겪은 것 같아요.

A：含羞草一受到刺激就会怎样？
A:hán xiū cǎo yí shòu dào cì jī jiù huì zěn yàng?
함수초가 자극을 받으면 어떻게 될 거예요?

B：它的叶子会马上缩起来。
B:tā de yè zǐ huì mǎ shàng suō qǐ lái.
잎이 바로 움츠러들 거예요.

A：这次足球比赛怎么样？
A:zhè cì zú qiú bǐ sài zěn me yàng?
이번 축구 시합은 어때요?

B：这次比赛紧张又刺激。
B:zhè cì bǐ sài jǐn zhāng yòu cì jī.
이번 시합은 긴장되고 또 자극적이에요.

A：你做过的最刺激的一件事是什么？
A:nǐ zuò guò de zuì cì jī de yí jiàn shì shì shén me?
당신이 했던 가장 자극적인 일은 무엇이에요?

B：去年旅游的时候，坐海盗船让我感到最刺激。
B:qù nián lǚ yóu de shí hòu,zuò hǎi dào chuán ràng wǒ gǎn dào zuì cì jī.
지난 해 여행 갔을 때 바이킹을 탄 것이 가장 자극적이었어요.

78 从此 cóngcǐ

이후로. 그로부터. 이로부터. 그때부터

A：那个犯人出狱后变得怎么样？
A:nà gè fàn rén chū yù hòu biàn de zěn me yàng?
그 범인은 출소한 후 어떻게 됐어요?

B：从此他改邪归正，老老实实做人。
B:cóng cǐ tā gǎi xié guī zhèng,lǎo lǎo shí shí zuò rén.
그로부터 그는 개과천선하고 성실하게 지내고 있어요.

A：如果被朋友欺骗了你会怎样？
A:rú guǒ bèi péng you qī piàn le nǐ huì zěn yàng?
친구한테 속았다면 당신은 어떻게 할 거예요?

B：从此不再相信他。
B:cóng cǐ bú zài xiāng xìn tā.
이제부터는 더 이상 그를 믿지 않겠어요.

A：她结婚后过得怎么样？
A:tā jié hūn hòu guò de zěn me yàng?
그녀는 결혼한 후 어떻게 지내고 있어요?

B：她嫁给了真爱，从此过上了幸福的生活。
B:tā jià gěi le zhēn ài,cóng cǐ guò shàng le xìng fú de shēng huó.
그녀는 진짜 사랑하는 사람과 결혼해서 그로부터 행복하게

梦想中国语 会话

79 从而 cóngér

따라서 그리하여. 그렇게 함으로써. 따라서

A：你们学校经常开展课外活动吗？

A:nǐ men xué xiào jīng cháng kāi zhǎn kè wài huó dòng ma?

당신 학교에서는 자주 방과후 활동을 하나요?

B：我们学校经常开展课外活动，从而开阔了同学们的知识面。

B:wǒ men xué xiào jīng cháng kāi zhǎn kè wài huó dòng,cóng ér kāi kuò le tóng xué men de zhī shi miàn.

우리 학교는 자주 방과후 활동을 해요, 따라서 친구들의 지식 범위도 넓어졌어요.

A：你喜欢看魔术表演吗？

A:nǐ xǐ huān kàn mó shù biǎo yǎn ma?

당신은 마술 공연을 즐겨 보나요?

B：喜欢，魔术师表演得很完美，从而让我感到很神奇。

B:xǐ huān,mó shù shī biǎo yǎn de hěn wán měi,cóng ér ràng wǒ gǎn dào hěn shén qí.

좋아해요, 마술사가 연기를 아주 완벽하게 소화했어요, 저는 그게 너무 신기해요.

A：中华餐厅的菜好吃吗？

A:zhōng huá cān tīng de cài hǎo chī ma?

중국 식당의 음식이 맛있어요?

B：中华料理有独特的风味，从而吸引了很多顾客。

B:zhōng huá liào lǐ yǒu dú tè de fēng wèi,cóng ér xī yǐn le hěn duō gù kè.

중국 요리는 독특한 맛을 가지고 있어요, 따라서 많은 고객을 끌어들였어요.

A：自信的人为什么能取得成功？

A:zì xìn de rén wèi shén me néng qǔ dé chéng gōng?

자신감 있는 사람이 왜 성공할 수 있을까요?

B：自信的人会发现自己的长处，并发扬长处，从而取得成功。

B:zì xìn de rén huì fā xiàn zì jǐ de cháng chù,bìng fā yáng cháng chù,cóng ér qǔ dé chéng gōng.

자신감을 가진 사람은 자신의 장점을 발견하고 발휘해서 성공을 거둘 수 있어요.

80 从前 cóngqián

이전. 옛날

A：现在的农村生活怎么样？

A:xiàn zài de nóng cūn shēng huó zěn me yàng?

현재의 농촌 생활은 어때요?

B：现在可不比从前了，家家都过上了好日子。

B:xiàn zài kě bù bǐ cóng qián le,jiā jiā dōu guò shàng le hǎo rì zǐ.

지금은 옛날과 달리 집집마다 좋은 생활을 누리고 있어요.

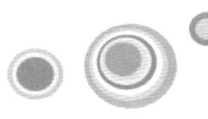

A：你比从前变化最大的地方是什么？

A:nǐ bǐ cóng qián biàn huà zuì dà de dì fāng shì shén me？

당신은 옛날과 비교했을 때 가장 큰 차이점이 무엇이에요?

B：从前的我很脆弱，现在的我很坚强。

B:cóng qián de wǒ hěn cuì ruò,xiàn zài de wǒ hěn jiān qiáng.

예전의 저는 매우 약했는데, 지금의 저는 매우 강해요.

A：你的好朋友相比从前有什么变化？

A:nǐ de hǎo péng you xiāng bǐ cóng qián yǒu shén me biàn huà？

당신의 친한 친구는 이전과 비교하면 어떤 변화가 있어요?

B：她从前相貌平平，现在长成了一个大美女。

B:tā cóng qián xiàng mào píng píng,xiàn zài zhǎng chéng le yí gè dà měi nǚ.

그녀는 이전에 용모가 매우 평범했는데, 지금은 대단한 미인이 되었어요.

A：这里从前是什么？

A:zhè lǐ cóng qián shì shén me？

여기는 옛날에 무엇이었나요?

B：这里从前是一片海，现在被人们开发为一座新城市。

B:zhè lǐ cóng qián shì yí piàn hǎi,xiàn zài bèi rén men kāi fā wéi yí zuò xīn chéng shì.

이곳은 옛날에는 바다였는데 지금은 새로운 도시로 개발되었어요.

81 从事 cóngshì

종사하다. 몸담다

A：你爸爸从事什么工作？

A:nǐ bà ba cóng shì shén me gōng zuò？

당신의 아버지는 무슨 일을 종하하세요?

B：我爸爸从事食品贸易工作。

B:wǒ bà ba cóng shì shí pǐn mào yì gōng zuò.

우리 아빠는 식품 무역에 관련된 일에 종사하세요.

A：将来你想从事什么工作？

A:jiāng lái nǐ xiǎng cóng shì shén me gōng zuò？

당신은 나중에 무슨 일을 하고 싶어요?

B：将来我想从事医学工作。

B:jiāng lái wǒ xiǎng cóng shì yī xué gōng zuò.

나중에 저는 의학에 관련된 일을 하고 싶어요.

A：从事怎样的工作有前途？

A:cóng shì zěn yàng de gōng zuò yǒu qián tú？

어떤 일을 종사하면 미래가 밝아요?

B：无论从事怎样的工作，只要努力，都有前途。

B:wú lùn cóng shì zěn yàng de gōng zuò,zhǐ yào nǔ lì,dōu yǒu qián tú.

어떠한 일을 하든지, 노력하면 모든 일은 전도유망해요.

A：性格急躁的人有什么缺点？

A:xìng gé jí zào de rén yǒu shén me quē diǎn？

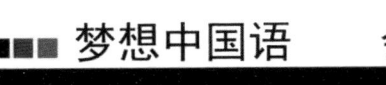

B：容易鲁莽从事，好事也会办成坏事。

성격이 급한 사람은 어떤 단점이 있어요?

B:róng yì lǔ mǎng cóng shì,hǎo shì yě huì bàn chéng huài shì.

경솔하게 일을 처리하기 쉽고, 좋은 일도 나쁜 일로 만들 수 있어요.

82 促进 cùjìn — 촉진하다. 촉진시키다

A：经济政策的改革有什么意义？

B：经济政策的改革促进了这座城市的发展。

A:jīng jì zhèng cè de gǎi gé yǒu shén me yì yì?
경제 정책의 개혁은 무슨 의미가 있어요?

B:jīng jì zhèng cè de gǎi gé cù jìn le zhè zuò chéng shì de fā zhǎn.
경제 정책의 개혁은 이 도시의 발전을 촉진시켰어요.

A：慢跑有什么好处？

B：慢跑可以促进血液循环，有利于健康。

A:màn pǎo yǒu shén me hǎo chù?
조깅은 어떤 이점이 있어요?

B:màn pǎo kě yǐ cù jìn xuè yè xún huán,yǒu lì yú jiàn kāng.
조깅은 혈액 순환을 촉진시킬 수 있어서 건강에 유익해요.

A：你为什么喜欢喝酸奶？

B：因为酸奶可以促进肠胃消化吸收。

A:nǐ wèi shén me xǐ huān hē suān nǎi?
당신은 왜 요구르트를 좋아해요?

B:yīn wèi suān nǎi kě yǐ cù jìn cháng wèi xiāo huà xī shōu.
요구르트는 장의 소화와 흡수를 촉진시킬 수 있기 때문이에요.

A：生产和安全的关系是什么？

B：生产必须安全，安全促进生产。

A:shēng chǎn hé ān quán de guān xì shì shén me?
생산과 안전의 관계는 무엇이에요?

B:shēng chǎn bì xū ān quán,ān quán cù jìn shēng chǎn.
생산은 반드시 안전해야 되고 안전은 생산을 촉진시켜요.

83 促使 cùshǐ — ~하게끔 (추진)하다. ~하게 하다

A：挫折对人生的意义是什么？

B：挫折是促使人生成功的良药。

A:cuò zhé duì rén shēng de yì yì shì shén me?
좌절은 인생에 무슨 의미가 있어요?

B:cuò zhé shì cù shǐ rén shēng chéng gōng de liáng yào.
좌절은 인생의 성공을 추진하는 양약이에요.

A：儿童为什么不能多吃零食？

A:ér tóng wèi shén me bù néng duō chī líng shí?
어린이는 왜 간식을 많이 먹으면 안 돼요?

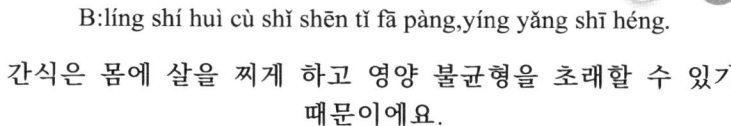

B：零食会促使身体发胖，营养失衡。

B:líng shí huì cù shǐ shēn tǐ fā pàng, yíng yǎng shī héng.

간식은 몸에 살을 찌게 하고 영양 불균형을 초래할 수 있기 때문이에요.

84 催 cuī

재촉하다. 독촉하다. 다그치다

A：你那件事情办得怎么样了？

A:nǐ nà jiàn shì qíng bàn de zěn me yàng le？

당신의 그 일은 어떻게 처리됐나요？

B：不要催我，我得好好考虑考虑。

B:bú yào cuī wǒ, wǒ děi hǎo hāo kǎo lǜ kǎo lǜ.

저를 재촉하지 마세요. 저는 잘 생각해야 돼요.

A：催化剂的作用是什么？

A:cuī huà jì de zuò yòng shì shén me？

촉매제의 작용은 무엇이에요？

B：催化剂可以加快化学反应的速度。

B:cuī huà jì kě yǐ jiā kuài huà xué fǎn yìng de sù dù.

촉매제는 화학 반응의 속도를 높일 수 있어요.

A：妈妈每天早上会催你起床吗？

A:mā ma měi tiān zǎo shàng huì cuī nǐ qǐ chuáng ma？

엄마가 매일 아침에 일어나는 걸 재촉하시나요？

B：上课快迟到的时候，妈妈会催我起床。

B:shàng kè kuài chí dào de shí hòu, mā ma huì cuī wǒ qǐ chuáng.

수업을 곧 지각하게 생겼을 때 엄마가 저를 재촉해요.

A：你最喜欢的一首催眠曲是什么？

A:nǐ zuì xǐ huān de yì shǒu cuī mián qǔ shì shén me？

당신은 가장 좋아하는 자장가가 무엇이에요？

B：《昨日重现》。

B:《zuó rì chóng xiàn》.

〈어제 다시 기억난다〉

85 存在 cúnzài

존재하다

A：如果太阳不复存在会有什么后果？

A:rú guǒ tài yáng bú fù cún zài huì yǒu shén me hòu guǒ？

만약 태양이 존재하지 않다면 어떤 결과가 발생할 것이에요？

B：地球上的生命都无法存活。

B:dì qiú shàng de shēng mìng dōu wú fǎ cún huó.

지구에 있는 생명은 모두 생존할 수 없어요.

A：世界上存在完美的东西吗？

A:shì jiè shàng cún zài wán měi de dōng xī ma？

세상에 완벽한 것이 있나요？

B：世界上根本不存在完美无缺的东西。

B:shì jiè shàng gēn běn bù cún zài wán měi wú quē de dōng xī.

세상에는 완전무결한 것이 존재하지 않아요.

49

梦想中国语 会话

A：怎样解决复杂的问题?

A:zěn yàng jiě jué fù zá de wèn tí?
복잡한 문제를 어떻게 해결해요?

B：首先应该找出问题存在的根本原因。

B:shǒu xiān yīng gāi zhǎo chū wèn tí cún zài de gēn běn yuán yīn.
우선 문제가 존재하는 기초 원인을 찾아내야 해요.

A：每个月开会的意义是什么?

A:měi gè yuè kāi huì de yì yì shì shén me?
매달 회의를 하는 의의가 무엇이에요?

B：总结工作中存在的问题，从而更好地开展工作。

B:zǒng jié gōng zuò zhōng cún zài de wèn tí,cóng ér gèng hǎo de kāi zhǎn gōng zuò.
작업 중에 발생하는 문제를 정리하여, 일을 더욱 잘 진행할 수 있어요.

86 措施 cuòshī

조치. 대책

A：国家采取哪些措施保护环境?

A:guó jiā cǎi qǔ nǎ xiē cuò shī bǎo hù huán jìng?
국가는 어떤 조치를 취해서 환경을 보호하나요?

B：制订环境保护法，加大环境保护资金投入。

B:zhì dìng huán jìng bǎo hù fǎ,jiā dà huán jìng bǎo hù zī jīn tóu rù.
환경 보호법을 제정하여 환경 보호 자금을 더 투입했어요.

A：社会采取什么措施帮助贫困儿童?

A:shè huì cǎi qǔ shén me cuò shī bāng zhù pín kùn ér tóng?
사회는 어떤 조치를 취하여 빈곤 아동을 도와 줬어요?

B：捐款和办学校。

B:juān kuǎn hé bàn xué xiào.
기부와 학교를 설립하는 것이에요.

A：有哪些措施可以减少交通事故的发生?

A:yǒu nǎ xiē cuò shī kě yǐ jiǎn shǎo jiāo tōng shì gù de fā shēng?
교통 사고를 줄일 수 있는 조치에는 무엇이 있나요?

B：制订法律，加强监管。

B:zhì dìng fǎ lǜ,jiā qiáng jiān guǎn.
법률을 제정하는 것과 감독을 강화하는 것이 있어요.

87 错误 cuòwù

착오. 잘못

A：你经常因为什么犯错误?

A:nǐ jīng cháng yīn wèi shén me fàn cuò wù?
당신은 무엇 때문에 자주 실수를 하나요?

B：我经常因为马虎犯错误。

B:wǒ jīng cháng yīn wèi mǎ hu fàn cuò wù.
저는 늘 부주의로 실수를 저질렀어요.

A：发现别人的错误我们应该怎么做?

A:fā xiàn bié rén de cuò wù wǒ men yīng gāi zěn me zuò?

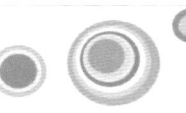

B：我们应该委婉地指出错误，并帮助他改正。

다른 사람의 잘못을 발견하면 우리는 어떻게 해야 하나요?

B:wǒ men yīng gāi wěi wǎn de zhǐ chū cuò wù, bìng bāng zhù tā gǎi zhèng.

완곡하게 잘못을 지적해야 하고 고칠 수 있도록 도와 줘야 해요.

A：犯错误后应该怎么改正？

B：首先从主观上找根本原因。

A:fàn cuò wù hòu yīng gāi zěn me gǎi zhèng?

잘못을 저지른 후에 어떻게 고쳐야 해요?

B:shǒu xiān cóng zhǔ guān shàng zhǎo gēn běn yuán yīn.

먼저 주관적으로 근본 원인을 찾아내야 해요.

A：对儿童错误的教育方法会造成什么影响？

B：会使儿童产生反常的心理。

A:duì ér tóng cuò wù de jiào yù fāng fǎ huì zào chéng shén me yǐng xiǎng?

아동들에 대한 잘못된 교육 방법은 어떤 영향을 미칠 수 있나요?

B:huì shǐ ér tóng chǎn shēng fǎn cháng de xīn lǐ.

어린이들에게 이상한 심리가 생기게 할 것이에요.

88 答应 dāying

응하다. 응답하다. 동의하다. 허락하다

A：爸爸答应过你什么事情？

B：爸爸答应过会带我去海外旅游。

A:bà ba dā yìng guò nǐ shén me shì qíng?

아빠는 어떤 일을 허락하신 적이 있어요?

B:bà ba dā yìng guò huì dài wǒ qù hǎi wài lǚ yóu.

아빠는 저를 데리고 해외 여행하러 가는 걸 허락하신 적이 있어요.

A：如果你能考第一名，妈妈会答应你什么？

B：妈妈会答应给我买一个手机。

A:rú guǒ nǐ néng kǎo dì yī míng, mā ma huì dā yìng nǐ shén me?

만약 당신이 1등을 하면 엄마가 무엇을 허락해 준대요?

B:mā ma huì dā yìng gěi wǒ mǎi yí gè shǒu jī.

엄마가 저한테 휴대폰을 사주겠다고 하셨어요.

A：答应别人的事情要怎么做？

B：答应别人的事情一定要做到。

A:dā yìng bié rén de shì qíng yào zěn me zuò?

다른 사람의 부탁을 승낙하면 어떻게 해야 되나요?

B:dā yìng bié rén de shì qíng yí dìng yào zuò dào.

승낙한 일을 반드시 해내야 해요.

A：你答应过朋友什么事情？

A:nǐ dā yìng guò péng you shén me shì qíng?

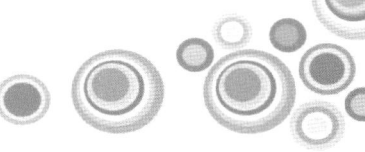

梦想中国语 会话

B：我答应过朋友陪她一起去听演唱会。

당신은 친구에게 무슨 일을 허락해 준 적이 있어요?
B: wǒ dā yìng guò péng you péi tā yì qǐ qù tīng yǎn chàng huì.
친구와 같이 콘서트를 가겠다고 한 적이 있어요.

89 达到 dádào

도달하다. 이르다

A：中国航天技术发展得怎么样？

B：中国航天技术已经达到世界先进水平。

A: zhōng guó háng tiān jì shù fā zhǎn de zěn me yàng?
중국 우주 비행 기술의 발전이 어때요?

B: zhōng guó háng tiān jì shù yǐ jīng dá dào shì jiè xiān jìn shuǐ píng.
중국의 우주 비행 기술은 이미 세계 선진 수준에 도달했어요.

A：他有多么爱看书？

B：他看起书来，能达到废寝忘食的程度。

A: tā yǒu duō me ài kàn shū?
그는 책을 읽는 걸 얼마나 좋아해요?

B: tā kàn qǐ shū lái, néng dá dào fèi qǐn wàng shí de chéng dù.
그는 책을 읽으면 먹고 자는 것을 잊을 정도로 책 읽는 것을 좋아해요.

A："一箭双雕"是什么意思？

B：比喻做一件事可以达到两个目的。

A: 'yí jiàn shuāng diāo'shì shén me yì sī?
'일석이조'는 무슨 뜻이에요?

B: bǐ yù zuò yí jiàn shì kě yǐ dá dào liǎng gè mù dì.
한 가지 일을 해서 두 가지 목적을 이룰 수 있다는 비유예요.

A：你的汉语会话达到什么水平了？

B：我的汉语会话达到高级水平了。

A: nǐ de hàn yǔ huì huà dá dào shén me shuǐ píng le?
당신의 중국어 회화 실력이 어느 수준에 도달했어요?

B: wǒ de hàn yǔ huì huà dá dào gāo jí shuǐ píng le.
제 중국어 회화는 고급 수준에 도달했어요.

90 打交道 dǎjiāodao

(사람끼리)왕래하다. 사귀며 왕래하다

A：做生意的人经常跟谁打交道？

B：做生意的人经常跟客户打交道。

A: zuò shēng yì de rén jīng cháng gēn shuí dǎ jiāo dào?
장사를 하는 사람들은 자주 누구랑 왕래해요?

B: zuò shēng yì de rén jīng cháng gēn kè hù dǎ jiāo dào.
장사를 하는 사람들은 자주 바이어와 거래해요.

A：你不喜欢和怎样的人打交道？

B：我不喜欢和不讲信用的人打交道。

A: nǐ bù xǐ huān hé zěn yàng de rén dǎ jiāo dào?
당신은 어떠한 사람과 사귀는 것을 싫어해요?

B: wǒ bù xǐ huān hé bù jiǎng xìn yòng de rén dǎ jiāo dào.

저는 신용을 중시하지 않는 사람과 사귀는 것을 좋아하지 않아요.

A: nǐ hé nà gè péng you shén me shí hòu rèn shí de?
당신은 그 친구와 언제부터 아는 거예요?

A: 你和那个朋友什么时候认识的？

B: wǒ shí nián qián jiù kāi shǐ gēn tā dǎ jiāo dào le.
저는 10년 전부터 그와 교제하기 시작했어요.

B: 我十年前就开始跟他打交道了。

91 打听 dǎting   물어보다. 알아 보다

A: nǐ dǎ tīng guò fù jìn nǎ jiā fàn guǎn ér zuì yǒu míng ma?
당신은 근처의 어느 식당이 제일 유명한지 알아 봤어요?

A: 你打听过附近哪家饭馆儿最有名吗？

B: fù jìn de zhōng huá liào lǐ fàn guǎn ér tǐng yǒu míng de.
근처에 있는 중국 요리 식당이 꽤 유명해요.

B: 附近的中华料理饭馆儿挺有名的。

A: nǐ shì cóng nǎ lǐ dǎ tīng dào zhōng wén xué yuàn de?
당신은 어디서 중국어 학원을 알아 냈어요?

A: 你是从哪里打听到中文学院的？

B: wǒ shì cóng péng you nà lǐ dǎ tīng dào zhōng wén xué yuàn de.
저는 친구한테서 중국어 학원을 알아 냈어요.

B: 我是从朋友那里打听到中文学院的。

A: nǐ xǐ huān dǎ tīng bié rén de shì qíng ma?
당신은 다른 사람의 일을 알아 보길 좋아해요?

A: 你喜欢打听别人的事情吗？

B: wǒ bù xǐ huān dǎ tīng bié rén de shì qíng.
안 좋아해요.

B: 我不喜欢打听别人的事情。

A: zài guó wài mí lù de shí hòu nǐ huì zěn me bàn?
외국에서 길을 잃을 때 당신은 어떻게 할 거예요?

A: 在国外迷路的时候你会怎么办？

B: wǒ huì xiàng mò shēng rén dǎ tīng yí xià.
저는 모르는 사람한테 길을 물어 볼 것이에요.

B: 我会向陌生人打听一下。

92 打招呼 dǎzhāohu   인사하다

A: nǐ měi tiān gēn shuí dǎ zhāo hu?
당신은 매일 누구에게 인사를 해요?

A: 你每天跟谁打招呼？

B: wǒ měi tiān gēn lǎo shī hé tóng xué men dǎ zhāo hu.
저는 매일 선생님과 학생들에게 인사를 해요.

B: 我每天跟老师和同学们打招呼。

梦想中国语 会话

A：你怎样跟初次见面的人打招呼？

B：我会微笑问好，并简单做自我介绍。

A:nǐ zěn yàng gēn chū cì jiàn miàn de rén dǎ zhāo hu?
처음 만난 사람과 인사를 어떻게 할 거예요?

B:wǒ huì wēi xiào wèn hǎo, bìng jiǎn dān zuò zì wǒ jiè shào.
저는 웃음을 지으며, 간단하게 자기 소개를 할 것이에요.

A：酒店服务员应该怎样对客人打招呼？

B：酒店服务员应该热情地向客人打招呼。

A:jiǔ diàn fú wù yuán yīng gāi zěn yàng duì kè rén dǎ zhāo hu?
호텔 종업원은 손님에게 인사를 어떻게 해야 하나요?

B:jiǔ diàn fú wù yuán yīng gāi rè qíng de xiàng kè rén dǎ zhāo hu.
호텔 종업원은 손님에게 친절하게 인사를 해야 해요.

93 大方 dàfāng

(언행이) 시원하다. (성격이) 대범하다

A：学生应该怎样穿衣打扮？

B：学生穿衣打扮应该朴素大方。

A:xué shēng yīng gāi zěn yàng chuān yī dǎ bàn?
학생은 치장을 어떻게 해야 하나요?

B:xué shēng chuān yī dǎ bàn yīng gāi pǔ sù dà fāng.
학생은 소박하고 대범하게 치장을 해야 해요.

A：你是一个出手大方的人吗？

B：我对朋友出手很大方。

A:nǐ shì yí gè chū shǒu dà fāng de rén ma?
당신은 손이 큰 사람이에요?

B:wǒ duì péng you chū shǒu hěn dà fāng.
저는 친구한테는 손이 커요.

A：面试的时候怎样保持良好的形象？

B：面带微笑，举止大方。

A:miàn shì de shí hòu zěn yàng bǎo chí liáng hǎo de xíng xiàng?
면접을 볼 때는 좋은 이미지를 어떻게 유지해야 하나요?

B:miàn dài wēi xiào, jǔ zhǐ dà fāng.
얼굴에 미소를 띠고, 행동이 대범해야 해요.

94 呆 dāi

머물다. (머리가)둔하다. 멍청하다. 멍하다

A：你喜欢发呆吗？

B：我一个人的时候喜欢听着音乐发呆。

A:nǐ xǐ huān fā dāi ma?
당신은 멍하게 있는 것을 좋아해요?

B:wǒ yí gè rén de shí hòu xǐ huān tīng zhe yīn yuè fā dāi.
저는 혼자 있을 때 음악을 들으면서 멍하게 있는 걸 좋아해요.

A：你放假的时候喜欢呆在哪里？

A:nǐ fàng jià de shí hòu xǐ huān dāi zài nǎ lǐ?

B：我喜欢呆在家里。
당신은 방학 때 어디에 있는 걸 좋아해요?
B:wǒ xǐ huān dāi zài jiā lǐ.
저는 집에 있는 걸 좋아해요.

A：你会被什么吓呆？
A:nǐ huì bèi shén me xià dāi?
당신은 무엇에 놀라면 멍해지나요?
B：我会被朋友的恶作剧吓呆。
B:wǒ huì bèi péng you de è zuò jù xià dāi.
친구의 못된 장난 때문에 놀라서 멍해질 거예요.

A：你觉得什么人看起来呆呆的？
A:nǐ jué de shén me rén kàn qǐ lái dāi dāi de?
당신은 어떤 사람이 둔해 보여요?
B：我觉得话少的人看起来呆呆的。
B:wǒ jué de huà shǎo de rén kàn qǐ lái dāi dāi de.
저는 말이 적은 사람이 둔해 보인다고 생각해요.

95 贷款 dàikuǎn — (은행에서)대출하다. 대부금. 대여금

A：爸爸从银行贷款过吗？
A:bà ba cóng yín háng dài kuǎn guò ma?
아버지는 은행에서 대출한 적이 있어요?
B：爸爸开公司的时候从银行贷款过。
B:bà ba kāi gōng sī de shí hòu cóng yín háng dài kuǎn guò.
아버지는 회사를 차릴 때 은행에서 대출한 적이 있어요.

A：为什么很多人贷款买房？
A:wèi shén me hěn duō rén dài kuǎn mǎi fáng?
왜 많은 사람들이 집을 사기 위해 대출을 받아요?
B：因为买房需要很多很多钱。
B:yīn wèi mǎi fáng xū yào hěn duō hěn duō qián.
왜냐하면 집을 사려면 많은 돈이 필요하기 때문이에요.

A：偿还贷款的时候还需要偿还什么？
A:cháng huán dài kuǎn de shí hòu hái xū yào cháng huán shén me?
대출을 상환할 때 또 무엇을 상환할 필요가 있어요?
B：还需要偿还利息。
B:hái xū yào cháng huán lì xi.
이자 상환도 필요해요.

96 待遇 dàiyù — 대우. 대접. 대우하다

A：你学校的食宿待遇怎么样？
A:nǐ xué xiào de shí sù dài yù zěn me yàng?
당신 학교의 숙식 대우는 어때요?
B：我学校的食宿待遇很好。
B:wǒ xué xiào de shí sù dài yù hěn hǎo.

梦想中国语 会话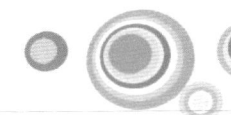

A：每个人都希望受到怎样的待遇？

B：每个人都希望受到平等的待遇。

A：你买什么的时候受到过优惠待遇？

B：我国庆节买电脑的时候受到过优惠待遇。

A：你会选择去哪个公司工作？

B：我会选择去薪资待遇好的公司工作。

97 单纯 dānchún

A：为什么孩子的世界很美好？

B：因为孩子天真单纯。

A：怎样学好汉语？

B：单纯靠努力背单词是不够的，还需要多听多说。

A：你喜欢和怎样的人做朋友？

B：我喜欢和单纯、诚实的人做朋友。

우리 학교의 숙식 대우는 매우 좋아요.

A:měi gè rén dōu xī wàng shòu dào zěn yàng de dài yù?
모든 사람들은 다 어떤 대우를 받길 바래요?

B:měi gè rén dōu xī wàng shòu dào píng děng de dài yù.
모두가 평등한 대우를 받길 바래요.

A:nǐ mǎi shén me de shí hòu shòu dào guò yōu huì dài yù?
당신은 무엇을 구매할 때 특혜를 받았어요?

B:wǒ guó qìng jié mǎi diàn nǎo de shí hòu shòu dào guò yōu huì dài yù.
저는 국경절에 컴퓨터를 살 때 특혜를 받았어요.

A:nǐ huì xuǎn zé qù nǎ gè gōng sī gōng zuò?
당신은 어떤 회사를 선택하고 다닐 거예요?

B:wǒ huì xuǎn zé qù xīn zī dài yù hǎo de gōng sī gōng zuò.
저는 임금 대우가 좋은 회사를 선택할 것이에요.

단순하다

A:wèi shén me hái zi de shì jiè hěn měi hǎo?
왜 아이들의 세상은 참 아름다워요?

B:yīn wèi hái zi tiān zhēn dān chún.
아이들이 천진하고 단순하기 때문이에요.

A:zěn yàng xué hǎo hàn yǔ?
중국어를 어떻게 잘 배울 수 있나요?

B:dān chún kào nǔ lì bèi dān cí shì bú gòu de, hái xū yào duō tīng duō shuō.
단순히 열심히 단어를 외우는 것만 부족한데 더 많이 듣고 많이 말해야 돼요.

A:nǐ xǐ huān hé zěn yàng de rén zuò péng you?
당신은 어떤 사람과 친구가 되는 것을 좋아해요?

B:wǒ xǐ huān hé dān chún, chéng shí de rén zuò péng you.
저는 순수하고 성실한 사람과 친구가 되는 걸 좋아해요.

A：这个问题很复杂吗？

B：是的，这个问题没有想象中的那么单纯。

A:zhè ge wèn tí hěn fù zá ma?
이 질문은 많이 복잡해요?

B:shì de, zhè ge wèn tí méi yǒu xiǎng xiàng zhōng de nà me dān chún.
네, 이 질문은 생각한 것처럼 그렇게 단순하지 않아요.

98 单调 dāndiào   단조롭다

A：大学生活怎么样？

B：大学生活丰富多彩，一点儿也不单调。

A:dà xué shēng huó zěn me yàng?
대학 생활은 어때요?

B:dà xué shēng huó fēng fù duō cǎi, yì diǎnr yě bù dān diào.
대학 생활은 풍부하고 다채로우며, 하나도 단조롭지 않아요.

A：怎样让一成不变的生活不单调？

B：多培养一些兴趣爱好。

A:zěn yàng ràng yì chéng bú biàn de shēng huó bù dān diào?
어떻게 해야 고정 불변한 생활이 단조롭지 않게 할 수 있어요?

B:duō péi yǎng yì xiē xìng qù ài hǎo.
취미를 많이 가져요.

A：这部电影你觉得怎么样？

B：虽然演员很帅，但是故事情节太单调了。

A:zhè bù diàn yǐng nǐ jué de zěn me yàng?
당신은 이 영화에 대해 어떻게 생각해요?

B:suī rán yǎn yuán hěn shuài, dàn shì gù shì qíng jié tài dān diào le.
배우들은 멋지지만 이야기 줄거리는 너무 단조로워요.

A：你喜欢什么类型的衣服？

B：我喜欢颜色单调的衣服。

A:nǐ xǐ huān shén me lèi xíng de yī fu?
당신은 어떤 스타일의 옷을 좋아해요?

B:wǒ xǐ huān yán sè dān diào de yī fu.
색깔이 단조로운 옷을 좋아해요.

99 单位 dānwèi   단위. 직장. 기관

A：你爸爸的单位离家近吗？

B：我爸爸的单位离家有点儿远。

A:nǐ bà ba de dān wèi lí jiā jìn ma?
당신 아버지의 직장은 집에서 가까워요?

B:wǒ bà ba de dān wèi lí jiā yǒu diǎnr yuǎn.
우리 아버지의 직장은 집에서 좀 멀리 떨어져 있어요.

A：人民币的单位是什么？

A:rén mín bì de dān wèi shì shén me?

B：人民币的单位是元。

인민폐의 단위는 무엇이에요?
B:rén mín bì de dān wèi shì yuán.
인민폐의 단위는 위안이에요.

A：公务员在什么单位上班?

A:gōng wù yuán zài shén me dān wèi shàng bān?
공무원은 어디에서 근무해요?

B：公务员在国家机关单位上班。

B:gōng wù yuán zài guó jiā jī guān dān wèi shàng bān.
공무원은 국가 기관에서 근무해요.

100 担任 dānrèn

맡다. 담임하다. 담당하다.

A：你在班里担任过班长吗?

A:nǐ zài bān lǐ dān rèn guò bān zhǎng ma?
당신은 반에서 반장을 맡은 적이 있어요?

B：上大学的时候，我在班里担任过班长。

B:shàng dà xué de shí hòu, wǒ zài bān lǐ dān rèn guò bān zhǎng.
대학교를 다닐 때 우리 반의 반장을 맡은 적이 있어요.

A：爸爸在公司里担任什么职务?

A:bà ba zài gōng sī lǐ dān rèn shén me zhí wù?
아빠는 회사에서 무슨 직무를 맡고 계셔요?

B：爸爸在公司里担任理事职务。

B:bà ba zài gōng sī lǐ dān rèn lǐ shì zhí wù.
아빠는 회사에서 이사직을 맡고 있어요.

A：谁担任了这本书的主编?

A:shuí dān rèn le zhè běn shū de zhǔ biān?
누가 이 책의 편집장을 맡았어요?

B：院长老师担任了这本书的主编。

B:yuàn zhǎng lǎo shī dān rèn le zhè běn shū de zhǔ biān.
원장 선생님이 이 책의 편집장을 맡았어요.

A：这次会议的主办方是谁担任的?

A:zhè cì huì yì de zhǔ bàn fāng shì shuí dān rèn de?
이 번에 회의의 주최측은 누가 담당하는 거예요?

B：这次会议的主办方是央视CCTV担任的。

B:zhè cì huì yì de zhǔ bàn fāng shì yāng shì CCTV dān rèn de.
이번 회의의 주최측은 중앙 방송국 CCTV가 담당하는 것이에요.

101 耽误 dānwù

지체하다. 시간을 지체하다 일을 그르치다.

A：衣服、鞋袜等放在哪里比较好?

A:yī fu, xié wà děng fàng zài nǎ lǐ bǐ jiào hǎo?
옷과 신발, 양말 등은 어디에 놓는 것이 좋아요?

B：衣服、鞋袜等物品都应放在固定的地方，

B:yī fu, xié wà děng wù pǐn dōu yīng fàng zài gù dìng de dì fā

免得要用时到处找，耽误时间。

ng, miǎn de yào yòng shí dào chù zhǎo, dān wù shí jiān.

정해진 곳에 두어야 쓸 때 여기저기 찾는데 시간을 지체하지 않을 수 있어요.

A：我想退学，你觉得怎么样？

B：你可不要做傻事，耽误了自己的锦绣前程。

A: wǒ xiǎng tuì xué, nǐ jué de zěn me yàng?

퇴학하고 싶은데, 어때요?

B: nǐ kě bú yào zuò shǎ shì, dān wù le zì jǐ de jǐn xiù qián chéng.

어리석은 짓을 하지 마세요, 자신의 멋진 앞날을 그르치려 했군요.

A：妈妈，我等一会吃饭。

B：你快点吃吧，别耽误了上学的时间。

A: mā ma, wǒ děng yí huì chī fàn.

엄마, 전 이따가 밥을 먹을래요.

B: nǐ kuài diǎn chī ba, bié dān wù le shàng xué de shí jiān.

빨리 먹어라, 학교 가는 시간을 지체하지 말고.

A：你什么时候到的？

B：我本该昨天到的，只因有急事耽误了。

A: nǐ shén me shí hòu dào de?

언제 도착했어요?

B: wǒ běn gāi zuó tiān dào de, zhǐ yīn yǒu jí shì dān wù le.

어제 도착했어야 했는데 급한 일이 생겨서 시간을 지체했어요.

A：他为什么耽误了半年的课程？

B：他因有病而耽误了半年的课程。

A: tā wèi shén me dān wù le bàn nián de kè chéng?

그는 왜 반 년 동안 수업을 미루었어요?

B: tā yīn yǒu bìng ér dān wù le bàn nián de kè chéng.

그는 병 때문에 반 년 동안 수업을 미루었어요.

102 淡 dàn

(맛이) 싱겁다. 농도가 낮다. 농도가 묽다.

A：你尝尝这个汤的味道怎么样？

B：这汤好像有点儿淡，最好再加点儿盐。

A: nǐ cháng cháng zhè gè tāng de wèi dào zěn me yàng?

이 수프 맛 좀 봐 주실래요?

B: zhè tāng hǎo xiàng yǒu diǎnr dàn, zuì hǎo zài jiā diǎnr yán.

이 수프는 약간 싱거운 것 같으니 소금을 조금 더 넣는 것이 좋겠어요.

A：去面试的时候，需要化妆吗？

A: qù miàn shì de shí hòu, xū yào huà zhuāng ma?

면접을 보러 갈 때 화장이 필요해요?

B: zuì hǎo shì huà gè dàn zhuāng, zhè yàng ràng rén gǎn jué hěn

B：最好是画个淡妆，这样让人感觉很正式。

zhèng shì.

화장을 엷게 하는 것이 가장 좋아요. 그래야 정식적인 느낌이 들어요.

A：你觉得这个颜色的衣服怎么样？

B：我觉得颜色有点淡，再深一点就好了。

A:nǐ jué de zhè gè yán sè de yī fu zěn me yàng?

당신은 이 색깔의 옷이 어떻다고 생각해요?

B:wǒ jué de yán sè yǒu diǎn dàn,zài shēn yì diǎn jiù hǎo le.

내 생각에는 색깔이 좀 옅은 것 같으니 좀 더 짙었으면 좋겠어요.

A："君子之交淡如水"是什么意思？

B：是指因君子有高尚的情操，所以他们的交情纯得像水一样。

A:"jūn zǐ zhī jiāo dàn rú shuǐ"shì shén me yì sī?

'군자 간의 사귐은 담담하기가 물과 같다.'란 말은 무슨 뜻예요?

B:shì zhǐ yīn jūn zǐyǒu gāo shàng de qíng cāo,suǒ yǐ tā men de jiāo qíng chún de xiàng shuǐ yí yàng."

군자는 고상한 인격을 가지고 있기 때문에 그들의 우정은 마치 물처럼 맑다는 뜻이에요.

103 挡 dǎng

막다. 차단하다.

A：你怎么没有直走呢？直走的话更快一些。

B：前面的石头挡住了我们的路。

A:nǐ zěn me méi yǒu zhí zǒu ne? zhí zǒu de huà gèng kuài yì xiē.

왜 똑바로 가지 않았어요? 똑바로 가면 더 빨라요.

B:qián miàn de shí tóu dǎng zhù le wǒ men de lù.

앞의 돌이 우리의 길을 막았어요.

A：你的挡风玻璃怎么有裂痕？

B：今天不小心撞到了树上，把挡风玻璃震碎了。

A:nǐ de dǎng fēng bō li zěn me yǒu liè hén?

당신의 바람막이 유리는 어떻게 금이 갔어요?

B:jīn tiān bù xiǎo xīn zhuàng dào le shù shàng,bǎ dǎng fēng bō li zhèn suì le.

오늘 실수로 나무에 부딪혀 바람막이 유리가 산산조각 났어요.

A：你为什么难过？

B：我觉得阻挡我学习的困难太多了。

A:nǐ wèi shén me nán guò?

당신은 왜 슬퍼요?

B:wǒ jué de zǔ dǎng wǒ xué xí de kùn nán tài duō le.

공부를 가로막는 어려움이 너무 많아서요.

A：前面的人稍微低一点，挡到后面人的脸了。

B：好的。一二三，茄子！

A：qián miàn de rén shāo wēi dī yì diǎn,dǎng dào hòu miàn rén de liǎn le.

앞쪽은 조금 낮춰 보세요.뒤쪽 사람들의 얼굴을 가렸어요.

B：hǎo de.yī èr sān,qié zi！

그래요. 하나, 둘, 셋, 가지!

A：今天天气怎么样？

B：今天大雾挡住了人们的视线，一米之内都看不清。

A：jīn tiān tiān qì zěn me yàng？

오늘 날씨는 어때요?

B：jīn tiān dà wù dǎng zhù le rén men de shì xiàn,yì mǐ zhī nèi dōu kàn bù qīng.

오늘은 짙은 안개가 사람들의 시선을 가로막아서 1미터 이내도 잘 안 보여요.

104 导演 dǎoyǎn

연출자. 감독. 안무. 연출하다. 감독하다

A：这两部电影很不同吗？

B：这两部电影内容一样，但是由不同的人导演的，所以风格各异。

A：zhè liǎng bù diàn yǐng hěn bù tóng ma？

두 영화는 많이 다른가요?

B：zhè liǎng bù diàn yǐng nèi róng yí yàng,dàn shì yóu bù tóng de rén dǎo yǎn de,suǒ yǐ fēng gé gè yì.

두 영화는 내용은 같지만 다른 연출자들이 연출해서 서로 다른 스타일을 갖고 있어요.

A：你有什么梦想？

B：我想努力学习，毕业以后当导演。

A：nǐ yǒu shén me mèng xiǎng？

당신은 어떤 꿈을 가지고 있어요?

B：wǒ xiǎng nǔ lì xué xí,bì yè yǐ hòu dāng dǎo yǎn.

저는 열심히 공부해서 졸업 후에 영화 감독이 되고 싶어요.

A：你觉得导演的工作难做吗？

B：我觉得很难做，因为各个方面都要统筹好。

A：nǐ jué de dǎo yǎn de gōng zuò nán zuò ma？

감독의 일이 어렵다고 생각해요?

B：wǒ jué de hěn nán zuò,yīn wèi gè gè fāng miàn dōu yào tǒng chóu hǎo.

저는 감독이 여러 방면에서 모두 심혈을 기울여야 하기 때문에 어렵다고 생각해요.

A：你知道这名导演吗？

B：这是一位很有才华的导演，

A：nǐ zhī dào zhè míng dǎo yǎn ma？

당신은 이 감독을 알고 있어요?

B：zhè shì yí wèi hěn yǒu cái huá de dǎo yǎn,tā zǔ zhī pāi shè

梦想中国语 会话

他组织拍摄的电视剧深受人们喜爱。

de diàn shì jù shēn shòu rén men xǐ ài.

그는 매우 재능 있는 감독이에요. 그가 조직해서 촬영한 드라마는 많은 사람들의 사랑을 받았어요.

A：你们学校今天来导演了？

A: nǐ men xué xiào jīn tiān lái dǎo yǎn le?

당신의 학교에 오늘 어떤 감독님이 왔었나요?

B：是的，电影导演来到我们学校物色小演员。

B: shì de, diàn yǐng dǎo yǎn lái dào wǒ men xué xiào wù sè xiǎo yǎn yuán.

네, 영화 감독님이 우리 학교에 오셔서 어린 배우를 찾았어요.

105 导致 dǎozhì

어떤 사태를 야기하다. 초래하다.

A：为什么会发生这场事故？

A: wèi shén me huì fā shēng zhè chǎng shì gù?

왜 이 사고가 일어났어요?

B：工人的擅离职守导致了这场事故的发生。

B: gōng rén de shàn lí zhí shǒu dǎo zhì le zhè chǎng shì gù de fā shēng.

공인들이 멋대로 직무를 이탈해서 사고의 발생을 초래하였어요.

A：是什么导致了交通的堵塞？

A: shì shén me dǎo zhì le jiāo tōng de dǔ sè?

무엇이 교통 체증을 유발했어요?

B：周末晚高峰的到来导致城区的交通堵塞了。

B: zhōu mò wǎn gāo fēng de dào lái dǎo zhì chéng qū de jiāo tōng dǔ sè le.

주말 저녁의 혼잡함이 시내의 교통 체증을 불러 왔어요.

A：你知道是什么原因导致河水枯竭了吗？

A: nǐ zhī dào shì shén me yuán yīn dǎo zhì hé shuǐ kū jié le ma?

무엇 때문에 강물이 고갈되었는지 알아요?

B：由于长久不下雨,导致河水枯竭。

B: yóu yú cháng jiǔ bú xià yǔ, dǎo zhì hé shuǐ kū jié.

오랫동안 비가 오지 않았기 때문에 강물이 고갈되었어요.

A：他的公司为什么倒闭了？

A: tā de gōng sī wèi shén me dǎo bì le?

그의 회사는 왜 망했을까요?

B：由于他个人的经营管理不善,导致公司倒闭了。

B: yóu yú tā gè rén de jīng yíng guǎn lǐ bú shàn, dǎo zhì gōng sī dǎo bì le.

그의 개인 경영 관리 부실로 회사가 도산하였어요.

62

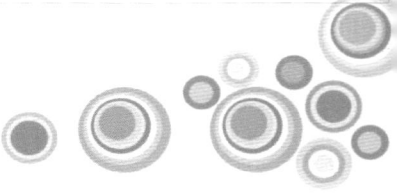

A：长期食用过多的高热量食物会导致肥胖吗？

B：长期食用过多的高热量食物会导致肥胖。

A:cháng qī shí yòng guò duō de gāo rè liàng shí wù huì dǎo zhì féi pàng ma?

오랫동안 고열량 음식을 지나치게 많이 먹는 것은 비만을 유발할 수 있어요?

B:cháng qī shí yòng guò duō de gāo rè liàng shí wù huì dǎo zhì féi pàng.

네.

106 到达 dàodá

(어떤 장소·단계에) 이르다. 도달하다. 도착하다

A：乘务员，您好，火车下一站到哪了？

B：本次列车马上就要到达中国首都——北京的火车站了。

A:chéng wù yuán,nín hǎo,huǒ chē xià yí zhàn dào nǎ le?

승무원님, 안녕하세요, 기차는 다음에 어느 역에 도착해요?

B:běn cì liè chē mǎ shàng jiù yào dào dá zhōng guó shǒu dōu——běi jīng de huǒ chē zhàn le.

이 열차는 곧 중국의 수도인 북경의 기차역에 도착할 거예요.

A：你坐什么时候的车？

B：今天傍晚上火车,明日凌晨就能到达北京。

A:nǐ zuò shén me shí hòu de chē?

당신은 언제의 차를 탈 거예요?

B: jīn tiān bàng wǎn shàng huǒ chē,míng rì líng chén jiù néng dào dá běi jīng.

오늘 저녁에 기차를 타고 내일 새벽이면 북경에 도착할 수 있어요.

A：你知道他什么时候才能到达这儿吗？

B：按照计划,他明天要到达这儿。

A:nǐ zhī dào tā shén me shí hòu cái néng dào dá zhèr ma?

당신은 그가 언제 도착할 수 있는지 알아요?

B:àn zhào jì huà,tā míng tiān yào dào dá zhèr.

계획대로라면 그는 내일 이곳에 도착할 거예요.

A：你乘坐的火车晚点了吗？

B：我乘坐的这列火车没有晚点。

A:nǐ chéng zuò de huǒ chē wǎn diǎn le ma?

당신이 탄 기차가 연착되었어요?

B:wǒ chéng zuò de zhè liè huǒ chē méi yǒu wǎn diǎn.

내가 탄 이 열차는 연착되지 않았어요.

A：开车的话，从沈阳多久能够到达北京？

B：大约需要七八个小时能够到达。

A:kāi chē de huà,cóng shěn yáng duō jiǔ néng gòu dào dá běi jīng?

차를 운전해서 가면 선양에서 얼마만에 북경에 도착해요?

B:dà yuē xū yào qī bā gè xiǎo shí néng gòu dào dá.

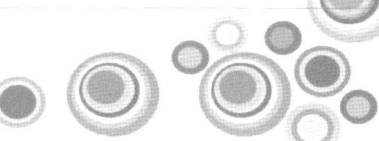

梦想中国语 会话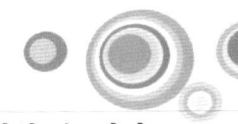

107 倒 dào | 거꾸로 하다

A：中国过年时倒贴"福"字，有什么意义？

B：中国过年时倒贴"福"字，意为"福到了"。

A:zhōng guó guò nián shí dào tiē'fú'zì,yǒu shén me yì yì?
중국 설에 '복'이란 글자를 거꾸로 붙여 놓는 것에는 무슨 의미가 있어요?

B:zhōng guó guò nián shí dào tiē'fú'zì,yì wéi'fú dào le'.
'복이 왔다'라는 의미가 있어요.

A：行还是不行，你倒是说句话啊？

B：我觉得都可以。

A:xíng hái shì bù xíng,nǐ dào shì shuō jù huà a?
되는지 안 되는지 말씀 좀 해 주시겠어요?

B:wǒ jué de dōu kě yǐ.
저는 다 괜찮다고 생각해요.

A：你会倒立吗？

B：我不会倒立，因为我觉得很危险。

A:nǐ huì dào lì ma?
당신은 곤두섬을 할 수 있어요?

B:wǒ bú huì dào lì,yīn wèi wǒ jué de hěn wēi xiǎn.
못해요, 위험할 것 같아서요.

A：这些饮料好久没喝了，还能继续喝吗？

B：时间太久了，倒掉吧！

A:zhè xiē yǐn liào hǎo jiǔ méi hē le,hái néng jì xù hē ma?
이 음료는 오랫동안 마시지 않았는데 계속 마셔도 되나요?

B:shí jiān tài jiǔ le,dào diào ba!
시간이 너무 오래 지났으니, 버리세요!

108 道理 dàolǐ | 도리. 이치. 규칙

A：当你弟弟不听话时，你会和他讲道理吗？

B：我会和他讲道理。

A:dāng nǐ dì di bù tīng huà shí,nǐ huì hé tā jiǎng dào lǐ ma?
동생이 말을 안 들으면 그와 도리를 따질 수 있어요?

B:wǒ huì hé tā jiǎng dào lǐ.
저는 그와 도리를 따질 거예요.

A：你知道龟兔赛跑的道理吗？

B：龟兔赛跑告诉我们谦虚的道理。

A:nǐ zhī dào guī tù sài pǎo de dào lǐ ma?
토끼와 거북이의 달리기 경주의 교훈을 알아요?

B:guī tù sài pǎo gào sù wǒ men qiān xū de dào lǐ.
우리에게 겸손의 도리를 알려 줬어요.

일곱 여덟 시간쯤이면 도착할 수 있어요.

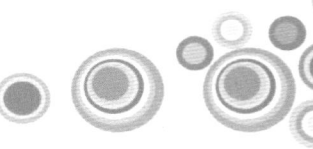

A：你的父母会常常和你讲道理吗？

B：我的父母会常常和我讲做人的道理。

A:nǐ de fù mǔ huì cháng cháng hé nǐ jiǎng dào lǐ ma？

부모님은 늘 당신과 도리를 이야기하시나요?

B: wǒ de fù mǔ huì cháng cháng hé wǒ jiǎng zuò rén de dào lǐ.

부모님은 늘 저에게 인간으로서의 도리를 이야기하세요.

A：老师用什么方法讲了这个深奥的道理？

B：老师通过一则寓言讲了这个深奥的道理。

A:lǎo shī yòng shén me fāng fǎ jiǎng le zhè gè shēn ào de dào lǐ?

선생님은 무슨 방법으로 이 심오한 이치를 설명했어요?

B: lǎo shī tōng guò yì zé yù yán jiǎng le zhè gè shēn ào de dào lǐ.

하나의 우화를 통해 이 심오한 이치를 설명했어요.

A：你觉得爷爷说的话有道理吗？

B：我觉得爷爷说的话很有道理。

A:nǐ jué de yé ye shuō de huà yǒu dào lǐ ma?

할아버지의 말씀이 일리 있다고 생각해요?

B:wǒ jué de yé ye shuō de huà hěn yǒu dào lǐ.

매우 일리가 있다고 생각해요.

109 登机牌 dēngjīpái   비행기 탑승권

A：您好。

A:nín hǎo.

안녕하세요.

B：请拿好您的登机牌和护照，在十一点半之前到候机厅准备登机。

B:qǐng ná hǎo nín de dēng jī pái hé hù zhào, zài shí yī diǎn bàn zhī qián dào hòu jī tīng zhǔn bèi dēng jī.

탑승권과 여권을 잘 챙기세요. 열한 시 반 전에 공항 대합실에 도착하여 비행기 탑승을 준비하세요.

A：你的登机牌放在哪里了？

B：和你的登机牌放在一起了。

A:nǐ de dēng jī pái fàng zài nǎ lǐ le?

탑승권은 어디에 두었어요?

B:hé nǐ de dēng jī pái fàng zài yì qǐ le.

당신의 탑승권과 함께 놨어요.

A：你为什么给登机牌照相啊？

B：因为这是我第一次坐飞机，我想纪念一下。

A:nǐ wèi shén me gěi dēng jī pái zhào xiàng a?

당신은 왜 탑승권 사진을 찍었어요?

B:yīn wèi zhè shì wǒ dì yī cì zuò fēi jī, wǒ xiǎng jìniàn yí xià.

왜냐하면 이번에는 제가 처음 비행기를 탄 것이기 때문에 기

65

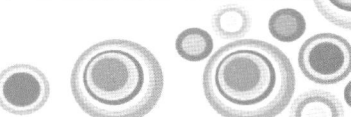

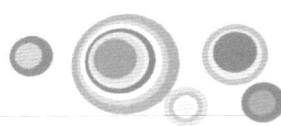

A：登机的时候，需要拿着什么？

B：需要拿着登机牌。

A:dēng jī de shí hòu, xū yào ná zhe shén me?
비행기를 탑승할 때 무엇을 가지고 있어야 해요?

B:xū yào ná zhe dēng jī pái.
탑승권을 가지고 있어야 해요.

념으로 삼고 싶어서요.

110 登记 dēngjì — 등기하다. 등록하다

A：吴老师经常核对考勤登记表吗？

B：每到周末,吴老师就要核对一次考勤登记表。

A:wú lǎo shī jīng cháng hé duì kǎo qín dēng jì biǎoma?
오 선생님께서는 출근 등록표를 자주 체크해요?

B:měi dào zhōu mò, wú lǎo shī jiù yào hé duì yí cì kǎo qín dēng jì biǎo.
주말마다 오 선생님께서 출근 등록표를 한번 체크해요.

A：你们这么认真，在做什么呢？

B：我们正在填写毕业登记表。

A:nǐ men zhè me rèn zhēn, zài zuò shén me ne?
당신들은 무엇을 이렇게 열심히 하고 있어요?

B:wǒ men zhèng zài tián xiě bì yè dēng jì biǎo.
저희는 졸업 등록표를 작성하고 있어요.

A：想要开一家公司需要做什么？

B：需要到工商局登记备份。

A:xiǎng yào kāi yì jiā gōng sī xū yào zuò shén me?
회사를 차리려면 무엇을 해야 해요?

B:xū yào dào gōng shāng jú dēng jì bèi fèn.
상공 행정 관리국에 가서 등록하셔야 해요.

A：在中国开店需要去工商局登记吗？

B：在中国即使只是开一家小店，也得去工商部门登记。

A:zài zhōng guó kāi diàn xū yào qù gōng shāng jú dēng jì ma?
중국에서 가게를 차리려면 상공 행정 관리국에 가서 등록할 필요가 있어요?

B:zài zhōng guó jí shǐ zhǐ shì kāi yì jiā xiǎo diàn, yě děi qù gōng shāng bù mén dēng jì.
중국에서 설령 작은 가게를 차리더라도 상공 행정 관리국에 가서 등록하셔야 해요.

111 等待 děngdài — 기다리다.

A：人们正在专心地等待着什么？

A:rén men zhèng zài zhuān xīn de děng dài zhe shén me?
사람들은 전심전력으로 무엇을 기다리고 있어요?

B：人们目不转睛地看着发射塔,等待火箭升空。

B:rén men mù bù zhuǎn jīng de kàn zhe fā shè tǎ, děng dài huǒ jiàn shēng kōng.

사람들은 눈 한 번 깜빡하지도 않고 발사대를 보며, 로켓 발사를 기다리고 있어요.

A：电影什么时候开演啊，我都等了好久了。

A:diàn yǐng shén me shí hòu kāi yǎn a, wǒ dōu děng le hǎo jiǔ le.

영화가 언제 시작되나요? 저는 이미 오랫동안 기다렸어요.

B：电影马上就开演了,请大家再耐心等待一会儿。

B:diàn yǐng mǎ shàng jiù kāi yǎn le, qǐng dà jiā zài nài xīn děng dài yí huì ér.

영화가 곧 시작되니깐 여러분들 인내심을 가지고 좀 더 기다려 주십시오.

A：小站上有很多人正在等待什么？

A:xiǎo zhàn shàng yǒu hěn duō rén zhèng zài děng dài shén me?

간이역에서 많은 사람들이 무엇을 기다리고 있어요?

B：小站上有很多人正在等待火车的到来。

B:xiǎo zhàn shàng yǒu hěn duō rén zhèng zài děng dài huǒ chē de dào lái.

많은 사람들이 기차가 오기를 기다리고 있어요.

A：同学们在教室做什么？

A:tóng xué men zài jiào shì zuò shén me?

학생들은 교실에서 무엇을 하고 있어요?

B：同学们静静地坐在教室里等待老师上课。

B:tóng xué men jìng jìng de zuò zài jiào shì lǐ děng dài lǎo shī shàng kè.

학생들은 조용히 교실에 앉아서 선생님의 수업을 기다리고 있어요.

A：参加竞选的人为什么心里七上八下的？

A:cān jiā jìng xuǎn de rén wèi shén me xīn lǐ qī shàng bā xià de?

선거에 참가한 사람은 마음이 왜 두근두근하나요?

B：等待着竞选的结果。

B:děng dài zhe jìng xuǎn de jié guǒ.

선거 결과를 기다리고 있기 때문이에요.

112 等候 děnghòu

기다리다.

A：哲珠为什么不进屋，在门口等候着？

A:zhé zhū wèi shén me bú jìn wū, zài mén kǒu děng hòu zhe?

철수는 왜 방에 들어가지 않고 문 앞에서 기다리고 있어요?

B：哲珠看到老师在休息,不忍打搅,

B:zhé zhū kàn dào lǎo shī zài xiū xī, bù rěn dǎ jiǎo, dú zì zài mén kǒu děng hòu zhe.

67

独自在门口等候着。

A：大家在手术室外等候着什么？

B：在等候一个新生命的到来。

A：让你最难忘记的等候是什么？

B：小时候在农村，傍晚我总能看到奶奶在老槐树下等候我的身影。

A：他在等候什么？

B：他在等候女儿的电话。

A：天气这么冷，凌晨等待看升旗仪式的人多吗？

B：虽然早上寒风刺骨，但是很多人从凌晨四点就来到天安门广场耐心地等候升旗仪式的开始。

113 滴 dī

A：你觉得只要有恒心，什么事情都能做得到吗？

B：俗话说"滴水穿石"，只要有恒心，什么事情都能做得到。

철수는 선생님께서 휴식하고 있는 걸 보고 차마 방해하지 못해서 혼자 문 앞에서 기다리고 있어요.

A:dà jiā zài shǒu shù shì wài děng hòu zhe shén me？
다들 수술실 밖에서 무엇을 기다리고 있어요？

B:zài děng hòu yí gè xīn shēng mìng de dào lái.
새로운 생명이 도래하는 것을 기다리고 있어요.

A: ràng nǐ zuì nán wàng jì de děng hòu shì shén me？
가장 잊기 어려운 기다림은 무엇이에요？

B:xiǎo shí hòu zài nóng cūn,bàng wǎn wǒ zǒng néng kàn dào nǎi nai zài lǎo huái shù xià děng hòu wǒ de shēn yǐng.
어릴 때 농촌에서 저녁에 늘 볼 수 있는 할머니가 늙은 홰나무 밑에서 저를 기다린 모습이에요.

A:tā zài děng hòu shén me？
그는 무엇을 기다리고 있어요？

B:tā zài děng hòu nǚ ér de diàn huà.
그는 딸의 전화를 기다리고 있어요.

A:tiān qì zhè me lěng,líng chén děng dài kàn shēng qí yí shì de rén duō ma？
날씨가 이렇게 추운데 새벽에 국기 계양식을 기다리는 사람이 많아요？

B:suī rán zǎo shàng hán fēng cì gǔ,dàn shì hěn duō rén cóng líng chén sì diǎn jiù lái dào tiān ān mén guǎng chǎng nài xīn de děng hòu shēng qí yí shì de kāi shǐ.
비록 아침에는 차가운 비바람이 뼛속까지 파고들지만 많은 사람들이 새벽 4시에서 천안문 광장을 찾아 오고 인내심을 가지고 국기 계양식을 기다렸어요.

액체가 한 방울씩 떨어지다.

A:nǐ jué de zhǐ yào yǒu héng xīn, shén me shì qíng dōu néng zuò de dào ma？
꾸준히 하는 마음만 있으면 무슨 일이든 다 해낼 수 있다고 생각해요？

B:sú huà shuō dī shuǐ chuān shí, zhǐ yào yǒu héng xīn, shén me shì qíng dōu néng zuò de dào.

속담에 이르기를, '낙숫물이 댓돌을 뚫는다'고 하며, 꾸준한 마음만 있다면 무슨 일이든 다 해낼 수 있어요.

A：怎样做可以缓解眼疲劳？

B：可以滴眼药水缓解眼疲劳。

A:zěn yàng zuò kě yǐ huǎn jiě yǎn pí láo?
어떻게 해야 눈의 피로를 풀 수 있어요?

B:kě yǐ dī yǎn yào shuǐ huǎn jiě yǎn pí láo.
눈에 안약을 넣으면 눈의 피로를 풀 수 있어요.

A：你喜欢听下雨的声音吗？

B：我喜欢小雨的滴答滴答声音。

A:nǐ xǐ huān tīng xià yǔ de shēng yīn ma?
당신은 비가 오는 소리를 즐겨 들어요?

B:wǒ xǐ huān xiǎo yǔ de dī da dī da shēng yīn.
저는 작은 비의 똑똑 소리를 좋아해요.

A：是什么声音，一直滴答滴答地响？

B：是墙上挂着的钟的声音。

A:shì shén me shēng yīn, yì zhí dī dā dī dā de xiǎng?
무슨 소리예요? 계속 똑딱거리라고 울리고 있어요?

B:shì qiáng shàng guà zhe de zhōng de shēng yīn.
벽에 걸려 있는 시계의 소리예요.

A：雨滴落在河面上，会产生什么？

B：雨滴落在河面上，会荡起层层涟漪。

A:yǔ dī luò zài hé miàn shàng, huì chǎn shēng shén me?
빗방울이 강 위에 떨어지면 어떤 것이 생길까요?

B:yǔ dī luò zài hé miàn shàng, huì dàng qǐ céng céng lián yī.
빗방울이 강 위로 떨어지면 잔잔한 물결을 일으킬 거예요.

114 的确 díquè

확실히. 분명히. 정말

A：每个人都可能失败吗？

B：的确，胜败乃兵家常事嘛！

A:měi ge rén dōu kě néng shī bài ma?
누구나 실패할 수 있나요?

B:dí què, shèng bài nǎi bīng jiā cháng shì ma!
맞아요, 승패는 병가의 상사이잖아요!

A：你在路上见到他了？

B：的确，我在路上见到他了。

A:nǐ zài lù shàng jiàn dào tā le?
당신은 길에서 그를 만났어요?

B:dí què, wǒ zài lù shàng jiàn dào tā le.
맞아요, 저는 길에서 그를 만났어요.

A：如今很多学生都近视眼了！

A:rú jīn hěn duō xué shēng dōu jìn shì yǎn le?
지금은 많은 학생들이 다 근시안이 되네요!

B：学生视力问题的确应该引起注意了。

B:xué shēng shì lì wèn tí dí què yīng gāi yǐn qǐ zhù yì le.

학생의 시력 문제는 확실히 사람의 주의를 기울여야 해요.

A：他的射箭技术很厉害？

A:tā de shè jiàn jì shù hěn lì hài?

그의 활쏘는 솜씨가 대단해요?

B：他的射箭技术的确高明。

B:tā de shè jiàn jì shù dí què gāo míng.

그의 활쏘는 솜씨는 정말 훌륭해요.

A：你觉得打官司费钱费力吗？

A:nǐ jué de dǎ guān sī fèi qián fèi lì ma?

당신은 소송을 거는 것이 돈과 힘이 많이 들어가는 일이라고 생각해요?

B：打官司的确是费钱费力的事。

B:dǎ guān sī dí què shì fèi qián fèi lì de shì.

소송을 거는 것은 확실히 돈과 힘이 많이 들어가는 일이에요.

115 地道 dìdào

순수하다. 진짜의. 정통의

A：他是哪里人？

A:tā shì nǎ lǐ rén?

그는 어디 사람이에요?

B：他是个地道的东北男人。

B:tā shì gè dì dào de dōng běi nán rén.

그는 순수한 동북 남자예요.

A：为什么大家都很羡慕他？

A:wèi shén me dà jiā dōu hěn xiàn mù tā?

왜 모두들 다 그를 아주 부러워해요?

B：他会说一口地道的英语，我们都很羡慕他。

B:tā huì shuō yì kǒu dì dào de yīng yǔ, wǒ men dōu hěn xiàn mù tā.

그는 정통한 영어를 할 줄 아니깐, 우리는 모두 그가 아주 부러워요.

A：听你的口音，应该是北京人吧？

A:tīng nǐ de kǒu yīn, yīng gāi shì běi jīng rén ba?

말씨를 들어 보면, 북경 사람이지요?

B：是啊，我是地地道道的北京人。

B:shì a, wǒ shì dì dì dào dào de běi jīng rén.

예, 저는 북경 토박이예요.

A：你认为怎样才能讲好一口流利又地道的汉语？

A:nǐ rèn wéi zěn yàng cái néng jiǎng hǎo yì kǒu liú lì yòu dì dào de hàn yǔ?

어떻게 해야만 유창하고 정확한 중국어를 말할 수 있다고 생각해요?

B：要多听、多说、多读、多写。

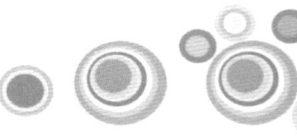

梦想中国语 会话

A：尝尝我做的地道的东北菜，我保证你爱吃！

B：好啊！让我尝尝你的手艺！

B: yào duō tīng, duō shuō, duō dú, duō xiě.
많이 듣고 많이 말하고 많이 읽고 많이 써야해요.

A: cháng chang wǒ zuò de dì dào de dōng běi cài, wǒ bǎo zhèng nǐ ài chī!
제가 만든 정통 동베이 요리를 먹어 보세요, 제가 당신은 즐겨 먹을 거라고 보장할게요.

B: hǎo a! ràng wǒ cháng chang nǐ de shǒu yì!
좋네요! 당신의 솜씨를 좀 맛 볼게요!

116 递 dì   건네다

A：你能不能把桌子上的手机递给我一下？

B：没问题！

A: nǐ néng bù néng bǎ zhuō zǐ shàng de shǒu jī dì gěi wǒ yí xià?
책상 위에 있는 휴대 전화를 저에게 건네 주실 수 있어요?

B: méi wèn tí!
그럼요!

A：这些东西你打算怎么运回家？

B：我打算快递回去。

A: zhè xiē dōng xī nǐ dǎ suàn zěn me yùn huí jiā?
이 물건들을 어떻게 집에 가져갈 작정이에요?

B: wǒ dǎ suàn kuài dì huí qù.
저는 택배로 보내려고 해요.

A：递我一下笔，我这支笔没有油了。

B：好的。

A: dì wǒ yí xià bǐ, wǒ zhè zhī bǐ méi yǒu yóu le.
펜을 하나 건네주세요, 이 펜은 잉크가 없어요.

B: hǎo de.
그래요.

A：这是什么？

B：别问那么多，帮我递给他就是了。

A: zhè shì shén me?
이건 뭐예요?

B: bié wèn nà me duō, bāng wǒ dì gěi tā jiù shì le..
그렇게 많이 묻지 마세요, 그에게 건네주면 돼요.

117 顶 dǐng   꼭대기, 최고점

A：当你到达山顶时有什么感受？

A: dāng nǐ dào dá shān dǐng shí yǒu shén me gǎn shòu?
당신은 산 꼭대기에 도착했을 때 어떤 느낌이 들어요?

B: dào dá shān dǐng shí gǎn shòu dào de nà zhǒng chéng jiù gǎ

71

梦想中国语 会话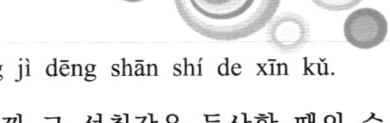

B：到达山顶时感受到的那种成就感，能够令人忘记登山时的辛苦。

n,néng gòu lìng rén wàng jì dēng shān shí de xīn kǔ.

산 꼭대기에 도착했을 때 느낀 그 성취감은 등산할 때의 수고를 다 잊게 해줄 수 있어요.

A：你这顶帽子很漂亮，在哪里买的？

A:nǐ zhè dǐng mào zi hěn piào liàng,zài nǎ lǐ mǎi de?

이 모자가 아주 예뻐요, 어디서 샀어요?

B：在乐天百货买的。

B:zài lè tiān bǎi huò mǎi de.

롯데 백화점에서 샀어요.

A：你的头顶上有什么？

A:nǐ de tóu dǐng shàng yǒu shén me?

머리 위에 무엇이 있어요?

B：我的头顶上有头发。

B:wǒ de tóu dǐng shàng yǒu tóu fà.

머리 위에 머리카락이 있어요.

A：你能顶得住这么大的压力吗？

A:nǐ néng dǐng dé zhù zhè me dà de yā lì ma?

당신은 이렇게 큰 스트레스를 감당할 수 있어요?

B：我也不知道，我尽量吧！

B:wǒ yě bù zhī dào,wǒ jìn liàng ba!

저도 모르겠어요. 최선을 다할 것이에요!

118 冻 dòng   얼다. 굳다

A：好冷啊！我的手都冻红了。

A:hǎo lěng a! wǒ de shǒu dōu dòng hóng le.

정말 춥군요! 제 손이 다 얼어서 빨개졌어요.

B：这么冷的天，你怎么不戴手套？

B:zhè me lěng de tiān,nǐ zěn me bú dài shǒu tào?

이렇게 추운 날에 당신은 어째서 장갑을 끼지 않았어요?

A：今天好冷啊！

A:jīn tiān hǎo lěng a!

오늘은 정말 춥군요!

B：是啊，今天室外的温度太低了，放一杯水很快都会被冻成冰。

B:shì ā,jīn tiān shì wài de wēn dù tài dī le,fàng yì bēi shuǐ hěn kuài dōu huì bèi dòng chéng bīng.

네, 오늘 야외 온도가 너무 낮아서 물 한 잔을 놓으면 금방 얼어 버릴 거예요.

A：经常吃速冻食品好吗？

A:jīng cháng chī sù dòng shí pǐn hǎo ma?

냉동 식품을 자주 먹는 게 좋아요?

B：经常吃速冻食品不好。

B:jīng cháng chī sù dòng shí pǐn bù hǎo.

냉동 식품을 자주 먹는 것이 좋지 않아요.

梦想中国语 会话

A：你吃过速冻饺子吗？

B：我吃过速冻饺子，味道挺好的，还很方便。

A:nǐ chī guò sù dòng jiǎo zǐ ma？

당신은 냉동 만두를 먹어본 적이 있어요？

B:wǒ chī guò sù dòng jiǎo zǐ，wèi dào tǐng hǎo de，hái hěn fāng biàn.

저는 냉동 만두를 먹어본 적이 있어요, 맛이 매우 좋고 매우 편리해요.

A：真是冻死我了！咱们快进屋吧！

B：马上。

A:zhēn shì dòng sǐ wǒ le！zán men kuài jìn wū ba！

정말 얼어 죽겠네요！얼른 방으로 들어갑시오！

B:mǎ shàng.

곧 들어가요.

119 独特 dútè

독특하다. 특이하다.

A：你觉得北京怎么样？

B：北京历史悠久，有着深厚的文化底蕴与独特的风土人情。

A:nǐ jué de běi jīng zěn me yàng？

북경은 어때요？

B:běi jīng lì shǐ yōu jiǔ，yǒu zhe shēn hòu de wén huà dǐ yùn yǔ dú tè de fēng tǔ rén qíng.

베이징은 유구한 역사와 풍부한 문화를 지니고 있으며, 독특한 풍토와 인심도 지니고 있어요.

A：这幅画很独特啊！

B：是啊，这画廊里的画意境比较独特，来观赏的人不少。

A:zhè fú huà hěn dú tè a！

이 그림은 아주 독특하군요！

B:shì a，zhè huà láng lǐ de huà yì jìng bǐ jiào dú tè，lái guān shǎng de rén bù shǎo.

예, 이 갤러리에 있는 그림은 경지가 독특한 편이라서 감상하러 온 사람들이 적지 않아요.

A：蜘蛛有什么独特的本领？

B：结网捕食,是蜘蛛独特的本领。

A:zhī zhū yǒu shén me dú tè de běn lǐng？

거미는 어떤 독특한 능력을 가지고 있어요？

B:jié wǎng bǔ shí，shì zhī zhū dú tè de běn lǐng.

그물을 치고 먹이를 잡아먹는 것이 거미의 독특한 능력이에요.

A：中国画为什么很有名？

B：中国画以"画中有诗，诗中有画"

A:zhōng guó huà wèi shén me hěn yǒu míng？

중국의 그림은 왜 유명해요？

B:zhōng guó huà yǐ huà zhōng yǒu shī，shī zhōng yǒu huà de

的独特风格而闻名世界。

dú tè fēng gé ér wén míng shì jiè.

중국의 그림은 '그림 속에 시가가 있고 시 속에 그림이 있다'는 독특한 스타일로 유명해요.

120 度过 dùguò

시간을 보내다. 지내다.

A：爷爷在哪里度过了大部分时间？

B：爷爷在硝烟弥漫的战场上度过了半生。

A: yé ye zài nǎ lǐ dù guò le dà bù fēn shí jiān?

할아버지께서는 어디서 대부분 시간을 보내셨나요?

B: yé ye zài xiāo yān mí màn de zhàn chǎng shàng dù guò le bàn shēng.

할아버지께서는 초연이 자욱한 전쟁터에서 반평생을 보내셨어요.

A：是什么支撑她遇到困难也不放弃的？

B：这份真挚的爱情,支撑她度过了苦难的后半生。

A: shì shén me zhī chēng tā yù dào kùn nán yě bú fàng qì de?

그녀는 무엇을 의지해서 난관에 부딪쳐도 포기하지 않아요?

B: zhè fèn zhēn zhì de ài qíng, zhī chēng tā dù guò le kǔ nàn de hòu bàn shēng.

그녀가 이 진지한 사랑에 의지해서 고생스러운 후반생을 보내셨어요.

A：每当你看见什么心情就会好起来？

B：我一看见美丽的蓝天心情就会好起来。

A: měi dāng nǐ kàn jiàn shén me xīn qíng jiù huì hǎo qǐ lái?

당신은 무엇을 보면 기분이 좋아질 것이에요?

B: wǒ yí kàn jiàn měi lì de lán tiān xīn qíng jiù huì hǎo qǐ lái.

저는 아름다운 파란 하늘을 보면 기분이 좋아질 것이에요.

A：张爷爷晚年是在哪里度过的？

B：因为张爷爷没儿没女,所以晚年是在敬老院度过的。

A: zhāng yé ye wǎn nián shì zài nǎ lǐ dù guò de?

장 씨 할아버지께서는 말년에 어디서 지내셨어요?

B: yīn wèi zhāng yé ye méi ér méi nǚ, suǒ yǐ wǎn nián shì zài jìng lǎo yuàn dù guò de.

장 씨 할아버지께서는 아들과 딸이 없어서 말년에 양로원에서 지내셨어요.

A：下面请领导讲话。

B：祝愿各位与会者在这里度过一段愉快的时间。

A: xià miàn qǐng lǐng dǎo jiǎng huà.

다음에는 지도자께서는 말씀해 주십시오.

B: zhù yuàn gè wèi yù huì zhě zài zhè lǐ dù guò yí duàn yú kuài de shí jiān.

참석하신 여러분들이 이곳에서 즐거운 시간을 보내시기를 바랍니다.

121 堆 duī

무더기 쌓여있다. 쌓다.

A：我有很多书，我喜欢这样堆着放，因为看的时候很方便。

A:wǒ yǒu hěn duō shū, wǒ xǐ huān zhè yàng duī zhe fàng, yīn wèi kàn de shí hòu hěn fāng biàn.

저는 책이 많으며, 이렇게 쌓아 놓는 걸 좋아해요, 왜냐하면 볼 때는 아주 편리하기 때문이에요.

B：可是书堆得到处都是，很不整齐。

B:kě shì shū duī de dào chù dōu shì, hěn bù zhěng qí.

그런데 책이 여기저기 쌓여 있으면 아주 가지런하지 않아요.

A：你喜欢堆积工作吗？

A:nǐ xǐ huān duī jī gōng zuò ma?

당신은 일이 쌓이는 것을 좋아해요?

B：我不喜欢堆积工作。

B:wǒ bù xǐ huān duī jī gōng zuò.

저는 일이 쌓이는 것을 싫어해요.

A：为什么要把这些东西堆起来？

A:wèi shén me yào bǎ zhè xiē dōng xī duī qǐ lái?

이 물건들을 왜 쌓아 두려고 해요?

B：这样比较集中。

B:zhè yàng bǐ jiào jí zhōng.

이렇게 하면 더 집중적이라서 그래요.

A：这么一堆衣服，要洗到什么时候才能洗完啊？

A:zhè me yì duī yī fu,yào xǐ dào shén me shí hòu cái néng xǐ wán a?

이렇게 많이 쌓여 있는 옷을 언제쯤 다 세탁할 수 있겠어요?

B：别着急，慢慢来。

B:bié zháo jí,màn màn lái.

조급해하지 말고 차근차근해요.

122 对比 duìbǐ

대비하다. 대조하다

A：这两支球队都很强吗？

A:zhè liǎng zhī qiú duì dōu hěn qiáng ma?

이 두 팀은 모두 강합니까?

B：这两支球队对比起来,力量相差悬殊。

B:zhè liǎng zhī qiú duì duì bǐ qǐ lái,lì liàng xiāng chà xuán shū.

이 두 팀을 비교해 보면 실력의 차이가 아주 커요.

A：爷爷经常用什么方法教育你？

A:yé ye jīng cháng yòng shén me fāng fǎ jiào yù nǐ?

할아버지께서는 늘 어떤 방법으로 당신을 교육시켜요?

B：爷爷常用今昔对比的方法教育我。

B:yé ye cháng yòng jīn xī duì bǐ de fāng fǎ jiào yù wǒ.

할아버지께서는 저에게 늘 과거와 현재를 비교하는 방법으로

梦想中国语　会话

A：新旧社会一样吗?

B：新旧社会对比,简直是两重天。

A：这两个人不像是双胞胎。

B：是啊，一个沉静,一个活泼,这对双胞胎的性格形成了鲜明的对比。

A：你觉得我和她的性格相同吗?

B：她和你的性格对比起来真是南辕北辙。

123 对待 duìdài

A：对待动物，需要同情心吗?

B：对待动物，当然需要同情心。

A：对待学习较差的同学，我们应该怎么做?

B：对待学习较差的同学，我们要帮助他,不要耻笑他。

A：这事与全局利害攸关,要认真对待。

B：好的，您放心吧! 我会认真对待的。

가르치셨어요.

A:xīn jiù shè huì yí yàng ma?
새로운 사회와 옛날 사회는 같아요?

B:xīn jiù shè huì duì bǐ,jiǎn zhí shì liǎng chóng tiān.
새로운 사회와 옛날 사회를 비교하면, 그야말로 두 세상이에요.

A:zhè liǎng gè rén bú xiàng shì shuāng bāo tāi.
이 두 사람은 쌍둥이 답지 않아요.

B:shì a,yí gè chén jìng,yí gè huó pō,zhè duì shuāng bāo tāi de xìng gé xíng chéng le xiān míng de duì bǐ.
네, 하나는 조용하고 하나는 활발하며, 이 쌍둥이의 성격은 선명한 대조를 이루었어요.

A:nǐ jué de wǒ hé tā de xìng gé xiāng tóng ma?
당신은 저와 그녀의 성격이 같다고 생각해요?

B:tā hé nǐ de xìng gé duì bǐ qǐ lái zhēn shì nán yuán běi zhé.
그녀와 당신의 성격을 비교하면 정말 정반대이에요.

대응하다. 대처하다.

A:duì dài dòng wù,xū yào tóng qíng xīn ma?
동물을 대할 때 동정심이 필요해요?

B:duì dài dòng wù,dāng rán xū yào tóng qíng xīn.
동물을 대할 때 당연히 동정심이 필요해요.

A:duì dài xué xí jiào chà de tóng xué,wǒ men yīng gāi zěn me zuò?
공부 좀 못하는 학생을 대할 때 우리는 어떻게 해야 해요?

B:duì dài xué xí jiào chà de tóng xué,wǒ men yào bāng zhù tā, bú yào chǐ xiào tā.
공부 좀 못하는 학생을 대할 때 그를 도와 줘야 되며 그를 비웃지 말아야 해요.

A:zhè shì yǔ quán jú lì hài yōu guān,yào rèn zhēn duì dài.
이 일은 전반 국면과 밀접하게 관련되므로 진지하게 대응해야 해요.

梦想中国语 会话

A：你这样对待他，不但解决不了问题，反而会使他产生逆反心理。

B：那我反思一下吧！

A：对待工作婚姻，要怎么样？

B：对待工作、婚姻等人生大事一定要慎重，不能随心所欲。

124 对方 duìfāng 상대방. 상대편

A：我们能战胜对方吗？

B：我们人强马壮，一定能战胜对方.

A：他表现得怎么样？

B：他思维敏捷，谈吐锋利，驳得对方哑口无言。

A：他为什么觉得委屈？

B：他本是一番治病救人的好意却受到了对方的冷遇。

B:hǎo de,nín fàng xīn ba！wǒ huì rèn zhēn duì dài de.

네, 안심해요! 진지하게 다룰 게요.

A:nǐ zhè yàng duì dài tā,bú dàn jiě jué bù liǎo wèn tí,fǎn ér huì shǐ tā chǎn shēng nì fǎn xīn lǐ.

당신은 그를 이렇게 대하면 문제를 해결할 수 없을 뿐만 아니라 오히려 그에게 반역 심리가 생기게 할 것이에요.

B:nà wǒ fǎn sī yí xià ba！

그럼 제가 반성할게요!

A:duì dài gōng zuò hūn yīn,yào zěn me yàng？

일과 결혼은 어떻게 대해야 해요?

B:duì dài gōng zuò,hūn yīn děng rén shēng dà shì yí dìng yào shèn zhòng, bù néng suí xīn suǒ yù.

일과 결혼 등 인생 대사를 대할 때 반드시 신중해야 하며, 마음대로 하면 안 돼요.

A:wǒ men néng zhàn shèng duì fāng ma？

우리는 상대방을 이길 수 있어요?

B:wǒ men rén qiáng mǎ zhuàng,yí dìng néng zhàn shèng duì fāng.

우리는 사람은 굳세고 말은 건장하니까 반드시 상대방을 이길 수 있어요.

A:tā biǎo xiàn de zěn me yàng？

그의 표현이 어때요?

B:tā sī wéi mǐn jié,tán tǔ fēng lì,bó de duì fāng yǎ kǒu wú yán.

그는 사유가 민첩하여 말씀이 날카로워서 상대방으로 하여금 말문이 막히게 반박하였어요.

A:tā wèi shén me jué de wěi qū？

그는 왜 억울하다고 느꼈어요?

B:tā běn shì yì fān zhì bìng jiù rén de hǎo yì què shòu dào le duì fāng de lěng yù.

그는 원래 좋은 마음으로 환자를 치료했는데 상대방에게 냉

	대를 받았어요.
A：两国建交后，设立了什么？ B：两国建交后,各自在对方设立了大使馆。	A:liǎng guó jiàn jiāo hòu,shè lì le shén me? 양국은 수교한 후에 무엇을 설립했어요? B:liǎng guó jiàn jiāo hòu,gè zì zài duì fāng shè lì le dà shǐ guǎn. 양국은 수교 이후 각자 상대 국가에서 대사관을 설치했어요.
A：我们有理由反驳吗？ B：我们有充分的理由驳倒对方的错误观点。	A:wǒ men yǒu lǐ yóu fǎn bó ma? 우리가 반박할 이유가 있어요? B:wǒ men yǒu chōng fèn de lǐ yóu bó dǎo duì fāng de cuò wù guān diǎn. 우리는 충분한 이유를 가지고 상대방의 잘못된 관점을 반박하여 굴복시킬 수 있어요.
A：说话的时候不能怎么样？ B：说话的时候不能只想着自己，要考虑考虑对方的感受。	A:shuō huà de shí hòu bù néng zěn me yàng? 말할 때는 어떻게 하면 안 돼요? B:shuō huà de shí hòu bù néng zhǐ xiǎng zhe zì jǐ,yào kǎo lǜ kǎo lǜ duì fāng de gǎn shòu. 말을 할 때는 자신만 생각하면 안 되고 상대방의 느낌을 고려해야 해요.
125 **对手** duìshǒu	**맞수. 적수.**
A：这场球怎么样？ B：这场球踢得不太理想,我们队输给了对手。	A:zhè chǎng qiú zěn me yàng? 이번 구기 시합은 어때요? B:zhè chǎng qiú tī de bú tài lǐ xiǎng,wǒ men duì shū gěi le duì shǒu. 이번 구기 시합은 별로 좋지 않아서 우리 팀은 상대 팀에게 졌어요.
A：他跑得怎么样？ B：他有后劲,终于在冲刺时超过了所有的对手。	A:tā pǎo de zěn me yàng? 그는 달리는 건 어때요? B:tā yǒu hòu jìn,zhōng yú zài chōng cì shí chāo guò le suǒ yǒu de duì shǒu. 그는 뒷심이 있어서 마침내 모든 적수를 제쳤어요.
A：要战胜对手，需要什么？	A:yào zhàn shèng duì shǒu,xū yào shén me?

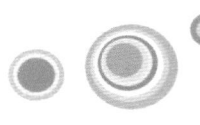

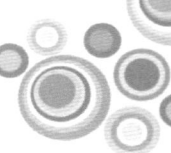

B：要战胜对手,不仅需要勇敢,更需要机智。

적수를 이기려면 무엇이 필요해요?

B:yào zhàn shèng duì shǒu,bù jǐn xū yào yǒng gǎn,gèng xū yào jī zhì.

적수를 이기려면 용기가 필요할 뿐만 아니라 기지가 더 필요해요.

A：你觉得比赛之前一定要做的是什么？

B：知已知彼才能百战百胜，比赛之前一定要对对手进行分析。

A:nǐ jué de bǐ sài zhī qián yí dìng yào zuò de shì shén me?

당신은 시합하기 전에 반드시 해야 하는 것은 무엇이라고 생각해요?

B:zhī jǐ zhī bǐ cái néng bǎi zhàn bǎi shèng,bǐ sài zhī qián yí dìng yào duì duì shǒu jìn xíng fēn xī.

적을 알고 자기를 알면 백 번 싸워도 위태롭지 않아서 시합하기 전에 반드시 적수를 분석해야 해요.

A：你遇到过对手吗？

B：我遇到过对手。

A:nǐ yù dào guò duì shǒu ma?

당신은 적수를 만난 적이 있어요?

B:wǒ yù dào guò duì shǒu.

저는 적수를 만난 적이 있어요.

126 对象 duìxiàng

(연애·결혼) 상대. 대상.

A：小刘在做什么？

B：小刘正在和对象聊天。

A:xiǎo liú zài zuò shén me?

유 씨는 무엇을 하고 있어요?

B:xiǎo liú zhèng zài hé duì xiàng liáo tiān.

유 씨는 애인과 채팅을 하고 있어요.

A：她为什么是很多男士追求的对象？

B：因为她秀外慧中。

A:tā wèi shén me shì hěn duō nán shì zhuī qiú de duì xiàng?

그녀는 왜 많은 남자 분의 추구하는 대상이에요?

B:yīn wèi tā xiù wài huì zhōng.

왜냐하면 그녀는 외모도 준수하고 자질도 총명하기 때문이에요.

A：我们要捕捉的是什么？

B：前面那只兔子，是我们要捕捉的对象。

A:wǒ men yào bǔ zhuō de shì shén me?

우리가 포착해야 할 것은 무엇이에요?

B:qián miàn nà zhī tù zi,shì wǒ men yào bǔ zhuō de duì xiàng.

우리가 잡아야 할 대상은 앞에 있는 그 토끼예요.

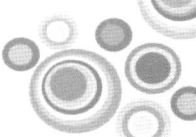

梦想中国语　会话

A：我给他介绍对象了。

A: wǒ gěi tā jiè shào duì xiàng le.
저는 그에게 여자 친구를 소개시켜 주었어요.

B：他已经有对象了，你不知道吗？

B: tā yǐ jīng yǒu duì xiàng le, nǐ bù zhī dào ma?
그는 이미 애인이 있다는 것을 몰랐어요?

A：让你最近很头疼的是什么？

A: ràng nǐ zuì jìn hěn tóu téng de shì shén me?
당신은 최근에 아주 골치 아픈 것은 무엇이에요?

B：一过三十，父母和亲戚们就开始接二连三地为我找对象了。

B: yí guò sān shí, fù mǔ hé qīn qi men jiù kāi shǐ jiē èr lián sān de wèi wǒ zhǎo duì xiàng le.
삼십이 넘자마자 부모님과 친척들이 끝없이 저에게 결혼 상대를 찾아 주기 시작했어요.

127 对于 duìyú

~에 대하여. ~에 대해서.

A：对于学习中出现的难题，我们应该怎么应对？

A: duì yú xué xí zhōng chū xiàn de nán tí, wǒ men yīng gāi zěn me yìng duì?
공부 중에 나타난 어려운 문제에 대해 우리는 어떻게 대응해야 해요?

B：我们应该努力克服它。

B: wǒ men yīng gāi nǔ lì kè fú tā.
우리는 열심히 그것을 극복해야 해요.

A：对于上课点名这个问题你怎么看待？

A: duì yú shàng kè diǎn míng zhè ge wèn tí nǐ zěn me kàn dài?
수업에서 출석을 부르는 것에 대해 당신은 어떻게 생각해요?

B：有利有弊，不过在大学课堂应用得比较多。

B: yǒu lì yǒu bì, bú guò zài dà xué kè táng yìng yòng de bǐ jiào duō.
이로움도 있고 폐단도 있지만 대학 수업에서 활용하는 경우가 비교적 많아요.

A：你知道"曰"字的发音吗？

A: nǐ zhī dào 'yuē' zì de fā yīn ma?
당신은 '曰'라는 글자의 발음을 알아요?

B：对于这个问题我也很疑惑，我们请教老师吧。

B: duì yú zhè ge wèn tí wǒ yě hěn yí huò, wǒ men qǐng jiào lǎo shī ba.
이 문제에 대해 저도 아주 궁금해요, 우리는 선생님께 여쭈어 봅시다.

A：对于青少年的叛逆，我们应该做点什么？

A: duì yú qīng shào nián de pàn nì, wǒ men yīng gāi zuò diǎn shén me?

B：对于青少年的叛逆，我们应该给予理解和恰当的引导。

청소년들의 반역 행위에 대해 우리가 뭘 해야 해요?

B:duì yú qīng shào nián de pàn nì, wǒ men yīng gāi jǐ yǔ lǐ jiě hé qià dàng de yǐn dǎo.

청소년의 반역 행위에 대해, 우리는 그들에게 이해와 적당한 지도를 줘야 해요.

A：对于你来说，什么是最重要的？

B：对于我来说，家庭是最重要的。

A:duì yú nǐ lái shuō, shén me shì zuì zhòng yào de?

당신에게 가장 중요한 것은 뭐예요?

B:duì yú wǒ lái shuō, jiā tíng shì zuì zhòng yào de.

저에게 가장 중요한 것은 가정이에요.

128 多亏 duōkuī

은혜를 입다. 덕택이다. ~덕분이다.

A：祝贺你终于梦想成真，考上了理想的大学。

B：多亏你的鼓励和帮助，我才考上大学。

A:zhù hè nǐ zhōng yú mèng xiǎng chéng zhēn, kǎo shàng le lǐ xiǎng de dà xué.

이상적인 대학에 붙어서 마침내 꿈이 이루어진 것을 축하해요.

B:duō kuī nǐ de gǔ lì hé bāng zhù, wǒ cái kǎo shàng dà xué.

당신의 격려와 도움 덕분에 저는 비로소 대학에 붙었어요.

A：快打上雨伞!

B：雨下得真大，多亏你提醒我带把伞。

A:kuài dǎ shàng yǔ sǎn!

빨리 우산을 쓰세요!

B:yǔ xià de zhēn dà, duō kuī nǐ tí xǐng wǒ dài bǎ sǎn.

비가 정말 많이 내리는군요, 다행히 당신은 저에게 우산을 가지고 오라고 일깨워 주었어요.

A：搬家那天，一切顺利吗？

B：我们搬家那天，多亏邻居们来帮忙。

A:bān jiā nà tiān, yí qiē shùn lì ma?

이사하는 날에 모든 것은 다 순조로웠어요?

B:wǒ men bān jiā nà tiān, duō kuī lín jū men lái bāng máng.

우리가 이사한 그날, 이웃 사람들이 도와 주신 덕택이었어요.

A：这次工作完成得顺利吗？

B：多亏他煞费苦心地四处奔走。

A:zhè cì gōng zuò wán chéng de shùn lì ma?

이번 일은 순조롭게 완성했어요?

B:duō kuī tā shà fèi kǔ xīn de sì chù bēn zǒu.

그가 몹시 애를 쓰고 이리저리 뛰어다닌 덕택이에요.

A：祝贺你终于拥有自己的家啦!

A:zhù hè nǐ zhōng yú yōng yǒu zì jǐ de jiā lā!

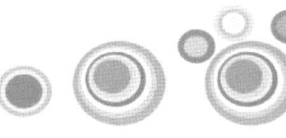

梦想中国语　会话

당신이 마침내 자신의 집을 가지게 된 것을 축하해요!

B:duō kuī nǐ zhǔ dòng jiè gěi wǒ qián,bù rán wǒ jiù mǎi bú xià zhè gè fáng zi le.

B: 多亏你主动借给我钱，不然我就买不下这个房子了。

당신이 저에게 돈을 빌려 주었기에 망정이지 그렇지 않았다면 나는 이 집을 살 수 없었을 거예요.

129 多余 duōyú

여분의. 나머지의. 쓸데없다, 불필요하다

A：你有多余的笔吗，能否借我一根？

A:nǐ yǒu duō yú de bǐ ma,néng fǒu jiè wǒ yì gēn?

당신은 남은 펜이 있어요? 하나 빌려줄 수 있어요?

B：没问题。

B:méi wèn tí.

B: 문제 없어요.

A：如果有多余的衣服，你会怎么处理？

A:rú guǒ yǒu duō yú de yī fu,nǐ huì zěn me chǔ lǐ?

만약 남은 옷이 있다면 어떻게 처리할 거예요?

B：如果有多余的衣服，我会捐出去。

B:rú guǒ yǒu duō yú de yī fu,wǒ huì juān chū qù.

제가 기부할 거예요.

A：我忘记了带雨伞。

A:wǒ wàng jì le dài yǔ sǎn.

우산을 가지고 오는 것을 깜빡했어요.

B：我带了两把伞，这把多余的你拿着吧。

B:wǒ dài le liǎng bǎ sǎn,zhè bǎ duō yú de nǐ ná zhe ba.

저는 우산을 두 개 가지고 왔으니 이 나머지의 건 당신이 가져 갑시오.

A：你多余的钱，会用来做什么？

A:nǐ duō yú de qián,huì yòng lái zuò shén me?

당신은 여분의 돈이 있다면 무엇을 할 거예요?

B：我会把多余的钱存到银行里，既保险又能获利。

B:wǒ huì bǎ duō yú de qián cún dào yín háng lǐ,jì bǎo xiǎn yòu néng huò lì.

저는 남은 돈을 은행에 저축할 것이에요, 안전하기도 하고 수익을 받을 수 있기도 해요.

A：我很担心他。

A:wǒ hěn dān xīn tā.

저는 그를 매우 걱정해요.

B：事实证明，你的担心是多余的。

B:shì shí zhèng míng,nǐ de dān xīn shì duō yú de.

사실은 증명했는데 당신의 걱정은 괜한 짓이에요.

130 躲藏 duǒcáng

숨다. 피하다.

梦想中国语　会话

A：这是什么？

B：这大概是老鼠洞，每当遇到危险时，它就躲藏进来。

A:zhè shì shén me?

이건 뭐예요?

B:zhè dà gài shì lǎo shǔ dòng,měi dāng yù dào wēi xiǎn shí,tā jiù duǒ cáng jìn lái..

아마 쥐 구멍인 것 같으며, 위험을 만날 때마다 그가 들어가서 숨어요.

A：你们家的小猫呢？

B：小猫见有生人,赶紧躲藏起来了。

A:nǐ men jiā de xiǎo māo ne?

당신 집 고양이는 어디에 있어요?

B:xiǎo māo jiàn yǒu shēng rén,gǎn jǐn duǒ cáng qǐ lái le.

고양이가 낯선 사람을 보자 얼른 숨어 버렸어요.

A：你为什么躲藏在这里？

B：嘘！因为我们在玩捉迷藏。

A:nǐ wèi shén me duǒ cáng zài zhè lǐ?

당신은 왜 여기에 숨어 있어요?

B:xū! yīn wèi wǒ men zài wán zhuō mí cáng.

쉬! 왜냐하면 우리가 숨바꼭질을 하고 있기 때문이에요.

A：听说他逃走了，最终还是被抓到了吗？

B：他躲藏于深山老林,但最终没有躲过应有的惩罚。

A:tīng shuō tā táo zǒu le,zuì zhōng hái shì bèi zhuā dào le ma?

그가 도망 갔다고 들었는데 결국 잡혔어요?

B:tā duǒ cáng yú shēn shān lǎo lín, dàn zuì zhōng méi yǒu duǒ guò yīng yǒu de chéng fá.

그는 깊은 산 속에 숨어 있었지만, 결국은 응당한 처벌을 피하지 못했어요.

A：这一地区安全吗？

B：不是很安全，据报道，一些恐怖分子曾经躲藏在这一地区。

A:zhè yí dì qū ān quán ma?

이 지역은 안전해요?

B:bú shì hěn ān quán,jù bào dào,yì xiē kǒng bù fèn zǐ céng jīng duǒ cáng zài zhè yí dì qū.

아주 안전하지 않아요, 보도에 따르면 일부 테러리스트들은 이 지역에 숨은 적이 있었어요.

131 恶劣 èliè

매우 나쁘다. 열악하다

A：今天还去学汉语吗？

B：虽然今天的天气很恶劣，

A:jīn tiān hái qù xué hàn yǔ ma?

오늘도 중국어 공부하러 가요?

B:suī rán jīn tiān de tiān qì hěn è liè,dàn wǒ hái shì yào jiān c

梦想中国语 会话

但我还是要坚持学汉语。	hí xué hàn yǔ. 비록 오늘 날씨가 매우 나쁘지만, 저는 여전히 중국어를 꾸준히 공부할 것이에요.
A：你觉得和他交朋友怎么样？ B：这个人品质恶劣,不要和他来往。	A:nǐ jué de hé tā jiāo péng you zěn me yàng？ 당신이 그와 친구가 되는 것은 어때요? B:zhè gè rén pǐn zhì è liè,bú yào hé tā lái wǎng. 이 사람은 품성이 나쁘니까, 그와 교제하지 말아요.
A：沙漠的天气怎么样？ B：沙漠中天气恶劣,一会儿刮风,一会儿下雪。	A:shā mò de tiān qì zěn me yàng？ 사막의 날씨는 어때요? B:shā mò zhōng tiān qì è liè,yí huì ér guā fēng,yí huì ér xià xuě. 사막에서는 날씨가 아주 나쁜데, 때로는 바람이 불고 때로는 눈이 내려요.
A：你为什么喜欢这朵花？ B：这朵不起眼的小花, 在如此恶劣的气候下,顽强地盛开着。	A:nǐ wèi shén me xǐ huān zhè duǒ huā？ 당신은 왜 이 꽃을 좋아해요? B:zhè duǒ bù qǐ yǎn de xiǎo huā,zài rú cǐ è liè de qì hòu xià, wán qiáng de shèng kāi zhe. 이 볼품없고 작은 꽃이 이렇게 열악한 기후에도 완강히 피어 있어서요.
A：你为什么那么佩服他？ B：不管环境怎么恶劣,不管条件怎么艰苦, 他总是迎难而上一次次出色地 完成上级交给的任务。	A:nǐ wèi shén me nà me pèi fú tā？ 당신은 왜 그렇게 그에게 탄복하는 거예요? B:bù guǎn huán jìng zěn me è liè,bù guǎn tiáo jiàn zěn me jiān kǔ,tā zǒng shì yíng nán ér shàng yí cì cì chū sè de wán chéng shàng jí jiāo gěi de rèn wù. 환경이 아무리 열악해도 조건이 아무리 어려워도, 그는 항상 어려움에 굴복하지 않고 전진하여 상사가 준 업무를 훌륭하게 완성했어요.
132 发表 fābiǎo	**(글을) 게재하다, (의견을) 발표하다.**
A：你曾经发表过文章吗？ B：我的作文在《少年报》上发表过。	A:nǐ céng jīng fā biǎo guò wén zhāng ma？ 당신은 일찍이 글을 발표한 적이 있어요? B:wǒ de zuò wén zài 《shào nián bào》 shàng fā biǎo guò. 제 작품은 <소련보>에서 발표된 적이 있어요.

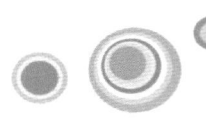 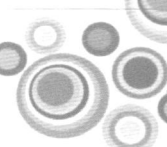

A：这篇刚刚发表的微博你看了吗？

A:zhè piān gāng gāng fā biǎo de wēi bó nǐ kàn le ma？
방금 발표된 웨이보를 봤어요?

B：我看了，我觉得写得很有意思。

B:wǒ kàn le,wǒ jué de xiě de hěn yǒu yì si.
봤어요. 저는 아주 재미 있다고 생각해요.

A：他看起来很不同。

A:tā kàn qǐ lái hěn bù tóng.
그는 매우 다르게 보여요.

B：他常常发表与众不同的意见。

B:tā cháng cháng fā biǎo yǔ zhòng bù tóng de yì jiàn.
그는 자주 남다른 의견을 발표해요.

A：班长发表了什么意见？

A:bān zhǎng fā biǎo le shén me yì jiàn？
반장은 무슨 의견을 발표했어요?

B：班长希望班级里多开展些有趣的活动。

B:bān zhǎng xī wàng bān jí lǐ duō kāi zhǎn xiē yǒu qù de huó dòng.
반장은 학급에서 재미있는 활동을 많이 하기를 바래요.

A：今天的新闻内容有什么？

A:jīn tiān de xīn wén nèi róng yǒu shén me？
오늘 뉴스 내용은 무엇이 있어요?

B：我国政府发表声明，对某国政府干涉我国内政表示强烈抗议。

B:wǒ guó zhèng fǔ fā biǎo shēng míng,duì mǒu guó zhèng fǔ gān shè wǒ guó nèi zhèng biǎo shì qiáng liè kàng yì.
우리 나라 정부는 어떤 나라가 우리 나라의 내정에 간섭하는 것에 대해 강렬한 항의를 발표했어요.

133 发愁 fāchóu

걱정하다. 근심하다. 우려하다.

A：我最近因为这件事实在是太愁了！

A:wǒ zuì jìn yīn wèi zhè jiàn shì shí zài shì tài chóu le！
최근에 이 일 때문에 진짜 너무 걱정돼요!

B：你不用发愁,到了一定时机，事情自然就会好转的。

B:nǐ bú yòng fā chóu,dào le yí dìng shí jī,shì qíng zì rán jiù huì hǎo zhuǎn de.
걱정하지 말고 때가 되면 자연히 좋아질 것이에요.

A：我觉得写作文让我很发愁。

A:wǒ jué de xiě zuò wén ràng wǒ hěn fā chóu.
저는 글을 쓰는 것을 매우 걱정스럽게 생각해요.

B：平时留心观察各种事物，写作文时就不会发愁了。

B:píng shí liú xīn guān chá gè zhǒng shì wù,xiě zuò wén shí jiù bú huì fā chóu le.
평소에 각종 사물을 유심히 관찰하면 글을 쓸 때에도 걱정할 필요가 없어요.

梦想中国语 会话

A：几天没见，你怎么变得有些消瘦了？

B：我这几天正在为工作的事情发愁。

A:jǐ tiān méi jiàn,nǐ zěn me biàn de yǒu xiē xiāo shòu le?

며칠 못 봤는데 당신은 왜 이렇게 말랐어요?

B:wǒ zhè jǐ tiān zhèng zài wèi gōng zuò de shì qíng fā chóu.

며칠 째 일 때문에 걱정하고 있어요.

A：我真的特别担心。

B：依我看这事用不着发愁。

A:wǒ zhēn de tè bié dān xīn.

저는 정말 걱정돼요.

B:yī wǒ kàn zhè shì yòng bú zháo fā chóu.

제가 보기에는 이 일은 걱정할 필요가 없는 일이에요.

A：她总是变化很多吗？

B：她忽而莫名其妙地高兴,忽而莫名其妙地发愁。

A:tā zǒng shì biàn huà hěn duō ma?

그녀는 항상 기분이 많이 변해요?

B:tā hū ér mò míng qí miào de gāo xìng,hū ér mò míng qí miào de fā chóu.

그녀는 특별한 이유 없이 기쁘다가 또 이유 없이 근심해요.

134 发达 fādá

발전시키다. 발달하다

A：应该如何缩短同发达国家之间的差距？

B：我们要努力发展科学技术,缩短同发达国家之间的差距。

A:Yīng gāi rú hé suō duǎn tóng fā dá guó jiā zhī jiān de chā jù?

선진국과의 격차를 어떻게 좁혀요?

B:wǒ men yào nǔ lì fā zhǎn kē xué jì shù,suō duǎn tóng fā dá guó jiā zhī jiān de chā jù.

우리는 과학 기술을 발전시켜야 선진국과의 격차를 좁힐 수 있어요.

A：现代化建设中，要努力做到哪些？

B：在现代化建设中,要善于吸取发达国家的先进技术和管理经验。

A:xiàn dài huà jiàn shè zhōng,yào nǔ lì zuò dào nǎ xiē?

현대화 건설 중에는 어떤 노력을 해야 해요?

B:zài xiàn dài huà jiàn shè zhōng,yào shàn yú xī qǔ fā dá guó jiā de xiān jìn jì shù hé guǎn lǐ jīng yàn.

현대화 건설 중에는 선진국의 선진 기술과 관리 경험을 잘 흡수해야 해요.

A：我觉得他那句话说得很对。

B：万众一心,我们的事业将更加兴旺发达。

A:wǒ jué de tā nà jù huà shuō de hěn duì.

저는 그의 그 말이 매우 맞다고 생각해요.

B:wàn zhòng yì xīn,wǒ men de shì yè jiāng gèng jiā xīng wàng fā dá.

86

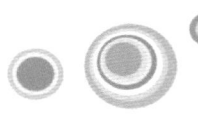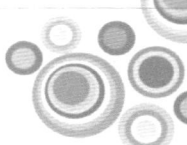

만민이 한 마음 한 뜻이 되면, 우리의 사업은 더욱 번성하게 될 것이에요.

A：东部地区的交通状况如何？

B：东部地区交通发达,公路铁路纵横交错。

A:dōng bù dì qū de jiāo tōng zhuàng kuàng rú hé?
동부 지역의 교통 상황은 어때요?

B:dōng bù dì qū jiāo tōng fā dá,gōng lù tiě lù zòng héng jiāo cuò.
동부 지역은 교통이 발달하여 도로와 철도가 종횡으로 교차되어 있어요.

A：足球运动员腿部肌肉发达吗？

B：足球运动员腿部的肌肉特别发达。

A:zú qiú yùn dòng yuán tuǐ bù jī ròu fā dá ma?
축구 선수들은 다리 근육이 발달해요?

B:zú qiú yùn dòng yuán tuǐ bù de jī ròu tè bié fā dá.
축구 선수들은 다리 근육이 특별히 발달해요.

135 发挥 fāhuī　　　　발휘하다.

A：看图写作文有什么技巧吗？

B：看图写作文时,除了要看懂图画的内容,还要充分发挥自己的想象力。

A:kàn tú xiě zuò wén yǒu shén me jì qiǎo ma?
그림을 보고 작문을 저작하는 것에 대해 어떤 노하우가 있어요?

B:kàn tú xiě zuò wén shí,chú le yào kàn dǒng tú huà de nèi róng,hái yào chōng fèn fā huī zì jǐ de xiǎng xiàng lì.
그림을 보고 작문을 저작할 때 그림의 내용을 잘 이해하는 걸 제외하고 자신의 상상력도 충분히 발휘해야 해요.

A：这次比赛怎么样？

B：在这次比赛中,中国运动员超常发挥,战胜许多著名选手,最终夺取了冠军。

A:zhè cì bǐ sài zěn me yàng?
이번 시합은 어때요?

B:zài zhè cì bǐ sài zhōng,zhōng guó yùn dòng yuán chāo cháng fā huī,zhàn shèng xǔ duō zhù míng xuǎn shǒu,zuì zhōng duó qǔ le guàn jūn.
이번 시합에서 중국 선수들은 뛰어난 기량을 발휘하고 많은 유명한 선수들을 이기며, 마침내 우승을 쟁취하였어요.

A：老师是怎么教育你们的？

B：老师让我们在学习上充分发挥积极性和创造性。

A:lǎo shī shì zěn me jiào yù nǐ men de?
선생님께서는 당신들에 어떻게 교육시켰어요?

B:lǎo shī ràng wǒ men zài xué xí shàng chōng fèn fā huī jī jí xìng hé chuàng zào xìng.
선생님은 우리들에게 학습에 적극성과 창조성을 충분히 발휘하도록 하라고 교육시켰어요.

A：社会新闻有什么重要性？

B：社会新闻可以发挥对市民的教育作用。

A:shè huì xīn wén yǒu shén me zhòng yào xìng?
사회 뉴스는 어떤 중요성을 가지고 있어요?

B:shè huì xīn wén kě yǐ fā huī duì shì mín de jiào yù zuò yòng.
사회 뉴스는 시민에 대한 교육적인 역할을 발휘할 수 있어요.

A：这次比赛他的表现怎么样？

B：这次比赛他实力发挥正常，一举夺得了三枚金牌。

A:zhè cì bǐ sài tā de biǎo xiàn zěn me yàng?
이번 시합에서 그의 활약은 어때요?

B:zhè cì bǐ sài tā shí lì fā huī zhèng cháng, yì jǔ duó dé le sān méi jīn pái.
이번 시합에서 그는 실력이 최고였는데, 한 번에 금메달 세 개를 땄어요.

136 发明 fāmíng

발명하다. 발명

A：火药是哪国发明的？

B：火药是中国古代劳动人民发明的。

A:huǒ yào shì nǎ guó fā míng de?
화약은 어느 나라에서 발명했어요?

B:huǒ yào shì zhōng guó gǔ dài láo dòng rén mín fā míng de.
화약은 중국 고대 노동 인민들이 발명한 것이에요.

A：中国在多少年前发明了纺织？

B：中国大约在五六千年前发明了纺织。

A:zhōng guó zài duō shào nián qián fā míng le fǎng zhī?
중국은 몇 년 전에 방직 기술을 발명했어요?

B:zhōng guó dà yuē zài wǔ liù qiān nián qián fā míng le fǎng zhī.
중국은 대략 5,6천년 전에 방직 기술을 발명했어요.

A：你听说过发明大王爱迪生的故事吗？

B：当然，我很崇拜他。

A:nǐ tīng shuō guò fā míng dà wáng ài dí shēng de gù shì ma?
당신은 발명대왕인 에디슨의 이야기를 들어봤어요?

B:dāng rán, wǒ hěn chóng bài tā.
물론이죠. 저는 그를 숭배해요.

A：你知道飞机最早是谁发明的吗？

B：飞机最早是由莱特兄弟发明的。

A:nǐ zhī dào fēi jī zuì zǎo shì shuí fā míng de ma?
당신은 비행기를 제일 먼저 발명한 사람이 누군지 알아요?

B:fēi jī zuì zǎo shì yóu lái kè xiōng dì fā míng de.
비행기를 가장 먼저 발명한 사람은 라이트 형제예요.

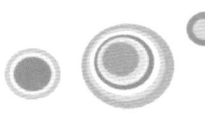

梦想中国语　会话

A：在发明望远镜之前，人们只能用什么观察物体？

B：人们只能靠肉眼或简单的工具观察物体。

A:zài fā míng wàng yuǎn jìng zhī qián,rén men zhǐ néng yòng shén me guān chá wù tǐ?

망원경을 발명하기 전에 사람들은 오직 무엇으로만 물체를 관찰했어요?

B:rén men zhǐ néng kào ròu yǎn huò jiǎn dān de gōng jù guān chá wù tǐ.

사람들은 오직 육안이나 간단한 도구로만 물체를 관찰할 수 밖에 없었어요.

137 发票 fāpiào

영수증

A：退换商品需要什么凭证？

B：退换商品需要发票。

A:tuì huàn shāng pǐn xū yào shén me píng zhèng?

상품을 교환할 때 무슨 증명서가 필요해요?

B:tuì huàn shāng pǐn xū yào fā piào.

상품을 교환하려면 영수증이 필요해요.

A：去餐厅吃饭，你会索要发票吗？

B：是的，我一般都会索要发票。

A:qù cān tīng chī fàn,nǐ huì suǒ yào fā piào ma?

식당에 가서 밥을 먹을 때 영수증을 달라고 할 것이에요?

B:shì de,wǒ yì bān dōu huì suǒ yào fā piào.

네, 저는 보통 영수증을 달라고 할 것이에요.

A：妈妈，你看见我新买的衣服的发票了吗？

B：没有啊，你看看衣服袋子里有没有？

A:mā ma,nǐ kàn jiàn wǒ xīn mǎi de yī fu de fā piào le ma?

엄마, 제가 새로 산 옷의 영수증을 봤어요?

B:méi yǒu ā,nǐ kàn kàn yī fu dài zǐ lǐ yǒu méi yǒu?

아니요, 옷 주머니에서 있는지 봐 봐요?

138 发言 fāyán

발언. 의견을 발표하다.

A：同学们在课堂上积极发言吗？

B：同学们在课堂上争先恐后地发言。

A:tóng xué men zài kè táng shàng jī jí fā yán ma?

학생들이 수업에서 적극적으로 발언해요?

B:tóng xué men zài kè táng shàng zhēng xiān kǒng hòu de fā yán.

학생들이 수업 시간에 앞다투어 발언해요.

A：上课发言应该注意什么？

B：上课发言有多少就说多少，

A:shàng kè fā yán yīng gāi zhù yì shén me?

수업 시간에 발언할 때 무엇을 주의해야 해요?

B:shàng kè fā yán yǒu duō shǎo jiù shuō duō shǎo,bú bì cháng

不必长篇大论,出口成章。

piān dà lùn,chū kǒu chéng zhāng.

수업 시간에 발언을 할 때 얼마나 있으면 얼마나 말할 지 생각해야 하며, 지나치게 길거나 끊임없이 이어지는 말을 할 필요가 없어요.

A：会议内容是什么？

A:huì yì nèi róng shì shén me?

회의의 내용이 무엇이에요?

B：每位代表各自做了精彩的发言。

B:měi wèi dài biǎo gè zì zuò le jīng cǎi de fā yán.

매 대표마다 각자 멋진 발언을 했어요.

A：还想发言的同学请举手。

A:hái xiǎng fā yán de tóng xué qǐng jǔ shǒu.

더 발언하고 싶은 학생은 손을 들어 주세요.

B：老师我想发言。

B:lǎo shī wǒ xiǎng fā yán.

선생님, 제가 발언하고 싶어요.

139 罚款 fákuǎn

위약금을 부과하다. 벌금

A：他为什么被罚款了？

A:tā wèi shén me bèi fá kuǎn le?

그는 왜 벌금을 물었어요?

B：因为他违反了交通规则。

B:yīn wèi tā wéi fǎn le jiāo tōng guī zé.

왜냐하면 그가 교통 법규를 어겼기 때문이에요.

A：你觉得对乱停放自行车的人罚款有效吗？

A:nǐ jué de duì luàn tíng fàng zì xíng chē de rén fá kuǎn yǒu xiào ma?

당신은 자전거를 불법으로 세워 두는 사람들에게 벌금을 내라고 하는 것이 효과가 있다고 생각해요?

B：我觉得有一定的效果。

B:wǒ jué de yǒu yí dìng de xiào guǒ.

저는 어느 정도 효과가 있다고 생각해요.

A：破坏公物会被罚款吗？

A:pò huài gōng wù huì bèi fá kuǎn ma?

공공 기물을 파손하면 벌금을 물릴 것이에요?

B：破坏公物会受到双倍罚款。

B:pò huài gōng wù huì shòu dào shuāng bèi fá kuǎn.

공공 기물을 파손하면 두 배의 벌금을 물릴 것이에요.

140 翻 fān

(~을 찾기 위해)뒤지다. 헤집다.

A：睡觉时，你会经常翻身吗？

A:shuì jiào shí,nǐ huì jīng cháng fān shēn ma?

잠을 잘 때 당신은 자주 몸을 뒤척이나요?

B: 我睡不着时，会翻来翻去。
B: wǒ shuì bù zháo shí, huì fān lái fān qù.
잠을 못 잘 때는 이리저리 뒤척일 것이에요.

A: 你找到那件大衣了吗？
A: nǐ zhǎo dào nà jiàn dà yī le ma?
당신은 그 코트를 찾았어요?

B: 我把大衣柜翻了个遍，最终在角落里找到了。
B: wǒ bǎ dà yī guì fān le gè biàn, zuì zhōng zài jiǎo luò lǐ zhǎo dào le.
저는 옷장을 다 뒤집어서 결국 구석에서 찾았어요.

A: 你会经常翻看照片吗？
A: nǐ huì jīng cháng fān kàn zhào piàn ma?
당신은 사진을 자주 펼쳐 보나요?

B: 我会的，看着照片，好像又回到了那些美好的时光。
B: wǒ huì de, kàn zhe zhào piàn, hǎo xiàng yòu huí dào le nà xiē měi hǎo de shí guāng.
저는 볼 거예요, 사진을 보면 다시 그 아름다운 시간을 돌아갈 것 같아요.

A: 老师，今天我们学习什么内容？
A: lǎo shī, jīn tiān wǒ men xué xí shén me nèi róng?
선생님, 오늘 우리가 무슨 내용을 배울 것이에요?

B: 请把书翻到第58页。
B: qǐng bǎ shū fān dào dì 58 yè.
책의 58 페이지를 펼치세요.

A: 你的领子没有翻好，照着镜子再重新整理一下。
A: nǐ de lǐng zi méi yǒu fān hǎo, zhào zhe jìng zi zài chóng xīn zhěng lǐ yí xià.
옷깃을 잘 넘지 못했으니, 거울을 보고 다시 정리해 봐요.

B: 知道啦，谢谢！
B: zhī dào lā, xiè xie!
알았어요, 감사합니다!

141 凡是 fánshì

모두. 모든. 다

A: 什么样的问题要问清楚？
A: shén me yàng de wèn tí yào wèn qīng chǔ?
어떤 질문을 잘 명백하게 물어 봐야 하나요?

B: 凡是模棱两可的问题都要问清楚。
B: fán shì mó léng liǎng kě de wèn tí dōu yào wèn qīng chǔ.
애매한 질문은 모두 확실하게 물어야 해요.

A: 这次比赛哪些人有参赛资格？
A: zhè cì bǐ sài nǎ xiē rén yǒu cān sài zī gé?
어떤 사람이 이번 시합에 참가할 자격이 있어요?

B: 凡是本校学生,都有参赛资格。
B: fán shì běn xiào xué shēng, dōu yǒu cān sài zī gé.

A：你会经常麻烦别人吗？

B：凡是力所能及的事情，我决不麻烦别人！

A:nǐ huì jīng cháng má fán bié rén ma?
당신은 자주 남을 귀찮게 해요?

B:fán shì lì suǒ néng jí de shì qíng,wǒ jué bù má fán bié rén!
스스로 할 수 있는 일이라면, 저는 절대 다른 사람을 귀찮게 하지 않을 것이에요!

A：儿童几岁开始需要接受义务教育？

B：凡是年满七周岁的儿童都需要接受九年义务教育。

A:ér tóng jǐ suì kāi shǐ xū yào jiē shòu yì wù jiào yù?
아동은 몇 살부터 의무 교육을 받아야 해요?

B:fán shì nián mǎn qī zhōu suì de ér tóng dōu xū yào jiē shòu jiǔ nián yì wù jiào yù.
만 7세가 되는 아동은 모두 9년간 의무 교육을 받아야 해요.

A：大四的学生在准备什么？

B：凡是大四的学生，都在准备考研或找工作。

A:dà sì de xué shēng zài zhǔn bèi shén me?
4학년 학생들은 무엇을 준비하고 있어요?

B:fán shì dà sì de xué shēng,dōu zài zhǔn bèi kǎo yán huò zhǎo gōng zuò.
대학교 4학년 학생들은 모두 대학원 진학을 위해 준비하거나 일자리를 구하고 있어요.

142 反而 fǎnér

반대로. 도리어. 오히려

A：你为什么不理他了？

B：我本想安慰他，他不但不领情，反而怪罪我。

A:nǐ wèi shén me bù lǐ tā le?
당신은 왜 그를 상대하지 않아요?

B:wǒ běn xiǎng ān wèi tā,tā bú dàn bù lǐng qíng,fǎn ér guài zuì wǒ.
저는 원래 그를 위로하려고 했는데 그는 감사히 여기지 않고 도리어 저를 탓했어요.

A：火没有被扑灭吗？

B：火不但没有被扑灭,反而越烧越猛了。

A:huǒ méi yǒu bèi pū miè ma?
불이 진화되지 않았어요?

B:huǒ bú dàn méi yǒu bèi pū miè,fǎn ér yuè shāo yuè měng le.
불이 진화되지 않을 뿐만 아니라 오히려 더 세차게 타올랐어요.

A：妈妈骂你时，爸爸会帮你吗？

A:mā ma mà nǐ shí,bà ba huì bāng nǐ ma?

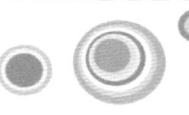
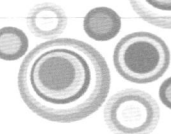

B：爸爸不但不帮我,反而还火上浇油。

엄마가 당신을 욕할 때 아빠가 당신을 도와 줄 것이에요?

B:bà ba bú dàn bù bāng wǒ,fǎn ér hái huǒ shàng jiāo yóu.

아빠는 저를 도와 주지 않을 뿐만 아니라 오히려 불난 집에 부채질해요.

A：什么样的干部让你气愤？

A:shén me yàng de gàn bù ràng nǐ qì fèn ?

어떤 권력자가 당신을 화나게 해요?

B：不为老百姓办事,反而以权谋私的干部让我气愤。

B:bú wèi lǎo bǎi xìng bàn shì,fǎn ér yǐ quán móu sī de gàn bù ràng wǒ qì fèn.

백성을 위해 일하지 않고 오히려 권리를 이용해서 사리사욕을 채우는 권력자가 저를 화나게 해요.

A：我这样对待他有什么不对吗？

A:wǒ zhè yàng duì dài tā yǒu shén me bú duì ma ?

제가 그를 이렇게 대하는 것이 맞지 않아요?

B：你这样对待他,不但解决不了问题,反而会使他产生逆反心理。

B:nǐ zhè yàng duì dài tā,bú dàn jiě jué bù liǎo wèn tí,fǎn ér huì shǐ tā chǎn shēng nì fǎn xīn lǐ.

당신은 그를 이렇게 대하면 문제를 해결할 수 없을 뿐만 아니라 오히려 그에게 반역 심리를 불러일으킬 수 있어요.

143 反复 fǎnfù

거듭하다. 반복하다.

A：他的汉语作文怎么写得那么好？

A:tā de hàn yǔ zuò wén zěn me xiě de nà me hǎo ?

그는 중국어 작문을 왜 그렇게 잘 썼어요?

B：他写文章时,总是反复修改,仔细推敲。

B:tā xiě wén zhāng shí,zǒng shì fǎn fù xiū gǎi,zǐ xì tuī qiāo.

그는 문장을 쓸 때 항상 반복해 수정하고 곰곰이 퇴고했어요.

A：你说话算话,不可反悔呦！

A:nǐ shuō huà suàn huà,bù kě fǎn huǐ yōu!

당신이 한 말은 꼭 지켜야 돼요, 후회하면 안 돼요!

B：大丈夫说一不二,决不能无常地反复。

B:dà zhàng fū shuō yī bú èr,jué bù néng wú cháng de fǎn fù.

대장부는 한 입으로 두 말 하지 않으며, 절대 변덕스럽게 변화할 수 없어요.

A：医生,我们需要注意什么吗？

A:yī shēng,wǒ men xū yào zhù yì shén me ma ?

의사 선생님, 우리는 무엇을 주의해야 해요?

B：病情可能还会反复,要按时吃药。

B:bìng qíng kě néng hái huì fǎn fù,yào àn shí chī yào.

병세가 아마 재발할 수도 있으니, 제때에 약을 먹어야 해요.

A：老师反复强调了什么？

A:lǎo shī fǎn fù qiáng diào le shén me ?

B：老师反复强调了这节课的重要内容。

선생님께서는 무엇을 반복해서 강조했어요?

B:lǎo shī fǎn fù qiáng diào le zhè jié kè de zhòng yào nèi róng.

선생님은 이 수업의 중요한 내용을 반복해서 강조했어요.

144 反正 fǎnzhèng

아무튼. 어쨌든.

A：你为什么不把实情告诉大家呢?

A:nǐ wèi shén me bù bǎ shí qíng gào sù dà jiā ne?

당신은 왜 실정을 모두에게 알려 주지 않아요?

B：反正大家都认定是我不对，我就算解释也无济于事。

B:fǎn zhèng dà jiā dōu rèn dìng shì wǒ bú duì,wǒ jiù suàn jiě shì yě wú jì yú shì.

어차피 다들 제가 잘못했다고 확실하게 생각했는데 제가 설명해도 아무 소용없어요.

A：你觉得你的父亲厉害吗?

A:nǐ jué de nǐ de fù qīn lì hài ma?

당신은 당신의 아버지가 대단하다고 생각해요?

B：反正我没有见过比他还厉害的人。

B:fǎn zhèng wǒ méi yǒu jiàn guò bǐ tā hái lì hài de rén.

아무튼 저는 그보다 더 대단한 사람을 아직 본 적이 없어요.

A：你快去给他赔礼道歉吧!

A:nǐ kuài qù gěi tā péi lǐ dào qiàn ba?

당신은 어서 가서 그에게 사과를 하세요.

B：你愿意去就自己去，反正他不向我赔礼道歉，我是不会去的!

B:nǐ yuàn yì qù jiù zì jǐ qù,fǎn zhèng tā bú xiàng wǒ péi lǐ dào qiàn,wǒ shì bú huì qù de!

당신이 가고 싶다면 가든지, 어쨌든 저는 그에게 사과하러 가지 않을 거예요.

A：超市里的香蕉都卖没了，吃点别的水果吧!

A:chāo shì lǐ de xiāng jiāo dōu mài méi le,chī diǎn bié de shuǐ guǒ ba!

슈퍼 마켓에 있는 바나나가 다 팔려서 다른 과일을 좀 먹어요.

B：我不管，反正我就要吃香蕉。

B:wǒ bù guǎn,fǎn zhèng wǒ jiù yào chī xiāng jiāo

저는 어쨌든 바나나를 먹을래요.

A：你觉得汉语容易学吗?

A:nǐ jué de hàn yǔ róng yì xué ma?

당신은 중국어를 쉽게 배울 수 있다고 생각해요?

B：很多人都说难，反正我觉得找到方法之后很简单。

B:hěn duō rén dōu shuō nán,fǎn zhèng wǒ jué de zhǎo dào fāng fǎ zhī hòu hěn jiǎn dān.

많은 사람들이 어렵다고 했는데, 어쨌든 저는 방법을 찾아낸

145 妨碍 fángài

A：如果在图书馆里有人一直大声说话，你会说什么？

B："请你不要大声说话,以免妨碍别人学习"。

A：上课随便说话有什么影响？

B：上课随便说话会妨碍别人学习。

A：给爸爸送了一杯咖啡后，你做了什么？

B：我悄悄地离开了爸爸的房间，生怕妨碍到他的工作。

A：马路上为什么不准摆摊儿？

B：马路上摆摊儿会妨碍交通。

146 房东 fángdōng

A：你的房东怎么样？

B：房东阿姨对大家特别热情,服务很周到。

후에 간단하다고 생각해요.

지장을 주다. 방해하다.

A：rú guǒ zài tú shū guǎn lǐ yǒu rén yì zhí dà shēng shuō huà, nǐ huì shuō shén me？

만약 도서관에서 누군가 계속 큰 소리로 이야기하고 있다면, 당신은 뭐라고 말할 거예요?

B："qǐng nǐ bú yào dà shēng shuō huà,yǐ miǎn fáng ài bié rén xué xí'.

'남의 학습을 방해하지 않기 위해서 큰 소리로 말하지 마세요'.

A：shàng kè suí biàn shuō huà yǒu shén me yǐng xiǎng？

수업 시간에 함부로 말하면 무슨 영향을 끼칠 것이에요?

B：shàng kè suí biàn shuō huà huì fáng ài bié rén xué xí.

수업 시간에 힘부로 말하면 다른 사람의 학습을 방해할 것이에요.

A：gěi bà ba sòng le yì bēi kā fēi hòu,nǐ zuò le shén me？

아버지께 커피 한 잔을 드린 후에 무엇을 했어요?

B：wǒ qiāo qiāo de lí kāi le bà ba de fáng jiān,shēng pà fáng ài dào tā de gōng zuò.

저는 그의 일에 방해될까 봐 살금살금 아버지의 방에서나왔어요.

A：mǎ lù shàng wèi shén me bù zhǔn bǎi tānr？

도로에서 왜 노점을 벌이지 못해요?

B：mǎ lù shàng bǎi tān ér huì fáng ài jiāo tōng.

도로에서 노점을 벌이면 교통을 방해할 것이에요.

집주인

A：nǐ de fáng dōng zěn me yàng？

당신의 집주인은 어때요?

B：fáng dōng ā yí duì dà jiā tè bié rè qíng,fú wù hěn zhōu dào.

집주인 아주머니는 여러 분들에게 아주 친절하고 서비스가 아주 세심해요.

梦想中国语 会话

A：你见过房东吗?

B：当然，我第一天搬到这里的时候就见过她。

A:nǐ jiàn guò fáng dōng ma?
집주인을 보신 적이 있어요?

B:dāng rán,wǒ dì yī tiān bān dào zhè lǐ de shí hòu jiù jiàn guò tā.
물론이죠, 제가 이곳으로 이사 온 첫날에 그를 본 적이 있어요.

A：你的房东人不错吧?

B：我的房东人非常好，偶尔会打电话问我有没有什么不方便的地方。

A:nǐ de fáng dōng rén bú cuò ba?
집주인이 괜찮으신 분이죠?

B:wǒ de fáng dōng rén fēi cháng hǎo,ǒu ěr huì dǎ diàn huà wèn wǒ yǒu méi yǒu shén me bù fāng biàn de dì fāng.
제 집주인은 매우 좋은 분이고 가끔 전화해서 불편한 점이 있는지 물어볼 것이에요.

A：你为什么一直住在这儿?

B：因为这儿的租金合理，房东阿姨又很善良。

A:nǐ wèi shén me yì zhí zhù zài zhè ér?
당신은 왜 여기서 줄곧 살고 있어요?

B:yīn wèi zhè ér de zū jīn hé lǐ,fáng dōng ā yí yòu hěn shàn liáng.
이곳의 임대료가 합리적이고 집주인 아주머니도 매우 착한 사람이기 때문에요.

147 仿佛 fǎngfú

마치 ~인 것 같다

A：你觉得徐悲鸿先生的马画得怎么样?

B：徐悲鸿先生的马画得真有神，一匹匹骏马仿佛在奋蹄奔跑。

A:nǐ jué de xú bēi hóng xiān shēng de mǎ huà de zěn me yàng?
서비홍 선생님이 그린 말은 어때요?

B:xú bēi hóng xiān shēng de mǎ huà de zhēn yǒu shén,yì pǐ pǐ jùn mǎ fǎng fú zài fèn tí bēn pǎo.
서비홍 선생님이 그린 말은 정말 신이 나며, 말들이 마치 후다닥 달리는 것 같아요.

A：南京长江大桥怎么样?

B：南京长江大桥仿佛一条钢铁巨龙，横跨在江面上。

A:nán jīng cháng jiāng dà qiáo zěn me yàng?
남경 장강 대교는 어때요?

B:nán jīng cháng jiāng dà qiáo fǎng fú yì tiáo gāng tiě jù lóng,héng kuà zài jiāng miàn shàng.
남경 장강 대교가 마치 철강으로 만든 거대한 용처럼 강물 위에 가로질러 놓여 있어요.

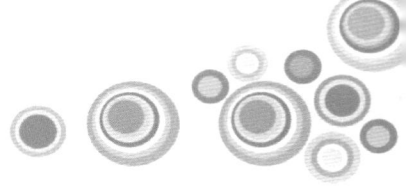

A：你怎么知道她们是孪生姐妹的？

B：两个人的模样相仿,一看便知道是孪生姐妹。

A:nǐ zěn me zhī dào tā men shì luán shēng jiě mèi de?
당신은 둘이 쌍둥이 자매인 걸 어떻게 알았어요?

B:liǎng gè rén de mó yàng xiāng fǎng,yí kàn biàn zhī dào shì luán shēng jiě mèi.
두 사람의 생김새가 비슷해서 딱 보면 일란성 쌍둥이라는 것을 알 수 있어요.

A：你觉得这篇游记写得好吗？

B：这篇游记写得很生动,读了以后仿佛身临其境一般。

A:nǐ jué de zhè piān yóu jì xiě de hǎo ma?
당신은 이 여행 수기가 잘 쓰였다고 생각해요?

B:zhè piān yóu jì xiě de hěn shēng dòng,dú le yǐ hòu fǎng fú shēn lín qí jìng yì bān.
이 여행 수기는 매우 생동감 있게 쓰이고, 읽고 나면 마치 거기에 직접 가는 것 같아요.

A：每当听到国歌时，你会想到什么？

B：每当听到国歌时,我仿佛会看到抗战英雄们。

A:měi dāng tīng dào guó gē shí,nǐ huì xiǎng dào shén me?
국가를 들을 때마다 당신은 무엇을 생각할 것이에요?

B:měi dāng tīng dào guó gē shí,wǒ fǎng fú huì kàn dào kàng zhàn yīng xióng men.
국가를 들을 때마다 항전 영웅들을 보게 될 것 같아요.

148 放松 fàngsōng

늦추다. 느슨하게 하다. 긴장을 풀다. 이완하다

A：学习可以放松吗？

B：学习如逆水行舟，不进则退，时刻不能放松。

A:xué xí kě yǐ fàng sōng ma?
공부를 편하게 할 수 있을까요?

B:xué xí rú nì shuǐ xíng zhōu,bú jìn zé tuì,shí kè bù néng fàng sōng.
공부는 마치 물을 거슬러 배를 젓는 것과 같이 전진하지 않으면 퇴보하며, 시시각각 늦추면도 안 돼요.

A：大家的心情怎么放松下来了？

B：老师语调平缓,让大家紧张的心情放松下来了。

A:dà jiā de xīn qíng zěn me fàng sōng xià lái le?
여러분의 기분은 왜 풀렸어요?

B:lǎo shī yǔ diào píng huǎn,ràng dà jiā jǐn zhāng de xīn qíng fàng sōng xià lái le.
선생님께서 차분하게 말씀하셔서 모두들 긴장된 마음을 풀었어요.

A：我们能对敌人放松警惕吗？

A:wǒ men néng duì dí rén fàng sōng jǐng tì ma?
우리가 적들에게 경각심을 늦춰도 괜찮을까요?

B：我们绝不能对敌人放松警惕。

B:wǒ men jué bù néng duì dí rén fàng sōng jǐng tì.

우리는 결코 적들에게 경각심을 늦추면 안 돼요.

A：休息的时候你会怎么做？

A:xiū xī de shí hòu nǐ huì zěn me zuò?

쉴 때 당신은 어떻게 할 것이에요?

B：我会全身放松，闭目养神。

B:wǒ huì quán shēn fàng sōng,bì mù yǎng shén.

저는 온몸을 이완시키고 눈을 감고 정신을 가다듬을 거예요.

A：运动前后需要做什么活动？

A:yùn dòng qián hòu xū yào zuò shén me huó dòng?

운동 전후에 무슨 활동을 해야 하나요?

B：运动前后需要做准备活动，放松肌肉，防止受伤。

B:yùn dòng qián hòu xū yào zuò zhǔn bèi huó dòng,fàng sōng jī ròu,fáng zhǐ shòu shāng.

운동 전후에 준비 운동을 하는 걸 필요하며, 근육을 이완시키고 부상을 방지해야 해요.

149 非 fēi

아니다. 반드시. 꼭.

A：你在想什么呢，怎么答非所问？

A:nǐ zài xiǎng shén me ne,zěn me dá fēi suǒ wèn?

당신은 무슨 생각을 하고 있어요, 어째서 동문서답하고 있나요?

B：不好意思，我走神了。

B:bù hǎo yì sī,wǒ zǒu shén le.

미안해요. 주의력이 분산됐어요.

A：你知道长城吗？

A:nǐ zhī dào cháng chéng ma?

당신은 만리장성을 아시나요?

B：当然，长城是一座非常有名的文物古迹。

B:dāng rán,cháng chéng shì yí zuò shì jiè wén míng de wén wù gǔ jì.

물론이죠, 만리장성은 세계적으로 유명한 문물 고적 이에요.

A：今天我非要把老师留的作业早早写完。

A:jīn tiān wǒ fēi yào bǎ lǎo shī liú de zuò yè zǎo zǎo xiě wán.

오늘 저는 반드시 선생님께서 내신 숙제를 일찌감치 다 해버릴 거예요.

B：加油！

B:jiā yóu!

파이팅!

A：你觉得什么是每天非做不可的事？

A:nǐ jué de shén me shì měi tiān fēi zuò bù kě de shì?

당신은 매일 하지 않으면 안 되는 일이 무엇이라고 생각해

B：我觉得吃饭是每天非做不可的事。

요?

B:wǒ jué de chī fàn shì měi tiān fēi zuò bù kě de shì.

저는 밥을 먹는 것이 매일 하지 않으면 안 되는 일이라고 생각해요.

150 肺 fèi

허파. 페

A：你了解哮喘病吗?

A:nǐ liǎo jiě xiào chuǎn bìng ma?

당신은 천식을 잘 알아요?

B：哮喘病是一种慢性肺部疾病。

B:xiào chuǎn bìng shì yì zhǒng màn xìng fèi bù jí bìng.

천식은 만성 페질환 중에 하나이에요.

A：你觉得他这个人怎么样?

A:Nǐ jué de tā zhè ge rén zěn me yàng?

당신 보기에는 그 사람은 어때요?

B：他狠心抛弃妻子，狼心狗肺。

B:Tā hěn xīn pāo qì qī zi, láng xīn gǒu fèi.

그는 독한 마음으로 와이프과 아이까지 버렸으며, 흉악하고 잔인해요.

A：他在房间里做什么呢?

A:Tā zài fáng jiān lǐ zuò shén me ne?

그는 방에서 무엇을 하고 있어요?

B：他和女朋友分手了，在撕心裂肺地哭呢。

B:Tā hé nǚ péng you fēn shǒu le, zài sī xīn liè fèi de kū ne.

그는 여자 친구와 헤어졌어요. 지금 몹시 페가 갈라질 정도로 슬프게 울고 있어요.

A：他为什么住院了?

A:Tā wèi shén me zhù yuàn le?

그는 왜 입원했어요?

B：听说他得了肺癌。

B:Tīng shuō tā dé le fèi ái.

듣기로 그가 페암을 걸렸대요.

151 废话 fèihuà

쓸데없는 말. 쓸데없는 말을 하다.

A：写文章最忌讳什么?

A:xiě wén zhāng zuì jì huì shén me?

글을 쓸 때 가장 꺼리는 것은 무엇이에요?

B：写文章最忌讳废话连篇,无病呻吟。

B:xiě wén zhāng zuì jì huì fèi huà lián piān, wú bìng shēn yín.

글을 쓸 때는 쓸데없는 말을 하는 것과 쓸데없는 소리를 지껄이는 것을 가장 꺼려요.

A：我这篇文章写得怎么样?

A:wǒ zhè piān wén zhāng xiě de zěn me yàng?

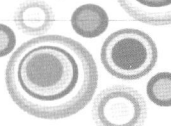

B：你这篇文章废话连篇，没有突出主题思想。

제가 쓴 이 글은 어때요?

B: nǐ zhè piān wén zhāng fèi huà lián piān, méi yǒu tū chū zhǔ tí sī xiǎng.

당신의 이 글은 쓸데없는 말을 늘어 놓아서 주제를 두드러지게 하지 못했어요.

A：他讲的话有用吗？

B：他讲的这些废话一钱不值。

A: tā jiǎng de huà yǒu yòng ma?

그가 한 말이 효과가 있어요?

B: tā jiǎng de zhè xiē fèi huà yì qián bù zhí.

그가 말한 이런 쓸데없는 말들은 한 푼의 값어치도 없어요.

A：你觉得这些稿件可以发表出来吗？

B：这种废话连篇的稿件是不可能被发表的。

A: nǐ jué de zhè xiē gǎo jiàn kě yǐ fā biǎo chū lái ma?

당신은 이 원고들이 발표될 수 있다고 생각해요?

B: zhè zhǒng fèi huà lián piān de gǎo jiàn shì bù kě néng bèi fā biǎo de.

이러한 터무니 없는 원고는 발표될 수 없을 거예요.

A：嗨！你有时间吗？

B：我很忙，你就别废话了，有什么事儿快说！

A: hēi! nǐ yǒu shí jiān ma?

안녕하세요! 시간이 있으세요?

B: wǒ hěn máng, nǐ jiù bié fèi huà le, yǒu shén me shì ér kuài shuō!

제가 바빠서, 당신은 쓸데없는 말은 하지 말고, 무슨 일이 있으면 빨리 말해요!

152 分别 fēnbié

헤어지다. 이별하다. 각각. 따로따로

A：爷爷和奶奶分别了多久又见面了？

B：奶奶和爷爷分别了十年又见面了。

A: yé ye hé nǎi nai fēn bié le duō jiǔ yòu jiàn miàn le?

할아버지는 할머니와 헤어진 지 얼마 안 되셨어요?

B: nǎi nai hé yé ye fēn bié le shí nián yòu jiàn miàn le.

할아버지는 할머니와 10년 만에 다시 만났어요.

A：你和妈妈分别多久了？

B：我和妈妈分别已经有一个月了。

A: nǐ hé mā ma fēn bié duō jiǔ le?

당신은 엄마와 헤어진 지 얼마나 되셨나요?

B: wǒ hé mā ma fēn bié yǐ jīng yǒu yí gè yuè le.

저는 엄마와 헤어진 지 이미 한 달이 되었어요.

A：老师为了解决他们两个人的矛盾，

A: lǎo shī wèi le jiě jué tā men liǎng gè rén de máo dùn, zuò le shén me nǔ lì?

做了什么努力？	선생님은 그들 둘의 갈등을 해결하기 위해 무슨 노력을 했어요?
B：老师分别找他们谈话了。	B:lǎo shī fēn bié zhǎo tā men tán huà le. 선생님이 그들과 각각 따로 이야기했어요.
A：你们之间是平等的吗？	A:nǐ men zhī jiān shì píng děng de ma? 당신들의 사이는 평등해요?
B：我们之间是平等的,没有高低贵贱的分别。	B:wǒ men zhī jiān shì píng děng de,méi yǒu gāo dī guì jiàn de fēn bié. 우리 사이는 평등하고 귀천이 없어요.
A：没想到我们已经分别这么久了。	A:méi xiǎng dào wǒ men yǐ jīng fēn bié zhè me jiǔ le. 우리가 헤어진 지 이미 오래 되었어요.
B：光阴似箭,我们已经分别三年了。	B:guāng yīn sì jiàn,wǒ men yǐ jīng fēn bié sān nián le. 세월이 화살같이 빠르군, 우리는 이미 헤어진 지 3년이 되었어요.

153 分配 fēnpèi

분배하다. 배급하다. 배치하다.

A：毕业后，他被分配到哪里了？	A:bì yè hòu,tā bèi fēn pèi dào nǎ lǐ le? 졸업 후에 그는 어디로 배치되었어요?
B：毕业后,他被分配到一家化工厂了。	B:bì yè hòu,tā bèi fēn pèi dào yī jiā huà gōng chǎng le. 졸업 후에 그는 한 화학공장으로 배치되었어요.
A：你爸爸从什么时候开始当老师的？	A:nǐ bà ba cóng shén me shí hòu kāi shǐ dāng lǎo shī de? 당신 아버지는 언제부터 선생님이 되었어요?
B：我爸爸大学毕业后开始当教师的。	B:wǒ bà ba dà xué bì yè hòu kāi shǐ dāng jiāo shī de. 우리 아버지는 대학교를 졸업하신 이후 교사로 일하셨어요.
A：这次董事会会议讨论了什么内容？	A:zhè cì dǒng shì huì huì yì tǎo lùn le shén me nèi róng? 이번 이사회에서는 어떤 내용을 논의했어요?
B：讨论了人事变动、股权分配等重要问题。	B:tǎo lùn le rén shì biàn dòng,gǔ quán fēn pèi děng zhòng yào wèn tí. 인사 이동, 지분 분할 등 중요한 문제를 토론했어요.
A：你们刚才在做什么？	A:nǐ men gāng cái zài zuò shén me? 당신은 방금 무엇을 하고 있었어요?

B：我们围拢在班长周围，听他分配任务。

B:wǒ men wéi lǒng zài bān zhǎng zhōu wéi,tīng tā fēn pèi rèn wù.

우리 반장 주위에 둘러서서 그의 임무를 들었어요.

A：现在和过去相比，大学生就业有什么不同？

A:xiàn zài hé guò qù xiàng bǐ,dà xué shēng jiù yè yǒu shén me bù tóng？

옛날과 지금을 비교해 보면 대학생들의 취업에는 어떤 차이점이 있어요？

B：过去国家给大学生分配工作，现在大学生需要自己找工作。

B:guò qù guó jiā gěi dà xué shēng fēn pèi gōng zuò,xiàn zài dà xué shēng xū yào zì jǐ zhǎo gōng zuò.

과거에는 대학생들에게 일자리를 나눠 줘야 했는데, 이젠 대학생들이 스스로 직업을 구해야 해요.

154 分析 fēnxī

분석하다.

A：我们应该怎样对待复杂的情况？

A:wǒ men yīng gāi zěn yàng duì dài fù zá de qíng kuàng？

우리는 어떻게 복잡한 상황을 헤쳐 나가야 해요？

B：我们必须认真分析，严肃对待。

B:wǒ men bì xū rèn zhēn fēn xī,yán sù duì dài.

진지하게 분석하고 엄정히 다루어야 해요.

A：听了他对时局的分析，大家怎么样了？

A:tīng le tā duì shí jú de fēn xī,dà jiā zěn me yàng le？

그의 시국에 대한 분석을 듣고, 여러분은 어땠어요？

B：听了他对时局的分析，大家都有豁然贯通的感觉。

B:tīng le tā duì shí jú de fēn xī,dà jiā dōu yǒu huò rán guàn tōng de gǎn jué.

그의 시국에 대한 분석을 들으니 모두들 확연히 알 수 있었어요.

A：他怎样分析那个问题？

A:tā zěn yàng fēn xī nà gè wèn tí？

그는 그 문제를 어떻게 분석해요？

B：他有条有理地分析那个问题。

B:tā yǒu tiáo yǒu lǐ de fēn xī nà gè wèn tí.

그는 차근차근 그 문제를 분석하고 있어요.

A：小明哪方面能力比较强？

A:xiǎo míng nǎ fāng miàn néng lì bǐ jiào qiáng？

샤오밍은 어느 방면의 능력이 비교적 강해요？

B：小明分析问题和解决问题的能力比较强。

B:xiǎo míng fēn xī wèn tí hé jiě jué wèn tí de néng lì bǐ jiào qiáng.

샤오밍은 문제를 분석하는 능력과 문제 해결 능력이 비교적 강해요.

梦想中国语 会话

A：分析课文时，要注意什么？

B：分析课文时，要注意理清文章的线索。

A:fēn xī kè wén shí, yào zhù yì shén me?
본문을 분석할 때에는 무엇에 주의해야 해요?

B:fēn xī kè wén shí, yào zhù yì lǐ qīng wén zhāng de xiàn suǒ.
본문을 분석할 때에는 글의 단서를 잘 정리해야 해요.

155 纷纷 fēnfēn

잇달아. 연달아. 쉴 새 없이

A：秋风吹来，树叶怎么样了？

B：树叶纷纷散落在地上了。

A:qiū fēng chuī lái, shù yè zěn me yàng le?
가을 바람이 불면 나뭇잎은 어떻게 돼요?

B:shù yè fēn fēn sàn luò zài dì shàng le.
나뭇잎들이 바닥에 흩어져 떨어져요.

A：冬天快到了啊！

B：是啊，秋风瑟瑟，落叶纷纷，冬天快要到了。

A:dōng tiān kuài dào le a!
겨울이 곧 다가오네요!

B:shì ā, qiū fēng sè sè, luò yè fēn fēn, dōng tiān kuài yào dào le.
예, 가을 바람이 솔솔 불고, 가을이 오더니, 겨울이 곧 다가오네요.

A：你为什么想要去山上？

B：我想去看红艳艳的枫叶纷纷扬扬地洒满山坡的景象。

A:nǐ wèi shén me xiǎng yào qù shān shàng?
당신은 왜 산에 가려고 해요?

B:wǒ xiǎng qù kàn hóng yàn yàn de fēng yè fēn fēn yáng yáng de sǎ mǎn shān pō de jǐng xiàng.
저는 붉고 아름다운 단풍잎이 도처에 널려 있는 것을 보고 싶어요.

A：同学们干什么去了？

B：同学们为了帮助灾区人民，纷纷去捐款捐物了。

A:tóng xué men gàn shén me qù le?
동창생들은 무엇을 하러 갔어요?

B:tóng xué men wèi le bāng zhù zāi qū rén mín, fēn fēn qù juān kuǎn juān wù le.
재해 지역 주민들을 돕기 위해 잇달아 돈과 물건을 기부하러 갔어요.

156 风格 fēnggé

기질. 풍격. 스타일

A：颐和园的设计风格怎么样？

B：颐和园的设计风格真是独特。

A:yí hé yuán de shè jì fēng gé zěn me yàng?
이화원의 건축 스타일은 어때요?

B:yí hé yuán de shè jì fēng gé zhēn shì dú tè.

梦想中国语 会话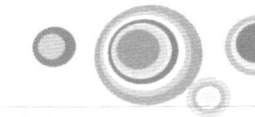

A：他的什么风格让人敬佩？

B：他仗义执言的风格让人敬佩。

A:tā de shén me fēng gé ràng rén jìng pèi?
그의 어떤 점이 사람을 탄복하게 해요?

B:tā zhàng yì zhí yán de fēng gé ràng rén jìng pèi.
정의를 바탕으로 공정하게 주장하는 그의 스타일은 사람을 탄복하게 해요.

A：他的作品有什么风格？

B：他的作品有强烈的民族风格。

A:tā de zuò pǐn yǒu shén me fēng gé?
그의 작품에는 어떤 특징이 있어요?

B:tā de zuò pǐn yǒu qiáng liè de mín zú fēng gé.
그의 작품에는 강렬한 민족적 품격이 있어요.

A：在物质利益面前，我们应该表现出怎样的风格？

B：我们应该表现出高尚的风格。

A:zài wù zhì lì yì miàn qián,wǒ men yīng gāi biǎo xiàn chū zěn yàng de fēng gé?
물질적 이익 앞에서 어떤 스타일을 보여 줘야 해요?

B:wǒ men yīng gāi biǎo xiàn chū gāo shàng de fēng gé.
우리는 고상한 품격을 보여 줘야 해요.

A：你喜欢这种风格的衣服吗？

B：我不喜欢这种风格的衣服，看起来太幼稚了。

A:nǐ xǐ huān zhè zhǒng fēng gé de yī fu ma?
당신은 이런 스타일의 옷을 좋아해요?

B:wǒ bù xǐ huān zhè zhǒng fēng gé de yī fu,kàn qǐ lái tài yòu zhì le.
아니오, 너무 유치해 보여요.

157 风俗 fēngsú

풍속

A：端午节的时候，中国有什么风俗？

B：中国民间有吃粽子、赛龙舟的风俗。

A:duān wǔ jié de shí hòu,zhōng guó yǒu shén me fēng sú?
단오절에는 중국에 어떤 풍습이 있어요?

B:zhōng guó mín jiān yǒu chī zòng zi,sài lóng zhōu de fēng sú.
중국 민간에서는 종자를 먹고 용선 경기를 하는 풍습이 있어요.

A：吃年夜饭是中国哪一节日的风俗习惯？

B：吃年夜饭是中国春节的风俗习惯。

A:chī nián yè fàn shì zhōng guó nǎ yī jié rì de fēng sú xí guàn?
제야 음식을 먹는 풍습은 중국의 어느 명절 풍습이에요?

B:chī nián yè fàn shì zhōng guó chūn jié de fēng sú xí guàn.

A：中国的传统风俗中，过年要做什么？

B：中国的传统风俗中,过年家家户户都要贴春联。

A:zhōng guó de chuán tǒng fēng sú zhōng,guò nián yào zuò shén me？

중국의 전통 풍속 중에 설을 보낼 때는 무엇을 해요?

B:zhōng guó de chuán tǒng fēng sú zhōng,guò nián jiā jiā hù hù dōu yào tiē chūn lián.

집집마다 대련을 붙여요.

제야 음식을 먹는 풍습은 중국의 설날 풍습이에요.

A：每个民族都有自己的风俗习惯吗？

B：每个民族都有自己的风俗习惯。

A:měi gè mín zú dōu yǒu zì jǐ de fēng sú xí guàn ma？

각 민족마다 모두 자신의 풍습이 있어요?

B:měi gè mín zú dōu yǒu zì jǐ de fēng sú xí guàn.

각 민족마다 모두 자신의 풍습이 있어요.

A：中国的中秋节有什么风俗？

B：中国的中秋节有一边吃月饼，一边赏月的风俗。

A:zhōng guó de zhōng qiū jié yǒu shén me fēng sú？

중국의 추석에는 어떤 풍속이 있어요?

B:zhōng guó de zhōng qiū jié yǒu yì biān chī yuè bǐng,yì biān shǎng yuè de fēng sú.

월병을 먹으며 달을 감상하는 풍습이 있어요.

158 讽刺 fěngcì

풍자하다. 풍자

A：被人讽刺时，我们应该怎么做？

B：继续做自己的事,不必理睬别人的讽刺。

A:bèi rén fěng cì shí,wǒ men yīng gāi zěn me zuò？

남의 조소를 받을 때 우리는 어떻게 해야 해요?

B:jì xù zuò zì jǐ de shì,bú bì lǐ cǎi bié rén de fěng cì.

자기의 일을 계속하여 남의 풍자에 아랑곳하지 말아야 해요.

A：漫画采用什么方法达到讽刺的目的？

B：漫画采用夸张手法达到讽刺的目的。

A:màn huà cǎi yòng shén me fāng fǎ dá dào fěng cì de mù dì？

만화는 어떤 방법을 써서 풍자의 목적을 이루나요?

B:màn huà cǎi yòng kuā zhāng shǒu fǎ dá dào fěng cì de mù dì.

과장적인 수법을 사용해서 풍자의 목적을 달성해요.

A：发现同学的缺点后我们应该怎样做？

B：我们应该热情帮助,不要讽刺挖苦。

A:fā xiàn tóng xué de quē diǎn hòu wǒ men yīng gāi zěn yàng zuò？

학우의 결점을 발견한 후에 우리는 어떻게 해야 해요?

B:wǒ men yīng gāi rè qíng bāng zhù,bú yào fěng cì wā kǔ.

梦想中国语 会话

우리는 열정적으로 도와 주어야 하며, 빈정대거나 풍자해서는 안 돼요.

A：这个寓言故事有什么寓意？

A:zhè gè yù yán gù shì yǒu shén me yù yì?

이 우화에는 어떤 함의가 있어요?

B：这个寓言故事讽刺了总是想不劳而获的人。

B:zhè gè yù yán gù shì fěng cì le zǒng shì xiǎng bù láo ér huò de rén.

이 우화는 늘 불로소득을 얻으려는 사람을 풍자한 거예요.

159 否定 fǒudìng — 부정하다. 부정의

A：否定对事物发展有什么作用？

A:fǒu dìng duì shì wù fā zhǎn yǒu shén me zuò yòng?

부정은 사물의 발전에 대해 어떤 작용을 해요?

B：否定是事物发展的一个环节。

B:fǒu dìng shì shì wù fā zhǎn de yí gè huán jié.

부정은 사물의 발전의 일환이에요.

A：你觉得这部小说写得好吗？

A:nǐ jué de zhè bù xiǎo shuō xiě de hǎo ma?

당신은 이 소설이 잘 쓰였다고 생각해요?

B：这部小说虽有不足的地方,但也不能完全否定。

B:zhè bù xiǎo shuō suī yǒu bù zú de dì fāng, dàn yě bù néng wán quán fǒu dìng.

이 소설은 비록 부족한 부분은 있으나, 완전히 부정할 수는 없어요.

A：她提出的登山方案有人否定吗？

A:tā tí chū de dēng shān fāng àn yǒu rén fǒu dìng ma?

그녀가 제안한 등산 방안에 반대한 사람이 있어요?

B：他的对手否定了她提出的登山方案。

B:tā de duì shǒu fǒu dìng le tā tí chū de dēng shān fāng àn.

그의 적수는 그녀가 제기한 등산 방안을 부정했어요.

A：难道你觉得我说得不对吗？

A:nán dào nǐ jué de wǒ shuō de bú duì ma?

설마 내가 옳지 않다고 생각해요?

B：你的发言自相矛盾, 后面的论证恰恰否定了前面的论点。

B:nǐ de fā yán zì xiāng máo dùn, hòu miàn de lùn zhèng qià qià fǒu dìng le qián miàn de lùn diǎn.

당신의 발언은 자가당착이고, 뒷부분의 논증은 바로 전면적인 논점을 부정하고 있어요.

A：我这样说是为你好，你的人生方向有问题。

A:wǒ zhè yàng shuō shì wèi nǐ hǎo, nǐ de rén shēng fāng xiàng yǒu wèn tí.

B：你可以批评我，但不能否定我的人生方向。

제가 이렇게 말하는 것은 당신을 위한 것이에요. 당신의 인생

방향에 문제가 있어요.

B:nǐ kě yǐ pī píng wǒ,dàn bù néng fǒu dìng wǒ de rén shēng fāng xiàng.

저를 비판할 수 있으나 제 인생의 방향을 부정할 수는 없어요.

160 否认 fǒurèn — 부인하다. 부정하다.

A：窗户是被他打破的吗？

A:chuāng hù shì bèi tā dǎ pò de ma?

창문은 그가 깼나요?.

B：他否认了。

B:tā fǒu rèn le.

그는 부인했어요

A：这件事不是我做的。

A:zhè jiàn shì bú shì wǒ zuò de.

이 일은 제가 한 것이 아니에요.

B：我们已经查清事实真相,你不要再否认了。

B:wǒ men yǐ jīng chá qīng shì shí zhēn xiàng,nǐ bú yào zài fǒu rèn le.

우리는 이미 사실의 진상을 철저히 밝혔으니, 더 이상 부인하지 마세요.

A：有人看到他动了桌上的东西。

A:yǒu rén kàn dào tā dòng le zhuō shàng de dōng xī.

누군가가 그의 책상 위에 있는 것을 움직이는 것을 보았어요.

B：可是他否认动过桌上的东西。

B:kě shì tā fǒu rèn dòng guò zhuō shàng de dōng xī.

그러나 그는 책상 위의 물건을 움직인 것을 부정했어요.

A：你难道不爱我了吗？

A:nǐ nán dào bú ài wǒ le ma?

설마 나를 더 이상 사랑하지 않아?

B：我不否认我很爱你，可是错过了就是错过了。

B:wǒ bù fǒu rèn wǒ hěn ài nǐ,kě shì cuò guò le jiù shì cuò guò le.

난 널 사랑했다는 것을 부정하지 않지만 놓쳐버린 건 인정해야 해.

161 扶 fú — (손으로)일으키다. 부축하다. 받치다

A：那位老人看起来腿脚不灵便。

A:nà wèi lǎo rén kàn qǐ lái tuǐ jiǎo bù líng biàn.

그 노인은 다리가 불편해 보여요.

B：是啊！那我们扶着他上车吧。

B:shì a!nà wǒ men fú zhe tā shàng chē ba.

맞아요! 우리가 그를 부축해서 차에 태우고 갑시다.

107

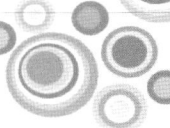

梦想中国语 会话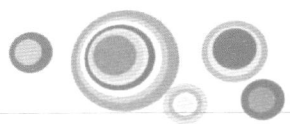

A：小红，你快来扶我一下，我有点头晕。

A:xiǎo hóng,nǐ kuài lái fú wǒ yí xià,wǒ yǒu diǎn tóu yūn.
샤오홍,빨리 와서 저를 좀 부축해 줘요. 좀 어지러워요.

B：怎么了？你最近总是头晕，有空去医院看看。

B:zěn me le？nǐ zuì jìn zǒng shì tóu yūn,yǒu kōng qù yī yuàn kàn kàn.
왜 그래요? 최근에 자주 머리가 어지러운데, 시간이 있으면 병원에 가 봐요.

A：你帮我扶一下这个要倒的书架。

A:nǐ bāng wǒ fú yí xià zhè gè yào dǎo de shū jià.
당신이 이 넘어지려는 책장을 좀 잡아줘.

B：好的。

B:hǎo de.
그래요.

A：老爷爷，您慢慢走，我来扶着您。

A:lǎo yé ye,nín màn màn zǒu,wǒ lái fú zhe nín.
할아버지, 천천히 가세요. 제가 부축해 드릴게요.

B：谢谢你啊！年轻人。

B:xiè xie nǐ a！nián qīng rén.
고마워요! 젊은이.

A：上下电梯时，要扶好扶手。

A:shàng xià diàn tī shí,yào fú hǎo fú shǒu.
엘리베이터에 오르내릴 때는 손잡이를 잘 잡아야 해요.

B：好的，我知道了。放心吧！

B:hǎo de,wǒ zhī dào le.fàng xīn ba！
좋아요, 알겠어요. 마음을 놓으세요!

162 服从 fúcóng   따르다. 복종하다.

A：士兵可以不服从上级的命令吗？

A:shì bīng kě yǐ bù fú cóng shàng jí de mìng lìng ma？
사병은 상관의 명령에 복종하지 않아도 돼요?

B：士兵要绝对服从上级的命令。

B:shì bīng yào jué duì fú cóng shàng jí de mìng lìng.
사병은 절대적으로 상급의 명령에 복종해야 해요.

A：各个地区在发展的同时，要注意什么？

A:gè gè dì qū zài fā zhǎn de tóng shí,yào zhù yì shén me？
각 지역은 발전하는 동시에 무엇을 주의해야 해요?

B：各个地区应服从中央政府的领导。

B:gè gè dì qū yīng fú cóng zhōng yāng zhèng fǔ de lǐng dǎo.
각 지역은 중앙 정부의 지도를 따라야 해요.

A：在赛场上，足球运动员应服从谁的判决？

A:zài sài chǎng shàng,zú qiú yùn dòng yuán yīng fú cóng shuí de pàn jué？

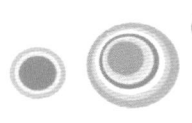

B：在赛场上，足球运动员应服从裁判的判决。

경기장에서 축구 선수는 누구의 판결에 승복해야 해요?

B:zài sài chǎng shàng,zú qiú yùn dòng yuán yīng fú cóng cái pàn de pàn jué.

경기장에서 축구 선수들은 심판 판정에 승복해야 해요.

A：军人的天职是什么？

A:jūn rén de tiān zhí shì shén me?

군인의 천직은 무엇이에요?

B：无条件地服从命令是军人的天职。

B:wú tiáo jiàn dì fú cóng mìng lìng shì jūn rén de tiān zhí.

무조건 명령에 복종하는 것은 군인의 천직이에요.

163 幅 fú

너비. 폭[그림·직물 등을 세는 양사]

A：听说他举办了自己的画展？

A:tīng shuō tā jǔ bàn le zì jǐ de huà zhǎn?

듣자하니 그가 자신의 전시회를 개최했다고요?

B：他在法国举办了个人画展，展出了近几年来自己画的百余幅作品。

B:tā zài fǎ guó jǔ bàn le gè rén huà zhǎn,zhǎn chū le jìn jǐ nián lái zì jǐ huà de bǎi yú fú zuò pǐn.

그는 프랑스에서 개인전을 열어 최근 몇 년 동안 자신이 그린 그림을 전시했어요.

A：你最喜欢哪幅画？

A:nǐ zuì xǐ huān nǎ fú huà?

당신은 어느 그림을 가장 좋아해요?

B：我最喜欢中国的《清明上河图》。

B:wǒ zuì xǐ huān zhōng guó de 《qīng míng shàng hé tú》.

저는 중국의《청명상하도》를 가장 좋아해요.

A：这节美术课的作业是画一幅风景画。

A:zhè jié měi shù kè de zuò yè shì huà yì fú fēng jǐng huà.

이 미술 수업의 숙제는 풍경 그림을 그리는 거예요.

B：老师，这幅画什么时候交给您？

B:lǎo shī,zhè fú huà shén me shí hòu jiāo gěi nín?

선생님, 이 그림은 언제 드리면 돼요?

A：如果图画博览馆失火了，你会救哪幅画？

A:rú guǒ tú huà bó lǎn guǎn shī huǒ le,nǐ huì jiù nǎ fú huà?

만약 그림 전시관에 불이 났다면, 당신은 어떤 그림을 구할 것이에요?

B：我会救离出口最近的那幅画。

B:wǒ huì jiù lí chū kǒu zuì jìn de nà fú huà.

저는 출구와 제일 가까운 그림을 구할 거예요.

164 付款 fùkuǎn

돈을 지불하다. 계산하다.

A：你习惯使用什么方式付款？

A:nǐ xí guàn shǐ yòng shén me fāng shì fù kuǎn?

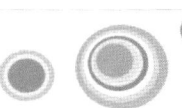

B：我习惯使用刷卡方式付款。
B:wǒ xí guàn shǐ yòng shuā kǎ fāng shì fù kuǎn.
저는 카드로 결제하는 습관이 있어요.

A：你买手机的时候是一次性付款还是分期付款的？
A:nǐ mǎi shǒu jī de shí hòu shì yí cì xìng fù kuǎn hái shì fēn qī fù kuǎn de?
당신은 휴대폰을 샀을 때 일시불 아니면 할부로 했어요?

B：我是分期付款的。
B:wǒ shì fēn qī fù kuǎn de.
저는 할부로 지불했어요.

165 复印 fùyìn
복사하다. 복제하다

A：需要复印什么材料吗？
A:xū yào fù yìn shén me cái liào ma?
무슨 자료를 복사해야 해요?

B：请帮忙复印这两页内容。
B:qǐng bāng máng fù yìn zhè liǎng yè nèi róng.
이 두 페이지를 복사해 주세요.

A：办理这个手续需要身份证复印件吗？
A:bàn lǐ zhè ge shǒu xù xū yào shēn fèn zhèng fù yìn jiàn ma?
이 수속을 하려면 신분증 사본이 필요해요?

B：办理这个手续需要身份证复印件。
B:bàn lǐ zhè ge shǒu xù xū yào shēn fèn zhèng fù yìn jiàn.
이 수속을 하려면 신분증 사본이 필요해요.

A：你们学校复印资料贵吗？
A:nǐ men xué xiào fù yìn zī liào guì ma?
당신 학교에서 자료를 복사하면 비싸요?

B：我们学校复印资料很便宜。
B:wǒ men xué xiào fù yìn zī liào hěn pián yi.
우리 학교에서 자료를 복사하는 것은 매우 싸요.

A：你经常复印东西吗？
A:nǐ jīng cháng fù yìn dōng xī ma?
당신은 자주 어떤 것을 복사해요?

B：我经常复印材料。
B:wǒ jīng cháng fù yìn cái liào.
저는 자주 서류를 복사해요.

A：你要去哪里？
A:nǐ yào qù nǎ lǐ?
당신은 어디 가려고 해요?

B：我要去复印店复印两份材料。
B:wǒ yào qù fù yìn diàn fù yìn liǎng fèn cái liào.

梦想中国语 会话

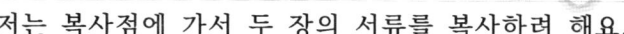

166 改进 gǎijìn

개량하다. 개선하다

A：汽车在最初发明时，使用起来方便吗？

B：最初不是很方便，但由于人们不断改进，今天的汽车让人们的出行变得都很方便。

A:qì chē zài zuì chū fā míng shí, shǐ yòng qǐ lái fāng biàn ma？

자동차가 최초로 발명되었을 때 사용하기에 편리했었나요?

B:zuì chū bú shì hěn fāng biàn, dàn yóu yú rén men bú duàn gǎi jìn, jīn tiān de qì chē ràng rén men de chū xíng biàn de dōu hěn fāng biàn.

처음엔 편리하지 않았지만 사람들이 끊임없이 개선한 덕분에 오늘날 자동차는 사람이 타고 다니기에 편리해졌어요.

A：什么让我们摆脱了沉重的作业负担？

B：老师改进教学方法，使我们摆脱了沉重的作业负担。

A:shén me ràng wǒ men bǎi tuō le chén zhòng de zuò yè fù dān？

무엇이 우리를 무거운 숙제 부담에서 벗어나게 했어요?

B:lǎo shī gǎi jìn jiào xué fāng fǎ, shǐ wǒ men bǎi tuō le chén zhòng de zuò yè fù dān.

선생님께서 교수법을 향상시켜서 우리를 무거운 숙제 부담에서 벗어나게 했어요.

A：他改进了学习方法之后，有什么效果？

B：他改进了学习方法之后，提高了学习效率。

A:tā gǎi jìn le xué xí fāng fǎ zhī hòu, yǒu shén me xiào guǒ？

그는 학습 방법을 개선한 후에 어떤 효과가 있어요?

B:tā gǎi jìn le xué xí fāng fǎ zhī hòu, tí gāo le xué xí xiào lǜ.

그는 학습 방법을 개선한 후에 학습 효율을 향상시켰어요.

A：虽然我们的设计还不完善，但我们有信心改进它。

B：好的，我相信你们！

A:suī rán wǒ men de shè jì hái bù wán shàn, dàn wǒ men yǒu xìn xīn gǎi jìn tā.

우리의 디자인은 미흡하지만 우리는 그것을 개선할 자신감이 있어요.

B:hǎo de, wǒ xiāng xìn nǐ men！

좋아요, 당신들을 믿어요!

A：新政府如何提高了工作效率？

B：新政府采取了很多办法来改进工作方法，提高工作效率。

A:xīn zhèng fǔ rú hé tí gāo le gōng zuò xiào lǜ？

새 정부는 어떻게 효율을 향상시켰어요?

B:xīn zhèng fǔ cǎi qǔ le hěn duō bàn fǎ lái gǎi jìn gōng zuò fāng fǎ, tí gāo gōng zuò xiào lǜ.

정부가 많은 새로운 방법을 추진하여 작업 방법 개선 업무의 효율을 높였어요.

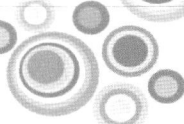

梦想中国语 会话

167 改善 gǎishàn — 개선하다.

A：改革开放之后大家的生活有改变吗?
gǎi gé kāi fàng zhī hòu dà jiā de shēng huó yǒu gǎi biàn ma?
개혁 개방 이후 여러분들의 생활에는 변화가 있었나요?

B：改革开放之后人们的生活得到了改善，大多数人摆脱了贫困的生活。
gǎi gé kāi fàng zhī hòu rén men de shēng huó dé dào le gǎi shàn, dà duō shù rén bǎi tuō le pín kùn de shēng huó.
개혁 개방 이후 사람들의 생활은 개선되었고, 대다수의 사람들은 빈곤에서 벗어났어요.

A：那些员工们在讨论什么呢?
nà xiē yuán gōng men zài tǎo lùn shén me ne?
그 직원들은 무엇을 토론하고 있어요?

B：员工们强烈要求公司改善工作环境。
yuán gōng men qiáng liè yāo qiú gōng sī gǎi shàn gōng zuò huán jìng.
직원들은 회사 환경 개선을 강하게 요구하고 있어요.

A：国家为改善农村教育做了什么努力?
guó jiā wèi gǎi shàn nóng cūn jiào yù zuò le shén me nǔ lì?
국가는 농촌 교육을 개선하기 위해 어떤 노력을 했어요?

B：国家投入大量资金，改善农村中小学的办学条件。
guó jiā tóu rù dà liàng zī jīn, gǎi shàn nóng cūn zhōng xiǎo xué de bàn xué tiáo jiàn.
국가가 대량의 자금을 투입하여 농촌 초·중등 학교의 운영 조건을 개선했어요.

A：科学宫的建成改善了什么?
kē xué gōng de jiàn chéng gǎi shàn le shén me?
과학궁의 준공은 무엇을 개선시켰어요?

B：科学宫的建成改善了科技人员的工作环境。
kē xué gōng de jiàn chéng gǎi shàn le kē jì rén yuán de gōng zuò huán jìng.
과학기술 종사자의 직장 환경을 개선했어요.

168 改正 gǎizhèng — (잘못·착오 등을)개정하다. 고치다.

A：我们应该歧视犯错误的人吗?
wǒ men yīng gāi qí shì fàn cuò wù de rén ma?
우리는 잘못을 범한 사람을 차별해야 해요?

B：不要歧视犯错误的人，要耐心地帮助他改正错误。
bú yào qí shì fàn cuò wù de rén, yào nài xīn de bāng zhù tā gǎi zhèng cuò wù.
실수를 저지른 사람을 차별하지 말고 인내심 가지고 도와 주어야 해요.

A：我为我犯过的错误感到很惭愧。

B：犯错误后改正了，仍然是个好员工。

A:wǒ wèi wǒ fàn guò de cuò wù gǎn dào hěn cán kuì.

저는 제 잘못을 매우 부끄럽게 생각해요.

B:fàn cuò wù hòu gǎi zhèng le,réng rán shì gè hǎo yuán gōng.

잘못을 저지른 후에 고쳤으면 당신은 여전히 좋은 직원이에요.

A：我们要听老师的教导吗？

B：我们要虚心听从老师的教导，改正自身的缺点。

A:wǒ men yào tīng lǎo shī de jiào dǎo ma？

선생님의 가르침을 들어야 해요?

B:wǒ men yào xū xīn tīng cóng lǎo shī de jiào dǎo,gǎi zhèng zì shēn de quē diǎn.

우리는 겸허하게 선생님의 가르침을 따르고 자신의 결점을 고쳐야 해요.

A：聪明人不犯错吗？

B：聪明人不是不犯错误，而是有了错误立即改正。

A:cōng míng rén bú fàn cuò ma？

똑똑한 사람은 잘못을 범하지 않아요?

B:cōng míng rén bú shì bú fàn cuò wù,ér shì yǒu le cuò wù lì jí gǎi zhèng.

똑똑한 사람은 잘못을 저지르지 않는 것이 아니라 잘못을 바로잡는 거예요.

169 盖 gài

두껑. 덮개. 덮다. 뒤덮다.

A：怎么样才能让水开得快？

B：把锅盖盖上，这样水才开得快。

A:zěn me yàng cái néng ràng shuǐ kāi de kuài？

어떻게 해야만 물을 빨리 끓게 할 수 있어요?

B:bǎ guō gài gài shàng,zhè yàng shuǐ cái kāi de kuài.

냄비 뚜껑을 덮어야 물이 빠르게 끓어요.

A：这个盖子真有意思啊！

B：是吧，很有创意吧！

A:zhè gè gài zi zhēn yǒu yì si a！

이 뚜껑은 정말 재미 있군요!

B:shì ba,hěn yǒu chuàng yì ba！

그래요, 창의성이 있지요?

A：晚上很冷，盖好被子。

B：好的，我会盖好被子的。

A:wǎn shàng hěn lěng,gài hǎo bèi zi.

저녁은 추워서 이불을 푹 덮어요.

B:hǎo de,wǒ huì gài hǎo bèi zi de.

네, 이불 잘 덮겠어요.

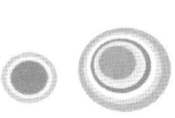
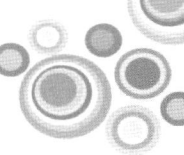

梦想中国语 会话

A：怎么办？我的茶杯盖被我摔碎了。

B：怎么这么不小心，小心别划手！

A:zěn me bàn? wǒ de chá bēi gài bèi wǒ shuāi suì le.
어떡해요? 저의 찻잔 뚜껑이 깨졌어요.

B:zěn me zhè me bù xiǎo xīn, xiǎo xīn bié huá shǒu!
왜 이렇게 조심하지 않으니, 손을 다치는 걸 조심해!

170 概括 gàikuò — 개괄하다.

A：老师让你发言的内容是什么？

B：老师让我概括一下课文的中心思想。

A:lǎo shī ràng nǐ fā yán de nèi róng shì shén me?
선생님께서 당신더러 발언하라는 내용은 무엇이에요?

B:lǎo shī ràng wǒ gài kuò yí xià kè wén de zhōng xīn sī xiǎng.
저에게 본문의 중심 사상을 개괄하라고 하셨어요.

A：你知道这个剧情的大概吗？

B：知道，因为老师刚才把剧情概括地介绍了一下。

A:nǐ zhī dào zhè gè jù qíng de dà gài ma?
당신은 이 극의 줄거리를 알고 있어요?

B:zhī dào, yīn wèi lǎo shī gāng cái bǎ jù qíng gài kuò de jiè shào le yí xià.
알아요, 선생님께서 방금 시놉시스를 소개해 주셨어요.

A：你能概括一下这部电影的内容吗？

B：对不起，因为我没有看过，所以没办法概括。

A:nǐ néng gài kuò yí xià zhè bù diàn yǐng de nèi róng ma?
당신은 이 영화의 내용을 개괄해 볼 수 있어요?

B:duì bu qǐ, yīn wèi wǒ méi yǒu kàn guò, suǒ yǐ méi bàn fǎ gài kuò.
미안해요. 이 영화를 보지 않아서 요약을 할 수 없어요.

A：你觉得这个文章的概括怎么样？

B：对文章中心内容的概括应再简略些。

A:nǐ jué de zhè gè wén zhāng de gài kuò zěn me yàng?
당신은 이 글의 요약이 어떻다고 생각해요?

B:duì wén zhāng zhōng xīn nèi róng de gài kuò yīng zài jiǎn lüè xiē.
글의 핵심 내용에 대해서는 더 간략하게 요약해야 해요.

A：你怎么理解唐代诗人杜甫的作品？

B：杜甫用形象化的语言深刻地概括了当时的社会矛盾。

A:nǐ zěn me lǐ jiě táng dài shī rén dù fǔ de zuò pǐn?
당나라의 시인 두보의 작품을 어떻게 이해했어요?

B:dù fǔ yòng xíng xiàng huà de yǔ yán shēn kè de gài kuò le dāng shí de shè huì máo dùn.
두보는 형상화된 언어로 당시의 사회 모순을 깊이 있게 서술했어요.

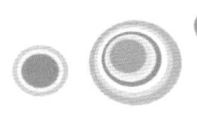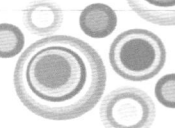

171 概念 gàiniàn   개념

A：你觉得这篇文章怎么样？

B：这篇论文概念明晰,说理透彻,是一篇好文章。

A:nǐ jué de zhè piān wén zhāng zěn me yàng?
당신은 이 글이 어때요?

B:zhè piān lùn wén gài niàn míng xī,shuō lǐ tòu chè,shì yì piān hǎo wén zhāng.
이 논문은 개념이 투철하고 논리가 투철하여, 하나의 훌륭한 글이에요.

A：这本书对概念解释得怎么样？

B：这本书对概念的解释含混不清,使人费解。

A:zhè běn shū duì gài niàn jiě shì de zěn me yàng?
이 책은 개념에 대해 어떻게 해석해요?

B:zhè běn shū duì gài niàn de jiě shì hán hùn bù qīng,shǐ rén fèi jiě.
이 책은 개념에 대한 설명이 불분명하여 이해하기 어려워요.

A：写论文之前要弄清什么？

B：写论文之前要先弄清概念，否则写了也白写。

A:xiě lùn wén zhī qián yào nòng qīng shén me?
논문 쓰기 전에 무엇을 해야 하나요?

B:xiě lùn wén zhī qián yào xiān nòng qīng gài niàn,fǒu zé xiě le yě bái xiě.
논문을 쓰기 전에 먼저 개념을 파악해야지, 그렇지 않으면 쓰더라도 필요 없어요.

A：你对时间有概念吗？

B：我没有太多概念。

A:nǐ duì shí jiān yǒu gài niàn ma?
당신은 시간에 대해 개념이 있어요?

B:wǒ méi yǒu tài duō gài niàn.
저는 그다지 시간 개념이 없어요.

172 干脆 gāncuì   아예. 차라리. 시원하다.

A：王经理的工作作风怎么样？

B：王经理办事干脆利落,员工们都很佩服。

A:wáng jīng lǐ de gōng zuò zuò fēng zěn me yàng?
왕사장님의 업무 스타일은 어때요?

B:wáng jīng lǐ bàn shì gān cuì lì luò,yuán gōng men dōu hěn pèi fú.
일처리가 깔끔하고 정직해서, 다른 직원들 다 탄복해요.

A：你哥哥性格怎么样？

A:nǐ gē ge xìng gé zěn me yàng?
당신의 형의 성격은 어때요?

115

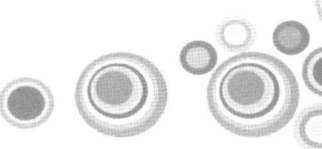

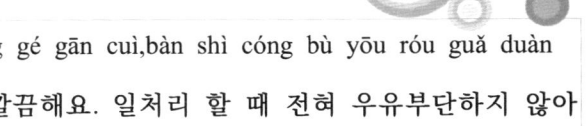

B：哥哥性格干脆,办事从不优柔寡断!
B:gē ge xìng gé gān cuì,bàn shì cóng bù yōu róu guǎ duàn
형은 성격이 깔끔해요. 일처리 할 때 전혀 우유부단하지 않아요.

A：你说我要和他继续交往吗？
A:nǐ shuō wǒ yào hé tā jì xù jiāo wǎng ma？
당신 보기에는 제가 그와 계속 사귀어야 한다고 생각해요?

B：这个人不讲信用,干脆和他断绝往来。
B:zhè gè rén bù jiǎng xìn yòng,gān cuì hé tā duàn jué wǎng lái.
이 사람은 신용을 중시하지 않아서 아예 그와 왕래를 끊으세요.

A：最近的生意很难做啊！
A:zuì jìn de shēng yì hěn nán zuò a！
요즘 장사가 하기 어려워요!

B：如果实在维持不下去,咱们干脆关门大吉算了。
B:rú guǒ shí zài wéi chí bú xià qù,zán men gān cuì guān mén dà jí suàn le.
만약 이대로 지속될 수 없으면, 우리는 아예 문을 닫아 버리자.

A：我不知道接下来我该做什么。
A:wǒ bù zhī dào jiē xià lái wǒ gāi zuò shén me.
저는 이 다음에 무엇을 해야 할지 모르겠어요.

B：我们干脆将计就计。
B:wǒ men gān cuì jiāng jì jiù jì.
우리는 아예 장계취계하자(상대의 계교를 미리 알아채고 그것을 역이용하다).

A：他是一个干脆的人吗？
A:tā shì yí gè gān cuì de rén ma？
그는 시원한 사람이에요?

B：他那个人优柔寡断, 说话爱兜圈子, 一点儿也不干脆。
B:tā nà gè rén yōu róu guǎ duàn,shuō huà ài dōu quān zi,yì diǎnr yě bù gān cuì.
그 사람은 우유부단해요. 말을 돌려서 말하는 것을 좋아하고, 조금도 시원하지 않아요.

173 赶紧 gǎnjǐn

서둘러. 재빨리. 어서

A：交通事故的肇事者呢？
A:jiāo tōng shì gù de zhào shì zhě ne？
교통 사고의 범죄자는요?

B：眼见事态扩大,肇事者赶紧溜之大吉。
B:yǎn jiàn shì tài kuò dà,zhào shì zhě gǎn jǐn liū zhī dà jí.
사태가 확대되자 몰래 도망쳤어요.

116

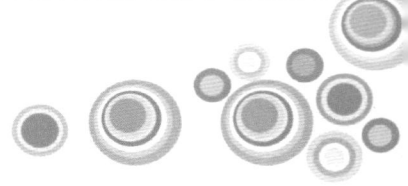

A：见到老大娘摔倒了，张明做了什么？

B：张明赶紧跑上去扶住。

A:jiàn dào lǎo dà niáng shuāi dǎo le,zhāng míng zuò le shén me？

할머니가 넘어지는 걸 보고 장명이 뭘 했어요?

B:zhāng míng gǎn jǐn pǎo shàng qù fú zhù.

서둘러 달려 가서 부축었어요.

A：村里发生了什么？

B：远方传来一个孩子的呼救声，人们赶紧跑过去看个究竟。

A:cūn lǐ fā shēng le shén me？

마을에 무슨 일이 일어났어요?

B:yuǎn fāng chuán lái yí gè hái zi de hū jiù shēng,rén men gǎn jǐn pǎo guò qù kàn gè jiū jìng.

먼 곳에서 한 아이의 살려 달라는 외침을 듣고 사람들이 급히 어떤 일이 벌어졌는지 보러 달려 갔어요.

A：咱们再聊一会儿吧！

B：你劳累了一天,赶紧休息一下吧。

A:zán men zài liáo yí huìr ba！

우리 조금 더 이야기해요!

B:nǐ láo lèi le yī tiān,gǎn jǐn xiū xī yí xià ba.

하루 종일 수고하셨으니 어서 쉬세요.

A：刚才公交车上,我看见你给别人道歉，发生了什么？

B：我不小心踩到一位大叔的脚，赶紧说了声对不起。

A:gāng cái gōng jiāo chē shàng,wǒ kàn jiàn nǐ gěi bié rén dào qiàn,fā shēng le shén me？

방금 버스에서 당신이 다른 사람에게 사과하는 것을 보았는데, 무슨 일이 생겼어요?

B:wǒ bù xiǎo xīn cǎi dào yí wèi dà shū de jiǎo, gǎnjǐn shuō le shēng duìbùqǐ

주의하지 않다가 아저씨의 발을 밟았어요, 그래서 급히 미안하다고 말했어요.

174 赶快 gǎnkuài　　　황급히. 재빨리

A：请大家赶快上车,火车马上就要开了。

B：好的好的。

A:qǐng dà jiā gǎn kuài shàng chē,huǒ chē mǎ shàng jiù yào kāi le.

여러분 빨리 차를 타세요. 기차가 곧 출발할 거예요.

B:hǎo de hǎo de.

네 네.

A：我还是没有想好我要不要去。

A:wǒ hái shì méi yǒu xiǎng hǎo wǒ yào bú yào qù.

저는 갈지 안 갈지 아직 잘 생각하지 못했어요.

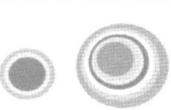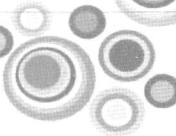

B：你去或者是不去,请赶快做出决定。
B:nǐ qù huò zhě shì bú qù,qǐng gǎn kuài zuò chū jué dìng.
당신이 갈지 안 갈지는 빨리 결정을 하세요.

A：这个问题最近需要解决吗？
A:zhè gè wèn tí zuì jìn xū yào jiě jué ma？
이 문제는 빠른 시일 내에 해결해야 해요?

B：赶快把这个问题解决了,不然夜长梦多。
B:gǎn kuài bǎ zhè gè wèn tí jiě jué le,bù rán yè cháng mèng duō.
빨리 이 문제를 해결해야지, 안 그러면 문제가 많아져요.

A：我觉得我不用去医院。
A:wǒ jué de wǒ bú yòng qù yī yuàn.
저는 병원에 갈 필요가 없다고 생각해요.

B：你病得很重,赶快去医院,不能再拖延了。
B:nǐ bìng de hěn zhòng,gǎn kuài qù yī yuàn,bù néng zài tuō yán le.
당신은 많이 아파서 빨리 병원에 가야지 더 이상 늦출 수 없어요.

A：我还想再睡一会儿。
A:wǒ hái xiǎng zài shuì yí huìr.
조금 더 자고 싶어요.

B：又要迟到了，你赶快起床、洗脸、刷牙、吃饭。
B:yòu yào chí dào le,nǐ gǎn kuài qǐ chuáng,xǐ liǎn,shuā yá,chī fàn.
또 늦겠다. 빨리 일어나서 세수하고 양치질 하고 밥 먹어

175 感激 gǎnjī — 감격하다.

A：灾民们是怎样感谢解放军的？
A:zāi mín men shì zěn yàng gǎn xiè jiě fàng jūn de？
이재민들은 어떻게 해방군에게 감사를 표했어요?

B：灾民们用真挚的话语表达了对解放军的感激之情。
B: zāi mín men yòng zhēn zhì de huà yǔ biǎo dá le duì jiě fàng jūn de gǎn jī zhī qíng.
이재민들은 진지한 말로 감격을 표현했어요.

A：他如何对待父老乡亲的帮助？
A:tā rú hé duì dài fù lǎo xiāng qīn de bāng zhù？
그는 어떻게 동네 어르신과 마을 사람들의 도움을 대했어요?

B：他对父老乡亲报以感激的微笑。
B:tā duì fù lǎo xiāng qīn bào yǐ gǎn jī de wēi xiào.
동네 어르신과 마을 사람들에게 감격한 미소를 지었어요.

A：大家为什么都很感激方老师？
A:dà jiā wèi shén me dōu hěn gǎn jī fāng lǎo shī？
모두가 왜 선생님에게 감격해요?

B:yīn wèi fāng lǎo shī wú wēi bú zhì de guān huái tóng xué

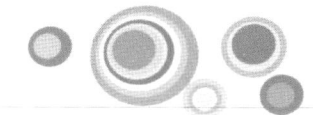

B：因为方老师无微不至地关怀同学们。

선생님이 자상하게 학우들을 보살피셨기 때문이에요.

A：爸爸帮李奶奶做了什么？

A: bà ba bāng lǐ nǎi nai zuò le shén me?

아빠는 이 할머니를 도와 무엇을 했어요?

B：爸爸抽空帮李奶奶修好了房顶，李奶奶很感激。

B: bà ba chōu kòng bāng lǐ nǎi nai xiū hǎo le fáng dǐng, lǐ nǎi nai hěn gǎn jī.

아빠는 짬을 내어 이 할머니를 도와 지붕을 수리하셨으니 이 할머니는 감격하셨어요.

A：你给了我这么多的帮助，我真不知道该怎么感激你。

A: nǐ gěi le wǒ zhè me duō de bāng zhù, wǒ zhēn bù zhī dào gāi zěn me gǎn jī nǐ.

저에게 이렇게 많은 도움을 주셨는데 어떻게 감사해야 할지 모르겠네요.

B：客气什么呀！咱们不是好朋友嘛！

B: kè qi shén me ya! zán men bú shì hǎo péng you ma!

고맙기는. 우리는 친한 친구잖아요!

176 感受 gǎnshòu

감수하다. 느끼다

A：东北的冬天很冷吗？

A: dōng běi de dōng tiān hěn lěng ma?

동북의 겨울은 추워요?

B：是的，到了东北你就会完全感受到一种冰天雪地的世界。

B: shì de, dào le dōng běi nǐ jiù huì wán quán gǎn shòu dào yì zhǒng bīng tiān xuě dì de shì jiè.

네, 동북에 가면 완전히 얼어붙은 세계를 실감할 수 있어요.

A：你为什么喜欢这篇文章？

A: nǐ wèi shén me xǐ huān zhè piān wén zhāng?

당신은 왜 이 글을 좋아해요?

B：这篇文章把人们的共同感受形象地表达出来了。

B: zhè piān wén zhāng bǎ rén men de gòng tóng gǎn shòu xíng xiàng de biǎo dá chū lái le.

이 글은 사람들의 공감된 느낌을 자세히 표현했어요.

A：中秋节我很想家，你呢？

A: zhōng qiū jié wǒ hěn xiǎng jiā, nǐ ne?

추석에 집이 그리운데, 당신은요?

B：每逢佳节倍思亲，这是游子的共同感受。

B: měi féng jiā jié bèi sī qīn, zhè shì yóu zǐ de gòng tóng gǎn shòu.

명절 때마다 가족들이 생각난다, 이것은 나그네의 공통된 느낌이에요.

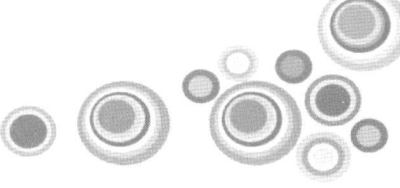

梦想中国语 会话

A：小学生一般都怎么写作文？

B：小学生一般都根据自己的真实感受写作文。

A:xiǎo xué shēng yì bān dōu zěn me xiě zuò wén?
초등학생은 일반적으로 어떻게 작문을 해요?

B:xiǎo xué shēng yì bān dōu gēn jù zì jǐ de zhēn shí gǎn shòu xiě zuò wén.
초등학생은 일반적으로 자신의 느낌에 근거하여 작문을 써요.

A：你假期想去哪里？

B：我想去海边，感受大自然。

A:nǐ jià qī xiǎng qù nǎ lǐ?
휴가 기간에 어디로 가려고 해요?

B:wǒ xiǎng qù hǎi biān, gǎn shòu dà zì rán.
저는 바닷가에 가서 대자연을 느끼고 싶어요.

177 感想 gǎnxiǎng

감상. 소감.

A：读了《养花》这篇课文，你有什么感想吗？

B：我有很多感想。

A:dú le《yǎng huā》zhè piān kè wén, nǐ yǒu shén me gǎn xiǎng ma?
《꽃 가꾸기》를 읽은 후, 당신은 어떤 느낌을 받았어요?

B:wǒ yǒu hěn duō gǎn xiǎng.
많은 감상이 떠올랐어요.

A：听了战斗英雄的报告，你有什么感想？

B：我有很多感想，既佩服他的骁勇善战，也更加懂得了和平的可贵。

A:tīng le zhàn dòu yīng xióng de bào gào, nǐ yǒu shén me gǎn xiǎng?
전투 영웅의 보고를 듣고, 당신은 어떤 느낌을 받았나요?

B:wǒ yǒu hěn duō gǎn xiǎng, jì pèi fú tā de xiāo yǒng shàn zhàn, yě gèng jiā dǒng dé le hé píng de kě guì.
저는 감상이 많은데 그의 용맹함에 감탄했고, 또한 평화의 소중함을 더 깨달았어요.

A：大家在一起做什么呢？

B：大家在一起互相交流着听报告的感想。

A:dà jiā zài yì qǐ zuò shén me ne?
여러분은 무엇을 함께 하고 있어요?

B:dà jiā zài yì qǐ hù xiāng jiāo liú zhe tīng bào gào de gǎn xiǎng.
모두가 보고를 들은 소감을 함께 나누고 있어요.

A：您今天获得了最佳男主角奖，请问，您有什么感想？

B：很感谢大家一路走来的陪伴与支持！

A:nín jīn tiān huò dé le zuì jiā nán zhǔ jué jiǎng, qǐng wèn, nín yǒu shén me gǎn xiǎng?
오늘 최고의 남자주연상을 받았는데, 무슨 소감이 있어요?

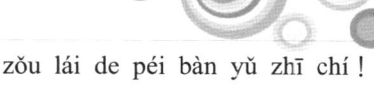

B:hěn gǎn xiè dà jiā yī lù zǒu lái de péi bàn yǔ zhī chí！

오면서 여러분의 동행과 지지에 정말 감사합니다!

178 钢铁 gāngtiě

철강

A：解放军的意志值得我们学习吗？

A:jiě fàng jūn de yì zhí zhí dé wǒ men xué xí ma？

해방군의 의지는 우리가 배울 만한 가치가 있어요?

B：解放军钢铁般的意志值得我们每一位青少年学习。

B:jiě fàng jūn gāng tiě bān de yì zhí zhí dé wǒ men měi yí wèi qīng shào nián xué xí.

해방군의 철강 같은 의지가 우리 모든 청소년들에게 배울 만해요.

A：保尔是一名很厉害的战士吗？

A:bǎo ěr shì yì míng hěn lì hài de zhàn shì ma？

폴은 매우 강한 전사예요?

B：保尔是一名经过千锤百炼的钢铁战士。

B:bǎo ěr shì yì míng jīng guò qiān chuí bǎi liàn de gāng tiě zhàn shì.

폴은 시련을 많이 겪은 철강과 같은 전사이에요.

A：你觉得护路工人的价值大吗？

A:nǐ jué de hù lù gōng rén de jià zhí dà ma？

당신은 도로 노동자의 가치가 크다고 생각해요?

B：很大，正是因为有护路工人精心养护，钢铁大动脉才能畅通无阻。

B:hěn dà,zhèng shì yīn wèi yǒu hù lù gōng rén jīng xīn yǎng hù,gāng tiě dà dòng mài cái néng chàng tōng wú zǔ.

아주 커요. 도로 노동자들의 보호 덕분에 철강 대동맥이 막히지 않았던 거예요.

A：钢铁般的意志要经得起什么？

A:gāng tiě bān de yì zhí yào jīng dé qǐ shén me？

철강 같은 의지는 무엇을 견뎌 내야 해요?

B：钢铁般的意志要经得起千锤百炼。

B:gāng tiě bān de yì zhí yào jīng dé qǐ qiān chuí bǎi liàn.

철강 같은 의지는 단련을 견뎌 낼 수 있어야 해요.

A：这个工厂是生产什么的？

A:zhè ge gōng chǎng shì shēng chǎn shén me de？

이 공장은 무엇을 생산해요?

B：这个工厂是生产钢铁的。

B:zhè ge gōng chǎng shì shēng chǎn gāng tiě de.

이 공장은 철강을 생산하는 곳이에요.

179 高档 gāodàng

고급의. 상등의.

A：你怎么知道小华很朴素！

A:nǐ zěn me zhī dào xiǎo huá hěn pǔ sù！

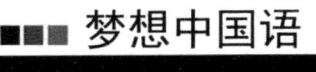

B: 小华从不和同学攀比穿高档品牌的衣服。

당신은 어째서 샤오화가 매우 소박하다는 것을 알았어요?
B:xiǎo huá cóng bù hé tóng xué pān bǐ chuān gāo dàng pǐn pái de yī fu.

샤오화는 여태껏 학우들과 비교해서 고가의 브랜드 옷을 입은 적이 없어요.

A:你的家庭环境怎么样？

B: 我家里没有宽敞的房屋，没有豪华的汽车，甚至没有高档的家用电器，但是我有一个美满和谐的家庭。

A:nǐ de jiā tíng huán jìng zěn me yàng?
당신의 가정 환경은 어떠한가요?

B:wǒ jiā lǐ méi yǒu kuān chǎng de fáng wū,méi yǒu háo huá de qì chē,shèn zhì méi yǒu gāo dàng de jiā yòng diàn qì,dàn shì wǒ yǒu yí gè měi mǎn hé xié de jiā tíng.

집에 큰 집이 없고, 호화로운 자동차가 없고 심지어 고급스러운 가전은 없지만, 저는 원만하고 화목한 가족이 있어요.

A: 你觉得现在高档的商品越来越多吗？

B: 我觉得现在高档的商品越来越多。

A:nǐ jué de xiàn zài gāo dàng de shāng pǐn yuè lái yuè duō ma?
지금 고급스러운 상품이 갈수록 많아진다고 생각해요?

B:wǒ jué de xiàn zài gāo dàng de shāng pǐn yuè lái yuè duō.
네.

A: 你觉得现在的努力重要吗？

B: 现在的学习努力程度决定着将来的生活。

A:nǐ jué de xiàn zài de nǔ lì zhòng yào ma?
지금의 노력이 중요하다고 생각해요?

B:xiàn zài de xué xí nǔ lì chéng dù jué dìng zhe jiāng lái de shēng huó.

현재 공부에 대한 노력의 정도는 미래의 생활을 결정하고 있어요.

A: 这家店的服装贵吗？

B: 这家店卖的都是高档服装，价钱贵得吓人。

A:zhè jiā diàn de fú zhuāng guì ma?
이 가게의 옷은 비싸요?

B:zhè jiā diàn mài de dōu shì gāo dàng fú zhuāng,jià qián guì dé xià rén.

이 가게에서 파는 것은 모두 고급스러운 옷이어서 값이 놀랄 만큼 비싸요.

180 格外 géwài

각별히. 특별히.

A: 你觉得我们要格外关心谁？

A:nǐ jué de wǒ men yào gé wài guān xīn shuí?
우리가 누구에게 각별히 신경을 써야 한다고 생각해요?

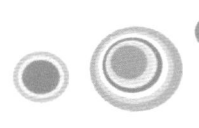
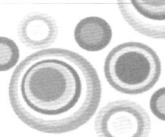

B：我们要格外关心那些从小失去母爱的孩子。
B:wǒ men yào gé wài guān xīn nà xiē cóng xiǎo shī qù mǔ ài de hái zi.
어릴 적부터 모성애를 잃은 아이에게 각별히 신경을 써야 해요.

A：有绿树和鲜花的广场美丽吗？
A:yǒu lǜ shù hé xiān huā de guǎng chǎng měi lì ma?
푸른 나무와 꽃이 있는 광장은 아름다워요?

B：绿树和鲜花把广场点缀得格外美丽。
B:lǜ shù hé xiān huā bǎ guǎng chǎng diǎn zhuì de gé wài měi lì.
푸른 나무와 꽃들이 광장을 아름답게 수놓았어요.

A：什么会让你感到特别亲切？
A:shén me huì ràng nǐ gǎn dào tè bié qīn qiè?
무엇이 당신에게 특별함을 느끼게 해요?

B：在他乡遇到老朋友,会让我感到格外亲切。
B:zài tā xiāng yù dào lǎo péng you,huì ràng wǒ gǎn dào gé wài qīn qiè.
타향에서 옛 친구를 만나게 되면 저는 각별하게 친근감을 느끼게 돼요.

A：你昨晚睡得怎么样？
A:nǐ zuó wǎn shuì de zěn me yàng?
당신은 어젯밤에 어떻게 주무셨어요?

B：昨天登山累了,晚上睡得格外香甜。
B:zuó tiān dēng shān lèi le,wǎn shàng shuì de gé wài xiāng tián.
어제 등산에 지쳐서 저녁에 단잠에 빠졌어요.

A：今天的天气怎么样？
A:jīn tiān de tiān qì zěn me yàng?
오늘 날씨가 어때요?

B：今天的天气格外晴朗，非常适合去公园玩儿。
B:jīn tiān de tiān qì gé wài qíng lǎng,fēi cháng shì hé qù gōng yuán wánr.
날씨가 유난히 맑아서 공원에 놀러 가기가 적합해요.

181 工业 gōngyè

공업

A：近年来，我国纺织工业发展得如何？
A:jìn nián lái,wǒ guó fǎng zhī gōng yè fā zhǎn de rú hé?
최근 몇년 사이에 우리 나라의 방직 공업은 어떻게 발전하고 있어요?

B：近年来,我国纺织工业发展迅速。
B:jìn nián lái,wǒ guó fǎng zhī gōng yè fā zhǎn xùn sù.
급속히 발전하고 있어요.

梦想中国语 会话

A：你觉得中国的服装工业发展得怎么样？

B：中国的服装工业发展很快,花色款式日新月异。

A:nǐ jué de zhōng guó de fú zhuāng gōng yè fā zhǎn de zěn me yàng？

중국의 복장 공업이 어떻게 발전했다고 생각해요?

B:zhōng guó de fú zhuāng gōng yè fā zhǎn hěn kuài,huā sè kuǎn shì rì xīn yuè yì.

빠르게 발전하고, 무늬와 스타일이 나날이 새로워져요.

A：种植业和哪一行业相互依赖？

B：种植业和农产品加工业互相依赖。

A:zhǒng zhí yè hé nǎ yì háng yè xiāng hù yī lài？

종직업과 어느 업종이 서로 의지해요?

B:zhǒng zhí yè hé nóng chǎn pǐn jiā gōng yè hù xiāng yī lài.

종직업과 농산물 가공업은 서로 의존해요.

A：蒸蒸日上的一汽是哪一工业的缩影？

B：蒸蒸日上的一汽是整个汽车工业的缩影。

A:zhēng zhēng rì shàng de yī qì shì nǎ yì gōng yè de suō yǐng？

상승 가도를 달리는 일기는 어느 공업의 축소판이에요?

B:zhēng zhēng rì shàng de yī qì shì zhěng gè qì chē gōng yè de suō yǐng.

상승 가도를 달리는 일기는 자동차 공업의 축소판이에요.

A：工业可以细分为什么？

B：工业可以细分为重工业和轻工业。

A:gōng yè kě yǐ xì fēn wéi shén me？

공업은 무엇으로 세분화할 수 있어요?

B:gōng yè kě yǐ xì fēn wéi zhòng gōng yè hé qīng gōng yè.

공업은 중공업과 경공업으로 세분화되어 있어요.

182 公布 gōngbù

공포[공표]하다.

A：你什么时候才明白这道题的？

B：当老师把问题答案公布出来时,我才恍然大悟。

A:nǐ shén me shí hòu cái míng bái zhè dào tí de？

당신은 언제 이 문제를 알았어요?

B:dāng lǎo shī bǎ wèn tí dá àn gōng bù chū lái shí,wǒ cái huǎng rán dà wù.

선생님이 문제의 답을 공표할 때 저는 처음 알았어요.

A：这两天他的心情怎么样？

B：高考成绩快公布了,这几天他焦虑不安。

A:zhè liǎng tiān tā de xīn qíng zěn me yàng？

요 며칠 그의 기분은 어때요?

B:gāo kǎo chéng jì kuài gōng bù le,zhè jǐ tiān tā jiāo lǜ bù ān.

대학 입시 성적이 곧 발표할 거예요. 요 며칠간 그는 초조해하고 있어요.

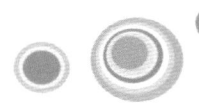
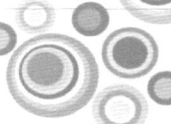

A：电视上公布了什么?

A: diàn shì shàng gōng bù le shén me?
TV에서는 무엇을 발표했어요?

B：电视上公布了这次歌唱比赛的获奖名单。

B: diàn shì shàng gōng bù le zhè cì gē chàng bǐ sài de huò jiǎng míng dān.
TV에서는 이번 노래 경연 대회의 입상자 명단을 발표했어요.

A：马上就要公布考试结果了，你的心情怎么样?

A: mǎ shàng jiù yào gōng bù kǎo shì jié guǒ le, nǐ de xīn qíng zěn me yàng?
곧 고시 결과가 발표될 텐데 당신의 기분은 어때요?

B：我的心情七上八下,生怕考不好。

B: wǒ de xīn qíng qī shàng bā xià, shēng pà kǎo bù hǎo.
내 마음이 불안하고 걱정돼요.

A：这次考试的成绩出来了吗?

A: zhè cì kǎo shì de chéng jì chū lái le ma?
이번 시험 성적이 나왔나요?

B：听说这次考试的成绩已经公布了，你快去看看吧!

B: tīng shuō zhè cì kǎo shì de chéng jì yǐ jīng gōng bù le, nǐ kuài qù kàn kàn ba!
이번 시험 성적이 이미 발표되었으니, 어서 가 보아요!

183 公开 gōngkāi

공개하다. 공표하다.

A：明天有什么活动?

A: míng tiān yǒu shén me huó dòng?
내일 어떤 활동이 있어요?

B：刘老师举行公开教学,欢迎各校同行光临指导。

B: liú lǎo shī jǔ xíng gōng kāi jiào xué, huān yíng gè xiào tóng háng guāng lín zhǐ dǎo.
유 선생님께서는 공개 수업을 하실 건데 각 학교 동료들의 참관을 환영해요.

A：这件事已经公开了,请你详细说说内情。

A: zhè jiàn shì yǐ jīng gōng kāi le, qǐng nǐ xiáng xì shuō shuō nèi qíng.
이 일은 이미 공개되었으니, 자세히 이야기해 보세요.

B：好的，那我就为大家讲一讲。

B: hǎo de, nà wǒ jiù wèi dà jiā jiǎng yi jiǎng.
네, 그럼 제가 말씀 드리겠어요.

A：这件事的结果可以透露一下吗?

A: zhè jiàn shì de jié guǒ kě yǐ tòu lù yí xià ma?
이 일의 결과를 말씀해 주실 수 있어요?

B：这件事还没有调查清楚,暂时不能公开。

B: zhè jiàn shì hái méi yǒu diào chá qīng chǔ, zàn shí bù néng gōng kāi.

梦想中国语 会话

A：她为什么今天没有来参加舞会？

B：她很害羞，从不敢在公开场合抛头露面。

A：tā wèi shén me jīn tiān méi yǒu lái cān jiā wǔ huì？

그녀는 왜 오늘 무도회에 참가하지 않았어요?

B：tā hěn hài xiū, cóng bù gǎn zài gōng kāi chǎng hé pāo tóu lù miàn.

그녀는 부끄러움을 잘 타서 공개 석상에 공공연히 모습을 드러내지 않아요.

이 일은 아직 밝혀지지 않았으니 당분간 공개할 수 없어요.

A：为什么群众有疑问？

B：村子里的财务账目不公开，群众有疑问。

A：wèi shén me qún zhòng yǒu yí wèn？

왜 군중들은 의문이 있어요?

B：cūn zǐ lǐ de cái wù zhàng mù bù gōng kāi, qún zhòng yǒu yí wèn.

마을의 재무 장부가 공개되지 않아, 군중들은 의문을 가지고 있어요.

184 公平 gōngpíng

공평하다.

A：爷爷的一生过得怎么样？

B：爷爷一生坎坷，受到许多不公平待遇。

A：yé ye de yì shēng guò de zěn me yàng？

할아버지는 일생동안 어떻게 지내셨어요?

B：yé ye yì shēng kǎn kě, shòu dào xǔ duō bù gōng píng dài yù.

할아버지는 일생동안 기구하게 사시면서 많은 불공정한 대우를 받았어요.

A：市场经济中什么样的环境很重要？

B：公平竞争的环境很重要。

A：shì chǎng jīng jì zhōng shén me yàng de huán jìng hěn zhòng yào？

시장 경제에서 어떤 환경이 가장 중요해요?

B：gōng píng jìng zhēng de huán jìng hěn zhòng yào.

공정한 경쟁 환경이 중요해요.

A：他的作品为什么受到大家的喜爱？

B：他用手中的笔对那个时代的很多不公平作了一番冷嘲热讽。

A：tā de zuò pǐn wèi shén me shòu dào dà jiā de xǐ ài？

그의 작품은 왜 사람들의 사랑을 받아요?

B：tā yòng shǒu zhōng de bǐ duì nà gè shí dài de hěn duō bù gōng píng zuò le yì fān lěng cháo rè fěng.

그는 수중의 붓으로 그 시대의 불공평함에 대해 한바탕 냉소를 지었어요.

A：小王在被经理指责后，心情怎么样？

A：xiǎo wáng zài bèi jīng lǐ zhǐ zé hòu, xīn qíng zěn me yàng？

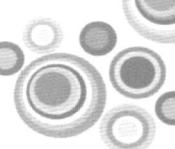

B：对经理不公平的指责，小王愤愤不平。

왕 군은 사장님한테 질책을 당한 후 기분이 어때요?
B:duì jīng lǐ bù gōng píng de zhǐ zé,xiǎo wáng fèn fèn bù píng.
사장의 불공평한 질책에 대해 왕 군은 화가 났어요.

185 功能 gōngnéng

기능. 효능

A：你是如何走进这间多媒体教室的？

B：我们怀着好奇的心情走进了这间功能完备的多媒体教室。

A:nǐ shì rú hé zǒu jìn zhè jiān duō méi tǐ jiào shì de?
당신은 어떻게 이 멀티 미디어 교실에 들어왔어요?
B:wǒ men huái zhe hào qí de xīn qíng zǒu jìn le zhè jiān gōng néng wán bèi de duō méi tǐ jiào shì.
우리는 호기심 가득한 심정으로 이 기능이 완비된 멀티 미디어 교실에 들어왔어요.

A：现在手机有什么功能？

B：现在的手机有很多功能，既能接打电话，又能听音乐、拍照片。

A:xiàn zài shǒu jī yǒu shén me gōng néng?
현재 핸드폰에는 어떤 기능이 있어요?
B:xiàn zài de shǒu jī yǒu hěn duō gōng néng,jì néng jiē dǎ diàn huà,yòu néng tīng yīn yuè,pāi zhào piàn.
현재 휴대 전화는 기능이 많아요, 통화 가능하고, 음악도 듣고 사진도 찍을 수 있어요.

A：你知道这个手表有什么功能吗？

B：它既可以看时间，也可以监测身体状况。

A:nǐ zhī dào zhè gè shǒu biǎo yǒu shén me gōng néng ma?
이 손목 시계가 어떤 기능을 가지고 있는지 알아요?
B:tā jì kě yǐ kàn shí jiān,yě kě yǐ jiān cè shēn tǐ zhuàng kuàng.
시간도 볼 수 있고 몸 상태도 살필 수 있어요.

A：华为手机的拍照功能怎么样？

B：我觉得很不错。

A:huá wéi shǒu jī de pāi zhào gōng néng zěn me yàng?
화웨이의 스마트폰의 촬영 기능은 어때요?
B:wǒ jué de hěn bú cuò.
저는 괜찮다고 생각해요.

A：这个保健品有什么功能？

B：它可以保健身体，降血脂，降血糖。

A:zhè gè bǎo jiàn pǐn yǒu shén me gōng néng?
이 보건품은 무슨 기능이 있어요?
B:tā kě yǐ bǎo jiàn shēn tǐ,jiàng xuè zhī,jiàng xuè táng.
그것은 몸을 건강하게 할 수 있으며, 혈지와 혈당을 내리게

186 贡献 gòngxiàn

공헌하다. 기여하다. 공헌

A：他在做什么？
A: tā zài zuò shén me?
그는 무엇을 하고 있나요?

B：他正在为祖国默默无闻地贡献着青春。
B: tā zhèng zài wéi zǔ guó mò mò wú wén de gòng xiàn zhe qīng chūn.
그는 조국을 위해 묵묵히 청춘을 바치고 있어요.

A：中国应该对世界做出较大的贡献吗？
A: zhōng guó yīng gāi duì shì jiè zuò chū jiào dà de gòng xiàn ma?
중국은 세계에 큰 공헌을 해야 해요?

B：中国是个大国,应当对世界做出较大的贡献。
B: zhōng guó shì gè dà guó, yīng dāng duì shì jiè zuò chū jiào dà de gòng xiàn.
중국은 커서 세계에 더 큰 공헌을 해야 해요.

A：你觉得怎么做才会让自己有出息？
A: nǐ jué de zěn me zuò cái huì ràng zì jǐ yǒu chū xi?
어떻게 해야만 자신이 출세할 수 있다고 생각해요?

B：无论做什么工作,只要对社会有贡献,就有出息。
B: wú lùn zuò shén me gōng zuò, zhǐ yào duì shè huì yǒu gòng xiàn, jiù yǒu chū xi.
무슨 일을 하든 사회에 대해 공헌이 있으면 출세할 수 있어요.

A：你愿意为祖国贡献自己吗？
A: nǐ yuàn yì wéi zǔ guó gòng xiàn zì jǐ ma?
당신은 조국을 위해 자신을 헌신할 수 있겠어요?

B：我们愿为祖国的强盛贡献出全部的力量。
B: wǒ men yuàn wéi zǔ guó de qiáng shèng gòng xiàn chū quán bù de lì liàng.
조국의 강성함을 위해 모든 역량을 바치길 원해요.

A：你希望做什么？
A: nǐ xī wàng zuò shén me?
당신은 무엇을 하기를 원해요?

B：我希望自己能为公司的发展贡献一份力量。
B: wǒ xī wàng zì jǐ néng wéi gōng sī de fā zhǎn gòng xiàn yí 할 수 있어요.

梦想中国语 会话

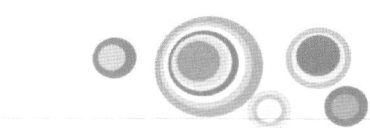

fèn lì liàng.
저는 자신이 회사의 발전에 기여할 수 있기를 바래요.

187 沟通 gōutōng

교류하다. 소통하다.

A：长江大桥是沟通哪里的主要交通要道？

B：长江大桥是沟通南北的主要交通要道。

A:cháng jiāng dà qiáo shì gōu tōng nǎ lǐ de zhǔ yào jiāo tōng yào dào?
장강 대교는 어디를 교류하는 주요 교통도로이에요?

B:cháng jiāng dà qiáo shì gōu tōng nán běi de zhǔ yào jiāo tōng yào dào.
장강 대교는 남북을 교류하는 주요 교통로이에요.

A：刘老师经常为我们做什么？

B：刘老师经常和我们沟通，帮助我们解决学习中的困难。

A:liú lǎo shī jīng cháng wèi wǒ men zuò shén me?
유 선생님께서는 항상 우리를 위해 무엇을 해요?

B:liú lǎo shī jīng cháng hé wǒ men gōu tōng,bāng zhù wǒ men jiě jué xué xí zhōng de kùn nán.
유 선생님은 늘 우리와 소통하며 공부의 어려움을 해결하는 일을 도와줘요.

A：为什么我们常说"理解万岁"？

B："理解万岁"，因为它是人与人之间心灵的沟通。

A:wèi shén me wǒ men cháng shuō'lǐ jiě wàn suì'?
왜 우리는 늘 '이해가 만세이다'라고 해요?

B:"lǐ jiě wàn suì',yīn wèi tā shì rén yǔ rén zhī jiān xīn líng de gōu tōng.
'이해 만세',왜냐하면 그것은 사람과 사람 간의 마음 소통이에요.

A：老师应该和家长多沟通什么？

B：老师应该经常和家长沟通学生的情况。

A:lǎo shī yīng gāi hé jiā zhǎng duō gōu tōng shén me?
선생님은 학부모와 무슨 대화를 많이 해야 해요?

B:lǎo shī yīng gāi jīng cháng hé jiā zhǎng gōu tōng xué shēng de qíng kuàng.
선생님은 자주 학부모와 학생들의 상황을 상담해야 해요.

A：最亲近的人需要互相沟通吗？

A:zuì qīn jìn de rén xū yào hù xiāng gōu tōng ma?

B：即使是最亲近的人，也需要经常互相沟通。

가장 가까운 사람은 서로에게 의사 소통이 필요한가요?

B:jí shǐ shì zuì qīn jìn de rén,yě xū yào jīng cháng hù xiāng gōu tōng.

가장 가까운 사람이라도 자주 소통해야 해요.

188 构成 gòuchéng

구성하다. 이루다.

A：你知道照相机由哪几部分构成吗？

A:nǐ zhī dào zhào xiàng jī yóu nǎ jǐ bù fèn gòu chéng ma?

당신은 카메라가 어떤 부분으로 구성되었는지 알아요?

B：照相机是由镜头、暗箱、快门等装置构成的。

B:zhào xiàng jī shì yóu jìng tóu,àn xiāng,kuài mén děng zhuāng zhì gòu chéng de.

카메라는 렌즈·어둠 상자·셔터 등으로 구성되어 있어요.

A：你看，天空好好看啊！

A:nǐ kàn,tiān kōng hǎo hǎo kàn a!

이봐, 하늘이 보기 좋군요!

B：是啊！蓝天与白云交相辉映，构成了一幅美妙的图画。

B:shì a! lán tiān yǔ bái yún jiāo xiàng huī yìng,gòu chéng le yì fú měi miào de tú huà.

그래요! 파란 하늘과 흰 구름이 어울려 아름다운 한 폭의 그림을 이루었어요.

A：你为什么喜欢乡村？

A:nǐ wèi shén me xǐ huān xiāng cūn?

당신은 왜 시골을 좋아해요?

B：因为乡村有蓝天、白云、青山、碧水……构成了一幅绝妙的图画。

B:yīn wèi xiāng cūn yǒu lán tiān,bái yún,qīng shān,bì shuǐ…gòu chéng le yì fú jué miào de tú huà.

시골에서 푸른 하늘, 흰 구름, 푸른 산, 푸른 물이 있어요.... 절묘한 그림으로 구성돼요.

A：你现在每天都在忙什么？

A:nǐ xiàn zài měi tiān dōu zài máng shén me?

당신은 지금 날마다 무엇을 하고 있어요?

B：查资料、写论文，构成了我现在每天生活的全部内容。

B:chá zī liào,xiě lùn wén,gòu chéng le wǒ xiàn zài měi tiān shēng huó de quán bù nèi róng.

자료를 찾고 논문을 쓰는 것을 지금 내가 매일 생활하는 모든 내용을 담고 있어요.

189 股票 gǔpiào 주식

A：你知道有些年轻人因为投资而失败的事吗？

B：知道，有许多年轻人盲目地投资股票，结果损失惨重。

A:nǐ zhī dào yǒu xiē nián qīng rén yīn wèi tóu zī ér shī bài de shì ma?

많은 젊은이들이 투자때문에 실패한 일을 알아요?

B:zhī dào,yǒu xǔ duō nián qīng rén máng mù de tóu zī gǔ piào,jié guǒ sǔn shī cǎn zhòng.

알아요.많은 젊은이들이 맹목적으로 주식에 투자했고 결과적으로 손실이 컸어요.

A：最近金融市场的环境怎么样？

B：最近金融市场的环境不景气。

A:zuì jìn jīn róng shì chǎng de huán jìng zěn me yàng?

요즘 금융 시장이 어때요?

B:zuì jìn jīn róng shì chǎng de huán jìng bú jǐng qì.

요즘 금융 시장이 좋지 않아요.

A：他怎么突然哭了？

B：听了股票下跌的消息后，这个股票商眼泪刷地流了下来。

A:tā zěn me tū rán kū le?

그는 왜 갑자기 울었어요?

B:tīng le gǔ piào xià diē de xiāo xī hòu,zhè gè gǔ piào shāng yǎn lèi shuā de liú le xià lái.

주가 하락 소식을 듣고, 이 주식 중개상은 눈물을 흘려내렸어요.

A：最近为什么股票市场变得不稳定了？

B：最近由于各种自然灾害频繁，股票市场越来越不稳定了。

A:zuì jìn wèi shén me gǔ piào shì chǎng biàn de bù wěn dìng le?

요즘 왜 주식 시장이 불안해 졌어요?

B:zuì jìn yóu yú gè zhǒng zì rán zāi hài pín fán,gǔ piào shì chǎng yuè lái yuè bù wěn dìng le.

최근 각종 자연 재해가 빈번히 발생하여 주식 시장의 불안이 날로 커지고 있어요.

A：你买过股票吗？

B：我好久之前买过，但情况不怎么好。

A:nǐ mǎi guò gǔ piào ma?

당신은 주식을 산 적이 있어요?

131

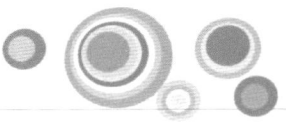

梦想中国语　会话

B: wǒ hǎo jiǔ zhī qián mǎi guò, dàn qíng kuàng bù zěn me hǎo.
저는 오래 전에 샀는데, 상황이 별로 좋지 않았어요.

190 固定 gùdìng — 고정되다.

A: 话剧剧本的情节安排是不变的吗？

A: huà jù jù běn de qíng jié ān pái shì bú biàn de ma?
연극 시나리오의 줄거리는 변하지 않는 것이에요?

B: 话剧剧本的情节安排不是固定不变的。

B: huà jù jù běn de qíng jié ān pái bú shì gù dìng bú biàn de.
연극 시나리오의 줄거리는 고정 불변한 것이 아니에요.

A: 为什么山体的岩石开始松动了？

A: wèi shén me shān tǐ de yán shí kāi shǐ sōng dòng le?
왜 산의 암석이 헐거워지기 시작해요?

B: 由于失去了树根的固定，山体的岩石开始松动了。

B: yóu yú shī qù le shù gēn de gù dìng, shān tǐ de yán shí kāi shǐ sōng dòng le.
나무 뿌리의 고정을 잃었기 때문에 산의 암석이 헐거워졌어요.

A: 那面镜子被固定在哪里了？

A: nà miàn jìng zǐ bèi gù dìng zài nǎ lǐ le?
그 거울은 어디에 고정되었어요?

B: 那面镜子被固定在墙上了。

B: nà miàn jìng zǐ bèi gù dìng zài qiáng shàng le.
그 거울은 벽에 고정되었어요.

A: 他靠什么养活母亲？

A: tā kào shén me yǎng huó mǔ qīn?
그는 무엇으로 어머니를 먹여 살려요?

B: 他靠零敲碎打地帮人干活挣点钱养活母亲。

B: tā kào líng qiāo suì dǎ de bāng rén gàn huó zhèng diǎn qián yǎng huó mǔ qīn.
그는 틈틈이 남을 도와 일하고 돈을 벌어 엄마를 먹여 살렸어요.

A: 父亲在哪里安身？

A: fù qīn zài nǎ lǐ ān shēn?
아버지는 어디서 기거해요?

B: 在勘探队工作的父亲，一年到头没有一个固定的处所安身。

B: zài kān tàn duì gōng zuò de fù qīn, yì nián dào tóu méi yǒu yí gè gù dìng de chù suǒ ān shēn.

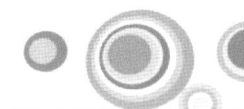

직장에서 일하는 아버지는 일 년 내내 일정한 거처 없이 고정된 기거하는 곳이 하나도 없어요.

A：你爸爸的收入是固定的吗？

A:Nǐ bàba de shōurù shì gùdìng de ma?

아버님의 수입이 고정된 거에요?

B：爸爸的收入不是固定的，他有奖金。

B:Bàba de shōurù búshì gùdìng de, tā yǒu jiǎngjīn

아니오, 그는 보너스도 있어요.

191 固体 gùtǐ — 고체

A：什么问题比较严峻？

A:shén me wèn tí bǐ jiào yán jùn?

어떤 문제가 비교적 심각해요?

B：都市固体废物处理问题比较严峻。

B:dū shì gù tǐ fèi wù chǔ lǐ wèn tí bǐ jiào yán jùn.

도시 고체 폐기물 처리 문제가 비교적 심각해요.

A：固体可以变成液体吗？

A:gù tǐ kě yǐ biàn chéng yè tǐ ma?

고체는 액체로 변할 수 있어요?

B：在一定的条件下，固体可以变成液体。

B:zài yí dìng de tiáo jiàn xià,gù tǐ kě yǐ biàn chéng yè tǐ.

일정한 조건 하에서 고체는 액체로 변할 수 있어요.

A：你能举几个固体的例子吗？

A:nǐ néng jǔ jǐ gè gù tǐ de lì zi ma?

당신은 몇 개의 고체를 예로 들어 볼 수 있어요?

B：比如，书桌、书、大树等。

B:bǐ rú,shū zhuō,shū,dà shù děng.

예를 들면 책상, 책, 나무 등이 있어요.

A：你有固体胶吗？

A:nǐ yǒu gù tǐ jiāo ma?

당신은 딱풀이 있어요?

B：我有，你要是想要的话，去我的书桌上取吧！

B:wǒ yǒu,nǐ yào shì xiǎng yào de huà,qù wǒ de shū zhuō shàng qǔ ba!

있어요. 원하면, 저의 책상에 가서 찾으세요!

192 雇佣 gùyōng — 고용하다.

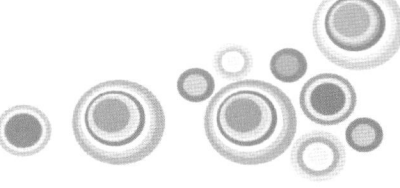

梦想中国语 会话

A：她怎么照顾小孩？

B：她雇佣了一个保姆照顾小孩。

A:tā zěn me zhào gù xiǎo hái?

그녀는 어떻게 어린 아이를 돌봐요?

B:tā gù yōng le yí gè bǎo mǔ zhào gù xiǎo hái.

그녀는 보모를 고용하여 아이를 돌보았어요.

A：他雇佣谁帮忙干活？

B：他雇佣几个民工帮忙干活。

A:tā gù yōng shuí bāng máng gàn huó?

그는 누구를 고용해서 일을 도와 줘요?

B:tā gù yōng jǐ gè mín gōng bāng máng gàn huó.

그는 인부 몇 명을 고용하여 일을 도와 줘요.

A：昨天奶奶说了什么让你很吃惊？

B：奶奶说,她在很小的时候就被富裕人家雇佣种田养家。

A:zuó tiān nǎi nai shuō le shén me ràng nǐ hěn chī jīng?

어제 할머니는 무슨 말을 했는데 깜짝 놀라게 했어요?

B:nǎi nai shuō,tā zài hěn xiǎo de shí hòu jiù bèi fù yù rén jiā gù yōng zhǒng tián yǎng jiā.

어렸을 때부터 부잣집에 가 머슴살이를 한다고 말했어요.

A：李老板雇佣了一些年轻人为他做什么？

B：李老板雇佣了一些年轻人为他看护山林。

A:lǐ lǎo bǎn gù yōng le yī xiē nián qīng rén wèi tā zuò shén me?

이 사장은 몇 명의 젊은이들을 고용하여 그를 위해 무엇을 했어요?

B:lǐ lǎo bǎn gù yōng le yī xiē nián qīng rén wèi tā kān hù shān lín.

젊은이들을 고용하며 그의 산림을 보호해 주었어요.

A：中国的法律规定不许雇佣多大的孩子工作？

B：不许雇佣十三岁以下的儿童工作。

A:zhōng guó de fǎ lǜ guī dìng bù xǔ gù yōng duō dà de hái zi gōng zuò?

중국의 법률은 얼마나 많은 아이들을 고용할 수 있어요?

B:bù xǔ gù yōng shí sān suì yǐ xià de ér tóng gōng zuò.

13살 이하의 어린이를 고용할 수 없어요.

193 **挂号** guàhào **등록하다. 접수시키다. 접수하다.수속하다**

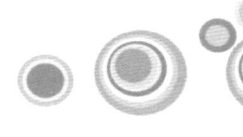

梦想中国语 会话

A: 到医院后需要先做什么?

B: 需要先挂号。

A:dào yī yuàn hòu xū yào xiān zuò shén me?

병원에 도착하면 무엇을 먼저 해야 하나요?

B:xū yào xiān guà hào.

먼저 접수해야 해요.

A: 我给你邮寄了一封挂号信,请注意查收。

B: 好的,谢谢你啦!

A:wǒ gěi nǐ yóu jì le yì fēng guà hào xìn,qǐng zhù yì chá shōu.

당신에게 등기 우편으로 보내 드렸어요. 조심히 받아요.

B:hǎo de,xiè xiè nǐ la!

알았어요, 고마워요.

A: 你去医院挂号了吗?

B: 我已经挂号了,按顺序去看医生就行了。

A:nǐ qù yī yuàn guà hào le ma?

당신은 병원에 가서 접수했어요?

B:wǒ yǐ jīng guà hào le,àn shùn xù qù kàn yī shēng jiù xíng le.

접수를 했는데 순서대로 가면 돼요.

A: 不同的医生的挂号费一样吗?

B: 不一样,根据医生的等级不同会有些许不同。

A:bù tóng de yī shēng de guà hào fèi yí yàng ma?

다른 의사들의 등기 요금은 동일해요?

B:bù yí yàng,gēn jù yī shēng de děng jí bù tóng huì yǒu xiē xǔ bù tóng.

달라요. 의사의 등급에 따라 조금씩 달라질 수도 있어요.

A: 医院挂号一定要亲自去医院申请才可以吗?

B: 不是的, 也可以电话预约挂号或通过互联网挂号。

A:yī yuàn guà hào yí dìng yào qīn zì qù yī yuàn shēn qǐng cái kě yǐ ma?

병원 접수는 반드시 직접 병원에 가서 신청해야만 가능해요?

B:bú shì de,yě kě yǐ diàn huà yù yuē guà hào huò tōng guò hù lián wǎng guà hào.

아니요. 전화나 인터넷으로 접수할 수도 있어요

194 怪不得　guàibude

과연. 어쩐지

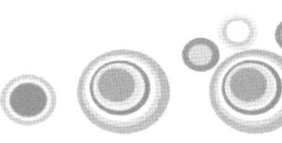

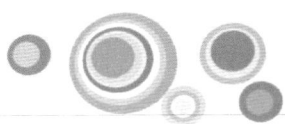

梦想中国语　会话

A：这孩子为什么成绩不好？ B：这孩子学习很不认真,怪不得成绩不好。	A:zhè hái zi wèi shén me chéng jì bù hǎo? 이 아이는 왜 성적이 좋지 않았어요? B:zhè hái zi xué xí hěn bú rèn zhēn,guài bu dé chéng jì bù hǎo. 이 아이는 공부를 열심히 하지 않았어요. 어쩐지 성적이 나빴어요.
A：他这次可是遇到大麻烦了。 B：这件麻烦事是他自找的,怪不得别人。	A:tā zhè cì kě shì yù dào dà má fán le. 그는 이번에 큰일 났어요. B:zhè jiàn má fán shì shì tā zì zhǎo de,guài bu dé bié rén. 이 골치 아픈 일은 그가 자초한 것이니, 다른 사람을 탓할 수 없어요.
A：你觉得这部电影怎么样？ B：这部电影真是扣人心弦,怪不得迎来了那么多的客人。	A:nǐ jué de zhè bù diàn yǐng zěn me yàng? 당신은 이 영화가 어떻다고 생각해요? B:zhè bù diàn yǐng zhēn shì kòu rén xīn xián,guài bu dé yíng lái le nà me duō de kè rén. 이 영화는 정말 감동적이어서 그렇게 많은 손님을 맞이하게 되었어요.
A：为什么那么多人都喜欢这个明星？ B：你看他一出场就八面威风,怪不得人们爱看他的戏了。	A:wèi shén me nà me duō rén dōu xǐ huān zhè gè míng xīng? 왜 그렇게 많은 사람들이 이 스타를 좋아해요? B:nǐ kàn tā yì chū chǎng jiù bā miàn wēi fēng,guài bu dé rén men ài kàn tā de xì le. 그가 등장하자마자 의기양양해요. 어쩐지 사람들이 그의 연극을 좋아해요.
A：为什么追求王小姐的人很多？ B：王小姐真可称为窈窕淑女,怪不得追求她的人很多。	A:wèi shén me zhuī qiú wáng xiǎo jiě de rén hěn duō? 왜 미스 왕을 쫓아 다니는 사람이 많아요? B:wáng xiǎo jiě zhēn kě chēng wéi yǎo tiǎo shū nǚ,guài bu dé zhuī qiú tā de rén hěn duō.

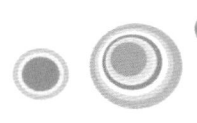

梦想中国语　会话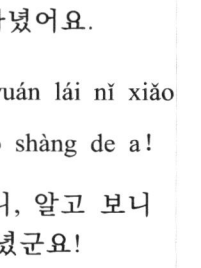

미스 왕은 정말 요조 숙녀여서, 어쩐지 그녀를 쫓는 사람이 많군요.

A：我大学之前都是在中国读的书。

A:wǒ dà xué zhī qián dōu shì zài zhōng guó dú de shū.

저는 대학에 다니기 전에 중국 학교를 다녔어요.

B：怪不得你汉语说得这么地道，原来你小学、初中、高中都是在中国上的啊！

B:guài bu dé nǐ hàn yǔ shuō dé zhè me dì dào,yuán lái nǐ xiǎo xué,chū zhōng,gāo zhōng dōu shì zài zhōng guó shàng de a!

어쩐지 중국어를 이렇게 완벽하게 구사하더라니, 알고 보니 초등 중등 고등 학교는 다 중국에서 다녔군요!

195 关闭 guānbì

닫다. 파산하다.

A：这家工厂怎么关闭了？

A:zhè jiā gōng chǎng zěn me guān bì le?

이 공장은 어떻게 폐쇄되었어요?

B：这家工厂因缺少资金而倒闭了。

B:zhè jiā gōng chǎng yīn quē shǎo zī jīn ér dǎo bì le.

이 공장은 자금이 부족해서 문을 닫았어요.

A：我们要怎么节约水资源？

A:wǒ men yào zěn me jié yuē shuǐ zī yuán?

우리는 어떻게 수자원을 절약해야 해요?

B：我们要随手关闭水龙头。

B:wǒ men yào suí shǒu guān bì shuǐ lóng tóu.

우리는 즉석에서 수도꼭지를 잠궈야 해요.

A：为什么你不坐飞机来？

A:wèi shén me nǐ bú zuò fēi jī lái?

왜 당신은 비행기를 타지 않아요?

B：大雪导致各地机场全部关闭了。

B:dà xuě dǎo zhì gè dì jī chǎng quán bù guān bì le.

폭설로 각지의 공항이 전부 폐쇄되었어요.

196 关怀 guānhuái

관심을 가지다. 보살피다. 배려하다.

A：你的眼眶怎么湿润了？

A:nǐ de yǎn kuàng zěn me shī rùn le?

당신의 눈가가 왜 촉촉해졌어요?

B：听到大家充满关怀的问候，我感到很温暖。

B:tīng dào dà jiā chōng mǎn guān huái de wèn hòu,wǒ gǎn dào hěn wēn nuǎn.

모두들 친절하게 대하는 인사를 듣고 저는 매우 따뜻함을 느

梦想中国语 会话

A：在你生病期间，哪些人帮助了你？

B：老师和同学们给了我无微不至的关怀。

A:zài nǐ shēng bìng qī jiān,nǎ xiē rén bāng zhù le nǐ?

당신이 아픈 동안에 어떤 사람이 도와 주었어요?

B:lǎo shī hé tóng xué men gěi le wǒ wú wēi bú zhì de guān huái.

선생님과 학생들은 저에게 세심한 배려를 해 주셨어요.

A：大家为什么很感激方老师？

B：方老师无微不至地关怀同学们，大家都很感激他。

A:dà jiā wèi shén me hěn gǎn jī fāng lǎo shī?

여러분은 왜 방 선생님에게 감격해요?

B:fāng lǎo shī wú wēi bú zhì de guān huái tóng xué men,dà jiā dōu hěn gǎn jī tā.

방 선생님은 자상하고 살뜰하게 학생들을 보살피셔서 모두들 그에게 감격해요.

A：孩子叛逆怎么办？

B：在孩子青春期，要从各个方面关怀孩子，理解孩子。

A:hái zi pàn nì zěn me bàn?

아이들은 반항하는데 어떡해요?

B:zài hái zi qīng chūn qī,yào cóng gè gè fāng miàn guān huái hái zi,lǐ jiě hái zi.

아이들은 사춘기에 여러모로 아이를 돌봐 주고 아이를 이해해야 해요.

A：你很喜欢读《我们仨》这本书吗？

B：是的，这本书中充满了人性关怀。

A:nǐ hěn xǐ huān dú 《wǒ men sā》zhè běn shū ma?

당신은 《우리 셋》이라는 책을 즐겨 읽어요?

B:shì de,zhè běn shū zhōng chōng mǎn le rén xìng guān huái.

네, 이 책에 인간적인 관심이 가득 찼어요.

197 观察 guānchá

관찰하다. 살피다.

A：写作水平需要怎么积累？

B：平时注意观察,多积攒些作文的材料。

A:xiě zuò shuǐ píng xū yào zěn me jī lèi?

글쓰기 실력은 어떻게 쌓아야 해요?

B:píng shí zhù yì guān chá,duō jī zǎn xiē zuò wén de cái liào.

평소에 유심히 관찰하고, 작문 재료를 많이 들여 두어요.

A：老师让你们观察什么？

B：老师让我们观察酸碱中和生成盐和水的化学反应。

A:lǎo shī ràng nǐ men guān chá shén me?

선생님은 당신들에게 무엇을 관찰하라고 하셨나요?

B:lǎo shī ràng wǒ men guān chá suān jiǎn zhōng hé shēng chéng yán hé shuǐ de huà xué fǎn yìng.

산감중화해서 염분과 물을 생성하는 화학 반응을 관찰하라고 했어요.

A：每天写日记有用吗？

B：每天坚持写一篇观察日记,天长日久,观察能力和写作能力就会有很大的提高。

A:měi tiān xiě rì jì yǒu yòng ma?

매일 일기 쓰는게 유용해요?

B:měi tiān jiān chí xiě yī piān guān chá rì jì,tiān zhǎng rì jiǔ,guān chá néng lì hé xiě zuò néng lì jiù huì yǒu hěn dà de tí gāo.

매일 한 편의 관찰 일기를 쓰고 시간이 지나면 관찰력과 글쓰기 능력이 크게 향상될 거에요.

A：通过望远镜观察银河，可以看到什么？

B：通过望远镜观察银河，可以看到星星。

A:tōng guò wàng yuǎn jìng guān chá yín hé,kě yǐ kàn dào shén me?

망원경으로 은하수를 관찰하면 무엇이 보여요?

B:tōng guò wàng yuǎn jìng guān chá yín hé,kě yǐ kàn dào xīng xing.

별들을 볼 수 있어요.

198 观点 guāndiǎn

관점. 견해.

A：每当大家没有思路的时候，他都会有自己独特的观点。

B：他好厉害啊！

A：对于这一问题大家都有什么观点，一起讨论一下。

A:měi dāng dà jiā méi yǒu sī lù de shí hòu,tā dōu huì yǒu zì jǐ dú tè de guān diǎn.

모두가 생각이 없을 때 그는 항상 특유의 독특한 관점을 가지고 있어요.

B:tā hǎo lì hài a!

그는 정말 대단해요!

:duì yú zhè yī wèn tí dà jiā dōu yǒu shén me guān diǎn,yì qǐ tǎo lùn yí xià.

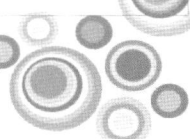

梦想中国语 会话

B：我认为应该支持。

이 문제에 대해서 여러분들은 어떤 견해를 가지고 토론해 보세요.

B:wǒ rèn wéi yīng gāi zhī chí.

저는 지지해야 한다고 생각해요.

A：这个辩题我觉得正方的观点是正确的。

B：我的观点和你恰恰相反。

A:zhè gè biàn tí wǒ jué de zhèng fāng de guān diǎn shì zhèng què de.

저는 이 별제 정방을 찬성하는 쪽이 옳다고 생각해요.

B:wǒ de guān diǎn hé nǐ qià qià xiàng fǎn.

제 견해는 당신와 정반대이에요.

A：法律面前人人平等是什么时候提出来的？

B：最早是在古希腊时代被提出来的，是法制的一个重要原则。

A:fǎ lǜ miàn qián rén rén píng děng shì shén me shí hòu tí chū lái de?

법률 앞에서 모든 사람이 평등하다는 것은 언제부터 제시했어요?

B:zuì zǎo shì zài gǔ xī là shí dài bèi tí chū lái de,shì fǎ zhì de yí gè zhòng yào yuán zé.

제일 이른 것은 고대 그리스 시대에 제기됐고, 법제의 한 중요한 원칙이었어요.

A：对于如何能够学好汉语，你有什么观点？

B：我觉得需要多多练习。

A:duì yú rú hé néng gòu xué hǎo hàn yǔ,nǐ yǒu shén me guān diǎn?

중국어를 어떻게 잘 공부하는 것에 대해 당신은 어떤 관점을 가지고 있어요?

B:wǒ jué de xū yào duō duō liàn xí.

저는 연습을 많이 해야 한다고 생각해요.

199 观念 guānniàn

관념. 생각. 의식

A：面对旧思想，我们应该怎么做？

B：我们要把旧思想和旧观念从头脑中驱逐出去。

A:miàn duì jiù sī xiǎng,wǒ men yīng gāi zěn me zuò?

옛 사상에 대하여 우리는 어떻게 해야 해요?

B:wǒ men yào bǎ jiù sī xiǎng hé jiù guān niàn cóng tóu nǎo zhōng qū zhú chū qù.

梦想中国语 会话

낡은 사상과 낡은 관념을 머릿속에서 몰아내야 해요.

A：你认为重男轻女对吗？

A: nǐ rèn wéi zhòng nán qīng nǚ duì ma?

남존여비는 맞다고 생각해요?

B：很不对！可是在许多有封建思想的人的观念里，只有生儿子才能传宗接代。

B: hěn bú duì! kě shì zài xǔ duō yǒu fēng jiàn sī xiǎng de rén de guān niàn lǐ, zhī yǒu shēng ér zǐ cái néng chuán zōng jiē dài.

옳지 않아요! 그러나 많은 봉건 사상자들의 관념에서 아들을 낳아야만 대를 이을 수 있어요.

A：为了改革开放，我们应该怎么做？

A: wèi le gǎi gé kāi fàng, wǒ men yīng gāi zěn me zuò?

개혁 개방을 위해서 우리는 어떻게 해야 해요?

B：我们要进一步解放思想，转变观念，把改革开放提高到新水平。

B: wǒ men yào jìn yī bù jiě fàng sī xiǎng, zhuǎn biàn guān niàn, bǎ gǎi gé kāi fàng tí gāo dào xīn shuǐ píng.

우리는 사상을 더욱 해방시켜 관념을 전환하고, 개혁 개방을 새로운 수준으로 향상시켜야 해요.

A：想要改革，必须怎么做？

A: xiǎng yào gǎi gé, bì xū zěn me zuò?

개혁을 하려면 어떻게 해야 해요?

B：必须抛弃旧思想，树立新观念。

B: bì xū pāo qì jiù sī xiǎng, shù lì xīn guān niàn.

낡은 사상을 버리고 새로운 관념을 수립해야 해요.

A：企业想要盈利应该怎么做？

A: qǐ yè xiǎng yào yíng lì yīng gāi zěn me zuò?

기업이 이윤을 얻으려면 어떻게 해야 해요?

B：企业应该坚持"时间即金钱"的观念，不断地提高工作效率。

B: qǐ yè yīng gāi jiān chí 'shí jiān jí jīn qián' de guān niàn, bú duàn dì tí gāo gōng zuò xiào lǜ.

기업들은 '시간 즉 돈'이라는 관념을 견지해야 하며, 끊임없이 업무 효율을 높여야 해요.

200 广大 guǎngdà

광대하다. (범위·규모가) 넓다, 크다.

A：雷锋精神影响大吗？

A: léi fēng jīng shén yǐng xiǎng dà ma?

레이펑 정신이 영향이 커요?

B：影响很大，

B: yǐng xiǎng hěn dà, léi fēng jīng shén yǐ jīng zài guǎng dà qīn

雷锋精神已经在广大青少年中结出硕果。

g shào nián zhōng jié chū shuò guǒ.

영향이 커요,레이펑 정신은 이미 수많은 청소년들 사이에서 결실을 맺었어요.

A：中国的西部是怎样的地区？

A:zhōng guó de xī bù shì zěn yàng de dì qū?

중국의 서부는 어떤 지역이에요?

B：中国的西部地域广大、物产丰富。

B:zhōng guó de xī bù dì yù guǎng dà,wù chǎn fēng fù.

중국의 서부 지역은 광대하고 물산이 풍부해요.

A：消费者协会的任务是什么？

A:xiāo fèi zhě xié huì de rèn wù shì shén me?

소비자 협회의 임무는 무엇이에요?

B：消费者协会的任务是保护广大消费者的权利。

B:xiāo fèi zhě xié huì de rèn wù shì bǎo hù guǎng dà xiāo fèi zhě de quán lì.

소비자 협회의 임무는 수많은 소비자들의 권리를 보호하는 것이에요.

A：教师大厦完工了吗？

A:jiào shī dà shà wán gōng le ma?

교사 빌딩이 완공되었어요?

B：新建的教师大厦已经落成，广大教师已经喜迁新居了。

B:xīn jiàn de jiào shī dà shà yǐ jīng luò chéng,guǎng dà jiào shī yǐ jīng xǐ qiān xīn jū le.

새로 건설된 교사 빌딩은 이미 완공되었고, 많은 교사들은 이미 새집으로 이사했어요.

A：平原地区怎么样？

A:píng yuán dì qū zěn me yàng?

평원 지역은 어때요?

B：平原地区面积广大，土地肥沃，交通发达，是经济、文化发展较早的地方。

B:píng yuán dì qū miàn jī guǎng dà,tǔ dì féi wò,jiāo tōng fā dá,shì jīng jì,wén huà fā zhǎn jiào zǎo de dì fāng.

평원 지역은 면적이 넓고 땅이 비옥하여, 교통이 발달하고, 경제·문화 발전이 비교적 이른 곳이에요.

201 广泛 guǎngfàn

광범위하다. 폭넓다

A：为什么现在手机使用得如此广泛？

A:wèi shén me xiàn zài shǒu jī shǐ yòng de rú cǐ guǎng fàn?

왜 지금 핸드폰이 이렇게 널리 쓰여요?

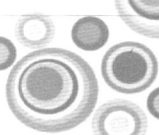

B: 因为手机使用起来很方便。
B: yīn wèi shǒu jī shǐ yòng qǐ lái hěn fāng biàn.
왜냐하면 핸드폰이 사용하기 편하기 때문이에요.

A: 你有什么爱好？
A: nǐ yǒu shén me ài hào?
당신은 어떤 취미가 있어요?

B: 我的爱好很广泛，比如读书，演奏乐器，学习外语等。
B: wǒ de ài hào hěn guǎng fàn, bǐ rú dú shū, yǎn zòu yuè qì, xué xí wài yǔ děng.
제 취미는 매우 광범해요, 예를 들면 독서, 악기 연주, 외국어 배우기 등이에요.

A: 如今在中国，哪种结算方式使用得比较广泛？
A: rú jīn zài zhōng guó, nǎ zhǒng jié suàn fāng shì shǐ yòng de bǐ jiào guǎng fàn?
현재 중국에서 어떤 결제방식이 광범위하게 사용되고 있어요?

B: "支付宝"结算方式用得比较广泛。
B: "zhī fù bǎo" jié suàn fāng shì yòng de bǐ jiào guǎng fàn.
'알리페이'라는 결제 방식이 비교적으로 광범하게 사용되고 있어요.

A: 为什么要学习汉语？
A: wèi shén me yào xué xí hàn yǔ?
왜 중국어를 배워야 하나요?

B: 因为汉语的适用范围越来越广泛。
B: yīn wèi hàn yǔ de shì yòng fàn wéi yuè lái yuè guǎng fàn.
중국어의 적용 범위가 점점 넓어지기 때문이에요.

202 规矩 guīju

법칙. 규정. 표준

A: "没有规矩，不成方圆。"是什么意思？
A: 'méi yǒu guī ju, bù chéng fāng yuán.' shì shén me yì si?
'교구가 없으면, 사각형과 원형을 그릴 수 없다'란 말은 무슨 뜻이에요?

B: 不用规和矩，就画不成方形和圆形。比喻人人遵守规则，才能有良好的秩序。
B: bú yòng guī hé jǔ, jiù huà bù chéng fāng xíng hé yuán xíng. Bǐ yù rén rén zūn shǒu guī zé, cái néng yǒu liáng hǎo de zhì xù.
각도기와 굽은 자가 없으면, 원형과 사각형을 그릴 수 없다. 사람마다 규칙을 지켜야 올바른 질서를 이룰 수 있어요.

A: 你弟弟是个怎样的孩子？
A: nǐ dì di shì gè zěn yàng de hái zi?
당신의 남동생은 어떤 아이예요?

B: 他从小就是个守规矩、处事谨慎、努力学习的孩子。
B: tā cóng xiǎo jiù shì gè shǒu guī ju, chǔ shì jǐn shèn, nǔ lì xué xí de hái zi.
그는 어릴 때부터 규칙을 잘 지키고 일처리가 신중하며 열심

梦想中国语 会话

A: 你觉得家里的规矩重要吗?

B: 正所谓国有国法，家有家规，家里的规矩很重要。

A:nǐ jué de jiā lǐ de guī ju zhòng yào ma?
당신은 집안 규칙이 중요하다고 생각해요?

B:zhèng suǒ wèi guó yǒu guó fǎ,jiā yǒu jiā guī,jiā lǐ de guī ju hěn zhòng yào.
이른바 나라에는 나라 법이 있고, 집에는 집안 규칙이 있어요, 집안 규칙은 중요해요.

A: 爷爷是个什么样的人?

B: 爷爷一辈子规规矩矩地种田，是个安分守己的庄稼汉。

A:yé ye shì gè shén me yàng de rén?
할아버지는 어떤 분이세요?

B:yé ye yí bèi zi guī guī ju ju de zhòng tián, shì ge ān fèn shǒu jǐ de zhuāng jià hàn.
할아버지는 평생 성실히 농사를 지으셨고, 자기의 본분을 잘 지킨 농부세요.

A: 小刚写字漂亮吗?

B: 小刚的字总是写得规规矩矩的。

A:xiǎo gāng xiě zì piào liàng ma?
샤오강의 글씨가 예뻐요?

B:xiǎo gāng de zì zǒng shì xiě de guī guī ju ju de.
샤오강의 글씨는 항상 단정하게 써 있어요.

A: 他为什么成为了很有名气的作家?

B: 他大胆打破规矩,创作了新体裁小说。

A:tā wèi shén me chéng wéi le hěn yǒu míng qì de zuò jiā?
그는 왜 유명한 작가가 되었어요?

B:tā dà dǎn dǎ pò guī ju,chuàng zuò le xīn tǐ cái xiǎo shuō.
그는 대담하게 규칙을 깨서, 새로운 표현 양식의 소설을 창작하였어요.

203 规模 guīmó

규모 형태

A: 你知道三峡吗?

B: 三峡是一个规模宏大的水利工程。

A:nǐ zhī dào sān xiá ma?
당신은 장강 삼협을 아나요?

B:sān xiá shì yí gè guī mó hóng dà de shuǐ lì gōng chéng.
삼협 댐은 규모가 웅장한 수리 공사이에요.

A: 你觉得中国的国庆阅兵怎么样?

B: 国庆大阅兵规模宏大,气势雄壮。

A:nǐ jué de zhōng guó de guó qìng yuè bīng zěn me yàng?
중국 국경절 열병식은 어때요?

B:guó qìng dà yuè bīng guī mó hóng dà, qì shì xióng zhuàng.

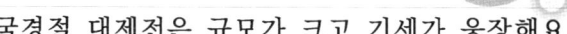

A: 这次战役的规模怎么样？	국경절 대제전은 규모가 크고 기세가 웅장해요.
B: 这次战役的规模之大是空前的。	A:zhè cì zhàn yì de guī mó zěn me yàng? 이번 전투의 규모는 어때요? B:zhè cì zhàn yì de guī mó zhī dà shì kōng qián de. 이번 전투의 규모는 전대 미문의 대규모이에요.
A: 你们学校每年会举行运动会吗？	A:nǐ men xué xiào měi nián huì jǔ xíng yùn dòng huì ma? 당신 학교는 매년 운동회를 여나요?
B: 我们学校每年都举行规模盛大的运动会。	B:wǒ men xué xiào měi nián dōu jǔ xíng guī mó shèng dà de yùn dòng huì. 우리 학교는 매년도 규모가 성대한 운동회를 열어요.
A: 爆炸的原因是什么？	A:bào zhà de yuán yīn shì shén me? 폭발의 원인은 무엇이에요?
B: 一个小小的计算失误，竟然引起了大规模的爆炸。	B:yí gè xiǎo xiǎo de jì suàn shī wù, jìng rán yǐn qǐ le dà guī mó de bào zhà. 작은 계산 착오가 뜻밖에 대규모 폭발을 일으켰어요.

204 规则 guīzé — 규칙. 규정. 법규

A: 过马路应该注意什么？	A:guò mǎ lù yīng gāi zhù yì shén me? 길을 건널 때 무엇을 주의해야 하나요?
B: 我们要遵守交通规则，靠右侧行走。	B:wǒ men yào zūn shǒu jiāo tōng guī zé, kào yòu cè xíng zǒu. 우리는 교통 규칙을 지켜야 되고 우측보행을 해야 돼요.
A: 你讨厌不遵守交通规则的人吗？	A:nǐ tǎo yàn bù zūn shǒu jiāo tōng guī zé de rén ma? 당신은 교통 규칙을 준수하지 않는 사람이 싫나요?
B: 不止是我，大家都讨厌那些不遵守交通规则的人。	B:bù zhǐ shì wǒ, dà jiā dōu tǎo yàn nà xiē bù zūn shǒu jiāo tōng guī zé de rén. 저뿐만 아니라, 다들 교통 규칙을 준수하지 않는 사람들을 싫어해요.
A: 选手应该按照什么顺序入场？	A:xuǎn shǒu yīng gāi àn zhào shén me shùn xù rù chǎng? 선수들은 어떤 순서대로 입장해야 하나요?
B: 按照比赛规则，选手入场的先后顺序由抽签决定。	B:àn zhào bǐ sài guī zé, xuǎn shǒu rù chǎng de xiān hòu shùn xù yóu chōu qiān jué dìng. 시합 규칙에 따라 선수들이 입장하는 순서는 추첨에 의해 결

梦想中国语 会话

A: 你认为对于违反交通规则的人应该怎样处理?

B: 违反交通规则的人应受到惩罚。

A: nǐ rèn wéi duì yú wéi fǎn jiāo tōng guī zé de rén yīng gāi zěn yàng chǔ lǐ?

당신은 교통 법규 위반자를 어떻게 처리해야 한다고 생각해요?

B: wéi fǎn jiāo tōng guī zé de rén yīng shòu dào chéng fá.

교통 법규 위반자는 벌을 받아야 한다고 생각해요.

205 过分 guòfèn

(말·행동이)지나치다. 분에 넘치다. 과분하다.

A: 做父母的应该注意什么?

B: 对孩子要关心、爱护,但不能过分溺爱。

A: zuò fù mǔ de yīng gāi zhù yì shén me?

부모로서 무엇을 주의해야 하나요?

B: duì hái zi yào guān xīn, ài hù, dàn bù néng guò fèn nì ài.

아이에게 관심을 가지고 잘 보살펴야 하지만 지나치게 귀여워하면 안돼요.

A: 青少年应该过分打扮自己吗?

B: 我们青少年应该用功学习,不要过分讲究穿着打扮。

A: qīng shào nián yīng gāi guò fèn dǎ bàn zì jǐ ma?

청소년들은 자신을 지나치게 꾸며야 해요?

B: wǒ men qīng shào nián yīng gāi yòng gōng xué xí, bú yào guò fèn jiǎng jiu chuān zhuó dǎ bàn.

우리 청소년들은 열심히 공부해야 되고 지나치게 차림새를 중요시하면 안 돼요.

A: 你认为溺爱子女有好处吗?

B: 对子女过分溺爱,没有一点儿益处。

A: nǐ rèn wéi nì ài zǐ nǚ yǒu hǎo chù ma?

자녀를 지나치게 귀여워하는 것에는 이점이 있다고 생각하나요?

B: duì zǐ nǚ guò fèn nì ài, méi yǒu yì diǎnr yì chù.

좋은 점이 하나도 없어요.

A: 你刚才为什么制止我说话?

B: 你这样当众指责他,未免太过分了。

A: nǐ gāng cái wèi shén me zhì zhǐ wǒ shuō huà?

당신은 방금 왜 제 말을 제지했어요?

B: nǐ zhè yàng dāng zhòng zhǐ zé tā, wèi miǎn tài guò fèn le.

당신이 이렇게 대중 앞에서 그를 비난하는 것이 정말 너무 지나쳤어요.

A: 你觉得我刚才做错了吗?

A: nǐ jué de wǒ gāng cái zuò cuò le ma?

제가 방금 전에 잘못했다고 생각하나요?

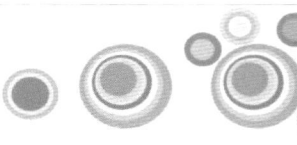

B: 尽管他也有错，但我觉得你做得也太过分了。
B:jǐn guǎn tā yě yǒu cuò,dàn wǒ jué de nǐ zuò de yě tài guò fèn le.
그가 잘못했다고 해도 당신도 너무 지나쳤다고 생각해요.

206 过敏 guòmǐn

알레르기 반응을 나타내다. 알레르기를 일으키다.

A: 你为什么不吃海鲜？
A:nǐ wèi shén me bù chī hǎi xiān?
당신은 왜 해산물을 안 먹어요?

B: 我对海鲜过敏，一吃海鲜，嘴唇就会肿起来。
B:wǒ duì hǎi xiān guò mǐn,yì chī hǎi xiān,zuǐ chún jiù huì zhǒng qǐ lái.
생선 알레르기 때문에 해산물을 먹으면 입술이 부어요.

A: 你对什么水果过敏？
A:nǐ duì shén me shuǐ guǒ guò mǐn?
무슨 과일에 알레르기가 있어요?

B: 我对菠萝过敏。
B:wǒ duì bō luó guò mǐn.
파인애플에 알레르기가 있어요.

A: 你的脸怎么红了？
A:nǐ de liǎn zěn me hóng le?
얼굴이 왜 빨개졌어요?

B: 我好像吃什么东西过敏了。
B:wǒ hǎo xiàng chī shén me dōng xī guò mǐn le.
저는 뭘 먹었더니 알레르기 생긴 것 같아요.

207 海关 hǎiguān

세관

A: 他的护照为什么被扣留了？
A:tā de hù zhào wèi shén me bèi kòu liú le?
그의 여권은 왜 억류되었어요?

B: 他的护照是伪造的,被海关扣留了。
B:tā de hù zhào shì wěi zào de, bèi hǎi guān kòu liú le.
그의 여권은 위조된 것이라서 세관에 압류당했어요.

A: 海关昨天查获了什么？
A:hǎi guān zuó tiān chá huò le shén me?
어제 세관에서 무엇을 수사하여 압류했어요?

B: 海关昨天查获了一批劣质香烟。
B:hǎi guān zuó tiān chá huò le yì pī liè zhì xiāng yān.
세관에서 어제 한 무더기의 불량 담배를 찾아냈어요.

A: 你觉得海关怎么样？
A:nǐ jué de hǎi guān zěn me yàng?
세관에 대해 어떻게 생각하나요?

B: 近年来，海关对打击走私活动起到了重要的作用。
B:jìn nián lái, hǎi guān duì dǎ jī zǒu sī huó dòng qǐ dào le zhòng yào de zuò yòng.

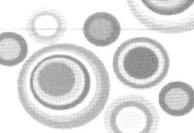

A: 海关人员为什么要提高警惕？

B: 走私活动几乎是无孔不入的，海关人员必须提高警惕。

A:hǎi guān rén yuán wèi shén me yào tí gāo jǐng tì?
세관원들은 왜 경계심을 높여야 하나요?

B:zǒu sī huó dòng jī hū shì wú kǒng bú rù de,hǎi guān rén yuán bì xū tí gāo jǐng tì.
밀수 활동은 거의 모든 기회를 이용할 것이기 때문에 세관원들은 반드시 경계심을 높여야 해요.

A: 可以带着水果通过海关吗？

B: 在通过海关时，水果、肉制品等都会被查出来的。

A:kě yǐ dài zhe shuǐ guǒ tōng guò hǎi guān ma?
과일을 가지고 세관을 통과할 수 있나요?

B:zài tōng guò hǎi guān shí,shuǐ guǒ,ròu zhì pǐn děng dōu huì bèi chá chū lái de.
세관을 통과할 때는 과일, 육류 등이 검출될 것이에요.

208 海鲜 hǎixiān — 해산물. 해물.

A: 海鲜和啤酒能够一起吃吗？

B: 据说，吃海鲜时喝过量的啤酒容易导致痛风。

A:hǎi xiān hé pí jiǔ néng gòu yì qǐ chī ma?
해산물과 맥주를 함께 먹을 수 있나요?

B:jù shuō,chī hǎi xiān shí hē guò liàng de pí jiǔ róng yì dǎo zhì tòng fēng.
해산물을 먹을 때 맥주를 과음하면 통풍 걸리기 쉽다고 들었어요.

A: 海鲜市场上，什么比较多？

B: 海鲜市场上,到处是刚刚捕捞的鱼虾。

A:hǎi xiān shì chǎng shàng,shén me bǐ jiào duō?
해산물 시장에서 흔히 볼 수 있는 건 무엇이에요?

B:hǎi xiān shì chǎng shàng,dào chù shì gāng gāng bǔ lāo de yú xiā.
해산물 시장에서는 곳곳에서 잡힌 지 얼마 안된 생선과 새우들을 흔히 볼 수 있어요.

A:你最喜欢吃的海鲜是什么？

B: 我最喜欢吃的海鲜是螃蟹。

A:nǐ zuì xǐ huān chī de hǎi xiān shì shén me?
당신이 제일 좋아하는 해산물은 무엇이에요?

B:wǒ zuì xǐ huān chī de hǎi xiān shì páng xiè.
제가 제일 좋아하는 해산물은 게예요.

A: 你妈妈喜欢吃海鲜吗？

A:nǐ mā ma xǐ huān chī hǎi xiān ma?
당신 엄마는 해산물을 좋아해요?

B: 我妈妈很喜欢吃海鲜。

B: wǒ mā ma hěn xǐ huān chī hǎi xiān.

우리 엄마는 해산물을 좋아해요.

209 行业 hángyè

직업. 직종. 업종

A: 他为什么受到了领导的重视？

A: tā wèi shén me shòu dào le lǐng dǎo de zhòng shì?

그는 왜 리더의 중시를 받았어요?

B: 因为他掌握了一项在本行业中顶尖的技术。

B: yīn wèi tā zhǎng wò le yí xiàng zài běn háng yè zhōng dǐng jiān de jì shù.

그는 본 업계 중에 최고의 기술을 습득했기 때문이에요.

A: 专业评审团将邀请谁作评估顾问？

A: zhuān yè píng shěn tuán jiāng yāo qǐng shuí zuò píng gū gù wèn?

전문 판정단은 누구를 평가 자문단으로 초청할 거예요?

B: 专业评审团将邀请行业专家出任评审团顾问。

B: zhuān yè píng shěn tuán jiāng yāo qǐng háng yè zhuān jiā chū rèn píng shěn tuán gù wèn.

전문 판정단은 업계 전문가들을 판정단 고문으로 위촉할 것이에요.

A: 这项政策有什么作用？

A: zhè xiàng zhèng cè yǒu shén me zuò yòng?

이 정책은 어떤 효과가 있어요?

B: 这次政策的出台,让相关行业看到了希望。

B: zhè cì zhèng cè de chū tái, ràng xiāng guān háng yè kàn dào le xī wàng.

이번에 나온 정책은 관련 업계에 희망을 보여 줬어요.

A: 为什么行业越来越多？

A: wèi shén me háng yè yuè lái yuè duō?

왜 업종이 갈수록 많아지고 있어요?

B: 随着生产力的发展,社会分工越来越细，行业也越来越多。

B: suí zhe shēng chǎn lì de fā zhǎn, shè huì fēn gōng yuè lái yuè xì, Háng yè yě yuè lái yuè duō.

생산력의 발전에 따라 사회 분업은 갈수록 상세하게 변하고 업종도 점점 많아지고 있어요.

210 豪华 háohuá

호화스럽다. 사치스럽다. 화려하다.

A: 好豪华啊!

A: hǎo háo huá a!

정말 호화스럽네요.

B: 是啊！眼前的高楼洋房、豪华轿车让普通百姓望洋兴叹。

B: shì a! Yǎn qián de gāo lóu yáng fáng, háo huá jiào chē ràng pǔ tōng bǎi xīng wàng yáng xīng tàn.

그래! 눈앞에 보이는 고층 아파트와 호화스러운 승용차는 일반 백성들을 그것들을 바라보며 자신의 왜소함에 탄식하게

A: 香港旅游团出海了吗？

B: 是的，香港旅游团乘坐豪华游艇出海了。

A:xiāng gǎng lǚ yóu tuán chū hǎi le ma?
홍콩 관광단은 바다로 나갔어요?

B:shì de,xiāng gǎng lǚ yóu tuán chéng zuò háo huá yóu tǐng chū hǎi le.
네, 홍콩 관광단은 호화 유람선을 타고 바다로 나갔어요.

A: 你觉得豪华游轮怎么样？

B: 豪华游轮的船舱又宽敞又舒适。

A:nǐ jué de háo huá yóu lún zěn me yàng?
당신은 호화 유람선이 어때요?

B:háo huá yóu lún de chuán cāng yòu kuān chǎng yòu shū shì.
호화 유람선의 객실이 넓고 편안해요.

A: 你为什么喜欢威尼斯酒店？

B: 因为它豪华、如梦如幻、金碧辉煌。

A:nǐ wèi shén me xǐ huān wēi ní sī jiǔ diàn?
당신은 왜 베네치아 호텔을 좋아해요?

B:yīn wèi tā háo huá,rú mèng rú huàn,jīn bì huī huáng.
그곳이 호화스럽고 꿈결처럼 환상적이고 휘황찬란하기 때문에 좋아해요.

A: 他的房子装修得怎么样？

B: 他家的房子装修得非常豪华，像总统套房一样。

A:tā de fáng zi zhuāng xiū de zěn me yàng?
그의 집의 인테리어가 어때요?

B:tā jiā de fáng zi zhuāng xiū de fēi cháng háo huá,xiàng zǒng tǒng tào fáng yí yàng.
그의 집은 인테리어를 매우 호화롭게 꾸며서 마치 호텔 로얄 스위트 룸 같아요.

211 好奇 hàoqí

호기심을 갖다.

A: 你觉得孩子哪里可爱？

B: 孩子们天性好奇,什么事都想问个究竟。

A:nǐ jué de hái zi nǎ lǐ kě ài?
당신은 아이가 어디가 귀엽다고 생각해요?

B: hái zi men tiān xìng hào qí, shén me shì dōu xiǎng wèn gè jiū jìng.
아이들은 천성적으로 호기심이 많아서 무슨 일이든지 결말을 묻고 싶어 해요.

A: 你走进多功能教室的时候感觉如何？

B: 我心里充满了无限的好奇。

A:nǐ zǒu jìn duō gōng néng jiào shì de shí hòu gǎn jué rú hé?
당신은 다기능 강의실로 들어설 때 느낌이 어때요?

B:wǒ xīn lǐ chōng mǎn le wú xiàn de hào qí.

저는 마음 속이 끝없는 호기심으로 넘쳤어요.

A: 新同学为什么脸红？

A: xīn tóng xué wèi shén me liǎn hóng?

새로운 학생은 왜 얼굴이 빨개졌어요?

B: 因为大家都好奇地打量着他。

B: yīn wèi dà jiā dōu hào qí de dǎ liàng zhe tā.

다들 호기심 때문에 그를 훑어보고 있기 때문이에요.

A: 他为什么拆开了他的闹钟？

A: tā wèi shén me chāi kāi le tā de nào zhōng?

그는 왜 그의 알람 시계를 분해했어요?

B: 因为他的好奇心很强，好奇闹钟的内部结构。

B: yīn wèi tā de hào qí xīn hěn qiáng, hào qí nào zhōng de nèi bù jié gòu.

그의 호기심이 많아서 알람 시계 내부 구조가 궁금했기 때문이에요.

A: 同学们认真上化学实验课吗？

A: tóng xué men rèn zhēn shàng huà xué shí yàn kè ma?

학생들이 화학 실험 수업을 열심히 들어요?

B: 同学们瞪大眼睛好奇地看着老师做化学实验。

B: tóng xué men dèng dà yǎn jīng hào qí de kàn zhe lǎo shī zuò huà xué shí yàn.

학생들이 눈을 크게 뜨고 궁금한 표정으로 선생님께서 화학 실험을 하시는 걸 보고 있어요.

212 合法 héfǎ

법에 맞다. 합법적이다.

A: 个人利益应该得到保护吗？

A: gè rén lì yì yīng gāi dé dào bǎo hù ma?

개인의 이익은 보호해야 하나요?

B: 个人利益只要是合法的，就应该得到保护。

B: gè rén lì yì zhǐ yào shì hé fǎ de, jiù yīng gāi dé dào bǎo hù.

개인의 이익은 합법적이라면 보호해야 해요.

A: 携带枪支合法吗？

A: xié dài qiāng zhī hé fǎ ma?

총기를 휴대하는 건 합법적이에요?

B: 携带枪支在某些国家是合法的。

B: xié dài qiāng zhī zài mǒu xiē guó jiā shì hé fǎ de.

총기를 휴대하는 것은 어떤 국가에서는 합법적이에요.

A: 国家保护公民的权益吗？

A: guó jiā bǎo hù gōng mín de quán yì ma?

국가는 국민의 권익을 보호해 줘요?

B: 国家依法保护每个公民的合法权益。

B: guó jiā yī fǎ bǎo hù měi gè gōng mín de hé fǎ quán yì.

국가가 법에 의거하여 모든 국민의 합법적 권익을 보호해요.

A: 我们应该怎样保护妇女儿童？

B: 我们应该保护妇女儿童的合法权益。

A: wǒ men yīng gāi zěn yàng bǎo hù fù nǚ ér tóng?
우리는 여성과 어린이들을 어떻게 보호해야 하나요?

B: wǒ men yīng gāi bǎo hù fù nǚ ér tóng de hé fǎ quán yì.
우리는 여성과 어린이의 합법적 권익을 보호해야 해요.

213 合理 hélǐ

합리적이다. 도리에 맞다.

A: 你认为这篇文章的结构怎么样？

B: 这篇文章的结构安排得十分合理。

A: nǐ rèn wéi zhè piān wén zhāng de jié gòu zěn me yàng?
당신은 이 글의 구조가 어떻다고 생각하나요?

B: zhè piān wén zhāng de jié gòu ān pái de shí fēn hé lǐ.
아주 합리적이라고 생각해요.

A: 政府应该废除哪些收费制度？

B: 政府应该废除那些不合理的收费制度。

A: zhèng fǔ yīng gāi fèi chú nǎ xiē shōu fèi zhì dù?
정부는 어떤 요금제를 폐지해야 해요?

B: zhèng fǔ yīng gāi fèi chú nà xiē bù hé lǐ de shōu fèi zhì dù.
정부는 불합리한 요금제를 폐지해야 해요.

A: 你觉得这座建筑物设计得怎么样？

B: 这座建筑物左右对称,设计得很合理。

A: nǐ jué de zhè zuò jiàn zhù wù shè jì de zěn me yàng?
당신은 이 건축물의 설계에 대해 어떻게 생각하나요?

B: zhè zuò jiàn zhù wù zuǒ yòu duì chèn, shè jì de hěn hé lǐ.
좌우가 대칭이고 설계는 합리적이에요.

A: 你觉得什么是人才浪费？

B: 不合理地使用人才是对人才的最大浪费。

A: nǐ jué de shén me shì rén cái làng fèi?
당신은 무엇이 인재가 낭비되는 것이라고 생각하나요?

B: bù hé lǐ de shǐ yòng rén cái shì duì rén cái de zuì dà làng fèi.
인재를 불합리하게 사용하는 것은 인재에 대한 가장 큰 낭비이에요.

A: 学校针对规章制度做了哪些调整？

B: 学校取消了一些不合理的规章制度。

A: xué xiào zhēn duì guī zhāng zhì dù zuò le nǎ xiē tiáo zhěng?
학교에서는 규칙과 제도를 어떻게 조정했어요?

B: xué xiào qǔ xiāo le yì xiē bù hé lǐ de guī zhāng zhì dù.
불합리적인 규칙과 제도를 폐지했어요.

214 合同 hétong

계약서. 계약, 협정

A: 签订合同之后，双方应该怎么做？

A: qiān dìng hé tóng zhī hòu, shuāng fāng yīng gāi zěn me zuò?

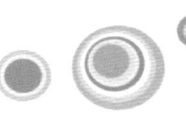
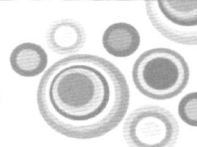

B: 双方都必须认真履行合同内容。

계약을 체결한 후에 쌍방은 어떻게 해야 하나요?
B: shuāng fāng dōu bì xū rèn zhēn lǚ xíng hé tóng nèi róng.
쌍방은 반드시 계약 내용을 성실히 이행해야 해요.

A: 你知道农民进城打工需要什么手续吗?

B: 农民进城打工需要签订劳动合同。

A: nǐ zhī dào nóng mín jìn chéng dǎ gōng xū yào shén me shǒu xù ma?
농민들이 도시에 들어가서 일하려면 무슨 수속이 필요한지 알아요?
B: nóng mín jìn chéng dǎ gōng xū yào qiān dìng láo dòng hé tong.
노동 계약을 체결해야 해요.

A: 甲乙双方最终签合同了吗?
B: 经过反复协商,甲乙双方在合同书上签了字。

A: jiǎ yǐ shuāng fāng zuì zhōng qiān hé tong le ma?
갑과 을이 결국은 계약을 체결했어요?
B: jīng guò fǎn fù xié shāng, jiǎ yǐ shuāng fāng zài hé tong shū shàng qiān le zì.
반복적인 협상을 거치고 나서, 쌍방이 계약을 체결했어요.

A: 他们签订了什么合同?

B: 双方签订了租赁合同。

A: tā men qiān dìng le shén me hé tóng?
그들은 무슨 계약을 체결했어요?
B: shuāng fāng qiān dìng le zū lìn hé tong.
리스계약이요.

215 合影 héyǐng

함께 (사진을) 찍다

A: 你怎么哭了?

B: 看到这张小学毕业合影,很感动。

A: nǐ zěn me kū le?
당신은 왜 울었어요?
B: kàn dào zhè zhāng xiǎo xué bì yè hé yǐng, hěn gǎn dòng.
이 초등 학교 졸업 사진을 보니 매우 감동을 받아서요.

A: 你还能想起小时候的事吗?

B: 是的, 儿时的许多往事经常浮现在我脑海中。

A: nǐ hái néng xiǎng qǐ xiǎo shí hòu de shì ma?
당신은 어린 시절의 일을 기억할 수 있어요?
B: shì de, ér shí de xǔ duō wǎng shì jīng cháng fú xiàn zài wǒ nǎo hǎi zhōng.
네, 많은 어린 시절의 일을 자주 떠올려요.

A: 毕业时, 你们照毕业相了吗?

A: bì yè shí, nǐ men zhào bì yè xiàng le ma?
졸업할 때 당신들은 졸업 사진을 찍었나요?

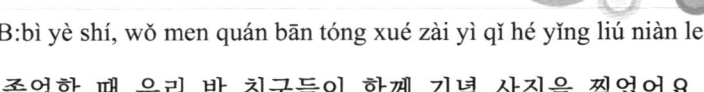

B: 毕业时,我们全班同学在一起合影留念了。
B: bì yè shí, wǒ men quán bān tóng xué zài yì qǐ hé yǐng liú niàn le.
졸업할 때 우리 반 친구들이 함께 기념 사진을 찍었어요.

A: 获奖足球运动员在做什么?
A: huò jiǎng zú qiú yùn dòng yuán zài zuò shén me?
수상하는 축구 선수는 무엇을 하고 있나요?

B: 他戴着金灿灿的奖牌,高兴地和球迷合影。
B: tā dài zhe jīn càn càn de jiǎng pái, gāo xìng de hé qiú mí hé yǐng.
그는 금빛 찬란한 상패를 타고 즐거운 표정으로 팬들과 사진을 찍고 있어요.

A: 有什么需要帮忙的吗?
A: yǒu shén me xū yào bāng máng de ma?
무엇을 도와 드릴까요?

B: 谢谢,请您为我们拍一张合影。
B: xiè xie, qǐng nín wèi wǒ men pāi yì zhāng hé yǐng.
고맙습니다. 사진 한 장 찍어 주세요.

216 合作 hézuò

合作하다. 협력하다. 협조하다.

A: 这两家公司做了什么?
A: zhè liǎng jiā gōng sī zuò le shén me?
이 두 회사는 무엇을 했어요?

B: 这两家公司合作开发了一个项目。
B: zhè liǎng jiā gōng sī hé zuò kāi fā le yí gè xiàng mù.
이 두 회사는 합작하여 하나의 프로젝트를 개발하였어요.

A: 你知道企业家和教育家在谈什么吗?
A: nǐ zhī dào qǐ yè jiā hé jiào yù jiā zài tán shén me ma?
당신은 기업가와 교육자가 무슨 말을 하는지 아나요?

B: 企业家和教育家在谈合作办学的事情。
B: qǐ yè jiā hé jiào yù jiā zài tán hé zuò bàn xué de shì qing.
기업가와 교육자가 합작하여 학교를 설립한 일에 대해 얘기하고 있어요.

A: 你认为怎样才能提高工作效率呢?
A: nǐ rèn wéi zěn yàng cái néng tí gāo gōng zuò xiào lǜ ne?
어떻게 해야만 업무 능률을 높일 수 있다고 생각해요?

B: 团队分工合作可以提高工作效率。
B: tuán duì fēn gōng hé zuò kě yǐ tí gāo gōng zuò xiào lǜ.
한 팀에서 다들 분담하여 협조하면 업무 능률을 높일 수 있어요.

A: 谁抓住了恐怖分子?
A: shuí zhuā zhù le kǒng bù fèn zǐ?
누가 테러리스트를 잡았어요?

B: 中美警方通力合作终于抓住了恐怖分子。
B: zhōng měi jǐng fāng tōng lì hé zuò zhōng yú zhuā zhù le kǒng bù fèn zǐ.

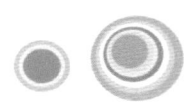
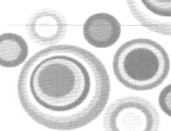

A: 你知道中国共产党和国民党合作过几次吗?

B: 中国共产党和国民党历史上有过两次合作。

A: nǐ zhī dào zhōng guó gòng chǎn dǎng hé guó mín dǎng hé zuò guò jǐ cì ma?

중국 공산당과 국민당이 몇 번 협력했는지 아나요?

B: zhōng guó gòng chǎn dǎng hé guó mín dǎng lì shǐ shàng yǒu guò liǎng cì hé zuò.

역사상에서 두 번이 있었어요.

217 何必 hébì

굳이~할 필요가 있는가

A: 我好失落啊!

B: 前进路上出现些失误是难免的,何必大惊小怪呢!

A: wǒ hǎo shī luò a!

나는 실의에 빠졌어요!

B: qián jìn lù shàng chū xiàn xiē shī wù shì nán miǎn de, hé bì dà jīng xiǎo guài ne!

앞으로 나아가는 길에 약간의 실수가 있는 것은 불가피한 일인데, 별 것 아닌 일에 크게 놀랄 필요가 있겠어요.

A: 我一定要搬走它!

B: 既然搬不动那块石头,你又何必在那儿逞强呢?

A: wǒ yí dìng yào bān zǒu tā!

그걸 꼭 옮겨 가야 돼요!

B: jì rán bān bú dòng nà kuài shí tou, nǐ yòu hé bì zài nà ér chěng qiáng ne?

그 돌을 옮길 수 없다면 어찌 그리 잘난 척해요?

A: 你怎样看待他的行为?

B: 做事要光明正大,何必偷偷摸摸的!

A: nǐ zěn yàng kàn dài tā de xíng wéi?

그의 행동을 어떻게 생각하나요?

B: zuò shì yào guāng míng zhèng dà, hé bì tōu tōu mō mō de!

일을 공명정대하게 해야지 굳이 남몰래 하는 것은 필요가 없어요!

A: 你知道我有多心疼吗?

B: 你只不过被偷了一块钱,何必哭得这么撕心裂肺呢?

A: nǐ zhī dào wǒ yǒu duō xīn téng ma?

제 마음이 얼마나 아픈지 알아요?

B: nǐ zhǐ bú guò bèi tōu le yí kuài qián, hé bì kū de zhè me sī xīn liè fèi ne?

단지 1위안을 도둑맞았을 뿐인데, 왜 그렇게 가슴이 찢어지게 우나요?

A: 我觉得你有些事做得不是特别好……

A: wǒ jué de nǐ yǒu xiē shì zuò de bú shì tè bié hǎo……

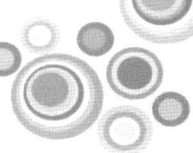

B: 有意见直说,何必拐弯抹角的?

저는 당신이 어떤 일을 아주 잘 처리했다고 생각 안 해요......

B:yǒu yì jiàn zhí shuō,hé bì guǎi wān mò jiǎo de?

의견이 있으면 솔직히 말하세요, 에둘러 말할 필요가 있겠어요?

218 何况 hékuàng

더군다나. 하물며

A: 你觉得学习外语难吗?

A: nǐ jué de xué xí wài yǔ nán ma?

당신은 외국어를 배우는 것에 어려움이 있다고 생각하나요?

B: 学习本国的语言都不容易,何况学习外语呢!

B:xué xí běn guó de yǔ yán dōu bù róng yì,hé kuàng xué xí wài yǔ ne!

모국어를 배우기도 쉽지 않은데, 하물며 외국어를 배우는 것이에요.

A: 你害怕吗?

A:nǐ hài pà ma?

당신은 무서워요?

B: 再大的困难都不怕,何况这点小事!

B:zài dà de kùn nán dōu bú pà,hé kuàng zhè diǎn xiǎo shì!

아무리 큰 어려움이라도 두렵지 않는데 하물며 이런 작은 일이에요!

A: 你会珍惜自己的朋友吗?

A:nǐ huì zhēn xī zì jǐ de péng you ma?

당신은 자신의 친구를 소중히 여기겠어요?

B: 好友难觅,更何况是肝胆相照、可以推心置腹的知己?

B:hǎo yǒu nán mì,gēng hé kuàng shì gān dǎn xiāng zhào,kě yǐ tuī xīn zhì fù de zhī jǐ?

친한 친구는 찾기 어려운데, 하물며 진심을 털어놓고 성심을 꺼낼 수 있는 막역한 친구를요?

A: 今天颐和园里的人这么多啊!

A:jīn tiān yí hé yuán lǐ de rén zhè me duō a!

오늘 이허위안에는 사람이 이렇게 많군요!

B: 颐和园的游人总是很多,何况今天是星期天。

B:yí hé yuán de yóu rén zǒng shì hěn duō,hé kuàng jīn tiān shì xīng qī tiān.

이허위안의 유람객은 늘 많은데, 더군다나 오늘은 일요일이에요.

219 后果 hòuguǒ

결과 [주로 부정적인 결과에 쓰임]

A: 怎样完美地叙述一件事情?

A:zěn yàng wán měi de xù shù yí jiàn shì qíng?

어떻게 하나의 일을 완벽하게 서술하나요?

B: 需要把它的前因后果都交代清楚。

B:xū yào bǎ tā de qián yīn hòu guǒ dōu jiāo dài qīng chǔ.

그 일의 원인과 결과를 다 설명해야 돼요.

A: 用劣质材料建高楼有什么后果？

A:yòng liè zhì cái liào jiàn gāo lóu yǒu shén me hòu guǒ?

질이 안 좋은 재료로 빌딩을 지으면 어떤 결과를 초래할 것이에요?

B: 用劣质材料建高楼,后果难以想象。

B:yòng liè zhì cái liào jiàn gāo lóu,hòu guǒ nán yǐ xiǎng xiàng.

그 결과를 상상하기 어려워요.

A: 同学之间产生矛盾会带来什么后果？

A:tóng xué zhī jiān chǎn shēng máo dùn huì dài lái shén me hòu guǒ?

같은 반 친구 사이에 갈등을 일으키면 어떤 결과를 초래하나요?

B: 同学之间产生矛盾会影响专心学习。

B:tóng xué zhī jiān chǎn shēng máo dùn huì yǐng xiǎng zhuān xīn xué xí.

공부에 아주 막대한 영향을 끼칠 것이에요.

A: 酒后驾车有什么危害？

A:jiǔ hòu jià chē yǒu shén me wēi hài?

음주 운전은 어떤 위험이 있어요?

B: 酒后驾车，害人害己，后果不堪设想。

B:jiǔ hòu jià chē,hài rén hài jǐ,hòu guǒ bù kān shè xiǎng.

음주 운전을 하면, 자기도 남도 다 해치고, 결과는 상상조차 할 수 없어요.

220 忽视 hūshì

소홀히 하다. 등한히 하다.

A: 体育运动重要吗？

A:tǐ yù yùn dòng zhòng yào ma?

스포츠 운동은 중요한가요?

B: 体育运动关系到同学们的身体健康,不可忽视。

B:tǐ yù yùn dòng guān xì dào tóng xué men de shēn tǐ jiàn kāng,bù kě hū shì.

체육 운동은 학생들의 신체 건강에 관계되므로, 소홀히 하면 안 돼요.

A: 工厂施工时怎么做会很危险？

A:gōng chǎng shī gōng shí zěn me zuò huì hěn wēi xiǎn?

공장을 시공할 때 어떻게 하면 매우 위험해요?

B: 只抓生产,忽视安全,是很危险的。

B:zhǐ zhuā shēng chǎn,hū shì ān quán,shì hěn wēi xiǎn de.

생산만 잡고 안전을 소홀히 하는 것은 위험해요.

A: 学习的同时也不能忽视什么？

A:xué xí de tóng shí yě bù néng hū shì shén me?

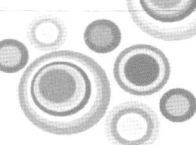

B: 对眼睛的保护。
B:duì yǎn jīng de bǎo hù.
눈에 대한 보호요.

A: 外语教学应该注意什么？
A:wài yǔ jiào xué yīng gāi zhù yì shén me？
외국어 교육은 반드시 무엇에 주의해야 해요?

B: 外语教学不能忽视口语表达能力的培养。
B:wài yǔ jiào xué bù néng hū shì kǒu yǔ biǎo dá néng lì de péi yǎng.
외국어 교육은 구어 표현 능력을 키우는 걸 무시할 수 없어요.

A: 你认为学校教育应该偏重智育对吗？
A:nǐ rèn wéi xué xiào jiào yù yīng gāi piān zhòng zhì yù duì ma？
당신은 학교 교육에서 지력 교육을 더 중시해야 한다는 것이 맞다고 생각해요?

B: 学校教育不能只偏重智育而忽视体育。
B:xué xiào jiào yù bù néng zhǐ piān zhòng zhì yù ér hū shì tǐ yù.
학교 교육은 체육을 소홀하면 안 돼요.

A: 你认为家庭教育的现状如何？
A:nǐ rèn wéi jiā tíng jiào yù de xiàn zhuàng rú hé？
당신은 가정 교육의 현황을 어떻게 생각하나요?

B: 很多家长们只重视孩子们的成绩，却忽视了对他们的人性教育。
B:hěn duō jiā zhǎng men zhǐ zhòng shì hái zi men de chéng jì,què hū shì le duì tā men de rén xìng jiào yù.
많은 학부모들은 아이들의 성적만을 중시하는데, 오히려 그들에 대한 인성 교육을 소홀히 했어요.

221 胡说 húshuō

헛소리하다. 함부로 지껄이다. 말도 안 되는 소리를 하다

A: 自从发生那次事情之后他怎么了？
A:zì cóng fā shēng nà cì shì qíng zhī hòu tā zěn me le？
그 일이 발생한 이후로 그는 어떻게 됐어요?

B: 他再也不相信算命先生的胡说八道了。
B:tā zài yě bù xiāng xìn suàn mìng xiān shēng de hú shuō bā dào le.
그는 다시는 점쟁이들의 허튼 소리를 믿지 않았어요.

A: 事情就是这样的。
A:shì qíng jiù shì zhè yàng de.
일의 경과는 바로 그것이에요.

B: 这件事很严肃,容不得半点胡说。
B:zhè jiàn shì hěn yán sù,róng bù dé bàn diǎn hú shuō.
이 일은 매우 엄숙해서 조금의 허튼 소리도 용납할 수 없어요.

A: 我不是胡说，你们爱信不信。
A:wǒ bú shì hú shuō,nǐ men ài xìn bú xìn.
저는 허튼 소리 하지 않았어요, 당신들이 믿거나 말거나 마음

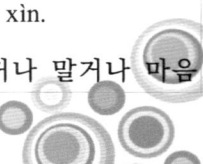

B: 我们调查之后再给你答复。
B:wǒ men diào chá zhī hòu zài gěi nǐ dá fù.
우리가 조사한 후에 다시 당신에게 대답해 줄게요.

A: 你知道吗，小明考上北京大学了？
A:nǐ zhī dào ma, xiǎo míng kǎo shàng běi jīng dà xué le?
알고 있어요? 샤오밍이 북경대학교에 합격했다는 것을요?

B: 你胡说，他成天不学习，怎么可能考上北京大学呢？
B:nǐ hú shuō, tā chéng tiān bù xué xí, zěn me kě néng kǎo shàng běi jīng dà xué ne?
허튼 소리를 하지 마요, 그는 하루 종일 공부하지 않는데, 북경 대학에 붙을 수 있겠어요?

222 胡同 hútong
골목

A: 前面的胡同很窄吗？
A:qián miàn de hú tong hěn zhǎi ma?
앞의 골목은 매우 좁아요?

B: 这条胡同太狭窄，连汽车也开不进去。
B:zhè tiáo hú tong tài xiá zhǎi, lián qì chē yě kāi bú jìn qù.
이 골목은 너무 좁아요, 자동차조차 못 들어가요.

A: 还有多久才能到爷爷家啊？
A:huái yǒu duō jiǔ cái néng dào yé ye jiā a?
할아버지 댁까지 얼마나 남았어요?

B: 穿过这条狭窄的小胡同就到爷爷家了。
B:chuān guò zhè tiáo xiá zhǎi de xiǎo hú tong jiù dào yé ye jiā le.
이 좁은 골목을 지나면 바로 할아버지 댁이에요.

A: 你的家离得很近吗？
A:nǐ de jiā lí de hěn jìn ma?
당신의 집은 여기에서 아주 가까워요?

B: 这条胡同的尽头就是我的家。
B:zhè tiáo hú tong de jìn tóu jiù shì wǒ de jiā.
이 골목의 끝에는 바로 우리 집이에요.

A: 你找不到路了吗？
A:nǐ zhǎo bú dào lù le ma?
당신은 길을 찾지 못했어요?

B: 是的，这里胡同太多，我都分不清哪儿是哪儿。
B:shì de, zhè lǐ hú tong tài duō, wǒ dōu fēn bù qīng nǎ ér shì nǎ ér.
네, 여기 골목이 너무 많아서 어디가 어딘지를 구분하지 못하겠어요.

223 壶 hú
항아리. 주전자

A: 你通常用什么保温热水？
A:nǐ tōng cháng yòng shén me bǎo wēn rè shuǐ?

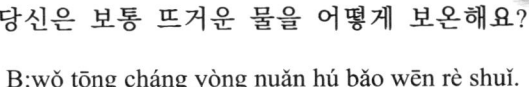

B: 我通常用暖壶保温热水。

당신은 보통 뜨거운 물을 어떻게 보온해요?
B:wǒ tōng cháng yòng nuǎn hú bǎo wēn rè shuǐ.
보온병으로 해요.

A: 你觉得在挑选热水壶时，什么最重要？

B: 它的保温性能最重要。

A:nǐ jué de zài tiāo xuǎn rè shuǐ hú shí,shén me zuì zhòng yào?
보온병을 고를 때 무엇이 제일 중요하다고 생각해요?
B:tā de bǎo wēn xìng néng zuì zhòng yào.
보온 성능이에요.

A: 先生，欢迎您来到古典茶楼。请问，您想点点儿什么？

B: 先给我上一壶龙井。

A:xiān sheng,huān yíng nín lái dào gǔ diǎn chá lóu.Qǐng wèn,nín xiǎng diǎn diǎnr shén me?
신사님, 전통 찻집에 오신 것을 환영합니다. 실례하지만 무엇을 주문하시겠어요?
B:xiān gěi wǒ shàng yì hú lóng jǐng.
일단 룽징 한 주전자를 주세요.

A: 你家里有几个暖壶？

B: 我家有两个暖壶。

A:nǐ jiā lǐ yǒu jǐ gè nuǎn hú?
당신 집에는 보온병이 몇 개 있어요?
B:wǒ jiā yǒu liǎng gè nuǎn hú.
두 개요.

A: 茶壶有不同的价格吗？

B: 根据材料和制作工艺的不同，茶壶的价格也千差万别。

A:chá hú yǒu bù tóng de jià gé ma?
차 주전자들의 가격이 달라요?
B:gēn jù cái liào hé zhì zuò gōng yì de bù tóng,chá hú de jià gé yě qiān chā wàn bié.
재료와 제작 공예에 따라, 차 주전자의 가격도 천차 만별이에요.

224 糊涂 hútu

어리석다. 멍청하다.

A: 你觉得这个重担小李能挑起来吗？

B: 李哥小事糊涂，大事不糊涂，可以担此重任。

A:nǐ jué de zhè gè zhòng dàn xiǎo lǐ néng tiāo qǐ lái ma?
이 무거운 짐을 이 씨가 감당할 수 있겠어요?
B:lǐ gē xiǎo shì hú tu,dà shì bù hú tu,kě yǐ dān cǐ zhòng rèn.
이 형은 작은 일은 애매하게 하지만 큰일은 헷갈려 하지 않아서 이 중임을 감당할 수 있을 것이에요.

A: 你有过后悔的时候吗？

A:nǐ yǒu guò hòu huǐ de shí hòu ma?

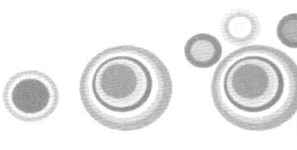

B: 那天一时糊涂做了错事,现在想起来悔恨不已。

당신은 후회할 때가 있어요?

B: nà tiān yì shí hú tu zuò le cuò shì, xiàn zài xiǎng qǐ lái huǐ hèn bù yǐ.

그날에 잠깐 멍청해서 실수를 했어요, 지금까지 생각하면 후회돼요.

A: 那个选手这次比赛成绩怎么样?

A: nà gè xuǎn shǒu zhè cì bǐ sài chéng jì zěn me yàng?

그 선수는 이번 시합의 성적이 어때요?

B: 他在比赛中输得一塌糊涂。

B: tā zài bǐ sài zhōng shū de yí tà hú tu.

그는 시합을 엉망진창하게 졌어요.

A: 难道他说的话是真的?

A: nán dào tā shuō de huà shì zhēn de?

설마 그가 한 말이 정말이에요?

B: 你真是聪明一世, 糊涂一时,
怎么能相信他的话呢?

B: nǐ zhēn shì cōng míng yí shì, hú tú yì shí, zěn me néng xiāng xìn tā de huà ne?

당신은 정말 평생토록 총명하던 사람이,
때로는 멍청해져요, 그 사람의 말을 어떻게 믿어요?

225 话题 huàtí

화제. 논제

A: 你觉得什么可以成为永恒的话题?

A: nǐ jué de shén me kě yǐ chéng wéi yǒng héng de huà tí?

당신은 무엇이 영원한 화제가 될 수 있다고 생각하나요?

B: 爱国是一个永恒的话题。

B: ài guó shì yí gè yǒng héng de huà tí.

애국이요.

A: 你们班的班会开展得怎么样?

A: nǐ men bān de bān huì kāi zhǎn de zěn me yàng?

당신 반의 회의가 어떻게 진행했어요?

B: 围绕"孝敬父母"的话题,
同学们展开了激烈的讨论。

B: wéi rào "xiào jìng fù mǔ" de huà tí, tóng xué men zhǎn kāi le jī liè de tǎo lùn.

'부모님께 효도하다'란 화제에 대해 친구들이 치열한 토론을 벌었어요.

226 怀念 huáiniàn

회상하다. 추억하다. 그리워하다.

A: 人们永远怀念哪些人?

A: rén men yǒng yuǎn huái niàn nǎ xiē rén?

사람들은 어떤 사람들을 영원히 그리워해요?

B: 梦们永远怀念为革命壮烈牺牲的战士。

B: rén men yǒng yuǎn huái niàn wèi gé mìng zhuàng liè xī shēng de zhàn shì.

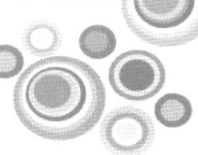

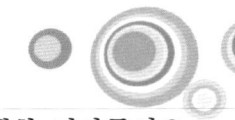

A: 你最怀念的是什么？

B: 童年的美好时光让我十分怀念。

A: 你为什么喜欢读这首诗？

B: 这首诗抒发了海外游子怀念祖国的感情。

A: 你现在最怀念生命中的哪段时光？

B: 上大学的日子，是我现在最怀念的时光。

227 缓解 huǎnjiě

A: 旱情是如何缓解的？

B: 一场及时雨使旱情得到了缓解。

A: 你认为开通汽车新线路有什么好处？

B: 既缓解了市内交通拥挤的状况，又方便了人们的生活。

A: 怎样可以提高身体的免疫力？

B: 运动、听音乐等休闲活动有助于缓解压力，提高身体的免疫力。

혁명을 위해 장렬하게 희생한 전사들이요.

A: nǐ zuì huái niàn de shì shén me？

당신이 가장 그리운 것은 무엇이에요?

B: tóng nián de měi hǎo shí guāng ràng wǒ shí fēn huái niàn.

어린 아름다운 시절이 매우 그리워요.

A: nǐ wèi shén me xǐ huān dú zhè shǒu shī？

당신은 왜 이 시를 읽는 걸 좋아해요?

B: zhè shǒu shī shū fā le hǎi wài yóu zǐ huái niàn zǔ guó de gǎn qíng.

이 시는 해외 나그네들이 조국을 그리워하는 감정을 토로하였어요.

A: nǐ xiàn zài zuì huái niàn shēng mìng zhōng de nǎ duàn shí guāng？

당신은 지금 삶 중의 어느 시절을 가장 그리워해요?

B: shàng dà xué de rì zi, shì wǒ xiàn zài zuì huái niàn de shí guāng.

대학 시절이요.

정도가 완화되다. 호전되다. (긴장·스트레스를) 풀다:

A: hàn qíng shì rú hé huǎn jiě de？

가뭄을 어떻게 개선시켰어요?

B: yì chǎng jí shí yǔ shǐ hàn qíng dé dào le huǎn jiě.

때 맞춰 내리는 비요.

A: nǐ rèn wéi kāi tōng qì chē xīn xiàn lù yǒu shén me hǎo chù？

자동차의 새로운 노선을 개통하는 데 어떤 이점이 있다고 생각해요?

B: jì huǎn jiě le shì nèi jiāo tōng yōng jǐ de zhuàng kuàng, yòu fāng biàn le rén men de shēng huó.

시내 교통 혼잡을 완화하고 사람들의 생활을 편리하게 할 수 있어요.

A: zěn yàng kě yǐ tí gāo shēn tǐ de miǎn yì lì？

신체의 면역력을 어떻게 높일 수 있어요?

B: yùn dòng, tīng yīn yuè děng xiū xián huó dòng yǒu zhù yú huǎn jiě yā lì, tí gāo shēn tǐ de miǎn yì lì.

운동, 음악 듣기 등 여가 활동은 스트레스 해소와 면역력을

높이는 것에 도움이 돼요.

228 幻想 huànxiǎng

공상. 환상. 몽상. 환상을 가지다.

A: 人类幻想飞上月球吗？

B: 人类早就幻想着飞向太空,登上月球。

A: rén lèi huàn xiǎng fēi shàng yuè qiú ma?
인류는 달 위를 날아가는 걸 꿈꾸나요?

B: rén lèi zǎo jiù huàn xiǎng zhe fēi xiàng tài kōng, dēng shàng yuè qiú.
인류는 오래 전부터 우주로 날아가서 달 위에 올라서고 싶었어요.

A: 你幻想做什么？

B: 我幻想有一天乘坐宇宙飞船在太空中遨游。

A: nǐ huàn xiǎng zuò shén me?
당신은 무엇을 상상해요?

B: wǒ huàn xiǎng yǒu yì tiān chéng zuò yǔ zhòu fēi chuán zài tài kōng zhōng áo yóu.
저는 언젠가 우주선을 타고 우주에서 유람하는 것을 상상해요.

A: 小刚是个爱幻想的孩子吗？

B: 小刚的脑海里充满了千奇百怪的幻想。

A: xiǎo gāng shì gè ài huàn xiǎng de hái zi ma?
강이는 환상을 좋아하는 아이예요?

B: xiǎo gāng de nǎo hǎi lǐ chōng mǎn le qiān qí bǎi guài de huàn xiǎng.
샤오강은 머리 속에 기이하고 다양한 환상을 가득 채우고 있어요.

A: 人们为什么喜欢童话故事？

B: 有趣的童话故事里充满了奇妙的幻想。

A: rén men wèi shén me xǐ huān tóng huà gù shì?
사람들은 왜 동화 이야기를 좋아해요?

B: yǒu qù de tóng huà gù shì lǐ chōng mǎn le qí miào de huàn xiǎng.
흥미로운 동화 속에는 묘한 환상이 가득해서요.

229 慌张 huāngzhāng

당황하다. 쩔쩔매다.

A: 这次审讯顺利吗？

B: 犯人显得很慌张,经常答非所问。

A: zhè cì shěn xùn shùn lì ma?
이번 재판은 순조롭게 진행되었어요?

B: fàn rén xiǎn de hěn huāng zhāng, jīng cháng dá fēi suǒ wèn.
범인은 매우 당황해서 자주 동문서답했어요.

A: 你刚才为什么很慌张地跑了？

A: nǐ gāng cái wèi shén me hěn huāng zhāng de pǎo le?
당신은 방금 왜 당황해서 뛰쳐 나갔어요?

B: 刚才要迟到了,所以我慌慌张张地跑去学校了。

B:gāng cái yào chí dào le, suǒ yǐ wǒ huāng huāng zhāng zhāng de pǎo qù xué xiào le.

방금 지각할 것 같아서 서둘러 학교로 달려 갔어요.

A: 她怎么了?

A:tā zěn me le？

그녀는 왜 그래요?

B: 她神色慌张,好像遇到了什么事。

B:tā shén sè huāng zhāng,hǎo xiàng yù dào le shén me shì.

그녀의 표정이 당황한 걸 보니 무슨 일이 있는 것 같아요.

A: 你为什么怀疑他?

A:nǐ wèi shén me huái yí tā?

당신은 왜 그를 의심해요?

B: 这个人一副慌慌张张的样子,很可疑。

B:zhè gè rén yí fù huāng huāng zhāng zhāng de yàng zi,hěn kě yí.

이 사람이 당황스러워 하는 모습이 의심스러워요.

230 灰尘 huīchén

먼지

A: 为什么要打扫教室啊?

A:wèi shén me yào dǎ sǎo jiào shì a?

교실을 왜 청소해야 하나요?

B: 经过一个假期,教室里布满了灰尘,该好好打扫一下了。

B:jīng guò yí gè jià qī, jiào shì lǐ bù mǎn le huī chén,gāi hǎo hǎo dǎ sǎo yí xià le.

방학이 지나면 교실에 먼지가 가득해서 청소해야 해요.

A: 妈妈在做什么?

A:mā ma zài zuò shén me?

엄마는 무엇을 하고 계세요?

B: 妈妈在用抹布擦电视机上的灰尘。

B:mā ma zài yòng mā bù cā diàn shì jī shàng de huī chén.

엄마는 걸레로 텔레비전의 먼지를 닦고 있어요.

A: 为什么雨后的空气很新鲜?

A:wèi shén me yǔ hòu de kōng qì hěn xīn xiān?

왜 비가 온 후의 공기가 매우 신선해요?

B: 原本悬浮在空中的灰尘都被雨水冲刷掉了。

B:yuán běn xuán fú zài kōng zhōng de huī chén dōu bèi yǔ shuǐ chōng shuā diào le.

공중에 떠 있던 먼지가 빗물에 씻겨 내려가서요.

A: 汽车经过泥土路会扬起什么?

A:qì chē jīng guò ní tǔ lù huì yáng qǐ shén me？

자동차가 진흙 길을 지나가면 어떤 것이 휘날려요?

B: 汽车经过泥土路会扬起一片灰尘。

B:qì chē jīng guò ní tǔ lù huì yáng qǐ yí piàn huī chén.

먼지요.

A: 为什么这个房子的灰尘很多？

B: 因为这个房子在马路旁边。

A:wèi shén me zhè gè fáng zi de huī chén hěn duō？

이 집에는 먼지가 왜 많아요?

B:yīn wèi zhè gè fáng zi zài mǎ lù páng biān.

길 옆에 있기 때문이에요.

231 灰心 huīxīn

낙담하다. 낙심하다

A: 琳琳怎么了？

B: 不理想的考试成绩让琳琳感到灰心丧气。

A:lín lín zěn me le？

림림이 어떻게 된 거예요?

B:bù lǐ xiǎng de kǎo shì chéng jì ràng lín lín gǎn dào huī xīn sàng qì.

이상하지 않은 성적이 림림이 좌절감을 느끼게 했어요.

A: 他为什么灰心丧气？

B: 一而再的失败已使他灰心丧气。

A:tā wèi shén me huī xīn sàng qì？

그는 왜 낙심했어요?

B:yī ér zài de shī bài yǐ shǐ tā huī xīn sàng qì.

몇 번의 실패는 그를 실망시켰어요.

A: 我觉得我什么事都做不成。

B: 受一点挫折就灰心丧气,能干成什么事情？

A:wǒ jué de wǒ shén me shì dōu zuò bù chéng.

제가 무슨 일도 해낼 수 없다고 생각해요.

B:shòu yì diǎn cuò zhé jiù huī xīn sàng qì,néng gàn chéng shén me shì qing？

조그만 좌절로 낙심하면 무슨 일을 해내겠어요?

A: 你为什么佩服他？

B: 他失败了很多次,但是他从来没有灰心。

A:nǐ wèi shén me pèi fú tā？

당신은 왜 그에게 탄복해요?

B:tā shī bài le hěn duō cì, dàn shì tā cóng lái méi yǒu huī xīn.

그는 여러 번 실패했지만, 지금까지 낙담한 적이 없어요.

232 恢复 huīfù

회복하다. 회복되다

A: 操场什么时候很平静？

B: 上课铃声响后,操场上又恢复了平静。

A:cāo chǎng shén me shí hòu hěn píng jìng？

운동장은 언제 조용해요?

B:shàng kè líng shēng xiǎng hòu,cāo chǎng shàng yòu huī fù le píng jìng.

수업 시작 종소리가 울리고 나서, 운동장은 다시 안정을 되찾았어요.

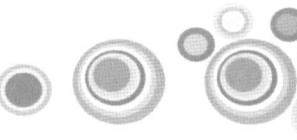

梦想中国语 会话

A: 环境治理的效果怎么样？

B: 经过治理，这条小河恢复了原来的清澈。

A:huán jìng zhì lǐ de xiào guǒ zěn me yàng？

환경 관리의 효과는 어때요?

B:jīng guò zhì lǐ,zhè tiáo xiǎo hé huī fù le yuán lái de qīng chè.

환경 관리를 통해 이 개울이 다시 맑고 투명한 모습으로 회복됐어요.

A: 病人手术后身体状况怎么样了？

B: 经过医生抢救，老人的呼吸已经恢复正常。

A:bìng rén shǒu shù hòu shēn tǐ zhuàng kuàng zěn me yàng le？

환자 수술 후 컨디션이 어떤가요?

B:jīng guò yī shēng qiǎng jiù,lǎo rén de hū xī yǐ jīng huī fù zhèng cháng.

의사의 응급 치료를 거쳐 노인의 호흡은 이미 정상 상태로 회복되었어요.

233 挥 huī — 휘두르다. 흔들다. 내두르다

A: 这次考试你发挥得怎么样？

B: 发挥得不太好。

A:zhè cì kǎo shì nǐ fā huī de zěn me yàng？

이번 시험은 어떻게 발휘했어요?

B:fā huī de bú tài hǎo.

별로 안 좋았어요.

A: "我挥了挥衣袖，不带走一片云彩。" 出自哪首诗？

B: 这句话出自徐志摩的《再别康桥》。

A:"wǒ huī le huī yī xiù,bú dài zǒu yí piàn yún cǎi."chū zì nǎ shǒu shī？

'옷 소매를 뿌리치고 구름 한 조각을 가져가지 않겠다'. 란 말은 어느 시에 나왔나요?

B:zhè jù huà chū zì xú zhì mó de《zài bié kāng qiáo》.

서지마의 <재별강교> 예요.

A: 为什么酒精的盖子要密封好？

B: 因为酒精的化学稳定性很不好，特别容易挥发。

A:wèi shén me jiǔ jīng de gài zi yào mì fēng hǎo？

왜 알코올의 뚜껑을 꼭 잠가야 해요?

B:yīn wèi jiǔ jīng de huà xué wěn dìng xìng hěn bù hǎo,tè bié róng yì huī fā.

알코올의 화학적 안정성이 매우 좋지 않아서, 아주 쉽게 휘발되기 때문이에요.

A: 你为何流泪？

B: 看着他在火车下向我挥手告别，

A:nǐ wèi hé liú lèi？

당신은 왜 눈물을 흘려요?

B:kàn zhe tā zài huǒ chē xià xiàng wǒ huī shǒu gào bié,wǒ de nèi xīn

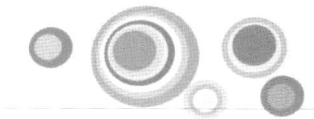

我的内心很不是滋味。
hěn bú shì zī wèi.

그가 기차 아래에서 저를 향해 손을 흔들며 이별을 고했고, 제 마음이 몹시 언짢았어요.

A: 这次演讲发挥得很不错哦！

A:zhè cì yǎn jiǎng fā huī de hěn bú cuò o!

이번 강연이 아주 근사하군요!

B: 谢谢，我练习了很多次。

B:xiè xie,wǒ liàn xí le hěn duō cì.

감사합니다. 전 많이 연습했어요.

234 汇率 huìlǜ

환율

A: 你关心哪个国家的汇率变化？

A:nǐ guān xīn nǎ gè guó jiā de huì lǜ biàn huà?

당신은 어느 나라의 환율 변동에 관심이 많아요?

B: 我关心中韩两国的汇率变化。

B:wǒ guān xīn zhōng hán liǎng guó de huì lǜ biàn huà.

저는 한중 양국의 환율 변화에 관심이 많아요.

A: 你好，请问有什么需要帮助的吗？

A:nǐ hǎo,qǐng wèn yǒu shén me xū yào bāng zhù de ma?

안녕하세요, 뭘 도와 드릴까요?

B: 我要换钱，请问今天的汇率是多少？

B:wǒ yào huàn qián,qǐng wèn jīn tiān de huì lǜ shì duō shǎo?

환전하고 싶어요. 실례지만 오늘의 환율은 얼마예요?

235 活跃 huóyuè

활동적이다. 활기 있다

A: 你觉得在你身边的好人多吗？

A:nǐ jué de zài nǐ shēn biān de hǎo rén duō ma?

당신 주변에 좋은 사람이 많다고 생각해요?

B: 活跃在我们身边的好人好事不可胜数。

B:huó yuè zài wǒ men shēn biān de hǎo rén hǎo shì bù kě shèng shù.

우리 곁에 활약하고 있는 좋은 사람과 좋은 일들은 너무 많아서 다 셀 수가 없어요.

A: 你觉得学校为什么举办各种活动？

A:nǐ jué de xué xiào wèi shén me jǔ bàn gè zhǒng huó dòng?

당신은 학교가 왜 각종 행사를 거행한다고 생각해요?

B: 为了活跃同学们的课余生活。

B:wèi le huó yuè tóng xué men de kè yú shēng huó.

학생들의 학업 외 활동을 활성화하려고요.

A: 她的思维很活跃吗？

A:ta de sī wéi hěn huó yuè ma?

그녀는 사고가 매우 활발해요?

B: 是的，她思维活跃，

B:shì de,ta sī wéi huó yuè,cháng cháng néng yòng duō zhǒng fāng

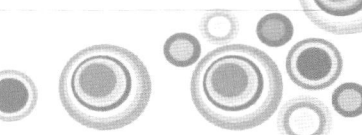

梦想中国语 会话

常常能用多种方法解答数学题。

fā jiě dá shù xué tí.

네, 그녀는 사고가 활발하고 다양한 방법으로 수학 문제를 풀 수 있어요.

A: 语文老师的课堂气氛怎么样？

B: 语文老师讲课生动，课堂氛围十分活跃。

A:yǔ wén lǎo shī de kè táng qì fēn zěn me yàng？

국어 선생님의 수업 분위기는 어떤가요?

B:yǔ wén lǎo shī jiǎng kè shēng dòng,kè táng fēn wéi shí fēn huó yuè.

국어 선생님의 강의가 생동감 있고, 수업 분위기가 매우 활기 있어요.

236 基本 jīběn

기본의. 기본적인

A: 我国的粮食生产可以满足人民的需要吗？

B: 我国的粮食生产,基本满足了人民生活的需要。

A:wǒ guó de liáng shi shēng chǎn kě yǐ mǎn zú rén mín de xū yào ma？

우리 나라의 식량 생산은 인민의 수요를 만족시킬 수 있어요?

B:wǒ guó de liáng shi shēng chǎn, jī běn mǎn zú le rén mín shēng huó de xū yào.

우리 나라의 식량 생산은 국민의 기본적인 생활 수요를 만족시킬 수 있어요.

A: 这场雨很及时啊！

B: 是啊，这场雨范围很广,北方旱情基本解除。

A:zhè chǎng yǔ hěn jí shí a！

이번 비는 아주 때맞춰 왔어요!

B:shì ā,zhè chǎng yǔ fàn wéi hěn guǎng,běi fāng hàn qíng jī běn jiě chú.

네, 이번에 비가 내리는 범위가 넓어서 북방 가뭄이 거의 다 해결됐어요.

A: 你们家每个月的开支状况如何？

B: 我们家每月除了基本生活费用，还有很多额外的开支。

A:nǐ men jiā měi gè yuè de kāi zhī zhuàng kuàng rú hé？

당신 집의 매달 지출 상황은 어때요?

B:wǒ men jiā měi yuè chú le jī běn shēng huó fèi yòng, hái yǒu hěn duō é wài de kāi zhī.

우리 집은 달마다 기본적인 생활비 외에 추가 지출이 많아요.

237 激烈 jīliè

감정이 충동적이다. 치열하다, 격렬하다

A: 面对激烈的竞争，我们应该怎么做？

B: 面对激烈的竞争,我们不能裹足不前。

A:miàn duì jī liè de jìng zhēng,wǒ men yīng gāi zěn me zuò？

치열한 경쟁을 앞두고 우리는 어떻게 해야 해요?

B:miàn duì jī liè de jìng zhēng, wǒ men bù néng guǒ zú bù qián.

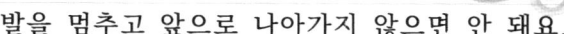

A: 大家讨论出结果了吗?

B: 经过激烈的争论,大家终于统一了意见。

A: dà jiā tǎo lùn chū jié guǒ le ma?
다들 토론하고 결론이 나왔어요?

B: jīng guò jī liè de zhēng lùn, dà jiā zhōng yú tǒng yī le yì jiàn.
격렬한 논쟁을 하고 나서 다들 의견을 통일하였어요.

238 及格 jígé — 합격하다

A: 你什么时候被父母骂?

B: 我考试不及格的时候会挨骂。

A: nǐ shén me shí hòu bèi fù mǔ mà?
당신은 언제 부모님께 훈계를 받아요?

B: wǒ kǎo shì bù jí gé de shí hòu huì ái mà.
시험에 불합격할 때요.

A: HSK考试你的成绩比及格线高出了多少分?

B: 高出了50多分。

A: HSK kǎo shì nǐ de chéng jì bǐ jí gé xiàn gāo chū le duō shǎo fēn?
HSK 시험에서 당신의 성적이 합격선보다 몇 점이나 높아요?

B: gāo chū le 50 duō fēn.
50여 점이 넘었어요.

239 急忙 jímáng — 급히. 황급히

A: 他听到母亲住院了之后, 去了哪里?

B: 听说母亲生病住院,他急忙赶到了医院。

A: tā tīng dào mǔ qīn zhù yuàn le zhī hòu, qù le nǎ lǐ?
그는 어머니가 입원했다는 소식을 듣고 어디로 갔어요?

B: tīng shuō mǔ qīn shēng bìng zhù yuàn, tā jí máng gǎn dào le yī yuàn.
그는 급히 병원으로 달려 갔어요.

A: 爸爸接到通知之后, 回单位了吗?

B: 爸爸接到通知后,急忙赶回单位。

A: bà ba jiē dào tōng zhī zhī hòu, huí dān wèi le ma?
아버님은 통지를 받으시고 회사로 돌아가셨어요?

B: bà ba jiē dào tōng zhī hòu, jí máng gǎn huí dān wèi.
아빠가 통지를 받으시고 급히 회사로 돌아가셨어요.

A: 小刚为什么看起来这么着急?

B: 要迟到了,小刚急忙背起书包向学校跑去。

A: xiǎo gāng wèi shén me kàn qǐ lái zhè me zháo jí?
샤오강은 왜 이렇게 급하게 보여요?

B: yào chí dào le xiǎo gāng jí máng bēi qǐ shū bāo xiàng xué xiào pǎo qù.
지각할 것 같아서 샤오강은 서둘러 가방을 메고 학교로 뛰어

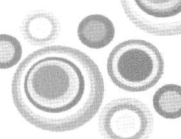

梦想中国语 会话

240 集体 jítǐ 단체. 집단. 공동체

A: 每个同学都要怎样为集体争光？

B: 每个同学都要以实际行动为集体争光。

A:měi gè tóng xué dōu yào zěn yàng wèi jí tǐ zhēng guāng?
집단의 명예를 쟁취하기 위해 학생마다 어떻게 해야 되나요?

B:měi gè tóng xué dōu yào yǐ shí jì xíng dòng wèi jí tǐ zhēng guāng.
모든 학생들이 실제 행동으로 단체의 명예를 위해 노력해야 돼요.

A: 你喜欢参加学校组织的集体活动吗？

B: 我喜欢参加学校组织的集体活动。

A:nǐ xǐ huān cān jiā xué xiào zǔ zhī de jí tǐ huó dòng ma?
학교가 조직한 단체 활동에 참가하는 것을 좋아해요?

B:wǒ xǐ huān cān jiā xué xiào zǔ zhī de jí tǐ huó dòng.
좋아해요.

241 集中 jízhōng 집중하다. 모으다

A: 这段时间要考试了，你怎么打算的？

B: 这段时间,我要集中精力准备好期末考试。

A:zhè duàn shí jiān yào kǎo shì le,nǐ zěn me dǎ suàn de?
조만간 시험을 칠 건데 당신은 어떻게 계획했어요?

B:zhè duàn shí jiān,wǒ yào jí zhōng jīng lì zhǔn bèi hǎo qī mò kǎo shì.
저는 그동안 집중해서 기말 시험을 준비하려고 해요.

A: 北方地区雨量集中，要怎么做？

B: 北方地区雨量集中,要坚持防汛与抗旱并重。

A:běi fāng dì qū yǔ liàng jí zhōng,yào zěn me zuò?
북방 지역에 강우량이 집중되는데 어떻게 해야 하나요?

B:běi fāng dì qū yǔ liàng jí zhōng,yào jiān chí fáng xùn yǔ kàng hàn bìng zhòng.
홍수 방지와 가뭄 극복을 함께 중시하는 태도를 고수해야 해요.

A: 你什么时候不能集中注意力学习？

B: 我肚子很饿的时候无法集中注意力学习。

A:nǐ shén me shí hòu bù néng jí zhōng zhù yì lì xué xí?
당신은 언제 집중해서 공부할 수 없어요?

B:wǒ dù zi hěn è de shí hòu wú fǎ jí zhōng zhù yì lì xué xí.
배고플 때요.

A: 上课时我们的注意力要集中在哪里？

B: 应该集中在书本上。

A:shàng kè shí wǒ men de zhù yì lì yào jí zhōng zài nǎ lǐ?
수업 시간에 우리는 어디에 주의력을 집중해야 해요?

B:yīng gāi jí zhōng zài shū běn shàng.

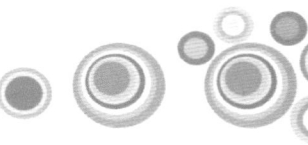

주의력은 교과서에 집중해야 해요.

242 计算 jìsuàn — 계산하다. 산출하다. 셈하다

A: 你能熟练使用计算机吗?
A: nǐ néng shú liàn shǐ yòng jì suàn jī ma?
컴퓨터를 능숙하게 사용할 수 있어요?

B: 我能熟练使用一些基本的功能。
B: wǒ néng shú liàn shǐ yòng yì xiē jī běn de gōng néng.
몇 가지의 기본적인 기능을 능숙하게 사용할 수 있어요.

A: 做数学计算题的时候应该注意什么?
A: zuò shù xué jì suàn tí de shí hòu yīng gāi zhù yì shén me?
수학 계산 문제를 풀 때는 무엇을 주의해야 돼요?

B: 每一步计算都要小心仔细。
B: měi yí bù jì suàn dōu yào xiǎo xīn zǐ xì.
계산하는 매 단계마다 주의해야 돼요.

243 记录 jìlù — 기록(하다)

A: 你上课有做笔记的习惯吗?
A: nǐ shàng kè yǒu zuò bǐ jì de xí guàn ma?
당신은 수업 중에 필기하는 습관이 있어요?

B: 是的，我会记录下老师讲的重点和难点内容。
B: shì de, wǒ huì jì lù xià lǎo shī jiǎng de zhòng diǎn hé nán diǎn nèi róng.
네, 저는 선생님이 강의하시는 중심 내용과 어려운 내용을 적어 놔요.

A: 2008年北京奥运会为什么很成功?
A: 2008 nián běi jīng ào yùn huì wèi shén me hěn chéng gōng?
2008 년 베이징 올림픽은 왜 성공했다고 해요?

B: 中国选手创造了多项新记录。
B: zhōng guó xuǎn shǒu chuàng zào le duō xiàng xīn jì lù.
중국 선수들이 신기록을 많이 세웠어요.

A: 这是一本怎样的书?
A: zhè shì yì běn zěn yàng de shū?
이것은 어떤 책이에요?

B: 这本书真实记录了抗震救灾的整个过程。
B: zhè běn shū zhēn shí jì lù le kàng zhèn jiù zāi de zhěng gè guò chéng.
이 책은 지진에 맞서서 이재민을 구제하는 전체 과정을 진실하게 기록한 책이에요.

244 记忆 jìyì — 기억하다. 떠올리다

A: 儿时记忆最深的是什么?
A: ér shí jì yì zuì shēn de shì shén me?

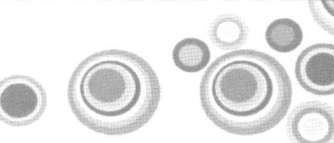

B: 儿时的记忆有些模糊了,只有故乡的小河仍然让我印象深刻。

어린 시절에 대한 기억이 가장 깊은 것은 무엇인가요?

B:ér shí de jì yì yǒu xiē mó hu le, zhǐ yǒu gù xiāng de xiǎo hé réng rán ràng wǒ yìn xiàng shēn kè.

어린 시절에 기억이 모호했는데 고향의 작은 강만 깊게 기억하고 있어요.

A: 什么事情让你记忆犹新？

A:shén me shì qíng ràng nǐ jì yì yóu xīn?

무엇이 당신을 아직도 기억에 생생하게 해요?

B: 去年和朋友一起旅游的场景让我难忘。

B:qù nián hé péng you yì qǐ lǚ yóu de chǎng jǐng ràng wǒ nán wàng.

작년에 친구와 같이 여행하러 가는 장면이에요.

A: 你们家谁的记忆力最好？

A:nǐ men jiā shuí de jì yì lì zuì hǎo?

당신의 집은 누구의 기억력이 가장 좋아요?

B: 我们家我妈妈的记忆力最好。

B:wǒ men jiā wǒ mā ma de jì yì lì zuì hǎo.

우리 엄마예요.

245 纪录 jìlù

기록, 다큐멘터리, 기록하다

A: 这次运动会精彩吗？

A:zhè cì yùn dòng huì jīng cǎi ma?

이번 운동회는 재미 있었어요?

B: 很精彩, 这次运动会,有三人打破五项学校纪录。

B:hěn jīng cǎi,zhè cì yùn dòng huì,yǒu sān rén dǎ pò wǔ xiàng xué xiào jì lù.

재미 있었어요, 이번 운동회에 운동 선수 3 명이 학교의 기록 5 개를 깼어요.

A: 他这次比赛发挥得怎么样？

A:tā zhè cì bǐ sài fā huī de zěn me yàng?

그는 이번 시합에서 어떻게 실력을 발휘했어요?

B: 很好，他又一次刷新了全国的跳高纪录。

B:hěn hǎo,tā yòu yí cì shuā xīn le quán guó de tiào gāo jì lù.

좋아요, 그는 또 전국의 높이뛰기 기록을 갱신하였어요.

A: 这个大胃王的最高记录是多少？

A:zhè gè dà wèi wáng de zuì gāo jì lù shì duō shǎo?

이 먹보의 최고 기록은 얼마이에요?

B: 他目前的最高纪录是一次吃下15碗拉面,厉害吧!

B:tā mù qián de zuì gāo jì lù shì yí cì chī xià 15 wǎn lā miàn, lì hài ba!

그의 현재 최고 기록은 라면 15 그릇을 먹는 것이에요, 대단하죠!

246 纪律 jìlǜ

기율, 규율, 법도

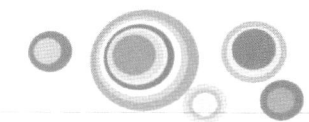

A: 领导干部应该怎样严格要求自己？

B: 干部要严格遵守纪律,不能泄露国家机密。

A:lǐng dǎo gàn bù yīng gāi zěn yàng yán gé yāo qiú zì jǐ?
지도 간부는 어떻게 자신에게 엄하게 해야 해요?
B:gàn bù yào yán gé zūn shǒu jì lǜ,bù néng xiè lòu guó jiā jī mì.
간부는 규율을 엄격하게 지켜야 하고 국가 기밀을 누설하면 안 돼요.

A: 班主任出差后，班级纪律怎么样？

B: 班主任出差后,这个班的纪律有些涣散了。

A:bān zhǔ rèn chū chà hòu,bān jí jì lǜ zěn me yàng?
담임 선생님께서 출장 간 후 반의 규율은 어때요?
B:bān zhǔ rèn chū chāi hòu, zhè gè bān de jì lǜ yǒu xiē huàn sàn le.
이 반의 규율은 약간 풀어졌어요.

247 纪念 jiniàn

기념하다. 기념물. 기념품

A: 为什么中国人在端午节的时候要吃粽子？

B: 端午节民间有吃粽子、赛龙舟的风俗，传说是为了纪念屈原。

A:wèi shén me zhōng guó rén zài duān wǔ jié de shí hòu yào chī zòng zi?
중국인들은 왜 단오절에 쫑쯔를 먹어야 해요?
B:duān wǔ jié mín jiān yǒu chī zòng zi,sài lóng zhōu de fēng sú,chuán shuō shì wèi le jì niàn qū yuán.
단오절에 민간에서 쫑쯔를 먹고 배 경주를 하는 풍속이 있어요, 굴원을 기념하기 때문이라고 전해 왔어요.

A: 你知道人民英雄纪念碑在哪里吗？

B: 人民英雄纪念碑竖立在天安门广场中央。

A:nǐ zhī dào rén mín yīng xióng jì niàn bēi zài nǎ lǐ ma?
인민영웅기념비가 어디에 있는지 알아요?
B:rén mín yīng xióng jì niàn bēi shù lì zài tiān ān mén guǎng chǎng zhōng yāng.
천안문 광장 중앙에 똑바로 세워 있어요.

A: 毕业的时候学生们会做什么？

B: 一起合影，把照片留作纪念品。

A:bì yè de shí hòu xué shēng men huì zuò shén me?
졸업할 때 학생들은 무엇을 할 것이에요?
B:yì qǐ hé yǐng,bǎ zhào piàn liú zuò jì niàn pǐn.
함께 사진을 찍어 기념품으로 남길 거예요.

A: 你喜欢收藏纪念邮票吗？

B: 我喜欢收藏各国的纪念邮票。

A:nǐ xǐ huān shōu cáng jì niàn yóu piào ma?
당신은 기념 우표 수집을 좋아해요?
B:wǒ xǐ huān shōu cáng gè guó de jì niàn yóu piào.
나는 각국의 기념 우표를 수장하는 걸 좋아해요.

248 寂寞 jìmò — 외롭다. 쓸쓸하다

A: 你什么时候会感觉寂寞？
A: nǐ shén me shí hòu huì gǎn jué jì mò?
당신은 언제 외로움을 느껴요?

B: 爸爸出差，妈妈上夜班，我一个人在家的时候真寂寞。
B: bà ba chū chāi, mā ma shàng yè bān, wǒ yí gè rén zài jiā de shí hòu zhēn jì mò.
아빠는 출장가고 엄마는 야근하고 전 혼자 집에 있을 때 참 외로워요.

A: 根据传说，嫦娥飞上天之后，在天宫过得怎么样？
A: gēn jù chuán shuō, cháng é fēi shàng tiān zhī hòu, zài tiān gōng guò de zěn me yàng?
전설에 따르면 항아는 하늘에 날아 올라간 후, 천궁에서 어떻게 지내고 있어요?

B: 在冰冷的月宫中，只有玉兔陪伴着寂寞的嫦娥。
B: zài bīng lěng de yuè gōng zhōng, zhǐ yǒu yù tù péi bàn zhe jì mò de cháng é.
차가운 달나라에서 옥토끼만 외로운 항아와 같이 있어요.

A: 什么可以帮助司机师傅排解寂寞？
A: shén me kě yǐ bāng zhù sī jī shī fù pái jiě jì mò?
무엇이 기사 아저씨를 도와 외로움을 해소할 수 있어요?

B: 电台节目可以帮助司机师傅排解旅途中的寂寞。
B: diàn tái jié mù kě yǐ bāng zhù sī jī shī fù pái jiě lǚ tú zhōng de jì mò.
라디오 프로그램은 기사 아저씨가 여행 도중에 생긴 외로움을 해소할 수 있어요.

A: 最近买雪糕的人多吗？
A: zuì jìn mǎi xuě gāo de rén duō ma?
요즘 아이스크림을 사는 사람이 많아요?

B: 天气渐渐冷了，商店里的雪糕无人问津，寂寞地躺在柜台里。
B: tiān qì jiàn jiàn lěng le, shāng diàn lǐ de xuě gāo wú rén wèn jīn, jì mò de tǎng zài guì tái lǐ.
날씨가 점점 추워져서 상점 안에 아이스크림이 아무도 사지 않고, 쓸쓸하게 내동고에 누워 있어요.

A: 那只离群的大雁，最后怎么了？
A: nà zhī lí qún de dà yàn, zuì hòu zěn me le?
그 집단에서 떨어지는 기러기는 결국은 어떻게 됐어요?

B: 那只离群的孤雁，终于寂寞地死去了。
B: nà zhī lí qún de gū yàn, zhōng yú jì mò de sǐ qù le.
그는 결국은 외롭게 죽었어요.

249 假如 jiǎrú — 가령. 만약. 만일

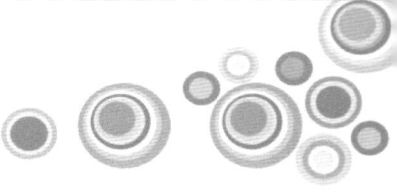

梦想中国语 会话

A: 假如明天下雨，运动会还会举行吗？

B: 假如明天下雨，运动会就延期一天。

A: jiǎ rú míng tiān xià yǔ, yùn dòng huì hái huì jǔ xíng ma?
만약 내일 비가 온다면 운동회는 계속해서 열 것이에요?

B: jiǎ rú míng tiān xià yǔ, yùn dòng huì jiù yán qī yì tiān.
만약 내일 비가 온다면 운동회가 하루 연기될 것예요.

A: 假如没有战争，你觉得世界会怎么样？

B: 假如人类没有战争，世界将多么和平。

A: jiǎ rú méi yǒu zhàn zhēng, nǐ jué de shì jiè huì zěn me yàng?
만약 전쟁이 없다면, 세상이 어떻게 될 것 같아요?

B: jiǎ rú rén lèi méi yǒu zhàn zhēng, shì jiè jiāng duō me hé píng.
세계는 얼마나 평화롭겠어요.

A: 假如时光可以倒流，你想做什么？

B: 假如时光可以倒流，我会一声一声地告诉姥姥我有多么爱她。

A: jiǎ rú shí guāng kě yǐ dào liú, nǐ xiǎng zuò shén me?
시간이 거꾸로 흘릴 수 있다면 무엇을 하고 싶어요?

B: jiǎ rú shí guāng kě yǐ dào liú, wǒ huì yì shēng yì shēng de gào sù lǎo lao wǒ yǒu duō me ài tā.
외할머니한테 그녀를 얼마나 사랑하는지 계속 알려 줄 거예요.

A: 假如你是诗人，你会做什么？

B: 假如我是诗人,我一定用诗歌赞美伟大的祖国。

A: jiǎ rú nǐ shì shī rén, nǐ huì zuò shén me?
만약 당신은 시인이라면, 무엇을 할 거예요?

B: jiǎ rú wǒ shì shī rén, wǒ yí dìng yòng shī gē zàn měi wěi dà de zǔ guó.
제가 시인이라면 반드시 시로 위대한 조국을 찬미할 것이에요.

250 假装 jiǎzhuāng

가장하다. (짐짓)~체 하다. ~인 체하다

A: 小猫是怎样抓住这只老鼠的？

B: 小猫假装睡觉,突然间向偷吃的老鼠猛扑过去了。

A: xiǎo māo shì zěn yàng zhuā zhù zhè zhī lǎo shǔ de?
고양이는 어떻게 쥐를 잡는 거예요?

B: xiǎo māo jiǎ zhuāng shuì jiào, tū rán jiān xiàng tōu chī de lǎo shǔ měng pū guò qù le.
고양이가 자는 척하면서 훔쳐 먹는 쥐한테 갑자기 덮쳤어요.

A: 你和小王不认识吗？

B: 我和小王以前是同学,可前天见到她时,她却假装不认识我。

A: nǐ hé xiǎo wáng bú rèn shi ma?
당신은 왕 씨를 알아요?

B: wǒ hé xiǎo wáng yǐ qián shì tóng xué, kě qián tiān jiàn dào tā shí, tā què jiǎ zhuāng bú rèn shi wǒ.
우리 옛날에 같은 반 친구였는데 며칠 전에 그녀를 만날 때

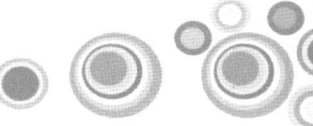

A: 她没看见你吗?
저를 모른 척했어요.

B: 她明明看到我了，却假装没看见，扭头就走了。

A: tā méi kàn jiàn nǐ ma?
그녀는 당신을 보지 못했어요?

B: tā míng míng kàn dào wǒ le, què jiǎ zhuāng méi kàn jiàn, niǔ tóu jiù zǒu le.
그녀는 분명히 저를 봤는데 모른 체 하고 바로 얼굴을 돌려 가 버렸어요.

251 价值 jiàzhí — 가치

A: 这块手表丢掉多可惜啊!

B: 它已经没有修理价值,该报废了。

A: zhè kuài shǒu biǎo diū diào duō kě xī a!
이 손목시계를 버리면 얼마나 아까워요!

B: tā yǐ jīng méi yǒu xiū lǐ jià zhí, gāi bào fèi le.
그것은 수리할 가치가 없으니, 폐기 처분해야 해요.

A: 你觉得什么样的文章没有价值?

B: 内容空洞的文章,即使语言再华丽,也没有价值。

A: nǐ jué de shén me yàng de wén zhāng méi yǒu jià zhí?
어떤 글이 가치가 없다고 생각해요?

B: nèi róng kōng dòng de wén zhāng, jí shǐ yǔ yán zài huá lì, yě méi yǒu jià zhí.
내용이 없는 글은 아무리 화려해도 가치가 없어요.

A: 怎样实现自我价值?

B: 努力学习，在工作中不断实现自我价值。

A: zěn yàng shí xiàn zì wǒ jià zhí?
자아 가치를 어떻게 실현할 수 있다고 생각해요?

B: nǔ lì xué xí, zài gōng zuò zhōng bú duàn shí xiàn zì wǒ jià zhí.
열심히 공부하고, 일하는 중에 계속해서 자아 가치를 실현할 수 있어요.

252 驾驶 jiàshǐ — 운전하다. 조종하다

A: 他的驾照为什么被扣留了?

B: 由于违章驾驶,交警扣留了他的驾照。

A: tā de jià zhào wèi shén me bèi kòu liú le?
그의 운전 면허증은 왜 압류되었어요?

B: yóu yú wéi zhāng jià shǐ, jiāo jǐng kòu liú le tā de jià zhào.
교통 규칙을 위반해서 교통 경찰이 그의 운전 면허증을 압수했어요.

A: 他对于中国的宇航事业有什么贡献?

A: tā duì yú zhōng guó de yǔ háng shì yè yǒu shén me gòng xiàn?
그는 중국의 항공 우주 사업에 어떤 공헌을 했어요?

B: 他是第一个驾驶宇宙飞船上天的中国人。

B:tā shì dì yí gè jià shǐ yǔ zhòu fēi chuán shàng tiān de zhōng guó rén.

그는 최초로 우주선을 타고 우주에 간 중국인이에요.

A: 小东幻想着什么？

A:xiǎo dōng huàn xiǎng zhe shén me?

샤오동은 무엇을 상상하고 있나요?

B: 小东幻想着有一天能亲手驾驶飞机驰骋在蓝天上。

B:xiǎo dōng huàn xiǎng zhe yǒu yì tiān néng qīn shǒu jià shǐ fēi jī chí chěng zài lán tiān shàng.

샤오동은 언젠가 자기가 직접 비행기를 타고 하늘을 날아다니는 걸 상상하고 있어요.

A: 你爸爸驾驶汽车几年了？

A:nǐ bà ba jià shǐ qì chē jǐ nián le?

아버지는 자동차를 운전한지 몇 년 됐어요?

B: 我爸爸驾驶汽车10多年了。

B:wǒ bà ba jià shǐ qì chē 10 duō nián le.

10년이 넘었어요.

253 坚决 jiānjué

단호하다. 결연하다

A: 认识到自己的错误之后，要怎么做？

A:rèn shi dào zì jǐ de cuò wù zhī hòu, yào zěn me zuò?

자신의 잘못을 깨달으면 어떻게 해야 하나요?

B: 认识到自己的错误，就要坚决改正。

B:rèn shi dào zì jǐ de cuò wù, jiù yào jiān jué gǎi zhèng.

단호하게 고쳐야 해요.

A: 打击经济犯罪的态度应该怎么样？

A:dǎ jī jīng jì fàn zuì de tài dù yīng gāi zěn me yàng?

어떤 태도로 경제 범죄에게 타격을 줘야 해요?

B: 打击经济犯罪态度要坚决,行动要果断。

B:dǎ jī jīng jì fàn zuì tài dù yào jiān jué, xíng dòng yào guǒ duàn.

태도는 단호해야 되고 행동은 과감하게 해야 해요.

A: 强国可以侵略弱国吗？

A:qiáng guó kě yǐ qīn lüè ruò guó ma?

강대국이 약소국을 침략할 수 있나요?

B: 我们坚决反对强国对弱国的侵略。

B:wǒ men jiān jué fǎn duì qiáng guó duì ruò guó de qīn lüè.

강대국이 약소국을 침략하는 것을 단호히 반대해요.

A: 我们对于男尊女卑的观念应该怎么样？

A:wǒ men duì yú nán zūn nǚ bēi de guān niàn yīng gāi zěn me yàng?

우리는 남존여비의 관념에 대해 어떻게 생각해야 해요?

B: 我们应该坚决反对男尊女卑的思想。

B:wǒ men yīng gāi jiān jué fǎn duì nán zūn nǚ bēi de sī xiǎng.

단호히 반대해야 해요.

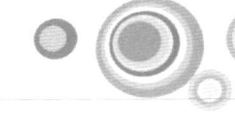

A: 你为什么不继续和他商量？

B: 他说得很坚决，听起来没有一丝商量的余地了。

A:nǐ wèi shén me bú jì xù hé tā shāng liang？

당신은 왜 그와 계속해서 상의하지 않아요？

B:tā shuō de hěn jiān jué, tīng qǐ lái méi yǒu yì si shāng liang de yú dì le.

그는 아주 단호하게 말해서, 조금도 의논할 여지가 없어요.

254 坚强 jiānqiáng

굳세다. 꿋꿋하다

A: 在艰苦的环境中，我们应该怎么做？

B: 我们要在艰苦的环境中磨炼自己的意志，变得更坚强。

A:zài jiān kǔ de huán jìng zhōng, wǒ men yīng gāi zěn me zuò？

어려운 환경 속에서 우리는 어떻게 해야 해요？

B:wǒ men yào zài jiān kǔ de huán jìng zhōng mó liàn zì jǐ de yì zhì, biàn de gèng jiān qiáng.

우리는 어려운 환경 속에서 자신의 의지를 단련시켜 더욱 강해져야 해요.

A: 在困难面前我们应该持有什么态度？

B: 在困难面前要勇敢坚强,不能唉声叹气的。

A:zài kùn nán miàn qián wǒ men yīng gāi chí yǒu shén me tài dù？

어려움 앞에서 우리는 어떤 태도를 가져야 하나요？

B:zài kùn nán miàn qián yào yǒng gǎn jiān qiáng, bù néng āi shēng tàn qì de.

어려움 앞에서는 용감하게 굳센 의지를 가져야 해요, 한숨 쉬며 한탄만 하면 안 돼요.

A: 你听说过张海迪吗？

B: 我听说过，张海迪是一个意志坚强的青年。

A:nǐ tīng shuō guò zhāng hǎi dí ma？

당신은 짱하이띠라는 사람을 들어 본 적이 있나요？

B:wǒ tīng shuō guò, zhāng hǎi dí shì yí gè yì zhì jiān qiáng de qīng nián.

네, 짱하이띠는 의지가 굳센 청년이라고 들었어요.

255 艰巨 jiānjù

어렵고 힘들다. 막중하다

A: 在沙漠上植树，难度大吗？

B: 在沙漠上植树,是一项非常艰巨的工作。

A:zài shā mò shàng zhí shù, nán dù dà ma？

사막에서 나무를 심는 건 어려움이 많은가요？

B:zài shā mò shàng zhí shù, shì yí xiàng fēi cháng jiān jù de gōng zuò.

사막 위에 나무를 심는 것은 매우 어렵고 힘든 일이에요.

A: 我们这次的任务容易完成吗？

A:wǒ men zhè cì de rèn wù róng yì wán chéng ma？

우리의 이번 임무는 쉽게 완성할 수 있을 것 같아요？

B:zhè cì de rèn wù shí fēn jiān jù, dà jiā yào zuò hǎo chōng fèn de sī

B: 这次的任务十分艰巨,大家要做好充分的思想准备。

xiǎng zhǔn bèi.

이번 임무는 매우 어렵고 막중하므로, 다들 충분한 각오를 다져야 해요.

256 艰苦 jiānkǔ

간고하다. 어렵고 고달프다. 고생스럽다

A: 我们要继承怎样的优良传统?

B: 我们要继承并发扬艰苦奋斗的优良传统。

A: wǒ men yào jì chéng zěn yàng de yōu liáng chuán tǒng?

우리는 어떠한 우수한 전통을 계승해야 해요?

B: wǒ men yào jì chéng bìng fā yáng jiān kǔ fèn dòu de yōu liáng chuán tǒng.

우리는 각고분투하는 훌륭한 전통을 이어받아 발전시켜야 돼요.

A: 老红军张爷爷的生活过得怎么样?

B: 老红军张爷爷一直过着艰苦朴素的生活。

A: lǎo hóng jūn zhāng yé ye de shēng huó guò de zěn me yàng?

늙은 홍군 장 씨 할아버지의 삶은 어떤가요?

B: lǎo hóng jūn zhāng yé ye yì zhí guò zhe jiān kǔ pǔ sù de shēng huó.

계속 근검하고 소박하게 살고 있어요.

A: 你怎样看待艰苦的环境?

B: 艰苦的环境可以磨炼人的意志。

A: nǐ zěn yàng kàn dài jiān kǔ de huán jìng?

간고한 환경에 대해 어떻게 생각해요?

B: jiān kǔ de huán jìng kě yǐ mó liàn rén de yì zhì.

간고한 환경은 사람의 의지를 단련시킬 수 있어요.

257 简直 jiǎnzhí

그야말로. 너무나

A: 家乡的变化大吗?

B: 家乡变化真大,我简直认不出来了。

A: jiā xiāng de biàn huà dà ma?

고향의 변화가 많아요?

B: jiā xiāng biàn huà zhēn dà, wǒ jiǎn zhí rèn bù chū lái le.

고향의 변화가 정말 많아서 정말로 알아보지 못했어요.

A: 李明做了什么让你这样生气?

B: 李明所干的事简直是愚不可及。

A: lǐ míng zuò le shén me ràng nǐ zhè yàng shēng qì?

리밍은 무슨 일을 해서 당신을 이렇게 노발대발하게 만들었어요?

B: lǐ míng suǒ gān de shì jiǎn zhí shì yú bù kě jí.

리밍이 한 일은 정말 어리숙해요.

A: 你觉得不劳而获可能吗?

A: nǐ jué de bù láo ér huò kě néng ma?

일하지 않고 불로소득을 얻는 게 가능하다고 생각해요?

B: 不劳而获想发财,简直是白日做梦!
B: bù láo ér huò xiǎng fā cái, jiǎn zhí shì bái rì zuò mèng!
일하지 않고 큰돈을 벌고 싶다니, 그야말로 헛된 꿈이군요!

A: 你认为你能找到那串丢失的项链吗?
A: nǐ rèn wéi nǐ néng zhǎo dào nà chuàn diū shī de hé xiàng liàn ma?
잃어버린 목걸이를 찾을 수 있다고 생각해요?

B: 要找到那串丢失的项链,简直是海底捞针。
B: yào zhǎo dào nà chuàn diū shī de xiàng liàn, jiǎn zhí shì hǎi dǐ lāo zhēn.
잃어버린 목걸이를 찾는 건 그야말로 해저에서 바늘을 건지는 것과 마찬가지예요.

A: 你觉得如果发生了核战争,后果会怎么样?
A: nǐ jué de rú guǒ fā shēng le hé zhàn zhēng, hòu guǒ huì zěn me yàng?
만약 핵전쟁이 발생한다면 어떻게 될 거라고 생각해요?

B: 假如发生了核战争,后果简直是不堪设想。
B: jiǎ rú fā shēng le hé zhàn zhēng, hòu guǒ jiǎn zhí shì bù kān shè xiǎng.
결과는 정말 상상조차 할 수 없을 것이에요.

258 建立 jiànlì

창설하다. 수립하다. 세우다

A: 同学们的友谊是如何建立的?
A: tóng xué men de yǒu yì shì rú hé jiàn lì de?
동창들의 우정은 어떻게 만들어진 것이에요?

B: 同学们在长期的学习和生活中,建立了纯真的友谊。
B: tóng xué men zài cháng qī de xué xí hé shēng huó zhōng, jiàn lì le chún zhēn de yǒu yì.
동창들은 오랜 기간 동안의 학습과 생활 속에서 순수한 우정을 만들었어요.

A: 改革开放以来,我国建立了什么?
A: gǎi gé kāi fàng yǐ lái, wǒ guó jiàn lì le shén me?
개혁 개방 이래 우리 나라는 무엇을 세웠어요?

B: 改革开放以来,我国建立了许多工厂。
B: gǎi gé kāi fàng yǐ lái, wǒ guó jiàn lì le xǔ duō gōng chǎng.
개혁 개방 이래 우리 나라는 많은 공장을 세웠어요.

A: 患难之中我们建立了什么?
A: huàn nàn zhī zhōng wǒ men jiàn lì le shén me?
우환과 재난 속에서 우리는 무엇을 만들었어요?

B: 患难之中我们建立了亲密无间的友谊。
B: huàn nàn zhī zhōng wǒ men jiàn lì le qīn mì wú jiān de yǒu yì.
친밀한 우정을 맺었어요.

A: 考察员来到了南极,建立了什么?
A: kǎo chá yuán lái dào le nán jí, jiàn lì le shén me?
고찰원들은 남극에 와서 무엇을 세웠어요?

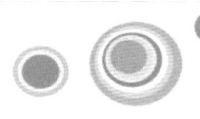
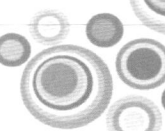

B: 考察队员来到终年积雪的南极,建立了考察站。

B:kǎo chá duì yuán lái dào zhōng nián jī xuě de nán jí, jiàn lì le kǎo chá zhàn.

탐사 대원들은 일년 내내 눈 쌓인 남극을 찾아와서 고찰소를 세웠어요.

A: 哪一年韩国与中国正式建交?

B: 1992年韩国与中国正式建立了外交关系。

A:nǎ yì nián hán guó yǔ zhōng guó zhèng shì jiàn jiāo?

한국과 중국은 어느 해에 정식으로 수교했어요?

B:1992 nián hán guó yǔ zhōng guó zhèng shì jiàn lì le wài jiāo guān xì.

한국은 1992년에 중국과 정식으로 수교했어요.

259 建设 jiànshè

건설하다. 세우다. 창립하다

A: 你有什么梦想?

B: 我的梦想是从小学好本领,长大了建设国家。

A:nǐ yǒu shén me mèng xiǎng?

당신은 어떤 꿈을 가지고 있어요?

B:wǒ de mèng xiǎng shì cóng xiǎo xué hǎo běn lǐng, zhǎng dà le jiàn shè guó jiā.

저의 꿈은 어릴 때부터 능력을 키워 나중에 나라를 세우는 것이에요.

A: 我们要建立一个什么样的中国?

B: 我们要把中国建设成为一个富强文明的国家。

A:wǒ men yào jiàn lì yí gè shén me yàng de zhōng guó?

우리는 어떤 중국을 만들어야 해요?

B:wǒ men yào bǎ zhōng guó jiàn shè chéng wéi yí gè fù qiáng wén míng de guó jiā.

우리는 중국을 부강하고 문명화된 국가로 만들어야 해요.

A: 为了国家建设我们应该怎么做?

B: 我们要调动一切力量为国家建设服务。

A:wèi le guó jiā jiàn shè wǒ men yīng gāi zěn me zuò?

국가 건설을 위해 우리가 어떻게 해야 하나요?

B:wǒ men yào diào dòng yí qiè lì liàng wèi guó jiā jiàn shè fú wù.

모든 역량을 동원해서 국가 건설을 위해 봉사해야 해요.

A: 为了把国家建设好,你甘愿牺牲吗?

B: 为了把国家建设好,我们宁可吃苦受累。

A:wèi le bǎ guó jiā jiàn shè hǎo, nǐ gān yuàn xī shēng ma?

당신은 나라를 위하여 희생도 감수할 수 있어요?

B:wèi le bǎ guó jiā jiàn shè hǎo, wǒ men nìng kě chī kǔ shòu lèi.

고생을 하고 괴로움을 당할지언정, 국가를 잘 건설해야 해요.

260 建议 jiànyì

제안하다. 건의하다

梦想中国语 会话

A: 同学们围绕什么话题提出了很多建议？

B: 同学们围绕着课外活动问题提出了很多建议。

A:tóng xué men wéi rào shén me huà tí tí chū le hěn duō jiàn yì?

친구들이 어떤 화제에 대해 건의를 많이 했어요?

B:tóng xué men wéi rào zhe kè wài huó dòng wèn tí tí chū le hěn duō jiàn yì.

친구들은 방과후 활동에 대해 많은 건의를 했어요.

A: 你觉得爸爸厉害吗？

B: 爸爸很厉害，昨天爸爸的工厂还采纳了爸爸的合理建议。

A:nǐ jué de bà ba lì hài ma?

당신은 아빠가 대단하다고 생각해요?

B:bà ba hěn lì hài, zuó tiān bà ba de gōng chǎng hái cǎi nà le bà ba de hé lǐ jiàn yì.

아빠는 대단해요, 어제 아빠의 회사도 그가 제시한 합리적인 건의를 받아들였어요.

A: 对于这项工作，你有什么建议吗？

B: 我建议把这项工作分成三部分，交给三个小组去做。

A:duì yú zhè xiàng gōng zuò, nǐ yǒu shén me jiàn yì ma?

이 일에 대해 당신은 어떤 건의사항이 있어요?

B:wǒ jiàn yì bǎ zhè xiàng gōng zuò fēn chéng sān bù fen, jiāo gěi sān gè xiǎo zǔ qù zuò.

이 일을 세 부분으로 나눠서 세 팀에게 맡기는 걸 건의해요.

261 建筑 jiànzhù — 건축물

A: 这幢建筑物全都完工了吗？

B: 没有，这幢建筑物的主体已经完工了。

A:zhè zhuàng jiàn zhù wù quán dōu wán gōng le ma?

이 건물은 전부 완공되었어요?

B:méi yǒu, zhè zhuàng jiàn zhù wù de zhǔ tǐ yǐ jīng wán gōng le.

아니요, 주체 부분은 이미 다 완공되었어요.

A: 你知道哪些举世闻名的建筑？

B: 中国的长城,埃及的金字塔，都是举世闻名的古代建筑。

A:nǐ zhī dào nǎ xiē jǔ shì wén míng de jiàn zhù?

당신은 아는 세계적으로 유명한 건축물은 무엇이 있어요?

B:zhōng guó de cháng chéng, āi jí de jīn zì tǎ, dōu shì jǔ shì wén míng de gǔ dài jiàn zhù.

중국의 만리장성, 이집트의 피라미드는 모두 세계적으로 유명한 고대 건축물이에요.

A: 建筑工地上，工人们干得怎么样？

B: 建筑工地上,工人们干得热火朝天的。

A:jiàn zhù gōng dì shàng, gōng rén men gān de zěn me yàng?

건설 현장에서 노동자들이 어떻게 일을 하고 있어요?

B:jiàn zhù gōng dì shàng, gōng rén men gān de rè huǒ cháo tiān de.

열기가 하늘을 찌르도록 일하고 있어요.

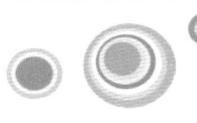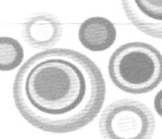

梦想中国语 会话

A: 你了解混凝土吗?

B: 混凝土是用水泥、砂、石子和水按一定比例混合制成的建筑材料。

A: nǐ liǎo jiě hùn níng tǔ ma?

당신은 콘크리트에 대해 많이 알아요?

B: hùn níng tǔ shì yòng shuǐ ní, shā, shí zǐ hé shuǐ àn yí dìng bǐ lì hùn hé zhì chéng de jiàn zhù cái liào.

콘크리트는 시멘트와 모래, 자갈과 물을 일정 비율로 섞어 만든 건축 재료예요.

A: 为什么哈尔滨的很多建筑物都是俄罗斯式的建筑物?

B: 哈尔滨离俄罗斯很近,所以以前的很多建筑都是俄罗斯风格的。

A: wèi shén me hā ěr bīn de hěn duō jiàn zhù wù dōu shì é luó sī shì de jiàn zhù wù?

왜 하얼빈의 많은 건물들은 다 러시아식이에요?

B: hā ěr bīn lí é luó sī hěn jìn, suǒ yǐ yǐ qián de hěn duō jiàn zhù dōu shì é luó sī fēng gé de.

러시아와 가깝기 때문에 예전의 많은 건축물들이 다 러시아 스타일이에요.

262 讲究 jiǎngjiū

주요시하다. 소중히 여기다. 주의할 만한 것

A: 学习要讲究什么?

B: 学习要讲究方法,不要盲目蛮干。

A: xué xí yào jiǎng jiū shén me?

공부는 무엇을 중요시해야 하나요?

B: xué xí yào jiǎng jiū fāng fǎ, bú yào máng mù mán gàn.

공부는 방법을 중요시해야 하고 맹목적으로 무리하게 하면 안돼요.

A: 你觉得父母对孩子说话要讲究诚信吗?

B: 父母对孩子要说话算数,讲究信用。

A: nǐ jué de fù mǔ duì hái zi shuō huà yào jiǎng jiū chéng xìn ma?

부모님이 아이에게 말할 때 성실과 신용을 중요시해야 한다고 생각해요?

B: fù mǔ duì hái zi yào shuō huà suàn shù, jiǎng jiū xìn yòng.

부모님이 아이에게 말한 것은 꼭 지켜야 되고 신용을 중요시해야 해요.

A: 老师在批评学生的时候应该注意什么?

B: 老师批评学生要实事求是,讲究分寸。

A: lǎo shī zài pī píng xué shēng de shí hòu yīng gāi zhù yì shén me?

선생님은 학생을 비평할 때 무엇을 주의해야 해요?

B: lǎo shī pī píng xué shēng yào shí shì qiú shì, jiǎng jiū fēn cùn.

사실을 토대로 하여 진리를 탐구하고 분수를 신경을 써야 해요.

A: 你觉得这些大学生怎么样?

A: nǐ jué de zhè xiē dà xué shēng zěn me yàng?

당신은 이 대학생들에 대해 어떻게 생각해요?

B: 这些大学生穿得都很朴实,不讲究打扮。

B: zhè xiē dà xué shēng chuān de dōu hěn pǔ shí, bù jiǎng jiū dǎ bàn.

이 대학생들은 모두 소박하게 차려 입었고 꾸미는 것을 중요시하지 않아요.

A: 你知道相声吗?

A: nǐ zhī dào xiàng shēng ma?

당신은 만담을 알아요?

B: 相声是一种语言艺术,讲究的是"说、学、逗、唱"。

B: xiàng shēng shì yì zhǒng yǔ yán yì shù, jiǎng jiū de shì "shuō, xué, dòu, chàng".

만담은 언어 예술의 일종이며, '말하기, 배우기, 웃기기, 부르기'를 중요시해요.

263 浇 jiāo

관개하다. 물을 대다. (액체를) 뿌리다

A: 番茄每天都要浇水吗?

A: fān qié měi tiān dōu yào jiāo shuǐ ma?

토마토는 매일 물을 주어야 해요?

B: 只要有一天没浇水,这些番茄幼苗就会奄奄一息。

B: zhǐ yào yǒu yì tiān méi jiāo shuǐ, zhè xiē fān qié yòu miáo jiù huì yǎn yǎn yì xī.

단 하루라도 물을 주지 않으면 이 토마토 모종은 죽을 것 같아요.

A: 妈妈在做什么?

A: mā ma zài zuò shén me?

엄마는 뭐하고 계세요?

B: 妈妈一边给花浇水,一边和我说话。

B: mā ma yì biān gěi huā jiāo shuǐ, yì biān hé wǒ shuō huà.

엄마는 꽃에 물을 주면서 저랑 얘기하고 있어요.

A: 爷爷养花养得好吗?

A: yé ye yǎng huā yǎng de hǎo ma?

할아버지께서는 꽃을 잘 키우셨어요?

B: 我爷爷与其说是养花,倒不如说是让花自生自灭,因为他从来不给花浇水,也不给花施肥松土。

B: wǒ yé ye yǔ qí shuō shì yǎng huā, dào bù rú shuō shì ràng huā zì shēng zì miè, yīn wèi tā cóng lái bù gěi huā jiāo shuǐ, yě bù gěi huā shī féi sōng tǔ.

화초 재배라기보다는 차라리 꽃을 자생하게 둔다고 봐야 해요, 왜냐하면 꽃에 물을 주지도 않고 비료를 주어 흙을 푹신푹신하게 한 적도 없어요.

A: 你知道怎样栽树吗?

A: nǐ zhī dào zěn yàng zāi shù ma?

나무를 어떻게 심는지 알아요?

B: 先是把树坑挖好,接着把树苗放进去,埋上土,然后是浇水。

B: xiān shì bǎ shù kēng wā hǎo, jiē zhe bǎ shù miáo fàng jìn qù, mái shàng tǔ, rán hòu shì jiāo shuǐ.

먼저 나무 구덩이를 파 놓고 나무를 심어 흙을 묻은 뒤 물을

뿌려요.

264 交换 jiāohuàn 교환하다

A: 商品交换可以促进什么？

B: 商品交换可以互通有无,促进经济发展。

A: shāng pǐn jiāo huàn kě yǐ cù jìn shén me?
물물교환은 무엇을 촉진시킬 수 있어요?

B: shāng pǐn jiāo huàn kě yǐ hù tōng yǒu wú, cù jìn jīng jì fā zhǎn.
거래를 통해 교류 및 경제 발전을 촉진할 수 있어요.

A: 比赛之前两国运动员交换了什么？

B: 赛前两国运动员交换了纪念品。

A: bǐ sài zhī qián liǎng guó yùn dòng yuán jiāo huàn le shén me?
시합 전에 양국 선수들이 무엇을 교환했어요?

B: sài qián liǎng guó yùn dòng yuán jiāo huàn le jì niàn pǐn.
기념품이요.

A: 你用新买的玩具和小杨交换了什么？

B: 我用新买的玩具和小杨交换了一本故事书。

A: nǐ yòng xīn mǎi de wán jù hé xiǎo yáng jiāo huàn le shén me?
당신은 새로 산 장난감으로 양이랑 무엇을 교환했어요?

B: wǒ yòng xīn mǎi de wán jù hé xiǎo yáng jiāo huàn le yì běn gù shì shū.
이야기책 한 권이에요.

A: 婚礼的哪一时刻让你很感动？

B: 婚礼上,新郎新娘双方交换了钻戒,让我很感动。

A: hūn lǐ de nǎ yī shí kè ràng nǐ hěn gǎn dòng?
결혼식의 어느 순간이 당신을 감동시켰어요?

B: hūn lǐ shàng, xīn láng xīn niáng shuāng fāng jiāo huàn le zuàn jiè, ràng wǒ hěn gǎn dòng.
결혼식에서 신랑과 신부가 서로 다이아몬드 반지를 교환할 때 저는 감동을 받았어요.

265 角度 jiǎodù (문제를 보는) 시각, 각도

A: 为什么我们的结论不同？

B: 你们看问题的角度不同,得到的结果自然不一样。

A: wèi shén me wǒ men de jié lùn bù tóng?
왜 우리의 결론은 달라요?

B: nǐ men kàn wèn tí de jiǎo dù bù tóng, dé dào de jié guǒ zì rán bù yí yàng.
문제를 보는 시각이 달라서, 얻은 결과도 당연히 달라요.

A: 小明值得称赞吗？

B: 从孝顺父母的角度分析,

A: xiǎo míng zhí dé chēng zàn ma?
명이에게 칭찬해 주어야 해요?

B: cóng xiào shùn fù mǔ de jiǎo dù fēn xī, xiǎo míng zhè yàng zuò

185

小明这样做还是值得称赞的。
huái shì zhí de chēng zàn de.
부모님에게 효도를 한다는 관점에서 보면 명이를 칭찬해 줘야 돼요.

A: 从历史的角度看,这件事有什么意义?

B: 从历史的角度来看,这件事是有积极意义的。

A:cóng lì shǐ de jiǎo dù kàn,zhè jiàn shì yǒu shén me yì yì?
역사적으로 보면, 이 일은 어떤 의미가 있어요?

B:cóng lì shǐ de jiǎo dù lái kàn, zhè jiàn shì shì yǒu jī jí yì yì de.
역사적으로 보면 이 일은 긍정적인 의미가 있어요.

A: 你了解第二次世界大战吗?

B: 第二次世界大战不论从哪一个角度说,都是旷古绝伦的一场大战。

A:nǐ liǎo jiě dì èr cì shì jiè dà zhàn ma?
당신은 제2차 세계 대전에 대해 많이 알아요?

B:dì èr cì shì jiè dà zhàn bú lùn cóng nǎ yí gè jiǎo dù shuō, dōu shì kuàng gǔ jué lún de yì chǎng dà zhàn.
제2차 세계 대전은 어떤 시점에서 봐도 예전에 없던 큰 전쟁이에요.

A: 每个人的想法不同, 这正常吗?

B: 每个人的角度和立场不一样,想法自然也就不同。

A:měi gè rén de xiǎng fǎ bù tóng,zhè zhèng cháng ma?
사람마다 생각이 다른 게 정상이에요?

B:měi gè rén de jiǎo dù hé lì chǎng bù yí yàng,xiǎng fǎ zì rán yě jiù bù tóng.
사람마다 시각과 입장이 달라서 생각이 다를 수도 있어요.

266 狡猾 jiǎohuá

교활하다. 간교하다

A: 对待敌人要怎么样?

B: 敌人是狡猾的,我们要提高警惕。

A:duì dài dí rén yào zěn me yàng?
적에게 어떻게 대처해야 해요?

B:dí rén shì jiǎo huá de, wǒ men yào tí gāo jǐng tì.
적들은 교활한 놈이므로 우리는 경각심을 높여야 해요.

A: 狐假虎威中, 狐狸做了什么?

B: 狡猾的狐狸借助老虎的威风吓跑了百兽。

A:hú jiǎ hǔ wēi zhōng,hú lí zuò le shén me?
호가호위 중에, 여우가 무엇을 했나요?

B:jiǎo huá de hú lí jiè zhù lǎo hǔ de wēi fēng xià pǎo le bǎi shòu.
교활한 여우가 호랑이의 위세에 빌려서 모든 동물을 겁을 먹어 도망치게 했어요.

A: 狐狸的狡猾被发现了吗?

A:hú lí de jiǎo huá bèi fā xiàn le ma?
여우의 교활함이 밝혀졌나요?

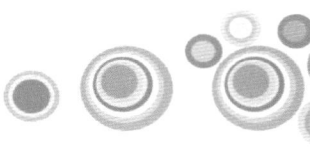

B: 那只狡猾的狐狸终于原形毕露了。
B:nà zhī jiǎo huá de hú lí zhōng yú yuán xíng bì lù le.
교활한 여우가 드디어 본색을 드러냈어요.

A: 歹徒最后落入法网了吗？
A:dǎi tú zuì hòu luò rù fǎ wǎng le ma?
악당은 결국 법망에 걸리게 되었나요?

B: 这些狡猾的歹徒,最后还是落入了法网。
B:zhè xiē jiǎo huá de dǎi tú, zuì hòu hái shì luò rù le fǎ wǎng.
이 교활한 악당들은 결국은 법망에 걸렸어요.

A: 现场没有留下犯罪分子的痕迹吗？
A:xiàn chǎng méi yǒu liú xià fàn zuì fèn zǐ de hén jì ma?
현장에는 범죄자의 흔적이 남지 않았어요?

B: 狡猾的犯罪分子没有在现场留下一点痕迹。
B:jiǎo huá de fàn zuì fèn zǐ méi yǒu zài xiàn chǎng liú xià yì diǎn hén jì.
교활한 범죄자는 현장에 약간의 흔적도 남기지 않았어요.

267 教练 jiàoliàn   감독. 코치

A: 张教练的眼力好吗？
A:zhāng jiào liàn de yǎn lì hǎo ma?
장 감독님은 눈썰미가 좋은가요?

B: 是的，张教练真有眼力，一眼就看出朱强是跳高的好苗子。
B:shì de,zhāng jiào liàn zhēn yǒu yǎn lì, yì yǎn jiù kàn chū zhū qiáng shì tiào gāo de hǎo miáo zi.
네, 장 감독님은 눈썰미가 좋아요, 한 눈에 주챵이가 높이뛰기의 꿈나무라는 걸 발견했어요.

A: 队员们找到自己的位置了吗？
A:duì yuán men zhǎo dào zì jǐ de wèi zhì le ma?
대원들은 자신의 위치를 찾았어요?

B: 按照教练的意图，队员们很快都找到了自己的位置。
B:àn zhào jiào liàn de yì tú, duì yuán men hěn kuài dōu zhǎo dào le zì jǐ de wèi zhì.
코치의 의도대로 대원들은 곧 자신의 위치를 찾았어요.

A: 教练为什么很着急？
A:jiào liàn wèi shén me hěn zháo jí?
감독은 왜 아주 조급해요?

B: 看见国足队员的差劲表现，教练急得搓手顿脚。
B:kàn jiàn guó zú duì yuán de chà jìn biǎo xiàn, jiào liàn jí de cuō shǒu dùn jiǎo.
국가 대표 축구 선수의 열악한 모습을 보자 발을 동동 굴렀어요.

A: 这位武术教练的本领很强吗？
A:zhè wèi wǔ shù jiào liàn de běn lǐng hěn qiáng ma?
이 무술 감독의 능력은 대단해요?

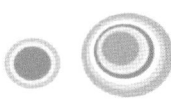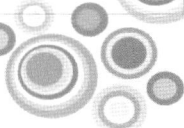

B: 这位武术教练的本领确实很高强。

B: zhè wèi wǔ shù jiào liàn de běn lǐng què shí hěn gāo qiáng.

이 무술 감독의 능력은 확실히 매우 뛰어나요.

A: 你们的教练好吗？

A: nǐ men de jiào liàn hǎo ma?

당신들의 코치는 괜찮아요?

B: 我们的教练在训练时很严格，在生活中却对我们非常关心。

B: wǒ men de jiào liàn zài xùn liàn shí hěn yán gé, zài shēng huó zhōng què duì wǒ men fēi cháng guān xīn.

우리의 코치는 훈련할 때 매우 엄격하고 생활에 대해서 매우 관심을 가지고 있어요.

268 教训 jiàoxun

교훈을 주다. 가르치고 타이르다. 꾸짖다. 훈계하다

A: 这次事故让你知道了什么？

A: zhè cì shì gù ràng nǐ zhī dào le shén me?

이번 사고를 통해 당신은 무엇을 알게 됐어요?

B: 交通安全非儿戏，要认真从事故中吸取教训。

B: jiāo tōng ān quán fēi ér xì, yào rèn zhēn cóng shì gù zhōng xī qǔ jiào xùn.

교통 안전은 장난이 아니며 사고에서 교훈을 얻어야 한다는 것을 알게 되었어요.

A: 那天为什么被爸爸教训了？

A: nà tiān wèi shén me bèi bà ba jiào xùn le?

그날 왜 아빠한테 혼났어요?

B: 那天我自己去游泳,被爸爸狠狠教训了一顿。

B: nà tiān wǒ zì jǐ qù yóu yǒng, bèi bà ba hěn hěn jiào xùn le yí dùn.

그날 혼자 수영하러 갔다가 아버지께 무섭게 혼났어요.

A: 为了防止类似事故再发生，我们应该做什么？

A: wèi le fáng zhǐ lèi sì shì gù zài fā shēng, wǒ men yīng gāi zuò shén me?

유사한 사고가 재발하지 않도록 우린 무엇을 해야 해요?

B: 要认真总结经验教训,防止类似事故再次发生。

B: yào rèn zhēn zǒng jié jīng yàn jiào xùn, fáng zhǐ lèi sì shì gù zài cì fā shēng.

경험과 교훈의 총정리를 진지하게 해야 해요.

A: 你认为青少年犯罪的教训值得深思吗？

A: nǐ rèn wéi qīng shào nián fàn zuì de jiào xùn zhí de shēn sī ma?

청소년 범죄의 교훈을 깊이 생각할 만한다고 생각해요?

B: 青少年犯罪的沉痛教训,值得每个人深思。

B: qīng shào nián fàn zuì de chén tòng jiào xùn, zhí dé měi gè rén shēn sī.

청소년 범죄의 뼈저린 교훈은 모든 사람들이 깊이 생각해 볼 만해요.

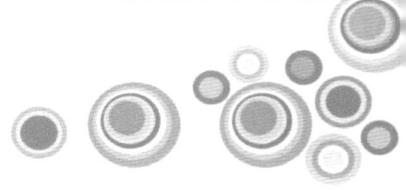

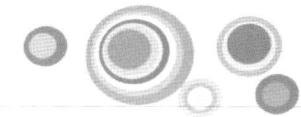

A: 你怎么这么生气？

B: 我本来是好心提醒他，结果竟然被他教训了一顿。

A:nǐ zěn me zhè me shēng qì?
왜 그렇게 화가 났어요?

B:wǒ běn lái shì hǎo xīn tí xǐng tā,jié guǒ jìng rán bèi tā jiào xùn le yí dùn.
제가 선의로 그에게 충고를 했는데, 뜻밖에 그에게 혼쭐이 났어요.

269 阶段 jiēduàn

단계. 계단

A: 你这一阶段学习得怎么样？

B: 我在这一阶段的学习中很努力，成绩有了很大提高。

A:nǐ zhè yī jiē duàn xué xí de zěn me yàng?
당신은 이 단계의 공부는 어땠어요?

B:wǒ zài zhè yī jiē duàn de xué xí zhōng hěn nǔ lì,chéng jì yǒu le hěn dà tí gāo.
저는 이 단계에서 매우 열심히 공부해서 성적이 많이 향상되었어요.

A: 你最近很忙吗？都忙些什么啊？

B: 我进入了紧张的复习阶段，因为即将面临毕业考试了。

A:nǐ zuì jìn hěn máng ma? Dōu máng xiē shén me a?
당신은 요즘에 많이 바빠요? 무엇을 하고 있어요?

B:wǒ jìn rù le jǐn zhāng de fù xí jiē duàn, yīn wèi jí jiāng miàn lín bì yè kǎo shì le.
곧 졸업 시험을 앞두고 있기 때문에 저는 긴장하고 복습 단계에 접어 들었어요.

A: 奶奶现在康复了吗？

B: 在妈妈的辛勤护理下奶奶平安过渡到了康复阶段。

A:nǎi nai xiàn zài kāng fù le ma?
할머니는 지금 건강을 회복하셨어요?

B:zài mā ma de xīn qín hù lǐ xià nǎi nai píng ān guò dù dào le kāng fù jiē duàn.
어머니가 부지런히 돌보셔서 할머니는 회복 단계에 무시히 넘어 왔어요.

A: 祝贺你终于结束了这一阶段的工作！

B: 是啊，结束了这一阶段的工作，我如释重负地松了口气。

A:zhù hè nǐ zhōng yú jié shù le zhè yī jiē duàn de gōng zuò!
마침내 이 단계의 근무를 마친 것을 축하해요!

B:shì ā,jié shù le zhè yī jiē duàn de gōng zuò, wǒ rú shì zhòng fù de sōng le kǒu qì.
네, 이 단계의 일을 마치고 나서 무거운 짐을 벗은 듯 한숨 돌릴 수 있겠어요.

A: 你觉得这一阶段的复习重要吗？

A:nǐ jué de zhè yī jiē duàn de fù xí zhòng yào ma?

189

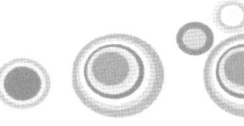

B: 快要期末了,这一阶段的复习十分重要。

당신은 이 단계의 복습이 중요하다고 생각해요?
B: kuài yào qī mò le, zhè yī jiē duàn de fù xí shí fēn zhòng yào.
기말고사를 앞둔 시점이라 이 단계의 복습은 매우 중요해요.

270 结实 jiēshi

굳다. 단단하다. 견고하다

A: 你爷爷身体怎么样?

A: nǐ yé ye shēn tǐ zěn me yàng?
할아버지께서는 건강이 어때요?

B: 我爷爷七十多岁了,身子骨还挺结实。

B: wǒ yé ye qī shí duō suì le, shēn zi gǔ huái tǐng jiē shi.
할아버지는 일흔이 넘었는데도 몸이 여전히 튼튼하세요.

A: 妈妈把什么东西绑得那么结实?

A: mā ma bǎ shén me dōng xī bǎng de nà me jiē shi?
어머니는 무엇을 그리 튼튼하게 묶으셨어요?

B: 妈妈把准备捐赠的衣物和书籍捆绑得很结实。

B: mā ma bǎ zhǔn bèi juān zèng de yī wù hé shū jí kǔn bǎng de hěn jiē shi.
어머니는 기부할 옷과 책을 단단하게 묶으셨어요.

A: 你很喜欢这件牛仔服嘛?

A: nǐ hěn xǐ huān zhè jiàn niú zǎi fú ma?
당신은 이 데님 옷을 아주 좋아하군요?

B: 这套牛仔服真结实,穿了三年还没穿坏。

B: zhè tào niú zǎi fú zhēn jiē shi, chuān le sān nián huái méi chuān huài.
이 데님 옷은 정말 튼튼해요, 3년 동안 입었는데도 아직도 망가지지 않았어요.

A: 你最喜欢哪双鞋?为什么?

A: nǐ zuì xǐ huān nǎ shuāng xié? Wèi shén me?
당신은 어느 신발을 가장 좋아해요? 왜요?

B: 我最喜欢我现在穿在脚上的这双鞋,
因为它很漂亮,也非常结实,
我都穿了五年了,还像新的一样。

B: wǒ zuì xǐ huān wǒ xiàn zài chuān zài jiǎo shàng de zhè shuāng xié, yīn wèi tā hěn piào liàng, yě fēi cháng jiē shi, wǒ dōu chuān le wǔ nián le, huái xiàng xīn de yí yàng.
지금 신고 있는 걸 제일 좋아해요, 그것은 매우 예쁘고 튼튼하고 5년 동안 신었는데 아직 새 것 같기 때문에요.

271 接触 jiēchù

닿다. 접촉하다. 교제하다

A: 你都劝他什么了?

A: nǐ dōu quàn tā shén me le?
당신은 그에게 무엇을 권고했어요?

B: 我劝他少跟那些不三不四的人接触,
完全是出于善意。

B: wǒ quàn tā shǎo gēn nà xiē bù sān bú sì de rén jiē chù, wán quán shì chū yú shàn yì.

저는 나중에 그 너절한 사람들과 교제하지 말라고 했어요, 저는 완전히 호의적이었어요.

A: 你认为领导干部要怎么做才能体察民情?

B: 领导干部要多和群众接触,才能体察民情。

A: nǐ rèn wéi lǐng dǎo gàn bù yào zěn me zuò cái néng tǐ chá mín qíng?

지도 간부가 어떻게 해야만 민심을 살필 수 있다고 생각해요?

B: lǐng dǎo gàn bù yào duō hé qún zhòng jiē chù, cái néng tǐ chá mín qíng.

민중들과 많이 접촉해야 돼요.

A: 你和他的接触多吗?

B: 由于工作关系,我和他接触较多。

A: nǐ hé tā de jiē chù duō ma?

당신은 그와 접촉이 많은가요?

B: yóu yú gōng zuò guān xi, wǒ hé tā jiē chù jiào duō.

업무 관계로 인해 저는 그와 많이 접촉했어요.

A: 小红不会玩电脑吗?

B: 小红对从没有接触过的电脑一窍不通。

A: xiǎo hóng bú huì wán diàn nǎo ma?

샤오홍은 컴퓨터를 할 줄 몰라요?

B: xiǎo hóng duì cóng méi yǒu jiē chù guò de diàn nǎo yí qiào bù tōng.

샤오홍은 사용한 적이 없는 컴퓨터에 대해 잘 몰라요.

A: 你觉得这个人值得交往吗?

B: 他给我的第一印象并不好,
但几次接触之后,
我发现他其实是一个很不错的人。

A: nǐ jué de zhè gè rén zhí de jiāo wǎng ma?

당신은 이 사람이 교제할 만한다고 생각해요?

B: tā gěi wǒ de dì yī yìn xiàng bìng bù hǎo, dàn jǐ cì jiē chù zhī hòu, wǒ fā xiàn tā qí shí shì yí gè hěn bú cuò de rén.

첫인상이 좋지 않았지만 여러 번 접촉한 후에 그는 아주 괜찮은 사람이라는 것을 알았어요.

272 接待 jiēdài

접대하다. 영접하다. 응접하다

A: 你觉得营业员不应该怎么做? 应该怎么做?

B: 营业员不能冷冰冰地接待顾客,要主动热情。

A: nǐ jué de yíng yè yuán bù yīng gāi zěn me zuò? Yīng gāi zěn me zuò?

영업 사원이 어떻게 하면 안 되고 어떻게 해야 된다고 생각해요?

B: yíng yè yuán bù néng lěng bīng bīng de jiē dài gù kè, yào zhǔ dòng rè qíng.

냉랭하게 손님을 대하면 안 되고 주동적이고 열정적으로 일해야 해요.

梦想中国语　会话

A: 我们应该怎么对待来宾?

B: 我们对来宾要热情接待,千万不能怠慢。

A: wǒ men yīng gāi zěn me duì dài lái bīn?
우리는 손님을 어떻게 대해야 해요?

B: wǒ men duì lái bīn yào rè qíng jiē dài, qiān wàn bù néng dài màn.
손님에게 친절하게 접대해야 되고, 절대 태만하면 안 돼요.

A: 你认识图书室的方老师吗?

B: 我很喜欢他, 方老师接待读者热情而周到。

A: nǐ rèn shi tú shū shì de fāng lǎo shī ma?
당신은 도서실의 방 선생님을 알아요?

B: wǒ hěn xǐ huān tā, fāng lǎo shī jiē dài dú zhě rè qíng ér zhōu dào.
저는 그 선생님을 매우 좋아해요, 선생님은 독자들을 친절하고 세심하게 대해요.

A: 下面请领导讲话。

B: 你们的接待工作做得十分出色。

A: xià miàn qǐng lǐng dǎo jiǎng huà.
다음에는 지도자의 연설입니다.

B: nǐ men de jiē dài gōng zuò zuò de shí fēn chū sè.
당신들의 접대 업무는 매우 훌륭했어요.

A: 怎么啦? 有什么需要帮忙的吗?

B: 下个月我有个朋友要去美国旅游, 你能不能帮我接待他一下?

A: zěn me la? Yǒu shén me xū yào bāng máng de ma?
왜 그래요? 무엇을 도와 줄까요?

B: xià gè yuè wǒ yǒu gè péng you yào qù měi guó lǚ yóu, nǐ néng bù néng bāng wǒ jiē dài tā yí xià?
다음 달에 제 친구가 미국에 여행하러 갈 건데, 저 대신 그 친구를 접대해 줄 수 있을까요?

273 接近 jiējìn

접근하다. 가까이하다. 가까워지다. 비슷하다

A: 你最近有多么努力学习?

B: 为了接近年级第一的目标, 我集中所有时间进行复习。

A: nǐ zuì jìn yǒu duō me nǔ lì xué xí?
당신은 요즘 얼마나 열심히 공부했어요?

B: wèi le jiē jìn nián jí dì yī de mù biāo, wǒ jí zhōng suǒ yǒu shí jiān jìn xíng fù xí.
학년 1등이라는 목표에 접근하기 위해 저는 모든 시간을 모여서 공부를 했어요.

A: 你喜欢他吗?

B: 我不喜欢他, 因为他总是过于严肃, 令人无法接近。

A: nǐ xǐ huān tā ma?
당신은 그를 좋아해요?

B: wǒ bù xǐ huān tā, yīn wèi tā zǒng shì guò yú yán sù, lìng rén wú fǎ jiē jìn.
아니요, 그가 항상 지나치게 엄숙하기 때문에 접근할 수가 없

梦想中国语 会话

A: 我国的一些科研成果很先进吗?

B: 我国有许多科研成果接近世界先进水平。

A:wǒ guó de yì xiē kē yán chéng guǒ hěn xiān jìn ma?
우리 나라의 일부 연구 성과는 매우 진보적인가요?

B:wǒ guó yǒu xǔ duō kē yán chéng guǒ jiē jìn shì jiè xiān jìn shuǐ píng.
많은 연구 성과는 세계 선진 수준에 근접해 있어요.

A: 她的体操水平怎么样?

B: 别看她年纪轻轻,据说她的体操水平已接近世界一流。

A:tā de tǐ cāo shuǐ píng zěn me yàng?
그녀의 체조 수준은 어때요?

B:bié kàn tā nián jì qīng qīng, jù shuō tā de tǐ cāo shuǐ píng yǐ jiē jìn shì jiè yī liú.
그녀는 나이가 어리지만 체조 수준은 이미 세계 일류에 근접했다고 들었어요.

A: 你们队的比赛表现怎么样?

B: 直到比赛接近尾声,我们队都没有什么特别的表现。

A:nǐ men duì de bǐ sài biǎo xiàn zěn me yàng?
당신 팀의 경기 태도는 어때요?

B:zhí dào bǐ sài jiē jìn wěi shēng, wǒ men duì dōu méi yǒu shén me tè bié de biǎo xiàn.
경기가 거의 다 끝날 때까지도 우리 팀은 특별한 활약이 없어요.

274 接着 jiēzhe

이어서. 연이어. 잇다

A: 你们家过年时很热闹吗?

B: 很热闹,一会儿是锣鼓喧天,紧接着就是鞭炮齐鸣,真是热闹。

A:nǐ men jiā guò nián shí hěn rè nào ma?
당신 집은 설을 보낼 때 매우 시끌벅적해요?

B:hěn rè nào,yí huì ér shì luó gǔ xuān tiān, jǐn jiē zhe jiù shì biān pào qí míng, zhēn shì rè nào.
네. 이윽고 징 소리와 북 소리가 하늘을 진동시키고 이어서는 폭죽이 일제히 울려요. 참 떠들썩해요.

A: 昨天你都做什么了?

B: 昨天妈妈教我缝东西,她先拿起一根针,接着把线穿进针口,然后线尾打个结。这样就可以缝东西了。

A:zuó tiān nǐ dōu zuò shén me le?
어제 당신은 무엇을 했어요?

B:zuó tiān mā ma jiāo wǒ féng dōng xī, tā xiān ná qǐ yì gēn zhēn, jiē zhe bǎ xiàn chuān jìn zhēn kǒu, rán hòu xiàn wěi dǎ gè jié.Zhè yàng jiù kě yǐ féng dōng xī le.
어제 엄마가 저한테 물건을 꿰매는 걸 가르쳐 줬어요. 엄마는 먼저 바늘을 집어 들고 바늘귀에 실을 꿴 다음 이어서 줄의 끝에 매듭을 지었어요. 이렇게 하면 물건을 꿰맬 수 있어요.

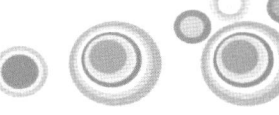

梦想中国语 会话

A: 你觉得这座建筑很漂亮是吗?

B: 这座建筑紧接着那座建筑,给人以浑然一体的感觉。

A:nǐ jué de zhè zuò jiàn zhù hěn piào liàng shì ma?

당신은 이 건축물이 매우 아름답다고 생각해요?

B:zhè zuò jiàn zhù jǐn jiē zhe nà zuò jiàn zhù, gěi rén yǐ hún rán yì tǐ de gǎn jué.

이 건물은 그 건물에 이어서 혼연일체가 되는 느낌이 있어요.

A: 你怎么学习煮饭?

B: 我先盛了一锅的米,接着学着妈妈的动作来洗米。

A:nǐ zěn me xué xí zhǔ fàn?

당신은 밥 하는 걸 어떻게 배웠어요?

B:wǒ xiān chéng le yì guō de mǐ, jiē zhe xué zhe mā ma de dòng zuò lái xǐ mǐ.

저는 먼저 쌀 한 솥을 끄집어 내고, 다음에 엄마의 동작을 따라서 쌀을 씻었어요.

A: 妈妈你干嘛去?

B: 你们接着学习吧,要不,玩儿也行,我做饭去。

A:mā ma nǐ gàn má qù?

엄마는 어디 가요?

B:nǐ men jiē zhe xué xí ba,yào bù,wánr yě xíng,wǒ zuò fàn qù.

너희들은 계속 공부해, 아니면 놀아도 되고 나는 밥하러 갈게.

275 节 jié

기념일. 관절. 절약하다. 수업시간을 세는 양사.

A: 奶奶现在也很节约吗?

B: 是的,家里生活条件好了,奶奶还保持着勤俭节约的好习惯。

A:nǎi nai xiàn zài yě hěn jié yuē ma?

할머니는 지금도 절약하세요?

B:shì de,jiā lǐ shēng huó tiáo jiàn hǎo le, nǎi nai hái bǎo chí zhe qín jiǎn jié yuē de hǎo xí guàn.

네, 집의 경제적 여건이 많이 좋아져도 할머니는 절약하는 습관을 간직하고 있어요.

A: 你知道风力发电有什么优点吗?

B: 利用风力发电,既可节约能源,又能保护环境。

A:nǐ zhī dào fēng lì fā diàn yǒu shén me yōu diǎn ma?

당신은 풍력 발전에 어떤 장점이 있는지 알아요?

B:lì yòng fēng lì fā diàn, jì kě jié yuē néng yuán, yòu néng bǎo hù huán jìng.

풍력 발전을 통해 에너지를 절약할 수 있고 환경도 보호할 수 있어요.

A: 现在人们注重节约吗?

A:xiàn zài rén men zhù zhòng jié yuē ma?

요즘 사람들은 절약을 중요시해요?

B:rén men xiàn zài zhù zhòng jié yuē, tí chàng dī tàn de shēng huó

B: 人们现在注重节约,提倡低碳的生活方式。

fāng shì.

사람들은 요즘 절약을 중시하고 저탄소의 생활 방식을 제창해요.

A: 你今天几节课？

A: nǐ jīn tiān jǐ jié kè?

당신은 오늘 수업이 몇 개가 있어요?

B: 今天我一共有六节课，上午四节，下午两节。

B: jīn tiān wǒ yí gòng yǒu liù jié kè, shàng wǔ sì jié, xià wǔ liǎng jié.

저는 오늘 수업이 총 6개가 있어요, 오전에 4개, 오후에 2개가 있어요.

A: 小红，这一小节文章描写了什么内容？

A: xiǎo hóng, zhè yì xiǎo jié wén zhāng miáo xiě le shén me nèi róng?

샤오훙, 이 한 소절이 무슨 내용을 묘사했어요?

B: 这一小节的文章描写了中国的春天。

B: zhè yì xiǎo jié de wén zhāng miáo xiě le zhōng guó de chūn tiān.

중국의 봄을 묘사했어요.

276 节省 jiéshěng

아끼다. 절약하다. 검소하다

A: 你能说出一句名人名言吗？

A: nǐ néng shuō chū yí jù míng rén míng yán ma?

당신은 유명 인사의 명언을 한 마디 할 수 있어요?

B: 鲁迅先生说过:"节省时间,就等于延长人的生命"。

B: lǔ xùn xiān shēng shuō guò:"jié shěng shí jiān, jiù děng yú yán cháng rén de shēng mìng".

루쉰 선생은 '시간을 절약하는 것은 인간의 생명을 연장시키는 것' 이라고 말했어요.

A: 你的作业怎么写得这么快？

A: nǐ de zuò yè zěn me xiě de zhè me kuài?

당신은 숙제를 어떻게 이렇게 빨리 했어요?

B: 我集中精力专心写作业，让我节省了不少时间。

B: wǒ jí zhōng jīng lì zhuān xīn xiě zuò yè, ràng wǒ jié shěng le bù shǎo shí jiān.

저는 정신과 체력을 집중해서 숙제를 해서 시간을 많이 절약했어요.

A: 这些活，你打算怎么完成？

A: zhè xiē huó, nǐ dǎ suàn zěn me wán chéng?

이 일을 어떻게 완성할 생각이에요?

B: 为了节省时间,这些活儿我和他均摊了。

B: wèi le jié shěng shí jiān, zhè xiē huó er wǒ hé tā jūn tān le.

시간을 절약하기 위해 이 일은 그와 균등하게 나누어서 부담했어요.

A: 你认为记忆知识有什么好的办法吗？

A: nǐ rèn wéi jì yì zhī shi yǒu shén me hǎo de bàn fǎ ma?

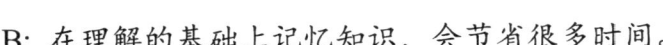

B: 在理解的基础上记忆知识，会节省很多时间。
B:zài lǐ jiě de jī chǔ shàng jì yì zhī shi,huì jié shěng hěn duō shí jiān.
이해를 바탕으로 지식을 기억하면 시간을 많이 절약할 것이에요.

A: 从这里去火车站，怎么走比较方便？
A:cóng zhè lǐ qù huǒ chē zhàn,zěn me zǒu bǐ jiào fāng biàn?
여기에서 기차역까지 가려면 어떻게 가는 게 더 편해요?

B: 从这里去火车站，坐地铁更便宜，而且更节省时间。
B:cóng zhè lǐ qù huǒ chē zhàn,zuò dì tiě gèng pián yi,ér qiě gèng jié shěng shí jiān.
지하철을 타는 게 더 싸고 시간을 더 절약할 수 있어요.

277 结构 jiégòu 구조.

A: 你觉得这篇文章写得怎么样？
A:nǐ jué de zhè piān wén zhāng xiě de zěn me yàng?
당신은 이 글에 대해 어떻게 생각해요?

B: 这篇文章结构紧凑,给人一气呵成之感。
B:zhè piān wén zhāng jié gòu jǐn còu, gěi rén yí qì hē chéng zhī gǎn.
이 문장은 구성이 치밀해서 거침없고 시작과 끝이 일관된 느낌을 줬어요.

A: 为什么要背诵这篇文章？
A:wèi shén me yào bèi sòng zhè piān wén zhāng?
이 글을 왜 외워야 돼요?

B: 因为这篇文章的结构安排十分合理，句子很优美，而且很实用。
B:yīn wèi zhè piān wén zhāng de jié gòu ān pái shí fēn hé lǐ,jù zi hěn yōu měi,ér qiě hěn shí yòng.
이 문장은 구성의 안배가 아주 합리적이며 문장이 매우 아름답고 실용적이에요.

A: 你知道这座大楼采用什么结构吗？
A:nǐ zhī dào zhè zuò dà lóu cǎi yòng shén me jié gòu ma?
당신은 이 빌딩이 어떤 구조를 채택하는지 알아요?

B: 这座大楼采用钢筋混凝土结构。
B:zhè zuò dà lóu cǎi yòng gāng jīn hùn níng tǔ jié gòu.
철근 콘크리트 구조요.

A: 这是什么？
A:zhè shì shén me?
이건 뭐예요?

B: 这是整个机器的核心部分，结构很复杂。
B:zhè shì zhěng gè jī qì de hé xīn bù fen,jié gòu hěn fù zá.
이것은 온 기계의 핵심 부분이며 구조가 매우 복잡해요.

A: 这首诗歌很有名吗？为什么？
A:zhè shǒu shī gē hěn yǒu míng ma? Wèi shén me?

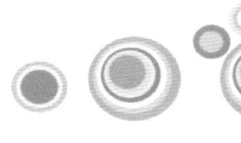

B: 这首诗歌语言朴素,结构紧凑完整。

이 시가 아주 유명해요? 왜요?

B: zhè shǒu shī gē yǔ yán pǔ sù, jié gòu jǐn còu wán zhěng.

이 시는 언어가 소박하고 구성이 치밀해요.

A: 老师,这篇论文有什么毛病吗?

A: lǎoshī, zhè piān lùn wén yǒu shén me máo bìng ma?

선생님, 이 논문은 무슨 문제가 있어요?

B: 这篇论文的结构有问题,你回去再好好儿想想。

B: zhè piān lùn wén de jié gòu yǒu wèn tí, nǐ huí qù zài hǎo haor xiǎng xiǎng.

이 논문의 구조에 문제가 있으니 당신은 돌아가서 잘 생각해 봐요.

278 结合 jiéhé

결합하다. 결부하다

A: 你觉得国家在学习别国经验的同时还要注意什么?

A: nǐ jué de guó jiā zài xué xí bié guó jīng yàn de tóng shí hái yào zhù yì shén me?

국가가 다른 나라의 경험을 학습하는 동시에 무엇을 주의해야 한다고 생각해요?

B: 学习外国的经验,要结合本国的国情,不能抄袭别人的做法。

B: xué xí wài guó de jīng yàn, yào jié hé běn guó de guó qíng, bù néng chāo xí bié rén de zuò fǎ.

자기 국가의 국정과 결부해서 생각해야 하고 남의 방법을 그대로 모방하면 안 돼요.

A: 为什么要注意劳逸结合?

A: wèi shén me yào zhù yì láo yì jié hé?

노동과 휴식의 결합에 왜 주의해야 해요?

B: 要注意劳逸结合,否则就达不到事半功倍的效果。

B: yào zhù yì láo yì jié hé, fǒu zé jiù dá bú dào shì bàn gōng bèi de xiào guǒ.

잘못하면 적은 노력으로 큰 효과를 거두는 효과에 이르지 못해요.

A: 首尔市真的很迷人。

A: shǒu ěr shì zhēn de hěn mí rén.

서울시는 정말 매혹적이에요.

B: 是啊!首尔市是有着600年历史的古都,传统与时尚完美结合。

B: shì a! Shǒu ěr shì shì yǒu zhe 600 nián lì shǐ de gǔ dū, chuán tǒng yǔ shí shàng wán měi jié hé.

그래요! 서울은 600년 역사가 있는 오래된 도시이고 전통과 패션이 완벽하게 결합됐어요.

279 结论 jiélùn

결론, 판단

A: 这件事我做错了吗?

A: zhè jiàn shì wǒ zuò cuò le ma?

梦想中国语 会话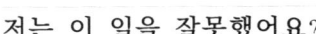

B: 在对事情没有一个透彻的了解时，不要轻易下结论。

B:zài duì shì qíng méi yǒu yí gè tòu chè de liǎo jiě shí, bú yào qīng yì xià jié lùn.

일에 대한 확실한 파악이 없으면 함부로 결론을 내리지 말아요.

A: 现在还不能下结论吗？

A:xiàn zài huái bù néng xià jié lùn ma?

아직 결론을 내릴 수 없어요?

B: 事情还没有调查清楚,不能急于下结论。

B:shì qing hái méi yǒu diào chá qīng chǔ, bù néng jí yú xià jié lùn.

일을 아직 확실하게 조사하지 못했으니 성급하게 결론을 내릴 수 없어요.

A: 为什么这个结论不成立？

A:wèi shén me zhè gè jié lùn bù chéng lì?

이 결론은 왜 성립되지 못해요?

B: 这个结论没有事实根据,不能成立。

B:zhè gè jié lùn méi yǒu shì shí gēn jù, bù néng chéng lì.

이 결론은 사실 근거가 없으므로 성립될 수 없어요.

A: 我觉得我的结论没有错啊……

A:wǒ jué de wǒ de jié lùn méi yǒu cuò ā……

저는 제 결론이 틀린 점이 없다고 생각했는데…

B: 你要仔细调查一下再做结论，别那么武断。

B:nǐ yào zǐ xì diào chá yí xià zài zuò jié lùn, bié nà me wǔ duàn.

자세히 조사하고 결론을 내려요, 그렇게 독단적으로 판단하지 마세요.

A: 想了这么久，你的结论改变了吗？

A:xiǎng le zhè me jiǔ, nǐ de jié lùn gǎi biàn le ma?

이렇게 오랫동안 생각했는데, 당신의 결론이 바뀌었어요?

B: 我想了很久，可是结论还是去国外留学，没有变化。

B:wǒ xiǎng le hěn jiǔ, kě shì jié lùn hái shì qù guó wài liú xué, méi yǒu biàn huà.

저는 한참 동안 생각했지만 결론은 역시 해외 유학이었고 변화가 없어요.

280 结账 jiézhàng

계산하다. 결제하다, 결산하다

A: 你结账了吗？

A:nǐ jié zhàng le ma?

계산을 했어요?

B: 还没有，因为我还没有买完商品。

B:huái méi yǒu, yīn wèi wǒ hái méi yǒu mǎi wán shāng pǐn.

아직요, 상품을 다 구입하지 않았어요.

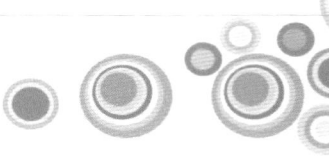

梦想中国语 会话

A: 你结账的时候告诉我一声，我买单。

B: 那多不好意思啊，总是你花钱。

A:nǐ jié zhàng de shí hòu gào sù wǒ yi shēng,wǒ mǎi dān.

계산 할 때 저한테 좀 알려 줘요, 제가 살 게요.

B:nà duō bù hǎo yì sī ā,zǒng shì nǐ huā qián.

그럼 얼마나 미안해요, 늘 당신이 돈을 쓰니까.

A: 服务员，结账！

B: 好的，先生，您一共消费人民币200元。

A:fú wù yuán,jié zhàng!

종업원, 계산이요!

B:hǎo de,xiān shēng,nín yí gòng xiāo fèi rén mín bì 200 yuán.

네, 고객님께서는 모두 인민폐 200 위안을 소비하셨어요.

A: 我们这里马上就要结束营业了，您能不能先结一下账？

B: 好的，一共多少钱？

A:wǒ men zhè lǐ mǎ shàng jiù yào jié shù yíng yè le,nín néng bù néng xiān jié yí xià zhàng?

우리 여기서 곧 영업을 끝마칠 텐데, 고객님이 먼저 계산하실 수 있을까요?

B:hǎo de,yí gòng duō shǎo qián?

네, 총 얼마예요?

281 解放 jiěfàng

해방하다. (속박·억압에서) 해방되다

A: 全国解放以后，解放军都去了哪里？

B: 全国解放,许多解放军战士都解甲归田了。

A:quán guó jiě fàng yǐ hòu,jiě fàng jūn dōu qù le nǎ lǐ?

전국 해방 이후에 해방군은 어디로 갔어요?

B:quán guó jiě fàng, xǔ duō jiě fàng jūn zhàn shì dōu xiè jiǎ guī tián le.

많은 해방군들이 제대하여 고향에 돌아갔어요.

A: 你知道中国解放战争的胜利迎来了什么吗？

B: 解放战争的胜利迎来了中华人民共和国。

A:nǐ zhī dào zhōng guó jiě fàng zhàn zhēng de shèng lì yíng lái le shén me ma?

중국 해방 전쟁의 승리로 무엇을 맞이했는지 알아요?

B:jiě fàng zhàn zhēng de shèng lì yíng lái le zhōng huá rén mín gòng hé guó.

중화인민공화국(의 성립)을 맞이했어요.

A:这次抗洪抢险，出动了多少解放军？

B: 解放军出动二十万兵力,投入抗洪抢险。

A:zhè cì kàng hóng qiǎng xiǎn,chū dòng le duō shǎo jiě fàng jūn?

이번 홍수 방지 긴급 구조대는 얼마나 많은 해방군을 출동시켰어요?

B:jiě fàng jūn chū dòng èr shí wàn bīng lì, tóu rù kàng hóng qiǎng xiǎn.

199

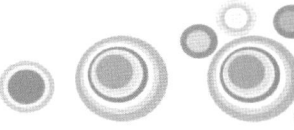

梦想中国语 会话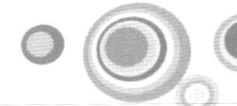

20만명의 병력을 출동시켜 홍수 방비 재해에 투입하였어요.

A: 你在看什么?

A: nǐ zài kàn shén me?

당신은 무엇을 보고 있어요?

B: 我在看人民解放军排着整齐的方阵, 气势磅礴地走过天安门广场。

B: wǒ zài kàn rén mín jiě fàng jūn pái zhe zhěng qí de fāng zhèn, qì shì páng bó de zǒu guò tiān ān mén guǎng chǎng.

저는 인민 해방군이 질서정연한 정방 행렬을 짓고 기세가 웅장하게 천안문 광장을 지나가는 걸 보고 있어요.

A: 高考结束后, 很多学生终于可以放松了。

A: gāo kǎo jié shù hòu, hěn duō xué shēng zhōng yú kě yǐ fàng sōng le.

수능이 끝나고 많은 학생들이 드디어 긴장을 풀었어요.

B: 是啊, 高考结束后, 很多学生觉得从学业的重压下解放了出来。

B: shì ā, gāo kǎo jié shù hòu, hěn duō xué shēng jué de cóng xué yè de zhòng yā xià jiě fàng le chū lái.

그래요, 수능 시험을 마치고 많은 학생들이 학업의 중압에서 해방되었다고 느꼈어요.

282 届 jiè

양사; 회. 기. 차. 번

A: 明天学校举办第几届运动会?

A: míng tiān xué xiào jǔ bàn dì jǐ jiè yùn dòng huì?

내일 학교는 몇 회 운동회를 개최하는 거예요?

B: 明天学校将举行第五届运动会。

B: míng tiān xué xiào jiāng jǔ xíng dì wǔ jiè yùn dòng huì.

내일 학교는 제 5 회 운동회를 개최할 거예요.

A: 你这次获得了什么奖项?

A: nǐ zhè cì huò dé le shén me jiǎng xiàng?

당신은 이번에 무슨 상을 받았어요?

B: 我获得了第三届汉语桥冠军。

B: wǒ huò dé le dì sān jiè hàn yǔ qiáo guàn jūn.

나는 제 3 차 한위치아오에서 우승했어요.

A: 你明天干什么去?

A: nǐ míng tiān gàn shén me qù?

당신은 내일 무엇을 하러 가요?

B: 我明天要去参加第53届马拉松比赛。

B: wǒ míng tiān yào qù cān jiā dì 53 jiè mǎ lā sōng bǐ sài.

저는 내일 제 53 회 마라톤 대회에 참가할 것이에요.

A: 你参加过哪届奥运会?

A: nǐ cān jiā guò nǎ jiè ào yùn huì?

당신은 몇 회 올림픽 경기에 참가한 적이 있어요?

B: 我还没参加过奥运会。

B: wǒ hái méi cān jiā guò ào yùn huì.

저는 올림픽 경기에 참가한 적이 없어요.

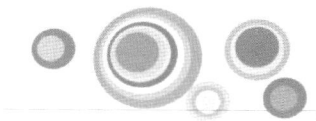

A: 关于青岛会议你了解多少？

B: 这次青岛会议是第三届，下一届会议预计在广州举行。

A:guān yú qīng dǎo huì yì nǐ liǎo jiě duō shǎo?

청도 회의에 대해 당신은 얼마나 알고 있어요?

B:zhè cì qīng dǎo huì yì shì dì sān jiè,xià yí jiè huì yì yù jì zài guǎng zhōu jǔ xíng.

이번 청도 회의는 제 3 회이고, 다음 회의는 광주에서 거행될 예정이에요.

283 借口 jièkǒu

구실. 핑계. 구실로 삼다. 핑계(를 대다)

A: 你为什么经常躲着他？

B: 他总爱找借口刁难我。

A:nǐ wèi shén me jīng cháng duǒ zhe tā?

당신은 왜 그를 자주 피해요？

B:tā zǒng ài zhǎo jiè kǒu diāo nán wǒ.

그는 항상 트집을 잡아 못살게 굴곤 해요.

A: 有的同学怎么找借口骗家长的钱？

B: 有的同学沉迷于网络。总是找出五花八门的借口骗家长的钱上网吧。

A:yǒu de tóng xué zěn me zhǎo jiè kǒu piàn jiā zhǎng de qián?

어떤 친구들은 무슨 핑계를 찾아서 부모님의 돈을 속이고 빼앗았어요?

B:yǒu de tóng xué chén mí yú wǎng luò.Zǒng shì zhǎo chū wǔ huā bā mén de jiè kǒu piàn jiā zhǎng de qián shàng wǎng bā.

어떤 친구들은 인터넷에 중독되어 있어서 자꾸 온갖 핑계를 대고 부모님의 돈을 속여 빼앗아 PC방에 갔어요.

A: 我真的有很多事，不能做。

B: 你不干就算了,何必找借口！

A:wǒ zhēn de yǒu hěn duō shì,bù néng zuò.

저는 정말 많은 일이 있어서 할 수 없어요.

B:nǐ bú gàn jiù suàn le, hé bì zhǎo jiè kǒu!

당신은 안 하면 되고 이유를 댈 필요가 있겠어요!

A: 你的同学每次迟到都有借口吗？

B: 每次迟到的同学都有借口，尤其是以生病为理由最多。

A:nǐ de tóng xué měi cì chí dào dōu yǒu jiè kǒu ma?

당신의 친구들은 매번 지각할 때마다 다 핑계가 있어요？

B:měi cì chí dào de tóng xué dōu yǒu jiè kǒu, yóu qí shì yǐ shēng bìng wéi lǐ yóu zuì duō.

있어요, 특히 아프다는 이유가 제일 많아요.

A: 我只知道这些，其他的不清楚了。

B: 你说实话, 不要找这个借口, 找那个借口！

A:wǒ zhǐ zhī dào zhè xiē,qí tā de bù qīng chǔ le.

저는 이것들만 알아요, 다른 것은 잘 모르겠어요.

B:nǐ shuō shí huà,bú yào zhǎo zhè gè jiè kǒu,zhǎo nà gè jiè kǒu!

솔직하게 말해 봐요, 자꾸 이거 저거 핑계를 찾지 마!

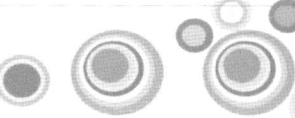

284 紧 jǐn — 팽팽하다. (생활이) 빠듯하다, 어렵다

A: 能不能帮我拧一下这个瓶盖?
A: néng bù néng bāng wǒ nǐng yí xià zhè gè píng gài?
이 병 뚜껑을 좀 비틀어 줄 수 있어요?

B: 哎呦, 真的很难拧啊, 这么紧呢!
B: āi yōu, zhēn de hěn nán nǐng ā, zhè me jǐn ne!
아이구, 진짜 비틀기 어렵네요, 단단해서 움직이지 않네요.

A: 最近我手头有点儿紧, 你能不能帮帮我, 借我点儿钱?
A: zuì jìn wǒ shǒu tóu yǒu diǎnr jǐn, nǐ néng bù néng bāng bāng wǒ, jiè wǒ diǎnr qián?
요즘 제 주머니 사정이 좀 빠듯한데, 좀 도와 줘요, 돈을 좀 빌려 주시겠어요?

B: 那行, 那我先借你500, 够不够?
B: nà xíng, nà wǒ xiān jiè nǐ 500, gòu bú gòu?
그럼 일단 500 위안을 빌려 줄게요, 충분해요?

A: 我们的时间很紧。快点! 不然就来不及了!
A: wǒ men de shí jiān hěn jǐn. Kuài diǎn! Bù rán jiù lái bù jí le!
우리의 시간은 매우 촉박해요, 서둘러요!그렇지 않으면 제 시간에 도착할 수 없어요!

B: 马上就好!
B: mǎ shàng jiù hǎo!
곧 될 것이에요!

A: 时间这么紧, 我们打车去吧!
A: shí jiān zhè me jǐn, wǒ men dǎ chē qù bā!
시간이 이렇게 촉박하니 우리는 택시를 탑시다!

B: 好的, 打车比较快。
B: hǎo de, dǎ chē bǐ jiào kuài.
좋아요, 택시는 비교적으로 빨라요.

285 紧急 jǐnjí — 긴급하다. 긴박하다

A: 领导和你说什么了?
A: lǐng dǎo hé nǐ shuō shén me le?
상사와 당신은 무슨 말을 했어요?

B: 领导说这些都是紧急任务, 一样也不能延搁。
B: lǐng dǎo shuō zhè xiē dōu shì jǐn jí rèn wù, yí yàng yě bù néng yán gē.
모든게 다 긴급한 임무이므로 하나도 지연할 수 없대요.

A: 经过紧急抢救, 病人转危为安了吗?
A: jīng guò jǐn jí qiǎng jiù, bìng rén zhuǎn wēi wéi ān le ma?
긴급 구조 후 환자는 안정된 상태에 있나요?

B: 经过紧急抢救, 病人从昏迷中清醒过来了。
B: jīng guò jǐn jí qiǎng jiù, bìng rén cóng hūn mí zhōng qīng xǐng guò lái le.

A: 学校发生了什么事？

B: 情况紧急,校长立即采取了有效措施,防止了意外事故的发生。

응급 처치를 통해 환자는 의식 불명 상태에서 깨어났어요.

A: xué xiào fā shēng le shén me shì?

학교에서 무슨 일이 일어났어요?

B: qíng kuàng jǐn jí, xiào zhǎng lì jí cǎi qǔ le yǒu xiào cuò shī, fáng zhǐ le yì wài shì gù de fā shēng.

상황이 긴급해서 교장은 바로 유효한 조치를 취하고 우발 사고를 방지했어요.

A: 在抗洪抢险的紧急情况下，谁挺身而出？

B: 在抗洪抢险的紧急关头,解放军战士挺身而出。

A: zài kàng hóng qiǎng xiǎn de jǐn jí qíng kuàng xià, shuí tǐng shēn ér chū?

홍수와 싸우며 긴급 구조를 하는 다급한 상황에, 누가 용감하게 나섰어요?

B: zài kàng hóng qiǎng xiǎn de jǐn jí guān tóu, jiě fàng jūn zhàn shì tǐng shēn ér chū.

홍수와 싸우며 긴급 구조를 하는 중요한 시기에 해방군 전사들이 용감하게 나섰어요.

A: 你能告诉我发生了什么吗？

B: 现在情况很紧急，我没时间详细地告诉你。

A: nǐ néng gào sù wǒ fā shēng le shén me ma?

저에게 무슨 일이 일어났는지 알려 줄 수 있어요?

B: xiàn zài qíng kuàng hěn jǐn jí, wǒ méi shí jiān xiáng xì de gào sù nǐ.

지금 상황이 긴급해서 자세하게 설명해 줄 시간이 없어요.

286 谨慎 jǐnshèn

신중하다. 조심스럽다

A: 你觉得我们应该怎样做人？

B: 我们应该谦虚谨慎,戒骄戒躁,绝不可以盛气凌人,自以为是。

A: nǐ jué de wǒ men yīng gāi zěn yàng zuò rén?

우리가 어떤 사람이 되어야 한다고 생각해요?

B: wǒ men yīng gāi qiān xū jǐn shèn, jiè jiāo jiè zào, jué bù kě yǐ shèng qì líng rén, zì yǐ wéi shì.

우리는 마땅히 겸손하고 신중하게 처세하고 교만함과 성급함을 경계하고 의기양양하여 남을 깔보지 말고 자기가 잘났다고 생각하지 말아야 해요.

A: 你了解他吗？

B: 他一生谨慎,为人处事很精明。

A: nǐ liǎo jiě tā ma?

당신은 그를 잘 알고 있어요?

B: tā yì shēng jǐn shèn, wéi rén chǔ shì hěn jīng míng.

그는 평생을 신중하고 총명하게 처신했어요.

A: 战场上需要小心谨慎吗？

A: zhàn chǎng shàng xū yào xiǎo xīn jǐn shèn ma?

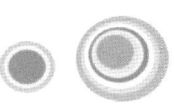
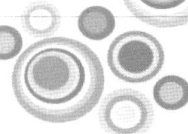

B: 当然，兵不厌诈,战场上一定要小心谨慎。

전쟁터에는 조심할 필요가 있어요?

B:dāng rán,bīng bú yàn zhà, zhàn chǎng shàng yí dìng yào xiǎo xīn jǐn shèn.

그럼요, 전쟁에서는 속임수도 마다하지 않아서 전쟁터에서는 반드시 조심해야 해요.

A: 这件事交给他做，你觉得妥当吗？

B: 他这人做任何事都小心谨慎,你应该放心。

A:zhè jiàn shì jiāo gěi tā zuò,nǐ jué de tuǒ dàng ma？

이 일을 그에게 맡기는 것이 타당하다고 생각해요?

B:tā zhè rén zuò rèn hé shì dōu xiǎo xīn jǐn shèn, nǐ yīng gāi fàng xīn.

그 사람은 어떤 일을 해도 조심스럽고 신중해서, 당신은 안심해야 해요.

A: 他是哪种人？

B: 他是那种比较理性的人，虽然性格外向，但交友却极为谨慎。

A:tā shì nǎ zhǒng rén？

그는 어떤 사람이에요?

B:tā shì nà zhǒng bǐ jiào lǐ xìng de rén,suī rán xìng gé wài xiàng,dàn jiāo yǒu què jí wéi jǐn shèn.

그는 이성적인 편이고 성격은 외향적이지만 친구를 사귀는 것은 지극히 신중해요.

287 尽量 jìnliàng

가능한 한, 최대한

A:写汉语作文时应该注意什么？

B: 写汉语作文时要尽量避免使用方言词语。

A:xiě hàn yǔ zuò wén shí yīng gāi zhù yì shén me？

중국어 작문을 할 때는 무엇을 주의해야 해요?

B:xiě hàn yǔ zuò wén shí yào jǐn liàng bì miǎn shǐ yòng fāng yán cí yǔ.

방언 어휘를 최대한 사용하지 말아야 해요.

A: 做这节减肥操要注意什么？

B: 做这节减肥操时,双臂尽量向两边伸展。

A:zuò zhè jié jiǎn féi cāo yào zhù yì shén me？

이 다이어트 체조를 하려면 무엇에 주의해야 해요?

B:zuò zhè jié jiǎn féi cāo shí, shuāng bì jǐn liàng xiàng liǎng biān shēn zhǎn.

양팔을 최대한 양쪽으로 뻗어야 해요.

A: 你觉得工作再忙，也要保证什么？

B: 工作再繁忙,学习时间也要尽量保证。

A:nǐ jué de gōng zuò zài máng,yě yào bǎo zhèng shén me？

일이 아무리 바빠도 무엇을 보장해야 한다고 생각해요?

B:gōng zuò zài fán máng, xué xí shí jiān yě yào jǐn liàng bǎo zhèng.

일이 아무리 바빠도 공부하는 시간을 보장해야 해요.

梦想中国语 会话

A: 出门在外应该多带东西还是少带东西？

B: 出门在外要尽量少带东西，以免成为累赘。

A: chū mén zài wài yīng gāi duō dài dōng xī hái shì shǎo dài dōng xi?

밖에 나가 있으면 물건을 많이 아니면 적게 가져가야 해요?

B: chū mén zài wài yào jìn liàng shǎo dài dōng xi, yǐ miǎn chéng wéi léi zhuì.

밖에 나가 있을 때는 쓸데없는 짐이 되지 않기 위해서 물건을 되도록 적게 가져 가야 해요.

A: 你的困难，我会尽量帮你解决的。

B: 那真是太好了，谢谢你！

A: nǐ de kùn nán, wǒ huì jìn liàng bāng nǐ jiě jué de.

당신의 어려움을 제가 가능한 해결할 수 있도록 도와 줄 거예요.

B: nà zhēn shì tài hǎo le, xiè xiè nǐ!

그렇다면 정말 좋겠어요. 고마워요!

288 尽力 jìnlì

전력을 다하다. 온힘을 다하다.

A: 你的妈妈平时怎么教育你的学习？

B: 妈妈经常说考试的好坏不重要，重要的是要尽力就行了。

A: nǐ de mā ma píng shí zěn me jiào yù nǐ de xué xí?

당신의 엄마는 평소에 당신을 어떻게 교육시키나요?

B: mā ma jīng cháng shuō kǎo shì de hǎo huài bú zhòng yào, zhòng yào de shì yào jìn lì jiù xíng le.

엄마는 시험을 잘 보거나 못 보거나는 중요하지 않고, 제일 중요한 것은 최선을 다해 노력하면 된대요.

A: 你觉得作为一个职场新人，应该做什么？

B: 作为一个职场新人，应尽力干些力所能及的事。

A: nǐ jué de zuò wéi yí gè zhí chǎng xīn rén, yīng gāi zuò shén me?

신입 사원으로서 뭘 해야 한다고 생각해요?

B: zuò wéi yí gè zhí chǎng xīn rén, yīng jìn lì gàn xiē lì suǒ néng jí de shì.

자기 능력으로 할 수 있는 일을 최선을 다해야 해요.

A: 你会怎么做自己的工作？

B: 我会尽力而为干好本职工作。

A: nǐ huì zěn me zuò zì jǐ de gōng zuò?

당신은 자신의 일을 어떻게 하나요?

B: wǒ huì jìn lì ér wéi gàn hǎo běn zhí gōng zuò.

저는 최선을 다하여 본업에 힘쓸 것이에요.

A: 你知道张阿姨吗？

B: 我知道，张阿姨尽心尽力赡养公婆，受到邻居的好评。

A: nǐ zhī dào zhāng ā yí ma?

당신은 장씨 아주머니를 알아요?

B: wǒ zhī dào, zhāng ā yí jìn xīn jìn lì shàn yǎng gōng pó, shòu dào lín jū de hǎo píng.

梦想中国语 会话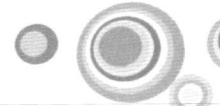

알아요. 장씨 아주머니가 시부모님을 극진히 모셔서 이웃들에게서 호평을 받고 있어요.

A: 许诺别人的事，要怎么做？
A:xǔ nuò bié rén de shì,yào zěn me zuò?
다른 사람과의 약속은 어떻게 해야 해요?

B: 许诺别人的事情,应该尽力把它办好。
B:xǔ nuò bié rén de shì qíng, yīng gāi jìn lì bǎ tā bàn hǎo.
최선을 다 하고 잘 처리해야 해요.

289 经营 jīngyíng — 운영하다. 경영하다

A: 你的爸爸经营公司多少年了？
A:nǐ de bà ba jīng yíng gōng sī duō shào nián le?
당신의 아버지는 회사를 경영한 지 몇 년 됐어요?

B: 我爸爸苦心经营公司五年了。
B:wǒ bà ba kǔ xīn jīng yíng gōng sī wǔ nián le.
아버지가 고심(고생해서) 경영한 지 5년이 됐어요.

A: 你知道我们楼下的那个铺子为什么被查封了吗？
A:nǐ zhī dào wǒ men lóu xià de nà gè pù zi wèi shén me bèi chá fēng le ma?
우리 아래층에 있는 그 가게가 왜 차압 당한지 알아요?

B: 因为违法经营,那个铺子被查封了。
B:yīn wèi wéi fǎ jīng yíng, nà gè pù zi bèi chá fēng le.
위법 경영 때문이에요.

A: 你觉得什么是经营者的追求？
A:nǐ jué de shén me shì jīng yíng zhě de zhuī qiú?
당신은 경영자의 목표는 무엇이라고 생각해요?

B: 让顾客高兴而来,满意而去,是经营者的追求。
B:ràng gù kè gāo xìng ér lái, mǎn yì ér qù, shì jīng yíng zhě de zhuī qiú.
고객님들이 기쁘게 와서 만족하게 돌아가는 게 경영자의 목표예요.

A:这个厂是如何转危为安的？
A:zhè gè chǎng shì rú hé zhuǎn wēi wéi ān de?
이 공장은 어떻게 위험한 고비를 넘겼어요?

B: 这个厂,他苦心经营了两年,才扭转面临倒闭的局面。
B:zhè gè chǎng, tā kǔ xīn jīng yíng le liǎng nián, cái niǔ zhuǎn miàn lín dǎo bì de jú miàn.
이 공장은 그가 고심하여 2년 동안 경영해서 곧 도산하려던 형세를 바꾸었어요.

A: 你觉得想要经营得好，需要有什么能力？
A:nǐ jué de xiǎng yào jīng yíng de hǎo,xū yào yǒu shén me néng lì?
경영을 잘하고 싶으면 무슨 능력이 필요하다고 생각해요?

B: 想要经营得好,
B:xiǎng yào jīng yíng de hǎo,xū yào sī xiǎng mǐn ruì, shàn yú bǔ zhuō

梦想中国语 会话

需要思想敏锐,善于捕捉市场信息。

shì chǎng xìn xī.

경영을 잘하고 싶으면 생각이 빨라야 되고 시장 정보를 잘 잡아야 돼요.

290 精力 jīnglì

정력. 정신과 체력.(심신의) 활동력:

A: 开学之后，同学们的精力如何？

A: kāi xué zhī hòu, tóng xué men de jīng lì rú hé?

개학한 후에 학생들의 체력은 어때요?

B: 开学了,同学们以充沛的精力投入了学习。

B: kāi xué le, tóng xué men yǐ chōng pèi de jīng lì tóu rù le xué xí.

학생들이 충분한 체력을 공부에 투입했어요.

A: 为什么老校长深受师生的喜爱？

A: wèi shén me lǎo xiào zhǎng shēn shòu shī shēng de xǐ ài?

연로한 교장 선생님이 왜 선생님과 학생의 존경을 깊이 받고 있나요?

B: 老校长把毕生的智慧和精力无私地献给了教育事业。

B: lǎo xiào zhǎng bǎ bì shēng de zhì huì hé jīng lì wú sī de xiàn gěi le jiào yù shì yè.

연로한 교장이 일평생의 지혜와 능력을 사심없이 교육 사업에 바쳤기 때문이에요.

A: 爷爷的精力怎么样？

A: yé ye de jīng lì zěn me yàng?

할아버지의 기력은 어때요?

B: 爷爷虽然鬓发斑白了,可是精力还很旺盛。

B: yé ye suī rán bìn fā bān bái le, kě shì jīng lì hái hěn wàng shèng.

할아버지의 귀밑 머리가 희끗희끗하지만 기력은 아직은 왕성해요.

A: 想要学习好，需要充沛的精力吗？

A: xiǎng yào xué xí hǎo, xū yào chōng pèi de jīng lì ma?

공부를 잘하려면 충분한 체력이 필요한가요?

B: 需要，只有保持充沛的精力,才能把学习搞好。

B: xū yào, zhǐ yǒu bǎo chí chōng pèi de jīng lì, cái néng bǎ xué xí gǎo hǎo.

필요해요, 충분한 체력이 있어야 공부를 잘할 수 있어요.

A: 这位英雄值得我们致敬。

A: zhè wèi yīng xióng zhí dé wǒ men zhì jìng.

이 영웅은 우리가 경의를 표할 만한 사람이에요.

B: 这位英雄以贡献自己的毕生精力给祖国而感到荣耀。

B: zhè wèi yīng xióng yǐ gòng xiàn zì jǐ de bì shēng jīng lì gěi zǔ guó ér gǎn dào róng yào.

그 영웅은 자신의 일생의 노력을 조국에 바쳐서 영광이라고 했어요.

291 敬爱 jìngài

경애하다. 공경하고 사랑하다. 존경하다

A: 你知道中国的周恩来总理吗?
nǐ zhī dào zhōng guó de zhōu ēn lái zǒng lǐ ma?
중국의 저우언라이 총리를 알고 있어요?

B: 我知道，敬爱的周总理每天都会批阅大量的文件,工作到很晚很晚。
wǒ zhī dào, jìng ài de zhōu zǒng lǐ měi tiān dōu huì pī yuè dà liàng de wén jiàn, gōng zuò dào hěn wǎn hěn wǎn.
알아요, 경애하는 저우언라이 총리는 매일 대량의 문서를 읽고, 아주 늦게까지 일했어요.

A: 毕业了，你觉得这一路走来，最想感谢的人是谁?
bì yè le, nǐ jué de zhè yí lù zǒu lái, zuì xiǎng gǎn xiè de rén shì shuí?
졸업하는데 이 길을 걸어와보니 당신이 가장 감사하고 싶은 사람이 누구세요?

B: 我最想感谢我敬爱的班主任，她教我知识，教我做一个堂堂正正的人。
wǒ zuì xiǎng gǎn xiè wǒ jìng ài de bān zhǔ rén, tā jiāo wǒ zhī shi, jiāo wǒ zuò yí gè táng táng zhèng zhèng de rén.
우리 경애하는 담임선생님께 가장 감사하고 싶어요, 저에게 지식을 가르쳐 주시고 떳떳한 사람이 되는 걸 가르쳐 주셨기 때문이에요.

A: 作为学生，应该怎么做?
zuò wéi xué shēng, yīng gāi zěn me zuò?
학생으로서 어떻게 해야 하나요?

B: 作为学生，我们应该努力学习，敬爱师长。
zuò wéi xué shēng, wǒ men yīng gāi nǔ lì xué xí, jìng ài shī zhǎng.
열심히 공부하고 스승님과 선배님을 존경해야 해요.

A: 你最敬爱的人是谁?
nǐ zuì jìng ài de rén shì shuí?
당신은 가장 공경하고 사랑하는 사람이 누구예요?

B: 是我大学的校长，他为学校做出许多贡献。
shì wǒ dà xué de xiào zhǎng, tā wèi xué xiào zuò chū xǔ duō gòng xiàn.
우리 대학교 총장이에요. 그는 학교에 많은 공헌을 하셨어요.

292 居然 jūrán

뜻밖에. 예상외로. 의외로

A: 你知道吗? 他们是朋友?
nǐ zhī dào ma? Tā men shì péng you?
그거 알아요? 둘이 친구라는 것?

B: 什么? 他们两个人性格不同，却居然成了好朋友。
shén me? Tā men liǎng gè rén xìng gé bù tóng, què jū rán chéng le hǎo péng you.
뭐? 둘이 성격은 다른데 의외로 좋은 친구가 됐네요.

梦想中国语 会话

A: 你知道这个歌星吗?

B: 我知道，他用沙哑的嗓子唱歌，居然被某些人捧为"歌星"。

A: nǐ zhī dào zhè gè gē xīng ma?

당신은 이 가수를 알고 있어요?

B: wǒ zhī dào, tā yòng shā yǎ de sǎng zi chàng gē, jū rán bèi mǒu xiē rén pěng wéi 'gē xīng'.

그가 쉰 목소리로 노래 부르는데, 뜻밖에 어떤 사람들이 '스타 가수'라고 추켜 올렸어요.

A: 你怎么这么生气?

B: 我在看电视剧，纪晓岚太放肆了,居然大骂皇帝。

A: nǐ zěn me zhè me shēng qì?

왜 그렇게 화가 났어요?

B: wǒ zài kàn diàn shì jù, jì xiǎo lán tài fàng sì le, jū rán dà mà huáng dì.

저는 드라마를 보고 있어요, 기효람이 건방졌어요, 뜻밖에도 황제 욕을 퍼부었어요.

A: 我没有撒谎……

B: 你小小年纪，居然就学会撒谎了，看我怎么收拾你!

A: wǒ méi yǒu sā huǎng……

전 거짓말을 하지 않았어요……

B: nǐ xiǎo xiǎo nián jì, jū rán jiù xué huì sā huǎng le, kàn wǒ zěn me shōu shí nǐ!

어린 나이에 의외로 거짓말을 하네, 내가 너를 어떻게 혼내 주는지 두고 봐라!

293 举 jǔ

들다. 들어 올리다

A: 你能举起一本书过头顶吗?

B: 这还不简单!

A: nǐ néng jǔ qǐ yì běn shū guò tóu dǐng ma?

책 한권을 들고 머리 꼭대기를 넘을 수 있어요?

B: zhè hái bù jiǎn dān!

이것은 너무 간단해요!

A: 你上课会勇敢地举手回答问题吗?

B: 我不太敢，因为我担心自己回答不好。

A: nǐ shàng kè huì yǒng gǎn de jǔ shǒu huí dá wèn tí ma?

수업에서 용감하게 손을 들어 질문에 대답할 수 있어요?

B: wǒ bú tài gǎn, yīn wèi wǒ dān xīn zì jǐ huí dá bù hǎo.

저는 잘 못해요, 제가 잘 대답하지 못할까 봐요.

A: 这位同学举手是因为有什么问题吗?

B: 是的，老师。我想问您一个问题。

A: zhè wèi tóng xué jǔ shǒu shì yīn wèi yǒu shén me wèn tí ma?

이 학생이 손을 든 이유는 무슨 질문이 있어서 인가요?

B: shì de, lǎo shī. Wǒ xiǎng wèn nín yí gè wèn tí.

네, 선생님 질문 하나 여쭤 보고 싶어요.

梦想中国语 会话

A: 同意这次期中考试星期三考的同学，请举手！

B: 哇！大家都举手了？

A: tóng yì zhè cì qī zhōng kǎo shì xīng qī sān kǎo de tóng xué, qǐng jǔ shǒu!

이번 중간 고사를 수요일에 보는 걸 찬성하는 학생들은 손을 드십시오!

B: wā! Dà jiā dōu jǔ shǒu le?

우와! 다들 손을 들었네요?

A: 什么时候总统选举？

B: 下周一总统选举。

A: shén me shí hòu zǒng tǒng xuǎn jǔ?

대통령 선거는 언제예요?

B: xià zhōu yī zǒng tǒng xuǎn jǔ.

다음 주 일요일이에요.

294 巨大 jùdà — 아주 크다. 거대하다.

A: 你在海边看到了什么？

B: 我看到巨大的波浪向岸边猛扑过来，又退了回去。非常壮观！

A: nǐ zài hǎi biān kàn dào le shén me?

당신은 해변에서 뭘 봤어요?

B: wǒ kàn dào jù dà de bō làng xiàng àn biān měng pū guò lái, yòu tuì le huí qù. Fēi cháng zhuàng guān!

저는 거대한 파도가 해안가를 향해 돌진하고 되돌아가는 것을 봤어요. 정말 굉장해요!

A: 好久没有回家乡，我都快认不出来这是我成长的地方了！

B: 是啊，这几年，家乡发生了巨大的变化。

A: hǎo jiǔ méi yǒu huí jiā xiāng, wǒ dōu kuài rèn bù chū lái zhè shì wǒ chéng zhǎng de dì fāng le!

오랜만에 고향에 돌아갔는데, 저는 제가 성장한 곳임을 알아보지 못할 뻔했어요.

B: shì ā, zhè jǐ nián, jiā xiāng fā shēng le jù dà de biàn huà.

그래요, 요 몇 년 간에 고향은 엄청나게 변화했어요.

A: 你知道原子核裂变会产生什么吗？

B: 原子核裂变会释放出巨大的能量。

A: nǐ zhī dào yuán zǐ hé liè biàn huì chǎn shēng shén me ma?

당신은 원자가 핵분열하면 무엇이 발생하는지 알아요?

B: yuán zǐ hé liè biàn huì shì fàng chū jù dà de néng liàng.

아주 큰 에너지를 방출할 수 있어요.

A: 今年为什么大家的经济形势不好？

B: 因为今年的洪涝灾害给灾民造成了巨大损失。

A: jīn nián wèi shén me dà jiā de jīng jì xíng shì bù hǎo?

올해 왜 다들 경제 상황이 좋지 않아요?

B: yīn wèi jīn nián de hóng lào zāi hài gěi zāi mín zào chéng le jù dà sǔn shī.

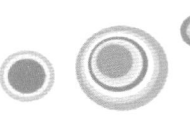

A: 这一学说很有名吗?

B: 是啊！这一学说曾在学术界引起了巨大的反响，盛极一时。

왜냐하면 올해 논밭이 침수되는 재해로 이재민들이 손해를 많이 입었기 때문이에요.

A: zhè yī xué shuō hěn yǒu míng ma？

이 학설이 아주 유명해요?

B: shì a！Zhè yī xué shuō céng zài xué shù jiè yǐn qǐ le jù dà de fǎn xiǎng, shèng jí yì shí.

그래요! 이 학설은 학계에서 큰 반향을 불러 일으키고 일시에 대성황을 이루었어요.

295 具备 jùbèi   갖추다. 구비하다.

A: 那只很小很小的鸟现在可以飞翔了吗?

B: 经过父母的精心喂养，鸟已经慢慢具备了飞翔的能力。

A: nà zhī hěn xiǎo hěn xiǎo de niǎo xiàn zài kě yǐ fēi xiáng le ma？

그 아주 작은 새가 이제 날 수 있나요?

B: jīng guò fù mǔ de jīng xīn wèi yǎng, niǎo yǐ jīng màn màn jù bèi le fēi xiáng de néng lì.

부모님이 정성으로 키워서 그 새는 점점 비상하는 능력을 갖췄어요.

A: 为什么这项规定还不实施?

B: 由于条件尚不具备,这项规定暂缓实行。

A: wèi shén me zhè xiàng guī dìng hái bù shí shī？

이 규정이 왜 아직 실행되지 않았어요?

B: yóu yú tiáo jiàn shàng bú jù bèi, zhè xiàng guī dìng zàn huǎn shí xíng.

조건이 아직 갖추어지지 않았기 때문에 이 규정은 잠시 시행 유예되었어요.

A: 他很厉害吗?

B: 他虽然还很年轻，却具备了敏锐的观察力和冷静的头脑。

A: tā hěn lì hài ma？

그는 대단한가요?

B: tā suī rán hái hěn nián qīng, què jù bèi le mǐn ruì de guān chá lì hé lěng jìng de tóu nǎo.

그는 아직 젊지만 날카로운 관찰력과 냉정한 두뇌를 구비하고 있어요.

A: 你认为真正的人才需要什么能力?

B: 真正的人才不光要具备一定的知识，还要具备创造力和亲和力。

A: nǐ rèn wéi zhēn zhèng de rén cái xū yào shén me néng lì？

진정한 인재는 어떤 능력이 필요하다고 생각해요?

B: zhēn zhèng de rén cái bù guāng yào jù bèi yí dìng de zhī shi, hái yào jù bèi chuàng zào lì hé qīn hé lì.

지식뿐만 아니라 창조성과 친화력도 갖추어야 해요.

梦想中国语 会话

296 具体 jùtǐ — 구체적이다.

A: 这个计划可以实施了吗?
A: zhè gè jì huà kě yǐ shí shī le ma?
이 계획을 실행할 수 있나요?

B: 还不行，因为这个计划的具体细节还需要讨论。
B: huái bù xíng, yīn wèi zhè gè jì huà de jù tǐ xì jié hái xū yào tǎo lùn.
아직은 안 돼요. 이 계획의 구체적인 세부 사항은 더 토론할 필요가 있어서요.

A: 学校应该怎样培养青年教师?
A: xué xiào yīng gāi zěn yàng péi yǎng qīng nián jiào shī?
학교는 청년 교사를 어떻게 양성해야 해요?

B: 学校采取具体措施，尽快把青年教师培养成骨干教师。
B: xué xiào cǎi qǔ jù tǐ cuò shī, jìn kuài bǎ qīng nián jiào shī péi yǎng chéng gǔ gàn jiào shī.
학교는 구체적인 조치를 취하여 최대한 빨리 청년 교사를 핵심 교사로 양성할 것이에요.

A: 姐姐，你能帮我完成这个作业吗?
A: jiě jie, nǐ néng bāng wǒ wán chéng zhè gè zuò yè ma?
언니, 이 숙제 좀 도와 줄래요?

B: 我只写了个提纲，至于具体内容全靠你发挥了。
B: wǒ zhǐ xiě le gè tí gāng, zhì yú jù tǐ nèi róng quán kào nǐ fā huī le.
저는 요약만을 써서 구체적인 내용은 당신이 해야 해요.

A: 你认为写作时，首先要做到什么?
A: nǐ rèn wéi xiě zuò shí, shǒu xiān yào zuò dào shén me?
당신은 작문을 할 때에 우선 무엇을 이루어져야 해요?

B: 我认为写作文时，首先要做到内容具体，语句通畅。
B: wǒ rèn wéi xiě zuò wén shí, shǒu xiān yào zuò dào nèi róng jù tǐ, yǔ jù tōng chàng.
작문을 할 때 우선 구체적인 내용이 있어야 되고, 어구가 유창해야 한다고 생각해요.

A: 你觉得绝食减肥怎么样?
A: nǐ jué de jué shí jiǎn féi zěn me yàng?
당신은 단식해서 다이어트하는 건 어떻다고 생각해요?

B: 减肥不能一味地饿肚子，要根据自己的具体情况制定出具体的饮食和运动方案。
B: jiǎn féi bù néng yí wèi de è dù zi, yào gēn jù zì jǐ de jù tǐ qíng kuàng zhì dìng chū jù tǐ de yǐn shí hé yùn dòng fāng àn.
다이어트는 무조건 굶어서는 안 되고 자신의 구체적인 상황에 따라서 구체적인 식단과 운동 방안을 짜야 돼요.

297 据说 jùshuō — 다른 사람의 말에 의하면~. 말에 근거하다

A: 据说,天鹅一生只会选择一个伴侣。
A: jù shuō, tiān é yì shēng zhǐ huì xuǎn zé yí gè bàn lǚ.
백조는 일생 동안 짝이 하나만 있다고 들었어요.

B: 真的吗？

B:zhēn de ma?

진짜예요?

A: 你经常能听见小树林里有声音吧？

A:nǐ jīng cháng néng tīng jiàn xiǎo shù lín lǐ yǒu shēng yīn ba?

작은 숲 속에서 나온 소리를 자주 들을 수 있죠?

B: 是啊，我经常能听到小树林里有人练嗓，据说还是一种健身方法呢。

B:shì ā,wǒ jīng cháng néng tīng dào xiǎo shù lín lǐ yǒu rén liàn sǎng, jù shuō hái shì yì zhǒng jiàn shēn fāng fǎ ne.

그래요, 저는 작은 숲에서 사람들이 목소리를 연습하는 걸 자주 들었어요, 그건 단련하는 방법 중에 하나라고 들었어요.

A: 你知道他退学之后去了哪里？

A:nǐ zhī dào tā tuì xué zhī hòu qù le nǎ lǐ?

당신은 그가 자퇴한 후에 어디로 간지 아세요?

B: 据说，他离开我们学校后，跟着爸爸到了上海。

B:jù shuō,tā lí kāi wǒ men xué xiào hòu,gēn zhe bà ba dào le shàng hǎi.

우리 학교를 떠나고 아버지를 따라서 상하이로 갔다고 들었어요.

A: 你知道中国的建筑物前面为什么经常摆石狮子吗？

A:nǐ zhī dào zhōng guó de jiàn zhù wù qián miàn wèi shén me jīng cháng bǎi shí shī zi ma?

당신은 중국의 건축물 앞에 왜 자주 돌사자가 놓이는지 알아요?

B: 在房子门口安置一对石狮子,据说是为了辟邪。

B:zài fáng zi mén kǒu ān zhì yí duì shí shī zi, jù shuō shì wèi le bì xié.

집 앞에 돌사자 한 쌍을 두면 액땜을 할 수 있다고 들었어요.

A: 你为什么每天都做眼保健操？

A:nǐ wèi shén me měi tiān dōu zuò yǎn bǎo jiàn cāo?

당신은 왜 매일 눈 건강 체조를 하나요?

B: 据说做眼保健操可以防治近视,你不妨试试。

B:jù shuō zuò yǎn bǎo jiàn cāo kě yǐ fáng zhì jìn shì, nǐ bù fáng shì shì.

근시를 예방할 수 있다고 들었어요, 당신도 해 봐요.

298 决心 juéxīn

결심. 결의. 다짐. 결심하다

A: 你觉得在学习汉语的路上应该具备什么？

A:nǐ jué de zài xué xí hàn yǔ de lù shàng yīng gāi jù bèi shén me?

중국어를 공부할 때 어떤 마음을 가져야 한다고 생각해요?

B: 我觉得在学习汉语的路上需要披荆斩棘的决心和勇气。

B:wǒ jué de zài xué xí hàn yǔ de lù shàng xū yào pī jīng zhǎn jí de jué xīn hé yǒng qì.

가시덤불을 헤치고 나아가는 결심과 용기가 필요하다고 생각해요.

A: 孩子，你有什么决心？

B: 我决心好好学习，上大学，读研究生。

A:hái zi,nǐ yǒu shén me jué xīn?

아이야, 너는 무슨 결심을 가지고 있어요?

B:wǒ jué xīn hǎo hāo xué xí, shàng dà xué, dú yán jiū shēng.

열심히 공부하여 대학교를 졸업해서 대학원을 다니기로 결심했어요.

A: 你最近很老实，不再像以前那样调皮不懂事了，值得表扬。

B: 我决心克服打架斗殴的毛病，做个安分守己的青年。

A:nǐ zuì jìn hěn lǎo shí,bú zài xiàng yǐ qián nà yàng tiáo pí bù dǒng shì le,zhí dé biǎo yáng.

당신은 요즘에 아주 온순하고 옛날처럼 철없이 장난치지 않아서 칭찬받을 만해요.

B:wǒ jué xīn kè fú dǎ jià dòu ōu de máo bìng, zuò gè ān fèn shǒu jǐ de qīng nián.

저는 치고 받고 싸우는 나쁜 버릇을 극복하고 성실히 자신의 본분을 지키는 젊은이가 되기로 결심했어요.

A: 你能遇到困难也会坚持吗？

B: 不论遇到什么困难，也不能动摇我们的决心。

A:nǐ néng yù dào kùn nán yě huì jiān chí ma?

당신은 어려움에 처해도 견딜 수 있겠어요?

B:bú lùn yù dào shén me kùn nán, yě bù néng dòng yáo wǒ men de jué xīn.

어떤 어려움을 만나더라도 우리의 결심을 흔들리지 못해요.

A: 你最近花钱很多哦！

B: 是啊，最近总是不自觉地乱花钱，我决心从今天开始出门不带信用卡。

A:nǐ zuì jìn huā qián hěn duō ó!

당신은 요즘 돈을 많이 썼네요!

B:shì ā,zuì jìn zǒng shì bú zì jué de luàn huā qián,wǒ jué xīn cóng jīn tiān kāi shǐ chū mén bú dài xìn yòng kǎ.

그래요, 요즘에 자꾸 무의식적으로 돈을 무분별하게 써서 저는 오늘부터 밖으로 나갈 때 신용카드를 가지고 가지 않기로 결심했어요.

299 角色 juésè

배역. 역. 역할

A: 她做为一个次要角色，怎么这么火？

B: 她虽然在戏中只扮演一个次要的角色，但她并没有半点马虎，精彩的表演得到了大家的称赞。

A:tā zuò wéi yí gè cì yào jué sè,zěn me zhè me huǒ?

그녀는 부차적인 배역으로 왜 이렇게 인기가 많아요?

B:tā suī rán zài xì zhōng zhǐ bàn yǎn yí gè cì yào de jué sè, dàn tā bìng méi yǒu bàn diǎn mǎ hu, jīng cǎi de biǎo yǎn dé dào le dà jiā de chēng zàn.

그녀는 연극에서 부차적인 배역만 맡았지만 조금도 소홀함이 없이 훌륭한 연기로 모두의 칭찬을 받았어요.

梦想中国语　会话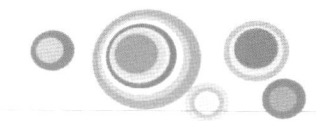

A: 你在游戏里充当什么角色？

B: 我在游戏中充当老鹰这个角色。

A:nǐ zài yóu xì lǐ chōng dāng shén me jué sè?
당신은 게임에서 무슨 역할을 해요?

B:wǒ zài yóu xì zhōng chōng dāng lǎo yīng zhè gè jué sè.
저는 게임에서 매의 역할을 맡았어요.

A: 听说你哥哥是演员，参演了这部电影？

B: 是的，不过在这部影片中，他扮演的是一个小角色。

A:tīng shuō nǐ gē ge shì yǎn yuán,cān yǎn le zhè bù diàn yǐng?
당신의 오빠는 영화 배우라면서 이 영화에 출연했어요?

B:shì de,bú guò zài zhè bù yǐng piān zhōng, tā bàn yǎn de shì yí gè xiǎo jué sè.
네, 다만 이 영화에서 그는 작은 배역을 맡아서 출연했어요.

A: 你觉得世界像舞台吗？

B: 我觉得世界就是一个舞台，需要我们用心演好我们的角色。

A:nǐ jué de shì jiè xiàng wǔ tái ma?
이 세상은 마치 무대와 비슷하다고 생각하나요?

B:wǒ jué de shì jiè jiù shì yí gè wǔ tái, xū yào wǒ men yòng xīn yǎn hǎo wǒ men de jué sè.
저는 이 세상은 마치 무대와 비슷하고 저희는 자신의 역할을 열심히 연기해야 한다고 생각해요.

A: 我需要反思什么？

B: 在这件事情中，你扮演了一个十分不光彩的角色，你一定要反思反思。

A:wǒ xū yào fǎn sī shén me?
저는 무엇을 반성해야 해요?

B:zài zhè jiàn shì qíng zhōng,nǐ bàn yǎn le yí gè shí fēn bù guāng cǎi de jué sè,nǐ yí dìng yào fǎn sī fǎn sī.
이번 사건에서 당신이 아주 불명예스러운 역할을 맡아서 반드시 잘 반성해야 해요.

300 绝对 juéduì

절대적인. 무조건적인. 완전히 절대로

A: 你觉得在学校绝对不能怎么样？

B: 在学校里,学习和娱乐要分清主次，绝对不能本末倒置。

A:nǐ jué de zài xué xiào jué duì bù néng zěn me yàng?
학교에서 무엇을 절대 하면 안 된다고 생각하나요?

B:zài xué xiào lǐ, xué xí hé yú lè yào fēn qīng zhǔ cì, jué duì bù néng běn mò dǎo zhì.
학교에서는 공부와 놀이의 주객을 잘 분명하게 가려야 하고 절대 본말이 전도되면 안 돼요.

A: 作为一名士兵，可以不服从命令吗？

B: 不可以, 作为一名士兵,要绝对服从上级的命令。

A:zuò wéi yì míng shì bīng,kě yǐ bù fú cóng mìng lìng ma?
사병으로서 명령에 복종하지 않을 수 있나요?

B:bù kě yǐ,zuò wéi yì míng shì bīng, yào jué duì fú cóng shàng jí de

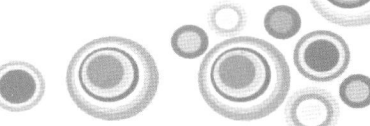

梦想中国语 会话

A: 我怎么从来没听说过这个新产品？

B: 这种技术在国内绝对是首创！

A: 世界上有绝对静止的东西吗？

B: 世界上绝对静止的东西是没有的。

A: 我求求你，帮帮我吧。

B: 尽管我是你的朋友，但我绝对不会袒护你的错误。

301 开发 kāifā

A: 你去过中国大连吗？

B: 我去过一次，那里开发得很好。

A: 在开发资源的同时需要注意什么？

B: 不能过度开发。

A: 你男朋友从事什么工作？

B: 他从事软件开发的工作。

---

mìng lìng.
안 돼요. 한 병사로서 상급자의 명령에 무조건 복종해야 해요.

A:wǒ zěn me cóng lái méi tīng shuō guò zhè ge xīn chǎn pǐn?
저는 어째서 이 신제품을 들어 본 적이 없죠?

B:zhè zhǒng jì shù zài guó nèi jué duì shì shǒu chuàng!
이런 기술은 국내에서 완전히 처음이에요!

A:shì jiè shàng yǒu jué duì jìng zhǐ de dōng xī ma?
세상에는 절대적으로 정지된 것이 있나요?

B:shì jiè shàng jué duì jìng zhǐ de dōng xī shì méi yǒu de.
세상에는 절대적으로 정지된 것이 없어요.

A:wǒ qiú qiu nǐ,bāng bāng wǒ ba.
제발 저를 좀 도와 주세요.

B:jǐn guǎn wǒ shì nǐ de péng you,dàn wǒ jué duì bú huì tǎn hù nǐ de cuò wù.
비록 저는 당신의 친구이지만 당신의 잘못을 절대 감싸 주지 않을 것이에요.

개발하다. 개척하다.

A:nǐ qù guò zhōng guó dà lián ma?
당신은 중국 다롄에 가 본 적이 있어요?

B: wǒ qù guò yí cì,nà lǐ kāi fā de hěn hǎo
저는 한 번 가 본 적이 있어요. 거기는 아주 잘 개발됐어요.

A:zài kāi fā zī yuán de tóng shí xū yào zhù yì shén me?
자원을 개발하면서 무엇을 주의해야 해요?

B: bù néng guò dù kāi fā.
지나치게 개발해서는 안 돼요.

A:nǐ nán péng you cóng shì shén me gōng zuò?
당신의 남자 친구는 무슨 일에 종사해요?

B: tā cóng shì ruǎn jiàn kāi fā de gōng zuò.
그는 소프트웨어 개발에 종사해요.

梦想中国语 会话

A：上次我来的时候，这里有公园吗？

B：没有，这个公园是刚刚开发出来的。

A: shàng cì wǒ lái de shí hòu, zhè lǐ yǒu gōng yuán ma?
지난 번에 제가 왔을 때, 여기에 공원이 있었어요?

B: méi yǒu, zhè gè gōng yuán shì gāng gāng kāi fā chū lái de.
아니요, 이 공원은 막 개발되었어요.

A：你们公司哪个部门是开发新产品的？

B：我们公司的研发部是开发新产品的。

A: nǐ men gōng sī nǎ gè bù mén shì kāi fā xīn chǎn pǐn de?
당신 회사의 어느 부서가 신제품을 개발해요?

B: wǒ men gōng sī de yán fā bù shì kāi fā xīn chǎn pǐn de.
우리 회사의 연구 개발팀은 신제품을 개발해요.

302 砍 kǎn

찍다. 패다. 삭감하다

A：过度砍树会造成什么？

B：过度砍树会造成水土资源的流失。

A: guò dù kǎn shù huì zào chéng shén me?
나무를 과도하게 베어내면 무엇을 초래해요?

B: guò dù kǎn shù huì zào chéng shuǐ tǔ zī yuán de liú shī.
나무를 지나치게 많이 찍어내면 수분과 토양의 유실을 초래할 수 있어요.

A：你砍过树吗？

B：我没有砍过树。

A: nǐ kǎn guò shù ma?
당신은 나무를 베어 본 적 있어요?

B: wǒ méi yǒu kǎn guò shù.
저는 나무를 벤 적이 없어요.

A：为什么国家禁止乱砍乱伐？

B：因为乱砍乱伐会破坏环境。

A: wèi shén me guó jiā jìn zhǐ luàn kǎn luàn fá?
왜 국가가 함부로 벌목을 남용하는 것을 금지해요?

B: yīn wèi luàn kǎn luàn fá huì pò huài huán jìng.
벌목을 너무 많이 하면 환경 파괴가 초래될 수도 있어요.

A：他为什么被警察逮捕了？

B：因为他持刀砍人。

A: tā wèi shén me bèi jǐng chá dǎi bǔ le?
그는 왜 경찰에게 체포되었어요?

B: yīn wèi tā chí dāo kǎn rén.
왜냐하면 그는 칼로 사람을 베었기 때문이에요.

A：买东西的时候你会砍价吗？

B：一般情况下我不会砍价。

A: mǎi dōng xī de shí hòu nǐ huì kǎn jià ma?
물건을 살 때 흥정을 해요?

B: yì bān qíng kuàng xià wǒ bú huì kǎn jià.

일반적으로 저는 흥정을 하지 않아요.

303 看不起 kànbuqǐ

경시하다. 얕보다. 깔보다

A：你看不起什么样的人？

A: nǐ kàn bu qǐ shén me yàng de rén？
당신은 어떤 사람을 깔봐요？

B：我看不起好吃懒做、啃老的人。

B: wǒ kàn bu qǐ hào chī lǎn zuò,kěn lǎo de rén.
저는 먹기만 하고 게으른 캥거루족을 멸시해요.

A：他为什么被别人看不起？

A: tā wèi shén me bèi bié rén kàn bu qǐ？
그는 왜 남에게 경시를 당해요？

B：因为他不好好工作，到处惹麻烦。

B: yīn wèi tā bù hǎo hāo gōng zuò,dào chù rě má fán.
그는 열심히 일하지 않았고 도처에서 말썽을 일으켜서요.

A：我觉得我学习很差怎么办？

A: wǒ jué de wǒ xué xí hěn chà zěn me bàn？
저는 공부를 엄청 못한다고 생각해요. 어떡해요？

B：不要看不起自己，再努力一点就好了。

B: bú yào kàn bu qǐ zì jǐ,zài nǔ lì yì diǎn jiù hǎo le.
자기를 낮춰보지 말고 좀 더 노력하면 돼요.

A：买不起名牌包包会被看不起吗？

A: mǎi bu qǐ míng pái bāo bāo huì bèi kàn bu qǐ ma？
브랜드 가방을 살 수 없으면 무시를 당해요？

B：当然不会，我认为善良和智慧远比物质更值钱。

B: dāng rán bú huì,wǒ rèn wéi shàn liáng hé zhì huì yuǎn bǐ wù zhì gèng zhí qián.
당연히 아니죠. 저는 선량함과 지혜가 물질보다 더 값지다고 생각해요.

304 看来 kànlái

보아하니 ~하다. 보기에

A：看来学汉语很有意思啊！

A: kàn lái xué hàn yǔ hěn yǒu yì si a！
중국어를 배우는 것이 재미있어 보이네요!

B：是呀，只要跟着老师的方法来，学习很有意思。

B: shì ya,zhǐ yào gēn zhe lǎo shī de fāng fǎ lái,xué xí hěn yǒu yì si.
네, 선생님의 방법을 따르면 공부가 참 재미 있어요.

A：天气预报说今天是晴天啊，可是外面怎么下雨了？

A: tiān qì yù bào shuō jīn tiān shì qíng tiān ā,kě shì wài miàn zěn me xià yǔ le？
일기 예보에서 오늘은 날씨가 맑다고 했는데, 밖에 어떻게 비가 왔어요？

B：什么？看来今天只能挨淋了。

B: shén me？kàn lái jīn tiān zhǐ néng ái lín le.

A：你来尝尝我做的中国菜好吃吗?

B：味道不错嘛! 看来有做厨师的潜力啊!

A: nǐ lái cháng cháng wǒ zuò de zhōng guó cài hǎo chī ma?
제가 만든 중국 요리를 맛 보실래요?

B: wèi dào bú cuò ma! kàn lái yǒu zuò chú shī de qián lì a!
맛이 괜찮네요! 요리사로서의 잠재력이 있는 것 같군요!

A：看来你的作业写完啦?

B：没错! 我在学院就写完了。

A: kàn lái nǐ de zuò yè xiě wán lā?
보니까 숙제는 다 했나 봐요?

B: méi cuò! wǒ zài xué yuàn jiù xiě wán le.
맞아요! 저는 학원에서 다 완성했어요.

A：阳光明媚,今天天气不错啊!

B：看来我们可以去野餐啦!

A: yáng guāng míng mèi, jīn tiān tiān qì bú cuò a!
햇살이 쨍쨍하네, 오늘 날씨가 좋군요!

B: kàn lái wǒ men kě yǐ qù yě cān lā!
보아하니 우리는 소풍 갈 수 있을 것 같아요!

305 抗议 kàngyì   항의하다

A：外面的人们在干什么?

B：外面的人们在游行,抗议政府做的这个决定。

A: wài miàn de rén men zài gàn shén me?
밖에 사람들이 뭘 하고 있어요?

B: wài miàn de rén men zài yóu xíng, kàng yì zhèng fǔ zuò de zhè ge jué dìng.
밖에 있는 사람들은 정부의 결정에 항의하기 위해 시위를 하고 있어요.

A：小妹妹为什么噘嘴?

B：她在噘嘴抗议妈妈逼她学习。

A: xiǎo mèi mei wèi shén me juē zuǐ?
어린 동생이 왜 입을 삐죽 내밀고 있어요?

B: tā zài juē zuǐ kàng yì mā ma bī tā xué xí.
그녀는 어머니가 그녀에게 공부하라고 강요하는 것에 대해 항의하고 있어요.

A：你觉得通过延长工人的工时来提高生产怎么样?

B：我抗议。

A: nǐ jué de tōng guò yán cháng gōng rén de gōng shí lái tí gāo shēng chǎn zěn me yàng?
당신은 노동자의 연장 작업을 통하여 생산을 늘리는 것을 어떻게 생각해요?

B: wǒ kàng yì.

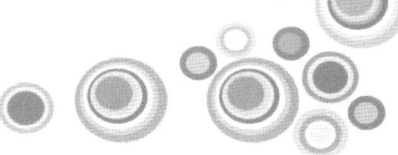

A: 政府的这项决定怎么样？

B: 受到了很多人的抗议和愤慨。

A: zhèng fǔ de zhè xiàng jué dìng zěn me yàng?
정부의 이 결정은 어때요?

B: shòu dào le hěn duō rén de kàng yì hé fèn kǎi.
많은 사람들로부터 항의와 분노를 받았어요.

306 颗 kē

둥글고 작은 알맹이 모양의 물건을 세는 양사. 알.

A: 你认识天上的哪颗星星？

B: 我认识那颗北极星。

A: nǐ rèn shí tiān shàng de nǎ kē xīng xing?
당신은 하늘의 어떤 별을 알아요?

B: wǒ rèn shí nà kē běi jí xīng.
저는 북극성을 알고 있어요.

A: 你喜欢哪个季节的夜？

B: 我喜欢夏天的夜，更喜欢在夏天欣赏天上的一颗颗星星。

A: nǐ xǐ huān nǎ gè jì jié de yè?
당신은 어느 계절의 밤을 좋아해요?

B: wǒ xǐ huān xià tiān de yè, gèng xǐ huān zài xià tiān xīn shǎng tiān shàng de yì kē kē xīng xing.
저는 여름 밤을 좋아하고, 여름에 하늘 위의 별 하나 하나를 즐겨 보는 것을 더 좋아해요.

A: 你说的北极星是这颗吗？

B: 对，就是北斗七星勺子对着的那颗。

A: nǐ shuō de běi jí xīng shì zhè kē ma?
당신이 말한 북극성은 이것이에요?

B: duì, jiù shì běi dǒu qī xīng sháo zi duì zhe de nà kē.
네, 북두칠성 국자 모양의 그 별이에요.

A: 你为什么喜欢北极星？

B: 因为这颗星星的位置永远不变，引导着我们。

A: nǐ wèi shén me xǐ huān běi jí xīng?
당신은 왜 북극성을 좋아해요?

B: yīn wèi zhè kē xīng xing de wèi zhì yǒng yuǎn bú biàn, yǐn dǎo zhe wǒ men.
왜냐하면 이 별의 위치는 영원히 변하지 않고 우리를 인도하기 때문이에요.

307 可见 kějiàn

~라는 것을 알 수 있다. ~ 임을 알 수 있다.

A: 我的男朋友下课后会开车来接我。

B: 可见你的男朋友很贴心嘛。

A: wǒ de nán péng you xià kè hòu huì kāi chē lái jiē wǒ.
저의 남자 친구가 방과 후에 차를 몰아 저를 데리러 올 것이에요.

梦想中国语　会话

A：我觉得汉语虽然有些难，但是如果两天以上我不练习的话，好像浑身都痒痒。

B：可见你很热爱汉语啊！

B: kě jiàn nǐ de nán péng you hěn tiē xīn ma.
당신과 남자 친구가 아주 마음이 맞는 걸 알 수 있어요.

A: wǒ jué de hàn yǔ suī rán yǒu xiē nán, dàn shì rú guǒ liǎng tiān yǐ shàng wǒ bú liàn xí de huà, hǎo xiàng hún shēn dōu yǎng yǎng.
중국어는 어렵지만 이틀 이상 연습하지 않으면 온몸이 근질거려요.

B: kě jiàn nǐ hěn rè ài hàn yǔ a!
그만큼 중국어를 좋아하는 걸 알 수 있네요.

A：外面的地是湿的。

B：可见昨晚下雨了。

A: wài miàn de dì shì shī de.
바깥의 바닥이 젖어 있어요.

B: kě jiàn zuó wǎn xià yǔ le.
간밤에 비가 온 것 같아요.

A：妈妈总是教育我。

B：可见妈妈很爱你！

A: mā ma zǒng shì jiào yù wǒ.
엄마는 늘 저를 가르치셨어요.

B: kě jiàn mā ma hěn ài nǐ!
엄마가 당신을 많이 사랑하는 걸 알 수 있네요!

308 可靠 kěkào

믿을 만하다. 믿음직하다

A：你的消息可靠吗？

B：绝对可靠，放心吧。

A: nǐ de xiāo xi kě kào ma?
당신의 소식은 믿을 만해요?

B: jué duì kě kào, fàng xīn ba.
완전히 믿을 만하니 안심하세요.

A：你觉得你是个可靠的人吗？

B：我觉得我是个可靠的人。

A: nǐ jué de nǐ shì gè kě kào de rén ma?
당신 자신이 믿을 만한 사람이라고 생각해요?

B: wǒ jué de wǒ shì gè kě kào de rén.
저는 제가 믿을 만한 사람이라고 생각해요.

A：这个事情一定要找个可靠的人去做！

B：这件事交给我吧。

A: zhè gè shì qíng yí dìng yào zhǎo gè kě kào de rén qù zuò!
이 일은 반드시 믿을 만한 사람을 찾아서 해야 해요!

B: zhè jiàn shì jiāo gěi wǒ ba.
그 일은 내게 맡기세요.

梦想中国语 会话

A：你觉得这个公司可靠吗？

B：我上网查了一下，信用挺好的，应该很可靠。

A: nǐ jué de zhè gè gōng sī kě kào ma?
당신은 이 회사가 믿을 만한다고 생각해요?

B: wǒ shàng wǎng chá le yí xià, xìn yòng tǐng hǎo de, yīng gāi hěn kě kào.
제가 인터넷 검색을 해 봤어요. 신용이 아주 좋아서 믿을 만할 거예요.

309 可怕 kěpà

두렵다. 무섭다.

A：你为什么表情突然变得这么严肃？

B：我听到了一个很可怕的消息。

A: nǐ wèi shén me biǎo qíng tū rán biàn de zhè me yán sù?
표정이 왜 갑자기 이렇게 엄숙하게 변했어요?

B: wǒ tīng dào le yí gè hěn kě pà de xiāo xi.
저는 끔찍한 소식을 들었어요.

A：你觉得你的爸爸可怕吗？

B：我的爸爸总是不苟言笑，表情严肃，有点可怕。

A: nǐ jué de nǐ de bà ba kě pà ma?
당신의 아버지가 무섭다고 생각해요?

B: wǒ de bà ba zǒng shì bù gǒu yán xiào, biǎo qíng yán sù, yǒu diǎn kě pà.
저의 아버지는 항상 경솔하게 웃거나 떠들지 않고, 표정이 엄숙하고 무서워요.

A：你觉得失败可怕吗？

B：我认为失败不可怕，可怕的是没有重头再来的勇气。

A: nǐ jué de shī bài kě pà ma?
당신은 실패가 무섭다고 생각해요?

B: wǒ rèn wéi shī bài bù kě pà, kě pà de shì méi yǒu chóng tóu zài lái de yǒng qì.
저는 실패가 두렵지 않다고 생각하는데, 두려운 것은 다시 처음부터 시작할 용기가 없는 것이에요.

A：你昨晚睡得怎么样？

B：我做了一个很可怕的梦。

A: nǐ zuó wǎn shuì de zěn me yàng?
당신은 어젯밤에 어떻게 잤어요?

B: wǒ zuò le yí gè hěn kě pà de mèng.
저는 무서운 꿈을 꾸었어요.

310 克服 kèfú

극복하다. 이겨 내다

A：学汉语的过程中需要克服哪些干扰？

A: xué hàn yǔ de guò chéng zhōng xū yào kè fú nǎ xiē gān rǎo?
중국어를 배우는 과정에서 어떤 어려움을 극복해야 해요?

B：需要克服母语的干扰。

B: xū yào kè fú mǔ yǔ de gān rǎo.
모국어의 방해를 극복해야 해요.

A：想要成功需要克服什么？

A: xiǎng yào chéng gōng xū yào kè fú shén me?
성공하려면 무엇을 극복해야 하나요?

B：需要克服很多困难。

B: xū yào kè fú hěn duō kùn nán.
많은 어려움을 극복해야 해요.

A：他为什么胜利了？

A: tā wèi shén me shèng lì le?
그는 왜 승리했어요?

B：他克服了自身的弱点。

B: tā kè fú le zì shēn de ruò diǎn.
그는 자신의 약점을 극복했어요.

A：怎样才能克服困难？

A: zěn yàng cái néng kè fú kùn nán?
어떻게 해야만 어려움을 극복할 수 있어요?

B：需要很强的意志力和决心。

B: xū yào hěn qiáng de yì zhì lì hé jué xīn.
강한 의지력과 결심이 필요해요.

311 刻苦 kèkǔ

고생을 참아내다. 고생을 견디다, 애를 쓰다.

A：他为什么汉语学得那么好？

A: tā wèi shén me hàn yǔ xué de nà me hǎo?
그는 중국어를 어떻게 그렇게 잘 배웠어요?

B：因为他学习很刻苦。

B: yīn wèi tā xué xí hěn kè kǔ.
왜냐하면 그는 공부를 매우 열심히 하기 때문이에요.

A：运动员的好成绩来自于什么？

A: yùn dòng yuán de hǎo chéng jì lái zì yú shén me?
선수들의 좋은 성적의 비결이 뭔가요?

B：来自于每天刻苦的练习。

B: lái zì yú měi tiān kè kǔ de liàn xí.
매일 꾸준한 연습이예요.

A：你学习汉语为什么这么刻苦？

A: nǐ xué xí hàn yǔ wèi shén me zhè me kè kǔ?
당신은 중국어를 왜 이렇게 열심히 배워요?

B：因为我想学好汉语，以后去中国工作。

B: yīn wèi wǒ xiǎng xué hǎo hàn yǔ, yǐ hòu qù zhōng guó gōng zuò.
제가 중국어를 잘해서, 나중에 중국에 가서 일하고 싶어서요.

A：他的成绩为什么下降了？

A: tā de chéng jì wèi shén me xià jiàng le?

223

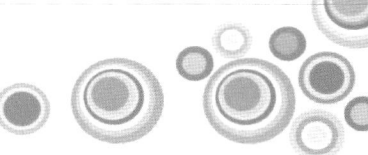

梦想中国语 会话

B：这段时间学习不如上个月刻苦。

그의 성적은 왜 떨어졌어요?

B: zhè duàn shí jiān xué xí bù rú shàng gè yuè kè kǔ.

요새 공부를 지난 달보다 덜 열심히 해서요.

312 客观 kèguān

객관적이다. 객관.

A：客观规律会轻易改变吗？

A: kè guān guī lǜ huì qīng yì gǎi biàn ma?

객관적인 규칙은 쉽게 바꿀 수 있어요?

B：客观规律不会以人的意志为转移。

B: kè guān guī lǜ bú huì yǐ rén de yì zhì wéi zhuǎn yí.

객관적인 규칙은 사람의 의지로 바뀌지 않아요.

A：我们应该如何看待这个问题？

A: wǒ men yīng gāi rú hé kàn dài zhè gè wèn tí?

우리는 이 문제를 어떻게 봐야 해요?

B：我们应该客观地看待这个问题。

B: wǒ men yīng gāi kè guān de kàn dài zhè gè wèn tí.

우리는 반드시 객관적으로 이 문제를 봐야 해요.

A：在客观事实面前，我们要怎么做？

A: zài kè guān shì shí miàn qián, wǒ men yào zěn me zuò?

객관적 사실 앞에서 우리는 어떻게 해야 해요?

B：在客观事实面前，我们应该尊重事实。

B: zài kè guān shì shí miàn qián, wǒ men yīng gāi zūn zhòng shì shí.

객관적 사실 앞에서 우리는 사실을 존중해야 해요.

A：你喜欢回答客观题还是主观题？

A: nǐ xǐ huān huí dá kè guān tí hái shì zhǔ guān tí?

주관식 문제와 객관식 문제 중 어떤 것에 대답하는 것을 좋아해요?

B：我喜欢回答客观题。

B: wǒ xǐ huān huí dá kè guān tí.

저는 객관식 문제에 대답하는 것을 좋아해요.

A：客观地讲，他比你要更努力。

A: kè guān de jiǎng, tā bǐ nǐ yào gèng nǔ lì.

객관적으로 말하자면, 그는 당신보다 더 노력해요.

B：是的，我承认。

B: shì de, wǒ chéng rèn.

네, 인정해요.

313 恐怖 kǒngbù

공포를 느끼다. 아주 무섭다. 무섭다, 두렵다.

A：你喜欢看恐怖电影吗？

A: nǐ xǐ huān kàn kǒng bù diàn yǐng ma?

당신은 공포 영화를 즐겨 봐요?

B：我很喜欢看恐怖电影。

B: wǒ hěn xǐ huān kàn kǒng bù diàn yǐng.

A：你经常独自看恐怖电影吗？

B：不是的，我经常和好朋友一起看。

A: nǐ jīng cháng dú zì kàn kǒng bù diàn yǐng ma？
당신은 자주 혼자서 공포 영화를 봐요？
B: bú shì de, wǒ jīng cháng hé hǎo péng you yì qǐ kàn.
아니에요. 저는 항상 친한 친구와 같이 보곤 해요.

A：世界上存在着恐怖组织吗？

B：目前是存在的。

A: shì jiè shàng cún zài zhe kǒng bù zǔ zhī ma？
세계에는 테러 조직이 존재해요？
B: mù qián shì cún zài de.
현재는 존재해요.

A：你听到那个罪犯的新闻了吗？

B：我听到了，好像很恐怖。

A: nǐ tīng dào nà gè zuì fàn de xīn wén le ma？
당신은 그 범인의 뉴스를 들었어요？
B: wǒ tīng dào le, hǎo xiàng hěn kǒng bù.
들었어요. 공포스러운 것 같아요.

314 空闲 kòngxián

여가. 한가하다, 여유가 있다.

A：空闲时间你会做什么？

B：空闲时间我会看中国电视剧。

A: kòng xián shí jiān nǐ huì zuò shén me？
여가 시간에 당신은 무엇을 할 거예요？
B: kòng xián shí jiān wǒ huì kàn zhōng guó diàn shì jù.
한가한 시간에 중국 드라마를 볼 거예요.

A：你每天的空闲时间多吗？

B：自从换了新工作之后，每天的空闲时间变多了。

A: nǐ měi tiān de kòng xián shí jiān duō ma？
당신은 매일 여가 시간이 많아요？
B: zì cóng huàn le xīn gōng zuò zhī hòu, měi tiān de kòng xián shí jiān biàn duō le.
새로운 직장으로 옮긴 이후로 매일 여가 시간이 많아졌어요.

A：你通常什么时候和家里视频？

B：我通常空闲的时候和家里视频。

A: nǐ tōng cháng shén me shí hòu hé jiā lǐ shì pín？
당신은 보통 언제 가족과 화상 통화를 해요？
B: wǒ tōng cháng kòng xián de shí hòu hé jiā lǐ shì pín.
저는 보통 한가할 때 가족과 화상 통화를 해요.

A：你喜欢空闲时间吗？

A: nǐ xǐ huān kòng xián shí jiān ma？
여가 시간을 좋아해요？

B：因为可以随心所欲做我想做的事，所以我很喜欢。

B: yīn wèi kě yǐ suí xīn suǒ yù zuò wǒ xiǎng zuò de shì,suǒ yǐ wǒ hěn xǐ huān.

원하는 대로 일을 할 수 있기 때문에 좋아해요.

A：你有什么愿望？

A:Nǐ yǒu shén me yuàn wàng？

무슨 소원이 있으세요?

B：我希望我每天的空闲时间再多一点。

B: Wǒ xī wàng wǒ měi tiān de kòng xián shí jiān zài duō yì diǎn.

저는 매일의 여가 시간이 좀 더 길어졌으면 해요.

315 控制 kòngzhì — 통제해요. 제어하다

A：你会控制自己的食量吗？

A:nǐ huì kòng zhì zì jǐ de shí liàng ma？

당신은 자신의 식사량을 통제할 수 있어요?

B：即使我很饿，我也会控制自己的食量。

B: jí shǐ wǒ hěn è,wǒ yě huì kòng zhì zì jǐ de shí liàng.

저는 몹시 배가 고프더라도 먹는 것을 통제할 수 있어요.

A：你能控制好方向盘吗？

A:nǐ néng kòng zhì hǎo fāng xiàng pán ma？

핸들을 잘 잡을 수 있어요?

B：我试一下。

B: wǒ shì yí xià.

제가 한 번 해 볼게요.

A：你控制得住自己的脾气吗？

A:nǐ kòng zhì de zhù zì jǐ de pí qì ma？

당신은 자신의 성질을 통제할 수 있어요?

B：说实话这个很难。

B: shuō shí huà zhè gè hěn nán.

솔직히 이건 어려워요.

A：你喜欢被别人控制吗？

A:nǐ xǐ huān bèi bié rén kòng zhì ma？

당신은 다른 사람의 통제를 받는 것을 좋아해요?

B：我很不喜欢被别人控制。

B: wǒ hěn bù xǐ huān bèi bié rén kòng zhì.

저는 다른 사람의 통제를 받는 것을 매우 싫어해요.

A：不要控制自己的眼泪，哭出来可能会好一点！

A:bú yào kòng zhì zì jǐ de yǎn lèi,kū chū lái kě néng huì hǎo yì diǎn！

자신의 눈물을 억제하지 마라, 울면 좋아질 수 있어!

B：呜呜呜...

B: wū wū wū ...

우우우...

316 夸 kuā — 칭찬하다

梦想中国语　会话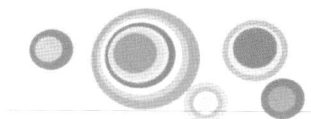

A：你怎么这么高兴？

B：汉语老师夸我作业完成得好。

A:nǐ zěn me zhè me gāo xìng？
당신은 어째서 이렇게 기뻐요?
B: hàn yǔ lǎo shī kuā wǒ zuò yè wán chéng de hǎo.
중국어 선생님이 제가 숙제를 잘 했다고 칭찬했어요.

A：你会经常夸别人吗？

B：我会经常夸别人。

A:nǐ huì jīng cháng kuā bié rén ma？
당신은 항상 다른 사람을 칭찬해요?
B: wǒ huì jīng cháng kuā bié rén.
저는 항상 다른 사람을 칭찬해요.

A：当你被别人夸奖之后，你会说什么？

B：我会谦虚地说声谢谢。

A:dāng nǐ bèi bié rén kuā jiǎng zhī hòu,nǐ huì shuō shén me？
다른 사람에게서 칭찬을 받은 후에, 당신은 무슨 말을 해요?
B: wǒ huì qiān xū de shuō shēng xiè xie.
저는 겸손하게 감사하다고 말할 것이에요.

A：他夸你什么？

B：他夸我的汉字写得很漂亮。

A:tā kuā nǐ shén me？
그는 당신의 무엇을 칭찬했어요?
B: tā kuā wǒ de hàn zì xiě de hěn piào liàng.
그는 제가 한자를 매우 예쁘게 썼다고 칭찬했어요.

317 会计 kuàijì

회계. 경리.

A：你想做会计吗？

B：我想做会计，因为可以和钱打交道。

A:nǐ xiǎng zuò kuài jì ma？
당신은 회계사가 되고 싶어요?
B: wǒ xiǎng zuò kuài jì,yīn wèi kě yǐ hé qián dǎ jiāo dào.
저는 회계사가 되고 싶어요. 돈을 다룰 수 있어서요.

A：你大学主修什么专业？

B：我大学主修的是会计学。

A:nǐ dà xué zhǔ xiū shén me zhuān yè？
대학교 때는 무엇을 전공했어요?
B: wǒ dà xué zhǔ xiū de shì kuài jì xué.
대학에서 회계학을 전공했어요.

A：你觉得会计难吗？

B：我觉得不难。

A:nǐ jué de kuài jì nán ma？
당신은 회계가 어렵다고 생각해요?
B: wǒ jué de bú nán.

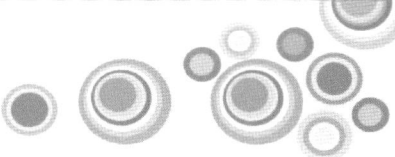

梦想中国语 会话

A：想做一名**合格**的会计，需要什么品质？

B：需要耐心和细心的品质。

A:xiǎng zuò yì míng hé gé de kuài jì,xū yào shén me pǐn zhì?
회계사에 합격하려면 어떤 성품이 필요한가요?

B: xū yào nài xīn hé xì xīn de pǐn zhì.
인내심과 세심함이 필요해요.

318 来自 láizì

~에서 오다. ~로부터 오다

A：你好，我来自中国。

B：你好，我来自美国。

A:nǐ hǎo,wǒ lái zì zhōng guó.
안녕하세요, 저는 중국에서 왔어요.

B: nǐ hǎo,wǒ lái zì měi guó.
안녕하세요, 저는 미국에서 왔어요.

A：大熊猫来自哪里？

B：大熊猫是来自中国的国宝。

A:dà xióng māo lái zì nǎ lǐ?
판다는 어디에서 와요?

B: dà xióng māo shì lái zì zhōng guó de guó bǎo.
판다는 중국에서 온 국보예요.

A：你看过韩剧《来自星星的你》吗？

B：我看过，非常喜欢。

A:nǐ kàn guò hán jù《lái zì xīng xing de nǐ》ma?
한국 드라마 '별에서 온 그대'를 본 적이 있어요?

B:wǒ kàn guò,fēi cháng xǐ huān.
저는 본 적이 있어요. 매우 좋아해요.

A：你觉得男女思维不一样吗？

B：不是有这样的说法嘛：
"男人来自火星，女人来自金星"。

A:nǐ jué de nán nǚ sī wéi bù yí yàng ma?
당신은 남녀가 생각이 다르다고 생각해요?

B: bú shì yǒu zhè yàng de shuō fǎ ma:'nán rén lái zì huǒ xīng,nǚ rén lái zì jīn xīng'.
"남자는 화성에서 왔고 여자는 금성에서 왔다"는 말이 있잖아요.

A：今天天气好冷啊！

B：是的，我看天气预报说，来自西伯利亚的冷空气进入了我国。

A:jīn tiān tiān qì hǎo lěng a!
오늘은 날씨가 참 춥군요!

B: shì de,wǒ kàn tiān qì yù bào shuō,lái zì xī bó lì yà de lěng kōng qì jìn rù le wǒ guó.
예, 일기예보에서 시베리아에서 온 차가운 공기가 우리 나라에 들어왔다고 들었어요.

319 拦 lán — 가로막다. 막다. 저지하다

A：记者们进入到法庭内了吗？
A: jì zhě men jìn rù dào fǎ tíng nèi le ma?
기자들이 법정으로 들어갔어요?

B：没有，记者们被拦在了法庭外面。
B: méi yǒu, jì zhě men bèi lán zài le fǎ tíng wài miàn.
아니오, 기자들은 법정 밖에 가로막혀있어요.

A：我要去中国，你不要拦着我哦！
A: wǒ yào qù zhōng guó, nǐ bú yào lán zhe wǒ ò!
저는 중국에 가고 싶어요. 저를 막지 마세요!

B：你真的打算去了啊？
B: nǐ zhēn de dǎ suàn qù le a?
정말 갈 거예요?

A：这些树木有什么用处吗？
A: zhè xiē shù mù yǒu shén me yòng chù ma?
이 나무들은 무슨 쓸모가 있어요?

B：它们可以一定程度上拦截洪水。
B: tā men kě yǐ yí dìng chéng dù shàng lán jié hóng shuǐ.
어느 정도 홍수를 막을 수 있어요.

A：他的车怎么被拦下了？
A: tā de chē zěn me bèi lán xià le?
그의 차를 왜 막았어요?

B：他的车门没有关严。
B: tā de chē mén méi yǒu guān yán.
그의 차문이 꽉 닫혀 있지 않았어요.

A：你怎么迟到了？
A: nǐ zěn me chí dào le?
왜 늦으셨어요?

B：在来学院的路上，我被交警拦下了。
B: zài lái xué yuàn de lù shàng, wǒ bèi jiāo jǐng lán xià le.
학원에 오는 길에 저는 교통 경찰에게 가로막혔어요.

320 烂 làn — 썩다. 부패하다. 부식되다

A：你觉得我笑起来好看吗？
A: nǐ jué de wǒ xiào qǐ lái hǎo kàn ma?
당신은 제가 웃는 게 예쁘다고 생각해요?

B：你笑起来很灿烂，很漂亮。
B: nǐ xiào qǐ lái hěn càn làn, hěn piào liàng.
당신이 웃으면 찬란해요. 아주 예뻐요.

A：你为什么把这些水果都扔掉了？
A: nǐ wèi shén me bǎ zhè xiē shuǐ guǒ dōu rēng diào le?
당신은 이 과일들을 왜 다 버렸어요?

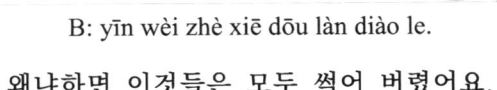

B：因为这些都烂掉了。
B: yīn wèi zhè xiē dōu làn diào le.
왜냐하면 이것들은 모두 썩어 버렸어요.

A：你觉得你学习怎么样？
A: nǐ jué de nǐ xué xí zěn me yàng?
당신은 공부하는 것이 어때요?

B：我觉得我学习很烂。
B: wǒ jué de wǒ xué xí hěn làn.
제가 공부를 매우 못한다고 생각해요.

A：今天阳光怎么样？
A: jīn tiān yáng guāng zěn me yàng?
오늘의 햇빛은 어때요?

B：阳光非常灿烂。
B: yáng guāng fēi cháng càn làn.
햇빛이 매우 찬란해요.

A：昨天他喝醉了吗？
A: zuó tiān tā hē zuì le ma?
어제 그는 술에 취했나요?

B：他喝了很多酒，到最后烂醉如泥。
B: tā hē le hěn duō jiǔ, dào zuì hòu làn zuì rú ní.
그는 술을 많이 마셔서, 마지막까지 고주망태가 되었어요.

321 劳动 láodòng

노동. 노동하다. 일(하다).

A：你觉得劳动重要吗？
A: nǐ jué de láo dòng zhòng yào ma?
당신은 노동이 중요하다고 생각해요?

B：我觉得很重要。
B: wǒ jué de hěn zhòng yào.
저는 중요하다고 생각해요.

A：你觉得农民伯伯辛苦吗？
A: nǐ jué de nóng mín bó bo xīn kǔ ma?
당신은 농부 아저씨가 고생이 많다고 생각해요?

B：农民伯伯常年认真劳动，很辛苦。
B: nóng mín bó bo cháng nián rèn zhēn láo dòng, hěn xīn kǔ.
농부 아저씨는 일 년 내내 열심히 일하셔서 매우 힘들어요.

A：你得过什么荣誉？
A: nǐ dé guò shén me róng yù?
당신은 무슨 영예를 얻은 적이 있어요?

B：我获得过"劳动模范"称号。
B: wǒ huò dé guò 'láo dòng mó fàn' chēng hào.
저는 '모범 노동자'라는 칭호를 얻었어요.

A：你觉得人工智能可以完全取代人的劳动吗？
A: nǐ jué de rén gōng zhì néng kě yǐ wán quán qǔ dài rén de láo dòng ma?

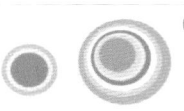
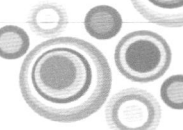

B：我觉得以后有可能。

인공지능이 인간의 노동을 완전히 대체할 수 있다고 생각해요?

B: wǒ jué de yǐ hòu yǒu kě néng.

저는 나중에는 가능할 것이라고 생각해요.

322 老板 lǎobǎn — 사장. 주인.

A：你的老板性格怎么样？

A: nǐ de lǎo bǎn xìng gé zěn me yàng?

당신의 사장님의 성격이 어때요?

B：我的老板很精明，脾气很好。

B: wǒ de lǎo bǎn hěn jīng míng, pí qì hěn hǎo.

우리 사장님은 매우 영리해서 성격이 매우 좋아요.

A：你经常来这家烤肉店吗？

A: nǐ jīng cháng lái zhè jiā kǎo ròu diàn ma?

당신은 이 식당에 자주 와요?

B：是的，这家老板我都认识。

B: shì de, zhè jiā lǎo bǎn wǒ dōu rèn shí.

예, 이 식당 주인님은 다 알고 있어요.

A：这家店的中国菜味道很正宗！

A: zhè jiā diàn de zhōng guó cài wèi dào hěn zhèng zōng!

이 가게의 중국 요리는 정통 요리예요.

B：是的，因为老板是中国人。

B: shì de, yīn wèi lǎo bǎn shì zhōng guó rén.

예, 사장님이 중국인이에요.

A：你想做老板吗？

A: nǐ xiǎng zuò lǎo bǎn ma?

당신은 사장이 되고 싶어요?

B：我想做老板。

B: wǒ xiǎng zuò lǎo bǎn.

저는 사장이 되고 싶어요.

A：你觉得做老板辛苦吗？

A: nǐ jué de zuò lǎo bǎn xīn kǔ ma?

당신은 사장이 되는 것이 힘들다고 생각해요?

B：当然，需要管理很多啊。

B: dāng rán, xū yào guǎn lǐ hěn duō ā.

물론이죠. 관리를 많이 해야 하니까요.

323 老实 lǎoshí — 성실하다, 정직하다. 진실하다, 솔직하다

A：这只猫怎么这么老实啊？

A: zhè zhī māo zěn me zhè me lǎo shí a?

이 고양이는 왜 이렇게 얌전해요?

B：它的腿受伤了。

B: tā de tuǐ shòu shāng le.

A：他上课老实吗？

B：很不老实，经常搞小动作。

A：你觉得你是个老实人吗？

B：我觉得我是个老实人。

A：老实点！快说出真相！

B：我什么都不知道。

324 理论 lǐlùn

A：他为什么获得了诺贝尔奖？

B：他提出的这个理论非常新颖。

A：你喜欢学物理吗？

B：不太喜欢，因为我觉得很多理论都很无聊。

A：你觉得理论知识重要吗？

B：当然重要，不过我认为和实际能力相比后者更重要。

A：你这是什么歪理论？

그의 다리가 상처를 입었어요.

A: tā shàng kè lǎo shí ma？

그는 수업을 성실하게 해요?

B: hěn bù lǎo shí, jīng cháng gǎo xiǎo dòng zuò.

아주 성실하지 않고 자주 술수를 부려요.

A: nǐ jué de nǐ shì gè lǎo shí rén ma？

당신은 자신이 성실한 사람이라고 생각해요?

B: wǒ jué de wǒ shì gè lǎo shí rén.

저는 제가 성실한 사람이라고 생각해요.

A: lǎo shí diǎn！kuài shuō chū zhēn xiàng！

가만히 있어! 빨리 진실을 말해!

B: wǒ shén me dōu bù zhī dào.

저는 아무것도 몰라요.

이론

A: tā wèi shén me huò dé le nuò bèi ěr jiǎng？

그는 왜 노벨상을 수상했어요?

B: tā tí chū de zhè gè lǐ lùn fēi cháng xīn yǐng.

그가 제시한 이 이론이 아주 참신해요.

A: nǐ xǐ huān xué wù lǐ ma？

당신은 물리학을 좋아해요?

B: bú tài xǐ huān, yīn wèi wǒ jué de hěn duō lǐ lùn dōu hěn wú liáo.

별로 좋아하지 않아요, 왜냐하면 저는 많은 이론들이 모두 심심하다고 생각하기 때문이에요.

A: nǐ jué de lǐ lùn zhī shi zhòng yào ma？

당신은 이론 지식이 중요하다고 생각해요?

B: dāng rán zhòng yào, bú guò wǒ rèn wéi hé shí jì néng lì xiāng bǐ hòu zhě gèng zhòng yào.

물론 중요하지만 실제 능력보다는 후자가 중요하다고 봐요.

A: nǐ zhè shì shén me wāi lǐ lùn？

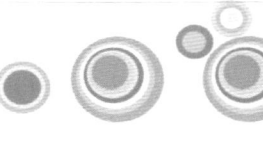

B：虽然不是常规的理论，但我觉得我说的有道理。

이것은 어떻게 잘못된 이론이에요?

B: suī rán bú shì cháng guī de lǐ lùn,dàn wǒ jué de wǒ shuō de yǒu dào lǐ.

비록 정상적인 이론이 아니지만 저는 제가 말하는 것이 일리가 있다고 생각해요.

325 理由 lǐyóu — 이유. 까닭

A：你有没有和老师说你迟到的理由？

B：还没有，我下课去说吧。

A:nǐ yǒu méi yǒu hé lǎo shī shuō nǐ chí dào de lǐ yóu?
당신은 선생님께 늦은 이유를 말했어요?
B: hái méi yǒu,wǒ xià kè qù shuō ba.
아직이요, 수업 끝나고 말씀 드리려고요.

A：你这样做的理由是什么？

B：我觉得这样更有利于学汉语。

A:nǐ zhè yàng zuò de lǐ yóu shì shén me?
당신이 이렇게 하는 이유는 무엇이에요?
B: wǒ jué de zhè yàng gèng yǒu lì yú xué hàn yǔ.
이렇게 하는 것이 중국어를 배우는 것에 더 유리하다고 생각해요.

A：你喜欢总找理由的人吗？

B：我不喜欢总找理由的人。

A:nǐ xǐ huān zǒng zhǎo lǐ yóu de rén ma?
당신은 항상 이유를 찾는 사람을 좋아해요?
B: wǒ bù xǐ huān zǒng zhǎo lǐ yóu de rén.
저는 늘 이유를 찾는 사람을 좋아하지 않아요.

A：你听过《一万个伤心的理由》这首歌吗？

B：我听过，是张学友唱的。

A:nǐ tīng guò 《yí wàn gè shāng xīn de lǐ yóu》zhè shǒu gē ma?
< 만 개의 슬픈 이유 > 란 노래를 들어 봤어요?
B: wǒ tīng guò,shì zhāng xué yǒu chàng de.
저는 들은 적이 있어요. 장쉬에유가 불렀어요.

326 粒 lì — 양. 알. 톨. 알갱이

A：我们为什么要节约粮食？

B：因为"谁知盘中餐，粒粒皆辛苦"啊。

A:wǒ men wèi shén me yào jié yuē liáng shi?
우리는 왜 식량을 아껴야 해요?
B: yīn wèi'shuí zhī pán zhōng cān,lì lì jiē xīn kǔ'ā.
'그릇에 담긴 한 톨의 쌀이 고된 결실로 이루어 진 것을 누가 알겠는가'니까요.

A：你怎么了？

A:nǐ zěn me le?

233

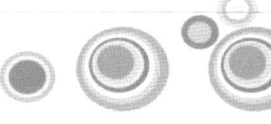

B：我吃到了一粒沙子。

왜 그래요?
B: wǒ chī dào le yí lì shā zi.
저는 모래 한 알을 먹었어요.

A：你要木糖醇吗？

A: nǐ yào mù táng chún ma？
당신은 자일리톨을 원해요?

B：给我来一粒吧！

B: gěi wǒ lái yí lì ba！
한 알 주세요!

A：你要什么味的口香糖？

A: nǐ yào shén me wèi de kǒu xiāng táng？
당신은 어떤 맛의 껌을 원해요?

B：我想要一粒香蕉味的口香糖。

B: wǒ xiǎng yào yí lì xiāng jiāo wèi de kǒu xiāng táng.
저는 바나나 맛의 껌을 원해요.

A：你的碗里剩了点什么？

A: nǐ de wǎn lǐ shèng le diǎn shén me？
당신의 그릇에 무엇이 남아 있어요?

B：是几粒米。

B: shì jǐ lì mǐ.
쌀 몇 알이요

327 立即 lìjí

곧. 즉시.

A：他发现家里被盗之后做了什么？

A: tā fā xiàn jiā lǐ bèi dào zhī hòu zuò le shén me？
그는 집이 도둑 맞은 것을 발견한 후에 무엇을 했어요?

B：他立即报了警。

B: tā lì jí bào le jǐng.
그는 즉시 경찰에 신고했어요.

A：他的心脏病复发之后，大家立即送他去了哪里？

A: tā de xīn zàng bìng fù fā zhī hòu, dà jiā lì jí sòng tā qù le nǎ lǐ？
그의 심장병이 재발한 후에, 모두들 그를 즉시 어디로 보냈어요?

B：立即送去了医院。

B: lì jí sòng qù le yī yuàn.
즉시 병원으로 보냈어요.

A：知道上学要迟到了，你还会磨磨蹭蹭吗？

A: zhī dào shàng xué yào chí dào le, nǐ hái huì mó mó cèng cèng ma？
학교에 지각하는 걸 알았으면, 그래도 늑장 부릴 거예요?

B：我会立即背书包跑去学校。

B: wǒ huì lì jí bēi shū bāo pǎo qù xué xiào.
저는 바로 책가방을 메고 학교로 뛰어갈 거예요.

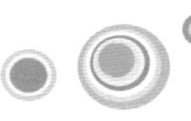
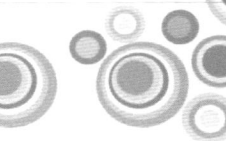

A：小学生在学校见到老师会做什么？

B：会立即向老师敬礼。

A:xiǎo xué shēng zài xué xiào jiàn dào lǎo shī huì zuò shén me?
초등학생들은 학교에서 선생님을 만나면 무엇을 해요?

B: huì lì jí xiàng lǎo shī jìng lǐ.
바로 선생님께 인사해요.

A：上课的氛围好吗？

B：非常好，老师的话音刚落，同学们就立即举手想要回答问题。

A:shàng kè de fēn wéi hǎo ma?
수업 분위기가 좋아요?

B: fēi cháng hǎo, lǎo shī de huà yīn gāng luò, tóng xué men jiù lì jí jǔ shǒu xiǎng yào huí dá wèn tí.
아주 좋아요. 선생님의 말씀이 끝나자마자, 학생들은 즉시 손을 들어 질문을 하려고 했어요.

328 立刻 lìkè   즉시. 바로 당장

A：台上台下怎么立刻热闹起来了？

B：因为这位明星上场了。

A:tái shàng tái xià zěn me lì kè rè nào qǐ lái le?
무대 위 아래에서 어떻게 갑자기 날뛰기 시작했어요?

B: yīn wèi zhè wèi míng xīng shàng chǎng le.
이 스타가 등장했거든요.

A：领导分配的任务能拖延执行吗？

B：不能，要立刻去执行。

A:lǐng dǎo fēn pèi de rèn wù néng tuō yán zhí xíng ma?
상사가 지시하는 임무의 집행을 지연시킬 수 있어요?

B: bù néng, yào lì kè qù zhí xíng.
아니오, 즉시 실행해야 해요.

A：因为时间很紧，要抓紧工作啊！

B：好的，我立刻去办。

A:yīn wèi shí jiān hěn jǐn, yào zhuā jǐn gōng zuò a!
시간이 촉박해요. 서둘러 일을 해야 해요.

B: hǎo de, wǒ lì kè qù bàn.
네, 당장 갈게요.

A：你放学回家之后，会先写作业还是先玩耍？

B：回家之后，我会立刻写作业。

A:nǐ fàng xué huí jiā zhī hòu, huì xiān xiě zuò yè hái shì xiān wán shuǎ?
방과 후에 집에 돌아가서 먼저 숙제를 해요 아니면 먼저 놀아요?

B: huí jiā zhī hòu, wǒ huì lì kè xiě zuò yè.
집에 돌아가면 바로 숙제를 해요.

329 力量 lìliang   힘. 역량

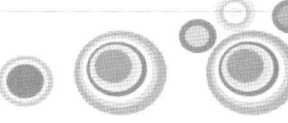

梦想中国语　会话

A: 是什么力量让人们结婚？

B: 是爱的力量让人们结婚。

A: shì shén me lì liàng ràng rén men jié hūn?
무슨 힘으로 사람들을 결혼하게 만들었어요?

B: shì ài de lì liàng ràng rén men jié hūn.
사랑의 힘으로 사람들을 결혼하게 만들었어요.

A: 这项工作你能做好吗？

B: 我会尽一切力量做好。

A: zhè xiàng gōng zuò nǐ néng zuò hǎo ma?
당신은 이 일을 잘 할 수 있어요?

B: wǒ huì jìn yí qiē lì liàng zuò hǎo.
최선을 다해 잘 하겠어요.

A: 我们祖国需要什么样的人才？

B: 我们祖国需要贡献全部力量的人。

A: wǒ men zǔ guó xū yào shén me yàng de rén cái?
우리 나라에는 어떤 인재가 필요해요?

B: wǒ men zǔ guó xū yào gòng xiàn quán bù lì liàng de rén.
모든 역량을 다 바치는 사람이 필요해요.

A: 这件事你能解决吗？

B: 我依靠自己的力量一定能解决这件事。

A: zhè jiàn shì nǐ néng jiě jué ma?
이 일을 당신은 해결할 수 있어요?

B: wǒ yī kào zì jǐ de lì liàng yí dìng néng jiě jué zhè jiàn shì.
저는 자신의 힘에 의지해서 반드시 해결할 수 있어요.

A: 练习跆拳道有什么好处吗？

B: 跆拳道会让自己变得更有力量。

A: liàn xí tái quán dào yǒu shén me hǎo chù ma?
태권도 연습을 하는데 무슨 장점이 있어요?

B: tái quán dào huì ràng zì jǐ biàn de gèng yǒu lì liàng.
태권도는 스스로를 더욱 힘 있게 만들 수 있어요.

330 利润 lìrùn

이윤.

A: 卖水果的利润大吗？

B: 卖水果的利润很大。

A: mài shuǐ guǒ de lì rùn dà ma?
과일을 파는 데에 이윤이 커요?

B: mài shuǐ guǒ de lì rùn hěn dà.
과일을 파는 데에 이윤이 매우 커요.

A: 你为什么从事建材销售工作？

B: 因为我觉得有利润空间。

A: nǐ wèi shén me cóng shì jiàn cái xiāo shòu gōng zuò?
당신은 왜 건축 자재 판매 일에 종사해요?

B: yīn wèi wǒ jué de yǒu lì rùn kōng jiān.

236

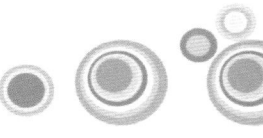

A：现在做生意难不难？

B：有点不好做，利润太少了。

A:xiàn zài zuò shēng yì nán bu nán？
요즘 장사를 하기가 어렵나요？

B: yǒu diǎn bù hǎo zuò, lì rùn tài shǎo le.
하기가 조금 어려워요, 이윤이 너무 적어서요.

A：为什么有这么多人犯罪？

B：就是利润空间太大了，不惜冒险。

A:wèi shén me yǒu zhè me duō rén fàn zuì？
왜 이렇게 많은 사람이 범죄를 저질렀어요？

B: jiù shì lì rùn kōng jiān tài dà le, bù xī mào xiǎn.
이익이 너무 많아 위험을 감수하고 모험을 해요.

331 利息 lìxi

이자. 이식.

A：你今天去银行干嘛了？

B：我把那个存折里面的本金和利息取了出来。

A:nǐ jīn tiān qù yín háng gàn má le？
당신은 오늘 은행에 가서 무엇을 했어요？

B: wǒ bǎ nà gè cún zhé lǐ miàn de běn jīn hé lì xi qǔ le chū lái.
저는 그 예금 통장 안의 원금과 이자를 찾았어요.

A：今天还去学汉语吗？

B：是，我要把"利息"这词弄明白。

A:jīn tiān hái qù xué hàn yǔ ma？
오늘은 중국어 공부를 하러 가요？

B: shì, wǒ yào bǎ lì xi zhè cí nòng míng bái.
네, '이자'라는 단어가 뭔지 알고 싶어요.

A：现在存钱合适吗？

B：利息太低，不划算。

A:xiàn zài cún qián hé shì ma？
지금 예금을 하면 적당해요？

B: lì xi tài dī, bù huá suàn.
이자가 너무 낮아서 수지가 맞지 않아요.

A：你为什么喜欢上这家银行存钱？

B：因为这家银行的利息高。

A:nǐ wèi shén me xǐ huān shàng zhè jiā yín háng cún qián？
당신은 왜 이 은행에 적금하는 것을 좋아해요？

B: yīn wèi zhè jiā yín háng de lì xi gāo.
이 은행의 금리가 높기 때문이에요.

A：你为什么觉得欠他人情？

A:nǐ wèi shén me jué de qiàn tā rén qíng？
당신은 왜 그에게 빚진다고 생각해요？

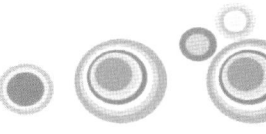

B: 因为他借给我钱从来不要利息。

B: yīn wèi tā jiè gěi wǒ qián cóng lái bú yào lì xi.

그가 저에게 돈을 빌려 줄 때 절대 이자를 받지 않았기 때문이에요.

332 利益 lìyì

이익. 이득.

A: 你觉得为了个人利益而损害别人利益的做法正确吗？

A: nǐ jué de wèi le gè rén lì yì ér sǔn hài bié rén lì yì de zuò fǎ zhèng què ma?

당신은 개인의 이익을 위해 다른 사람의 이익을 해치는 방법이 옳다고 생각해요?

B: 我认为是错误的。

B: wǒ rèn wéi shì cuò wù de.

잘못된 것이라고 생각해요.

A: 你觉得个人利益重要吗？

A: nǐ jué de gè rén lì yì zhòng yào ma?

당신은 개인의 이익이 중요하다고 생각해요?

B: 当然很重要。

B: dāng rán hěn zhòng yào.

물론 중요하죠.

A: 你觉得集体利益和个人利益哪个更重要？

A: nǐ jué de jí tǐ lì yì hé gè rén lì yì nǎ gè gèng zhòng yào?

당신은 집단의 이익과 개인의 이익 중 어느 쪽이 더 중요하다고 생각해요?

B: 我觉得都非常重要。

B: wǒ jué de dōu fēi cháng zhòng yào.

저는 모두 매우 중요하다고 생각해요.

A: 这篇文章告诉我们什么道理？

A: zhè piān wén zhāng gào sù wǒ men shén me dào lǐ?

이 문장은 우리에게 어떤 도리를 말해 줬어요?

B: 要坚守良知，不要被利益熏心。

B: yào jiān shǒu liáng zhī, bú yào bèi lì yì xūn xīn.

이익에 미혹되지 않도록 양심을 굳건히 지켜야 해요.

A: 为什么大家都说他品格高尚？

A: wèi shén me dà jiā dōu shuō tā pǐn gé gāo shàng?

왜 모두들 그의 품격이 고상하다고 말해요?

B: 因为他在团队利益面前总是不计较个人得失。

B: yīn wèi zài tuán duì lì yì miàn qián zǒng shì bú jì jiào gè rén dé shī.

그는 팀의 이익 앞에서 개인적 득실을 따지지 않기 때문이에요.

333 连忙 liánmáng

얼른. 재빨리. 서둘러. 급히

A: 看到他们要打架，你做了什么？

A: kàn dào tā men yào dǎ jià, nǐ zuò le shén me?

B：我连忙拉开他们了。

그들이 싸우는 것을 보고 당신은 무엇을 했어요?

B: wǒ lián máng lā kāi tā men le.

저는 재빨리 그들을 떼어 놓았어요.

A：你为什么突然往那边跑?

A: nǐ wèi shén me tū rán wǎng nà biān pǎo?

당신은 왜 갑자기 저쪽으로 뛰어 들어갔어요?

B：那边有个老奶奶晕倒了，我连忙跑过去把她扶起来了。

B: nà biān yǒu gè lǎo nǎi nai yūn dǎo le, wǒ lián máng pǎo guò qù bǎ tā fú qǐ lái le.

그 쪽에 어떤 할머니가 쓰러졌어요. 저는 급히 달려가서 그녀를 부축해 일으켰어요.

A：刚才发生了什么?

A: gāng cái fā shēng le shén me?

방금 무엇이 발생했나요?

B：我"哎呦"一声摔倒了! 怕别人看见连忙起来了。

B: wǒ 'āi yōu' yì shēng shuāi dǎo le! pà bié rén kàn jiàn lián máng qǐ lái le.

저는 '아이고'하고 넘어졌어요. 다른 사람이 볼까봐 급히 일어났어요.

A：听到有人敲门之后，你去开门了吗?

A: tīng dào yǒu rén qiāo mén zhī hòu, nǐ qù kāi mén le ma?

누가 문을 두드리는 소리를 듣고, 당신은 문을 열었어요?

B：是的，我连忙跑出去看看是谁。

B: shì de, wǒ lián máng pǎo chū qù kàn kàn shì shuí.

예, 저는 급히 달려가서 누군지 살펴 보았어요.

334 良好 liánghǎo

좋다. 양호하다. 만족스럽다

A：怎样能左右逢源呢?

A: zěn yàng néng zuǒ yòu féng yuán ne?

어떻게 하면 일처리가 원만해서 주위 관계를 매끄럽게 처리할 수 있을까요?

B：要有良好的人际关系。

B: yào yǒu liáng hǎo de rén jì guān xi.

좋은 인간 관계를 가져야 해요.

A：他汉语怎么说得这么好?

A: tā hàn yǔ zěn me shuō de zhè me hǎo?

그는 중국어를 어떻게 이렇게 잘해요?

B：因为他有良好的基础，而且他还很努力。

B: yīn wèi tā yǒu liáng hǎo de jī chǔ, ér qiě tā hái hěn nǔ lì.

그는 좋은 기초를 가지고 있는데다 열심히 노력해요.

A：你觉得他哪句话说得很对?

A: nǐ jué de tā nǎ jù huà shuō de hěn duì?

239

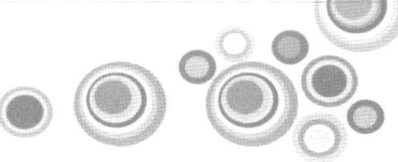

梦想中国语 会话

B: 良好的成绩跟勤奋有关系。
그가 하는 말 중에 어느 말이 매우 옳다고 생각해요?
B: liáng hǎo de chéng jì gēn qín fèn yǒu guān xi.
양호한 성적은 근면과 관계가 있어요.

A: 在商界打拼，你觉得信誉重要吗？
A: zài shāng jiè dǎ pīn, nǐ jué de xìn yù zhòng yào ma?
상업계에서 경쟁하는데, 신용이 중요하다고 생각해요?

B: 良好的信誉度很重要。
B: liáng hǎo de xìn yù dù hěn zhòng yào.
양호한 신용도가 매우 중요해요.

A: 你的健康状况怎样？
A: nǐ de jiàn kāng zhuàng kuàng zěn yàng?
당신의 건강 상태는 어때요?

B: 勉强良好，看来需要多多运动啊。
B: miǎn qiáng liáng hǎo, kàn lái xū yào duō duō yùn dòng ā.
무리하는 편이에요. 운동이 많이 필요할 거 같아요.

335 了不起 liǎobuqǐ
뛰어나다. 대단하다. 평범하지 않다

A: 他这次考试怎么样？
A: tā zhè cì kǎo shì zěn me yàng?
그의 이번 시험은 어때요?

B: 他全对了，真了不起。
B: tā quán duì le, zhēn liǎo bu qǐ.
그는 다 맞았어요, 정말 대단해요.

A: 这次比赛怎么样？
A: zhè cì bǐ sài zěn me yàng?
이번 경기는 어땠어요?

B: 我们队赢了，真了不起。
B: wǒ men duì yíng le, zhēn liǎo bu qǐ.
우리 팀이 이겼으니 정말 대단해요.

A: 你看过《了不起的盖茨比》这个电影吗？
A: nǐ kàn guò《liǎo bu qǐ de gài cí bǐ》zhè gè diàn yǐng ma?
당신은 영화 <위대한 개츠비>를 보신 적이 있어요?

B: 看过，真的很精彩。
B: kàn guò, zhēn de hěn jīng cǎi.
봤어요. 정말 재미있었어요.

A: 你觉得你的家里谁最了不起？
A: nǐ jué de nǐ de jiā lǐ shuí zuì liǎo bu qǐ?
당신의 집에서 누가 제일 뛰어나다고 생각해요?

B: 我觉得我的爸爸最了不起。
B: wǒ jué de wǒ de bà ba zuì liǎo bu qǐ.
저는 제 아버지가 가장 훌륭하다고 생각해요.

梦想中国语 会话

A：你觉得了不起的人有什么特质？

B：了不起的人有常人无法替代的价值！

A: nǐ jué de liǎo bu qǐ de rén yǒu shén me tè zhì?
대단한 사람들은 어떤 특질을 지닌다고 생각해요?

B: liǎo bu qǐ de rén yǒu cháng rén wú fǎ tì dài de jià zhí!
대단한 사람들은 보통 사람들이 대체할 수 없는 가치를 가지고 있어요!

336 临时 línshí

임시의 일시적인 때에 이르러, 때가 되어서, 임시로

A：昨天聚会你怎么先走了？

B：因为我临时有事，所以就先走了。

A: zuó tiān jù huì nǐ zěn me xiān zǒu le?
어제 모임에서 당신은 왜 먼저 갔어요?

B: yīn wèi wǒ lín shí yǒu shì, suǒ yǐ jiù xiān zǒu le.
저는 잠시 일이 있어서 먼저 갔어요.

A：你觉得临时工的工资水平怎么样？

B：一般情况下不是非常高吧！

A: nǐ jué de lín shí gōng de gōng zī shuǐ píng zěn me yàng?
당신은 비정규직의 급여 수준이 어떠하다고 생각해요?

B: yì bān qíng kuàng xià bú shì fēi cháng gāo ba!
일반적으로 많은 편이 아니죠!

A：你怎么才到啊？

B：火车临时晚点了，所以才到。

A: nǐ zěn me cái dào ā?
당신은 어째서 이제야 도착했어요?

B: huǒ chē lín shí wǎn diǎn le, suǒ yǐ cái dào.
기차가 잠시 연착되어서 이제서야 도착했어요..

A：你今天怎么这么忙？

B：因为临时接到了一个任务。

A: nǐ jīn tiān zěn me zhè me máng?
오늘 왜 이렇게 바빠요?

B: yīn wèi lín shí jiē dào le yí gè rèn wù.
임시로 하나의 임무를 받았어요.

A：我能用这个会议室吗？

B：不好意思，我们部门临时要开会，所以办公室没办法借给您。

A: wǒ néng yòng zhè gè huì yì shì ma?
저는 이 회의실을 사용할 수 있어요?

B: bù hǎo yì sī, wǒ men bù mén lín shí yào kāi huì, suǒ yǐ bàn gōng shì méi bàn fǎ jiè gěi nín.
미안하지만 우리 부서는 임시로 회의를 해야 해서, 사무실은 빌려 드릴 수 없어요.

337 灵活 línghuó

민첩하다. 날쌔다. 유연성이 있다

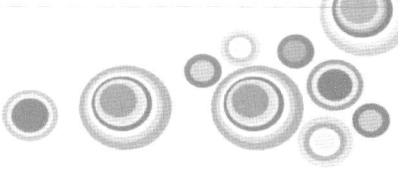

A：你为什么喜欢这个魔术师？

B：他那灵活的双手，让我很着迷。

A：nǐ wèi shén me xǐ huān zhè gè mó shù shī？
당신은 왜 이 마술사를 좋아해요?
B: tā nà líng huó de shuāng shǒu, ràng wǒ hěn zháo mí.
그의 민첩한 두 손이 저를 빠져들게 하였어요.

A：你觉得临时工有什么优势？

B：工作时间很灵活。

A：nǐ jué de lín shí gōng yǒu shén me yōu shì？
당신은 비정규직이 어떤 장점을 가지고 있다고 생각해요?
B: gōng zuò shí jiān hěn líng huó.
업무 시간이 매우 유연해요.

A：学习数学什么很重要？

B：灵活运用很重要。

A：xué xí shù xué shén me hěn zhòng yào？
수학을 공부하는 데에 무엇이 중요해요?
B: líng huó yùn yòng hěn zhòng yào.
원활하게 활용하는 것이 매우 중요해요.

A：你喜欢跳舞吗？

B：我不太喜欢，因为我认为我的身体不太灵活。

A：nǐ xǐ huān tiào wǔ ma？
당신은 춤추는 것을 좋아해요?
B: wǒ bú tài xǐ huān, yīn wèi wǒ rèn wéi wǒ de shēn tǐ bú tài líng huó.
별로 좋아하지 않아요. 왜냐하면 저는 제 몸이 그다지 민첩하지 않다고 생각하기 때문이에요.

338 领导 lǐngdǎo

영도자. 지도자. 영도하다.

A：中国由哪个政党领导？

B：中国由中国共产党领导。

A：zhōng guó yóu nǎ gè zhèng dǎng lǐng dǎo？
중국에서 어느 정당이 영도해요?
B: zhōng guó yóu zhōng guó gòng chǎn dǎng lǐng dǎo.
중국은 공산당이 이끌고 있어요.

A：你见过你的领导吗？

B：我是今天新来的实习生，还没有见过领导。

A：nǐ jiàn guò nǐ de lǐng dǎo ma？
당신은 당신의 상사를 본 적이 있어요?
B: wǒ shì jīn tiān xīn lái de shí xí shēng, hái méi yǒu jiàn guò lǐng dǎo.
저는 오늘 새로 온 인턴인데 아직 상사를 만난 적이 없어요.

A：下面请领导讲话！

B：各位，大家上午好。

A：xià miàn qǐng lǐng dǎo jiǎng huà！
다음은 보스가 말씀하실 차례입니다!
B: gè wèi, dà jiā shàng wǔ hǎo.

A：你觉得毛泽东的领导能力怎么样？

B：我觉得他的领导能力很强。

여러분, 다들 좋은 오후입니다.

A: nǐ jué de máo zé dōng de lǐng dǎo néng lì zěn me yàng？
당신은 마오쩌둥의 리더십이 어떻다고 생각해요?

B: wǒ jué de tā de lǐng dǎo néng lì hěn qiáng.
저는 그의 리더십이 매우 강하다고 생각해요.

A：你喜欢领导别人吗？

B：和领导别人相比，我更喜欢被别人领导。

A: nǐ xǐ huān lǐng dǎo bié rén ma？
당신은 다른 사람을 이끄는 것을 좋아해요?

B: hé lǐng dǎo bié rén xiāng bǐ, wǒ gèng xǐ huān bèi bié rén lǐng dǎo.
저는 다른 사람을 리드하는 것보다 다른 사람에게서 리드를 당하는 것이 더 좋아요.

339 流传 liúchuán

유전하다. 전하다. 퍼지다.

A：《金达莱花》是怎么流传到今天的？

B：大家口口相传。

A:《jīn dá lái huā》shì zěn me liú chuán dào jīn tiān de？
'진달래꽃'은 오늘날까지 어떻게 전해져 왔나요?

B: dà jiā kǒu kǒu xiāng chuán.
모두 입으로 전해 왔어요.

A：那个流传的消息你认为是真的吗？

B：我觉得不太可能是真的。

A: nà gè liú chuán de xiāo xi nǐ rèn wéi shì zhēn de ma？
그 소문에 대해 당신은 진실이라고 생각해요?

B: wǒ jué de bú tài kě néng shì zhēn de.
저는 진짜 같지 않다고 생각해요.

A：你觉得什么叫做经典之作？

B：经过时间打磨，能流传到现在的作品才能算作经典之作。

A: nǐ jué de shén me jiào zuò jīng diǎn zhī zuò？
당신은 무엇이 경전이라고 생각해요?

B: jīng guò shí jiān dǎ mó, néng liú chuán dào xiàn zài de zuò pǐn cái néng suàn zuò jīng diǎn zhī zuò.
시간의 시련을 겪고 현재까지 전해진 작품이 경전(레전드 작품)이라고 생각해요.

A：这个故事从什么时候开始一直流传到现在？

B：从很久以前。

A: zhè gè gù shì cóng shén me shí hòu kāi shǐ yì zhí liú chuán dào xiàn zài？
이 이야기는 언제부터 지금까지 계속 전해져 왔어요?

B: cóng hěn jiǔ yǐ qián.
오래 전부터요.

梦想中国语 会话

340 浏览 liúlǎn — 대강 둘러보다. 훑어보다

A: 你浏览网页的速度快吗？
A: nǐ liú lǎn wǎng yè de sù dù kuài ma?
당신은 웹페이지를 보는 속도가 빨라요?

B: 我觉得很快，因此我每天会浏览很多网页。
B: wǒ jué de hěn kuài, yīn cǐ wǒ měi tiān huì liú lǎn hěn duō wǎng yè.
저는 매우 빠르다고 생각해요, 그래서 저는 매일 많은 페이지를 훑어볼 수 있어요.

A: 看书有几种方法？
A: kàn shū yǒu jǐ zhǒng fāng fǎ?
책을 읽는데 몇 가지의 방법이 있어요?

B: 有很多种，比如浏览、精读等。
B: yǒu hěn duō zhǒng, bǐ rú liú lǎn, jīng dú děng.
여러 가지가 있어요, 열람, 정독 등이 있어요.

A: 明天老师要讲的课文你预习了吗？
A: míng tiān lǎo shī yào jiǎng de kè wén nǐ yù xí le ma?
내일 선생님이 강의하시는 본문을 예습했어요?

B: 我浏览了一下。
B: wǒ liú lǎn le yí xià.
대충 훑어 보았어요.

A: 你喜欢看故事书吗？
A: nǐ xǐ huān kàn gù shì shū ma?
당신은 이야기 책을 읽는 것을 좋아해요?

B: 我喜欢浏览故事书上的图片。
B: wǒ xǐ huān liú lǎn gù shì shū shàng de tú piàn.
저는 이야기 책의 사진을 즐겨봐요.

A: 这道题的解题方法是什么？
A: zhè dào tí de jiě tí fāng fǎ shì shén me?
이 문제를 푸는 방법은 무엇이에요?

B: 首先要浏览全文，其次认真审题，最后选择选项。
B: shǒu xiān yào liú lǎn quán wén, qí cì rèn zhēn shěn tí, zuì hòu xuǎn zé xuǎn xiàng.
먼저 전문을 둘러보고 그 다음에 꼼꼼히 문제를 따져 보고 마지막에 항목을 선택해요.

341 露 lù/lòu — 나타나다. 드러나다. 노출하다. 이슬.

A: 好像什么东西从你的包里露了出来？
A: hǎo xiàng shén me dōng xī cóng nǐ de bāo lǐ lòu le chū lái?
무엇이 당신의 가방에서 나온 것 같아요.

B: 啊，是我的纸巾，谢谢！
B: ā, shì wǒ de zhǐ jīn, xiè xie!
아, 제 티슈네요. 감사해요!

梦想中国语 会话

A：你见过露水吗？

B：我见过，晶莹剔透的露水可美丽了！

A:nǐ jiàn guò lù shuǐ ma？
당신은 이슬을 본 적이 있어요?

B: wǒ jiàn guò,jīng yíng tī tòu de lù shuǐ kě měi lì le！
본 적이 있어요, 맑고 투명한 이슬이 정말 아름답군요!

A：你喜欢穿露肩的衣服吗？

B：因为既凉快又性感，所以我很喜欢。

A:nǐ xǐ huān chuān lòu jiān de yī fu ma？
오프 숄더 옷을 입는 것을 좋아해요?

B: yīn wèi jì liáng kuài yòu xìng gǎn,suǒ yǐ wǒ hěn xǐ huān.
시원하고 섹시하기 때문에 제가 아주 좋아해요.

A：一般公司要求裙子大概多长？

B：裙子不能太短，尽量不露膝盖。

A:yì bān gōng sī yāo qiú qún zi dà gài duō cháng？
일반 회사에서는 치마의 길이가 얼마가 되도록 요구를 해요?

B: qún zi bù néng tài duǎn,jìn liàng bú lòu xī gài.
치마는 너무 짧지 않아야 하고, 되도록 무릎을 노출하지 않아야 해요.

A：照证件照可以不露耳朵吗？

B：不露耳朵是不可以的。

A:zhào zhèng jiàn zhào kě yǐ bú lòu ěr duǒ ma？
증명 사진을 찍을 때 귀를 드러내지 않아도 돼요?

B: bú lòu ěr duǒ shì bù kě yǐ de.
귀을 드러내 보이지 않으면 안 돼요.

342 陆续 lùxù

끊임없이. 연이어. 계속해서,잇달아

A：下课之后，可以看到什么景象？

B：同学们陆陆续续走出教室。

A:xià kè zhī hòu,kě yǐ kàn dào shén me jǐng xiàng？
수업이 끝난 후에 어떤 모습을 볼 수 있어요?

B: tóng xué men lù lù xù xù zǒu chū jiào shì.
학생들이 연이어 교실 밖으로 나가는 것을 볼 수 있어요.

A：电影结束后，大家会怎么样？

B：大家会陆续走出电影院。

A:diàn yǐng jié shù hòu,dà jiā huì zěn me yàng？
영화가 끝나면 여러분은 어떨 것 같아요?

B: dà jiā huì lù xù zǒu chū diàn yǐng yuàn.
모두들 극장에서 속속 나올 거예요.

A：老师为什么这么生气？

B：已经上课十分钟了，同学们才陆续到了教室。

A:lǎo shī wèi shén me zhè me shēng qì？
선생님은 왜 이렇게 화가 났어요?

B: yǐ jīng shàng kè shí fēn zhōng le,tóng xué men cái lù xù dào le jiào

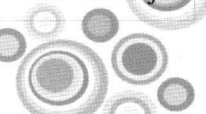

梦想中国语 会话

shì.
수업 시간이 10분이나 지나서야 학생들이 연이어 교실로 들어왔어요.

A：你为什么最喜欢春天？

A: nǐ wèi shén me zuì xǐ huān chūn tiān?
당신은 왜 봄을 가장 좋아해요?

B：因为春天的时候，各种花儿陆续开放，非常美丽。

B: yīn wèi chūn tiān de shí hòu, gè zhǒng huā ér lù xù kāi fàng, fēi cháng měi lì.
봄이 되면 온갖 꽃들이 활짝 피어서 아름다워요.

343 录取　lùqǔ

채용하다.

A：你收到录取通知书了吗？

A: nǐ shōu dào lù qǔ tōng zhī shū le ma?
합격 통지서를 받았어요?

B：目前还没有。

B: mù qián hái méi yǒu.
목전까지는 아직 받지 못했어요.

A：是什么让她这么高兴？

A: shì shén me ràng tā zhè me gāo xìng?
무엇이 그녀를 이렇게 기쁘게 해 주었어요?

B：他收到了北京大学的录取通知书。

B: tā shōu dào le běi jīng dà xué de lù qǔ tōng zhī shū.
그는 북경대학교의 입학 통지서를 받았어요.

A：你应聘的结果怎么样？

A: nǐ yìng pìn de jié guǒ zěn me yàng?
당신의 채용 결과는 어땠어요?

B：我被这家公司录取了！

B: wǒ bèi zhè jiā gōng sī lù qǔ le!
저는 이 회사에 뽑혔어요!

A：录取之后，还需要做什么吗？

A: lù qǔ zhī hòu, hái xū yào zuò shén me ma?
채용된 후에 무엇을 또 해야 해요?

B：录取之后，还需要做入职体检。

B: lù qǔ zhī hòu, hái xū yào zuò rù zhí tǐ jiǎn.
채용 후에는 반드시 입사 신체 검사를 해야 해요.

A：收到录取通知，心情怎么样？

A: shōu dào lù qǔ tōng zhī, xīn qíng zěn me yàng?
합격 통지서를 받고 기분이 어때요?

B：超级激动，非常感谢大家对我的帮助。

B: chāo jí jī dòng, fēi cháng gǎn xiè dà jiā duì wǒ de bāng zhù.
매우 흥분했어요. 여러분이 제게 주신 도움에 감사해요.

344 轮流 lúnliú

차례로 ~하다. 교대하다.

A：你觉得大家怎么打扫卫生比较好？
A: nǐ jué de dà jiā zěn me dǎ sǎo wèi shēng bǐ jiào hǎo？
다들 어떻게 청소하는 것이 비교적 좋다고 생각해요?

B：我觉得班级同学轮流打扫比较好。
B: wǒ jué de bān jí tóng xué lún liú dǎ sǎo bǐ jiào hǎo.
반 친구들이 교대로 청소하는 것이 비교적 좋다고 생각해요.

A：你觉得课堂上轮流回答问题怎么样？
A: nǐ jué de kè táng shàng lún liú huí dá wèn tí zěn me yàng？
수업에서 번갈아서 질문을 하는 것이 어떻다고 생각해요?

B：我觉得有利有弊。
B: wǒ jué de yǒu lì yǒu bì.
저는 좋은 점도 있고 나쁜 점도 있다고 생각해요.

A：奶奶住院了，谁在医院照顾她？
A: nǎi nai zhù yuàn le, shuí zài yī yuàn zhào gù tā？
할머니께서 입원하셨는데, 누가 병원에서 그녀를 간병해요?

B：我们家和姑姑家轮流照顾奶奶。
B: wǒ men jiā hé gū gu jiā lún liú zhào gù nǎi nai.
우리 집과 고모 집이 돌아가면서 할머니를 돌봐요.

345 逻辑 luójí

논리.

A：你觉得在解答数学题时，什么很重要？
A: nǐ jué de zài jiě dá shù xué tí shí, shén me hěn zhòng yào？
수학 문제를 풀 때 무엇이 매우 중요하다고 생각해요?

B：我觉得逻辑很重要。
B: wǒ jué de luó jí hěn zhòng yào.
논리가 매우 중요하다고 생각해요.

A：你觉得他的逻辑怎么样？
A: nǐ jué de tā de luó jí zěn me yàng？
그의 논리가 어떻다고 생각해요?

B：我觉得他的逻辑非常清晰。
B: wǒ jué de tā de luó jí fēi cháng qīng xī.
저는 그의 논리가 매우 뚜렷하다고 생각해요.

A：你觉得逻辑思维重要吗？
A: nǐ jué de luó jí sī wéi zhòng yào ma？
당신은 논리적인 사고방식이 중요하다고 생각해요?

B：我认为逻辑思维非常重要。
B: wǒ rèn wéi luó jí sī wéi fēi cháng zhòng yào.
네.

A：你为什么很佩服他？
A: nǐ wèi shén me hěn pèi fú tā？
당신은 왜 그에게 매우 감탄해요?

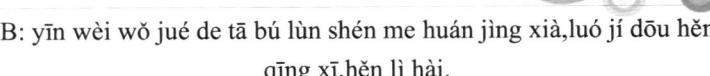

B：因为我觉得他不论什么环境下，逻辑都很清晰，很厉害。

B: yīn wèi wǒ jué de tā bú lùn shén me huán jìng xià,luó jí dōu hěn qīng xī,hěn lì hài.

어떤 환경에서든 그의 논리는 항상 매우 뚜렷해요, 참 대단해요.

A：你这是什么逻辑？

A: nǐ zhè shì shén me luó jí?

이게 무슨 논리예요?

B：这是一般人想不出来的逻辑。

B: zhè shì yì bān rén xiǎng bu chū lái de luó jí.

이것은 보통 사람들이 생각하지 못하는 논리예요.

346 落后 luòhòu

낙후되다. 뒤떨어지다. 뒤처지다.

A：谦虚使人进步，下一句是什么？

A: qiān xū shǐ rén jìn bù,xià yí jù shì shén me?

겸손은 사람을 진보하게 만든다, 그 다음 구절은 무엇이에요?

B：骄傲使人落后。

B: jiāo ào shǐ rén luò hòu.

교만은 사람을 퇴보시켜요.

A：你是个甘于落后的人吗？

A: nǐ shì gè gān yú luò hòu de rén ma?

당신은 뒤처짐을 달가워하는 사람이에요?

B：我是个不甘落后的人。

B: wǒ shì gè bù gān luò hòu de rén.

저는 남에게 뒤지는 것을 달가워하지 않는 사람이에요.

A：你最近学习怎么样？

A: nǐ zuì jìn xué xí zěn me yàng?

요즘 공부하는 게 어때요?.

B：最近学习有些落后。

B: zuì jìn xué xí yǒu xiē luò hòu.

요즘 공부가 좀 뒤처져요.

A：你觉得怎么样学习才能不落后？

A: nǐ jué de zěn me yàng xué xí cái néng bú luò hòu?

당신은 어떻게 공부해야 뒤떨어지지 않는다고 생각해요?

B：经常复习，勤练习。

B: jīng cháng fù xí,qín liàn xí.

자주 복습하고 부지런히 연습해야 해요.

A：你为什么这么努力学习汉语？

A: nǐ wèi shén me zhè me nǔ lì xué xí hàn yǔ?

당신은 왜 이렇게 중국어 공부를 열심히 해요?

B：我担心自己的学习会落后。

B: wǒ dān xīn zì jǐ de xué xí huì luò hòu.

저는 자신의 학습 능력이 뒤처질까봐 걱정돼요.

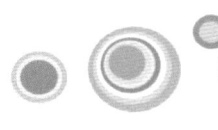

梦想中国语 会话

347 满足 mǎnzú | 만족하다. 흡족하다

A：什么让你觉得满足？
A: shén me ràng nǐ jué de mǎn zú?
무엇이 당신을 만족시킬 수 있어요?

B：温暖的家让我觉得无比满足。
B: wēn nuǎn de jiā ràng wǒ jué de wú bǐ mǎn zú.
따뜻한 집이 저를 더없이 만족시킬 수 있어요.

A：你为什么喜欢旅游？
A: nǐ wèi shén me xǐ huān lǚ yóu?
당신은 왜 여행을 좋아해요?

B：因为在路上看到不同的风景，让我内心非常满足。
B: yīn wèi zài lù shàng kàn dào bù tóng de fēng jǐng, ràng wǒ nèi xīn fēi cháng mǎn zú.
길에서 색다른 풍경을 보고 만족스러워 하기 때문이에요.

A：人应该常常满足吗？
A: rén yīng gāi cháng cháng mǎn zú ma?
사람은 항상 만족해야 해요?

B：人应该常常满足，感恩生活。
B: rén yīng gāi cháng cháng mǎn zú, gǎn ēn shēng huó.
사람은 항상 만족해야 하고, 감사하면서 살아야 해요.

A：他为什么跳槽了？
A: tā wèi shén me tiào cáo le?
그는 왜 이직했어요?

B：他不满足于之前的公司的发展空间。
B: tā bù mǎn zú yú zhī qián de gōng sī de fā zhǎn kōng jiān.
그는 이전의 회사의 비전에 만족하지 못했어요.

348 毛病 máobìng | 고장. 결점. 문제

A：你觉得自己的毛病多吗？
A: nǐ jué de zì jǐ de máo bìng duō ma?
당신은 자신의 단점이 많다고 생각해요?

B：我觉得自己身上的毛病很多。
B: wǒ jué de zì jǐ shēn shàng de máo bìng hěn duō.
저는 자신에게 결함이 많다고 생각해요.

A：手表怎么不走了呢？
A: shǒu biǎo zěn me bù zǒu le ne?
시계가 왜 안 가나요?

B：可能没电池了吧！要不就是出毛病了。
B: kě néng méi diàn chí le ba! yào bù jiù shì chū máo bìng le.
배터리가 없나 봐요! 아니면 고장이 났어요.

A：怎么才能改掉自己的毛病？
A: zěn me cái néng gǎi diào zì jǐ de máo bìng?

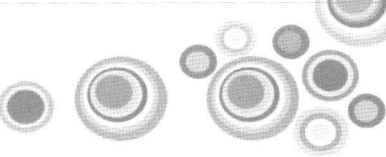

B：时常反省，虚心接受别人的批评。

어떻게 해야만 자신의 결점을 고칠 수 있어요?
B: shí cháng fǎn xǐng, xū xīn jiē shòu bié rén de pī píng.
항상 반성하고 겸허하게 남의 비평을 받아야 해요.

A：这句话有什么毛病吗？

B：这句话很通顺，没有毛病。

A: zhè jù huà yǒu shén me máo bìng ma?
이 말에는 무슨 문제가 있어요?
B: zhè jù huà hěn tōng shùn, méi yǒu máo bìng.
이 말은 매끄럽고 흠이 없어요.

A：我的电脑出毛病了，我应该怎么办？

B：你可以打售后电话。

A: wǒ de diàn nǎo chū máo bìng le, wǒ yīng gāi zěn me bàn?
컴퓨터가 고장이 났는데, 저는 어떻게 해야 해요?
B: nǐ kě yǐ dǎ shòu hòu diàn huà.
AS 전화를 걸 수 있어요.

349 矛盾 máodùn

갈등. 대립. 모순

A：你怎么不和他说话了？

B：我们之前有些矛盾。

A: nǐ zěn me bù hé tā shuō huà le?
당신은 왜 그와 이야기하지 않게 됐어요?
B: wǒ men zhī qián yǒu xiē máo dùn.
우리는 이전에 다소 갈등이 있었어요.

A：情侣之间出现矛盾正常吗？

B：舌头还能碰到牙齿呢，出现矛盾很正常。

A: qíng lǚ zhī jiān chū xiàn máo dùn zhèng cháng ma?
커플 사이에 갈등이 생기면 정상적일까요?.
B: shé tóu hái néng pèng dào yá chǐ ne, chū xiàn máo dùn hěn zhèng cháng.
혀도 이빨에 닿을 수 있잖아요. 갈등은 매우 정상적예요.

A：你认为他们怎样才能解决这个矛盾？

B：应该相互理解，站在对方的角度去反思。

A: nǐ rèn wéi tā men zěn yàng cái néng jiě jué zhè gè máo dùn?
그들이 어떻게 해야 이 모순을 해결할 수 있다고 생각해요?
B: yīng gāi xiāng hù lǐ jiě, zhàn zài duì fāng de jiǎo dù qù fǎn sī.
서로를 이해하고 상대방의 입장에서 반성해야 해요.

A：你是个矛盾的人吗？

B：我有时是个矛盾的人。

A: nǐ shì gè máo dùn de rén ma?
당신은 모순적인 사람이에요?
B: wǒ yǒu shí shì gè máo dùn de rén.
저는 때때로 모순적인 사람이에요.

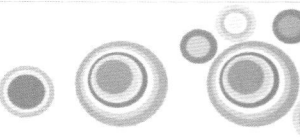

梦想中国语 会话

350 贸易 màoyì   무역. 교역

A：你学过贸易吗?
A: nǐ xué guò mào yì ma?
당신은 무역을 배운 적이 있어요?

B：大学时，我辅修过中韩贸易实务这门课。
B: dà xué shí, wǒ fǔ xiū guò zhōng hán mào yì shí wù zhè mén kè.
대학교 때 저는 한중 무역 실무 과정을 복수전공 한 적이 있어요.

A：你觉得中韩贸易往来多吗?
A: nǐ jué de zhōng hán mào yì wǎng lái duō ma?
당신은 한중 무역 거래가 많다고 생각해요?

B：我觉得中韩贸易往来很多。
B: wǒ jué de zhōng hán mào yì wǎng lái hěn duō.
저는 한중 무역 거래가 매우 많다고 생각해요.

A：你的公司主要是做什么的?
A: nǐ de gōng sī zhǔ yào shì zuò shén me de?
당신의 회사는 주로 무엇을 해요?

B：我的公司是做国际贸易的。
B: wǒ de gōng sī shì zuò guó jì mào yì de.
저희 회사는 국제 무역을 하고 있어요.

A：国家之间的贸易往来，什么很重要?
A: guó jiā zhī jiān de mào yì wǎng lái, shén me hěn zhòng yào?
국가 간의 무역 왕래에는 무엇이 중요해요?

B：信任和产品的质量很重要。
B: xìn rèn hé chǎn pǐn de zhì liàng hěn zhòng yào.
신뢰와 제품의 질이 아주 중요해요.

351 煤炭 méitàn   석탄. 매탄

A：中国哪里的煤炭资源很丰富?
A: zhōng guó nǎ lǐ de méi tàn zī yuán hěn fēng fù?
중국 어느 곳의 석탄 자원이 매우 풍부해요?

B：中国山西大同的煤炭资源很丰富。
B: zhōng guó shān xī dà tóng de méi tàn zī yuán hěn fēng fù.
중국 산시성 다퉁시의 석탄 자원이 매우 풍부해요.

A：韩国的煤炭贵吗?
A: hán guó de méi tàn guì ma?
한국의 석탄은 비싼가요?

B：我觉得挺贵的。
B: wǒ jué de tǐng guì de.
저는 비싸다고 생각해요.

A：哪些地方需要煤炭?
A: nǎ xiē dì fāng xū yào méi tàn?

B：一些大工厂需要煤炭。
어떤 곳에 석탄이 필요해요?
B:yì xiē dà gōng chǎng xū yào méi tàn.
일부 대형 공장들은 석탄을 필요로 해요.

A：大量使用煤炭会不会污染环境？
A:dà liàng shǐ yòng méi tàn huì bú huì wū rǎn huán jìng?
석탄을 대량으로 사용하면 환경을 오염시킬 수 있나요?

B：我觉得会污染环境。
B:wǒ jué de huì wū rǎn huán jìng.
환경을 오염시킬 수 있다고 생각해요.

A：煤炭燃烧之后会产生什么气体？
A:méi tàn rán shāo zhī hòu huì chǎn shēng shén me qì tǐ?
석탄이 연소하면 무슨 기체가 생기나요?

B：煤炭燃烧之后会产生二氧化碳。
B:méi tàn rán shāo zhī hòu huì chǎn shēng èr yǎng huà tàn.
이산화탄소가 생길 것이에요.

352 魅力 mèilì 매력

A：你觉得怎么样才能让自己更有魅力？
A:nǐ jué de zěn me yàng cái néng ràng zì jǐ gèng yǒu mèi lì?
당신은 어떻게 해야만 자신을 더욱 매력있게 만들 수 있다고 생각해요?

B：保持好奇心和学习能力可以让自己更有魅力。
B:bǎo chí hào qí xīn hé xué xí néng lì kě yǐ ràng zì jǐ gèng yǒu mèi lì.
호기심과 학습 능력을 유지해야 해요.

A：你觉得你家里谁最有魅力？
A:nǐ jué de nǐ jiā lǐ shuí zuì yǒu mèi lì?
당신 집에서 누가 제일 매력이 있다고 생각해요?

B：我觉得我的妈妈最有魅力。
B:wǒ jué de wǒ de mā ma zuì yǒu mèi lì.
우리 엄마요.

A：你看到她戴的珍珠项链了吗？
A:nǐ kàn dào tā dài de zhēn zhū xiàng liàn le ma?
당신은 그녀가 한 진주 목걸이를 봤어요?

B：我看到了，非常漂亮，衬托得她非常有魅力。
B:wǒ kàn dào le,fēi cháng piào liàng,chèn tuō de tā fēi cháng yǒu mèi lì.
봤어요, 아주 아름답고 그녀가 매력적으로 돋보이게 했어요.

A：你觉得什么样的老师算是好老师？
A:nǐ jué de shén me yàng de lǎo shī suàn shì hǎo lǎo shī?
당신은 어떤 선생님이 좋은 선생님이라고 생각해요?

B：既有丰富的知识又有人格魅力的老师是好老师。
B:jì yǒu fēng fù de zhī shi yòu yǒu rén gé mèi lì de lǎo shī shì hǎo lǎo shī.

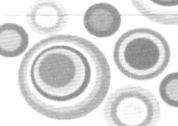

풍부한 지식과 인격적인 매력이 있는 선생님이 좋은 선생님이에요.

A：你希望自己是个什么样的人？

A:nǐ xī wàng zì jǐ shì gè shén me yàng de rén?

당신은 자신이 어떤 사람이길 바래요?

B：我希望我是个有魅力的人。

B:wǒ xī wàng wǒ shì gè yǒu mèi lì de rén.

저는 자기 매력이 있는 사람이길 바래요.

353 迷路 mílù   길을 잃다.

A：你迷路过吗？

A:nǐ mí lù guò ma?

당신은 길을 잃어버린 적이 있어요?

B：我毕业旅行的时候迷路过。

B:wǒ bì yè lǚ xíng de shí hòu mí lù guò.

저는 졸업여행 갔을 때 길을 잃어버린 적이 있어요.

A：你怎么才来啊？我等你好久了。

A:nǐ zěn me cái lái a? Wǒ děng nǐ hǎo jiǔ le.

당신은 왜 이제 와요? 당신을 오래 기다렸는데요.

B：对不起哦，我刚才迷路了。

B:duì bù qǐ ó, wǒ gāng cái mí lù le.

죄송해요, 아까 길을 잃었어요.

A：迷路之后你会怎么办？

A:mí lù zhī hòu nǐ huì zěn me bàn?

길을 잃는다면 당신은 어떻게 할 거예요?

B：我会给我的亲人或朋友打电话。

B:wǒ huì gěi wǒ de qīn rén huò péng you dǎ diàn huà.

저는 가족이나 친구한테 전화할 거예요.

A：你害怕迷路吗？

A:nǐ hài pà mí lù ma?

당신은 길을 잃는 게 무서워요?

B：我很害怕，因为只身一人不知道在哪里，让我很不安。

B:wǒ hěn hài pà, yīn wèi zhī shēn yì rén bù zhī dào zài nǎ lǐ, ràng wǒ hěn bù ān.

저는 무서워요. 왜냐하면 혼자서 어디에 있는지도 모르는 건 사람을 불안하게 하기 때문이예요.

A：你为什么不开车？

A:nǐ wèi shén me bù kāi chē?

당신은 왜 운전을 안 해요?

B：因为我是路痴，经常迷路，开车很不方便。

B:yīn wèi wǒ shì lù chī, jīng cháng mí lù, kāi chē hěn bù fāng biàn.

저는 길치니깐 자꾸 길을 잃어서 운전하면 불편해요.

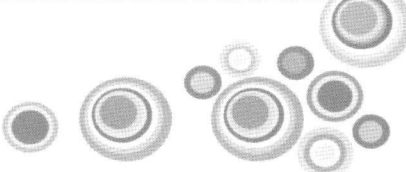

梦想中国语 会话

354 密切 mìqiè — 밀접하다. 긴밀하다. 가깝다

A：你和他的关系很密切吗？
A:nǐ hé tā de guān xi hěn mì qiè ma？
당신은 그와 관계가 밀접해요?

B：是的，我和他的关系很密切。
B:shì de,wǒ hé tā de guān xi hěn mì qiè.
네, 저는 그와 관계가 밀접해요.

A：你觉得这两件事有什么关系吗？
A:nǐ jué de zhè liǎng jiàn shì yǒu shén me guān xi ma？
당신은 이 두 사건이 무슨 관계가 있다고 생각해요?

B：我觉得这两件事有着密切的联系。
B:wǒ jué de zhè liǎng jiàn shì yǒu zhe mì qiè de lián xì.
저는 이 두 사건이 밀접한 관계가 있다고 생각해요.

A：你觉得熬夜和健康的关系密切吗？
A:nǐ jué de áo yè hé jiàn kāng de guān xi mì qiè ma？
당신은 밤새는 것과 건강의 관계가 밀접하다고 생각해요?

B：我觉得关系很密切，经常熬夜对健康不利。
B:wǒ jué de guān xi hěn mì qiè,jīng cháng áo yè duì jiàn kāng bú lì.
저는 밀접하다고 생각해요, 자주 밤새는 것은 건강에 좋지 않아요.

A：为什么你猜他们可能谈恋爱了？
A:wèi shén me nǐ cāi tā men kě néng tán liàn ài le？
당신은 왜 둘이 연애하는 것 같다고 의심해요?

B：因为他们最近关系很暧昧，很密切。
B:yīn wèi tā men zuì jìn guān xi hěn ài mèi,hěn mì qiè.
왜냐하면 둘이 요즘에 관계가 되게 애매해고 밀접해요.

355 秘密 mìmì — 비밀. 기밀. 비밀스럽다.

A：世界上每个人都有秘密吗？
A:shì jiè shàng měi gè rén dōu yǒu mì mì ma？
세상에 사람마다 다 비밀이 있나요?

B：我觉得每个人都有自己的秘密。
B:wǒ jué de měi gè rén dōu yǒu zì jǐ de mì mì.
사람마다 다 비밀이 있다고 생각해요.

A：你能告诉我你的秘密吗？
A:nǐ néng gào sù wǒ nǐ de mì mì ma？
당신은 자신의 비밀을 저에게 말해 줄 수가 있나요?

B：我是不会告诉你的。
B:wǒ shì bú huì gào sù nǐ de.
저는 당신에게 말해 주지 않을 것이에요.

A：你和他说了什么悄悄话？
A:nǐ hé tā shuō le shén me qiāo qiāo huà？

B：这是秘密！不能说。	당신은 그와 무슨 귓속말을 했어요? B:zhè shì mì mì！Bù néng shuō. 그건 비밀이에요! 말하면 안 돼요.
A：谁知道你的秘密？	A:shuí zhī dào nǐ de mì mì？ 당신의 비밀은 누가 알아요?
B：我最好的朋友知道我的秘密。	B:wǒ zuì hǎo de péng you zhī dào wǒ de mì mì. 제 가장 친한 친구가 알아요.
356 面对 miànduì	**직면하다. 직접 대면하다. 마주 대하다.**
A：面对失败，你是怎样重新开始的？	A:miàn duì shī bài,nǐ shì zěn yàng chóng xīn kāi shǐ de？ 당신은 패배를 당하고 어떻게 다시 시작했나요?
B：刘欢的《从头再来》给了我勇气。	B:liú huān de <cóng tóu zài lái> gěi le wǒ yǒng qì. 류환의 <다시 시작>은 저에게 용기를 주었어요.
A：他为什么不敢面对你？	A:tā wèi shén me bù gǎn miàn duì nǐ？ 그는 왜 당신을 마주 대하지 못해요?
B：因为他最近做了一件对不起我的事。	B:yīn wèi tā zuì jìn zuò le yí jiàn duì bù qǐ wǒ de shì. 그는 요즘에 저에게 미안한 일을 했어요.
A：面对自己的缺点，我们应该怎么样？	A:miàn duì zì jǐ de quē diǎn,wǒ men yīng gāi zěn me yàng？ 자신의 단점을 마주 대하면 우리는 어떻게 해야 하나요?
B：我们要虚心改正。	B:wǒ men yào xū xīn gǎi zhèng. 우리는 겸손해야 하고 단점을 고쳐야 해요.
A：面对诱惑，你能抵制住吗？	A:miàn duì yòu huò,nǐ néng dǐ zhì zhù ma？ 유혹을 마주치면 당신은 거절할 수 있나요?
B：我相信我可以抵制住诱惑。	B:wǒ xiāng xìn wǒ kě yǐ dǐ zhì zhù yòu huò. 저는 유혹을 거절할 수 있단 걸 믿어요.
A：面对弱者，我们应该怎么做？	A:miàn duì ruò zhě,wǒ men yīng gāi zěn me zuò？ 약자를 대할 때 우리 어떻게 해야 해요?
B：我们应该给予他们尊重和帮助。	B:wǒ men yīng gāi jǐ yǔ tā men zūn zhòng hé bāng zhù. 우리는 그들을 존중하고 도움을 줘야 해요.

梦想中国语 会话

357 面临 miànlín	직면하다.[주로 문제.곤란.도전 등와 결합]
A：什么让你这么低沉？	A:shén me ràng nǐ zhè me dī chén？ 무슨 일이 당신을 이렇게 사기가 떨어지게 만들었어요?
B：公司可能面临破产。	B:gōng sī kě néng miàn lín pò chǎn. 회사가 파산에 직면할 수도 있어요.
A：毕业季，大家面临着什么？	A:bì yè jì,dà jiā miàn lín zhe shén me？ 졸업하는 때에 다들 무엇에 직면하고 있나요?
B：大家面临着各种选择。	B:dà jiā miàn lín zhe gè zhǒng xuǎn zé. 다들 여러 가지 선택에 직면하고 있어요.
A：这对情侣面临什么问题？	A:zhè duì qíng lǚ miàn lín shén me wèn tí？ 이 커플은 무슨 문제에 직면하고 있나요?
B：他们面临着异地恋的考验。	B:tā men miàn lín zhe yì dì liàn de kǎo yàn. 그들이 장거리 연애하는 시련에 직면하고 있어요.
A：面临灾难，我们应该怎么做？	A:miàn lín zāi nàn,wǒ men yīng gāi zěn me zuò？ 재난에 직면할 때 우리는 어떻게 생각해야 해요?
B：应该沉着冷静，迅速寻找解决办法。	B:yīng gāi chén zhuó lěng jìng,xùn sù xún zhǎo jiě jué bàn fǎ. 침착하고 냉정하게 해결 방법을 빠르게 찾아야 해요.
358 描写 miáoxiě	묘사하다.
A：你觉得这个文章描写得怎么样？	A:nǐ jué de zhè gè wén zhāng miáo xiě de zěn me yàng？ 당신은 이 글의 묘사에 대해 어떻게 생각해요?
B：描写得非常有意境。	B:miáo xiě de fēi cháng yǒu yì jìng. 예술적 경지에 이르렀다고 생각해요.
A：描写人物有什么方法？	A:miáo xiě rén wù yǒu shén me fāng fǎ？ 인물을 묘사하는 방법은 뭐가 있어요?
B：有神态描写、语言描写和动作描写等。	B:yǒu shén tài miáo xiě,yǔ yán miáo xiě hé dòng zuò miáo xiě děng. 표정 묘사, 언어 묘사와 동작 묘사 등이 있어요.
A：《骆驼祥子》作者描写了一个什么样的主人公？	A:<luò tuo xiáng zi> zuò zhě miáo xiě le yí gè shén me yàng de zhǔ rén gōng？

B：描写了一个非常悲惨的主人公。

<낙타 상자>의 작가가 어떤 주인공을 묘사했어요?

B:miáo xiě le yí gè fēi cháng bēi cǎn de zhǔ rén gōng.

아주 비참한 주인공을 묘사했어요.

A：你喜欢描写动物还是描写景物？

A:nǐ xǐ huān miáo xiě dòng wù hái shì miáo xiě jǐng wù?

당신은 동물과 경치 중에서 무엇을 묘사하는 걸 좋아해요?

B：和描写景物相比，我更喜欢描写动物。

B:hé miáo xiě jǐng wù xiāng bǐ, wǒ gèng xǐ huān miáo xiě dòng wù.

경치를 묘사하는 것보다는 동물을 묘사하는 걸 전 더 좋아해요.

359 民主 mínzhǔ

민주. 민주적이다.

A：你喜欢民主的社会吗？

A:nǐ xǐ huān mín zhǔ de shè huì ma?

당신은 민주적인 사회를 좋아하나요?

B：我很喜欢民主的社会。

B:wǒ hěn xǐ huān mín zhǔ de shè huì.

저는 민주적인 사회를 아주 좋아해요.

A：你喜欢现在的生活还是古代的生活？

A:nǐ xǐ huān xiàn zài de shēng huó hái shì gǔ dài de shēng huó?

당신은 현재 생활을 좋아해요? 아니면 고대 생활을 좋아해요?

B：和古代的封建生活相比，我更喜欢现在的民主生活。

B:hé gǔ dài de fēng jiàn shēng huó xiāng bǐ, wǒ gèng xǐ huān xiàn zài de mín zhǔ shēng huó.

고대 봉건적인 생활과 비교하면 저는 현재 민주적인 생활을 더 좋아해요.

A：你觉得今天的民主生活怎么样？

A:nǐ jué de jīn tiān de mín zhǔ shēng huó zěn me yàng?

당신은 오늘날 민주적인 생활에 대해 어떻게 생각해요?

B：我觉得今天的民主生活来之不易。

B:wǒ jué de jīn tiān de mín zhǔ shēng huó lái zhī bú yì.

아주 어렵게 이루어진 것이라고 생각해요.

A：班长是老师选的吗？

A:bān zhǎng shì lǎo shī xuǎn de ma?

반장은 선생님이 지정한 것이에요?

B：不是的，班长是由班里同学民主选举出来的。

B:bú shì de, bān zhǎng shì yóu bān lǐ tóng xué mín zhǔ xuǎn jǔ chū lái de.

아니요, 반장은 반의 학생들이 민주적인 선거를 통해 뽑은 것이에요.

A：韩国是个民主的国家吗？

A:hán guó shì gè mín zhǔ de guó jiā ma?

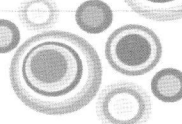

B：韩国是个民主的国家。

한국은 민주적인 나라예요?

B: hán guó shì gè mín zhǔ de guó jiā.

한국은 민주적인 나라예요.

360 明确 míngquè

명확하다.

A：他为什么这么年轻就成功了？

A: tā wèi shén me zhè me nián qīng jiù chéng gōng le？

그는 어떻게 이렇게 젊은 시절에 성공을 얻을 수 있었어요?

B：因为他很早就明确了自己的方向，并为之努力。

B: yīn wèi tā hěn zǎo jiù míng què le zì jǐ de fāng xiàng, bìng wèi zhī nǔ lì.

그는 오래전부터 자기의 방향을 명확하게 하고 그것을 향하여 열심히 노력했어요.

A：对于这件事，你有明确的看法吗？

A: duì yú zhè jiàn shì, nǐ yǒu míng què de kàn fǎ ma？

이번 사건에 대해 당신은 명확한 견해가 있나요?

B：给我点时间，让我再想想。

B: gěi wǒ diǎn shí jiān, ràng wǒ zài xiǎng xiǎng.

저에게 시간을 좀 주세요, 제가 더 생각해 볼 것이에요.

A：请明确地告诉我你的答案。

A: qǐng míng què de gào sù wǒ nǐ de dá àn.

당신의 답은 명확하게 알려 주세요.

B：我选择C。

B: wǒ xuǎn zé C.

저는 C를 선택해요.

A：你明确你想读哪所大学吗？

A: nǐ míng què nǐ xiǎng dú nǎ suǒ dà xué ma？

본인이 어느 대학교에 들어가고 싶은지 명확히 알아요?

B：嗯嗯，我很明确，我想读中国的清华大学。

B: èn èn, wǒ hěn míng què, wǒ xiǎng dú zhōng guó de qīng huá dà xué.

네, 명확해요, 저는 중국 청화대학교에 들어가고 싶어요.

361 明显 míngxiǎn

뚜렷하다, 선명하다

A：这两张图片有什么明显的区别吗？

A: zhè liǎng zhāng tú piàn yǒu shén me míng xiǎn de qū bié ma？

이 두 장의 그림은 어떤 뚜렷한 차이가 있어요?

B：第一张图片是彩色的，第二张图片是黑白的。

B: dì yī zhāng tú piàn shì cǎi sè de, dì èr zhāng tú piàn shì hēi bái de.

첫번째 그림은 컬러이며 두번째 그림은 흑백이에요.

A：你昨天熬夜了吗？黑眼圈这么明显。

A: nǐ zuó tiān áo yè le ma？Hēi yǎn quān zhè me míng xiǎn.

당신은 어제 밤을 새웠어요? 다크서클이 너무 뚜렷해요.

B：昨天我加班到很晚，到家已经半夜了。

B: zuó tiān wǒ jiā bān dào hěn wǎn, dào jiā yǐ jīng bàn yè le.

어제 늦게까지 야근했어요, 집에 도착했을 때 이미 늦은 밤이었어요.

A：怎么样才能明显地看出这片树叶的内部结构？

B：用显微镜看。

A: zěn me yàng cái néng míng xiǎn de kàn chū zhè piàn shù yè de nèi bù jié gòu?

이 나뭇잎의 내적 구조를 어떻게 뚜렷하게 볼 수 있어요?

B: yòng xiǎn wēi jìng kàn.

현미경으로 봐요.

A：你知道这道题的答案吗？

B：很明显啊，应该选择A。

A: nǐ zhī dào zhè dào tí de dá àn ma?

당신은 이 문제의 답을 알아요?

B: hěn míng xiǎn ā, yīng gāi xuǎn zé A.

너무 분명해요, A를 선택해야 해요.

362 命令 mìnglìng

명령. 명령하다.

A：作为士兵，可以不服从上级的命令吗？

B：作为一名士兵，要绝对服从上级的命令。

A: zuò wéi shì bīng, kě yǐ bù fú cóng shàng jí de mìng lìng ma?

병사로서 상급자의 명령에 복종하지 않으면 안 되나요?

B: zuò wéi yì míng shì bīng, yào jué duì fú cóng shàng jí de mìng lìng.

병사로서 상급자의 명령에 무조건 복종해야 해요.

A：你觉得好的亲子关系应该是什么样子的？

B：应该是交流而不是命令的关系。

A: nǐ jué de hǎo de qīn zǐ guān xì yīng gāi shì shén me yàng zǐ de?

당신은 좋은 부모 자식 관계는 어떤 관계라고 생각해요?

B: yīng gāi shì jiāo liú ér bú shì mìng lìng de guān xi.

명령하는 관계가 아니고 서로 교류하는 관계라고 생각해요.

A：老师会命令你做什么吗？

B：我的汉语老师很温柔，不会命令我做什么。

A: lǎo shī huì mìng lìng nǐ zuò shén me ma?

선생님은 당신에게 무엇을 하라고 명령해요?

B: wǒ de hàn yǔ lǎo shī hěn wēn róu, bú huì mìng lìng wǒ zuò shén me.

제 중국어 선생님은 아주 온유하고 저에게 명령하지 않아요.

A：军人的天职是什么？

B：无条件地服从命令是军人的天职。

A: jūn rén de tiān zhí shì shén me?

군인의 천직은 무엇이에요?

B: wú tiáo jiàn de fú cóng mìng lìng shì jūn rén de tiān zhí.

무조건 명령에 복종하는 것이 군인의 천직이에요.

梦想中国语 会话

363 命运 mìngyùn — 운명.

A：你最喜欢的交响曲是什么?
A: nǐ zuì xǐ huān de jiāo xiǎng qǔ shì shén me?
당신은 가장 좋아하는 교향곡은 무엇이에요?

B：我最喜欢的交响曲是贝多芬的《命运交响曲》。
B: wǒ zuì xǐ huān de jiāo xiǎng qǔ shì bèi duō fēn de <mìng yùn jiāo xiǎng qǔ>.
제가 가장 좋아하는 교향곡은 베토벤의 운명 교향곡이에요.

A：你觉得自己可以改变命运吗?
A: nǐ jué de zì jǐ kě yǐ gǎi biàn mìng yùn ma?
당신은 스스로 운명을 바꿀 수 있다고 생각해요?

B：我相信通过自己的努力是可以改变命运的。
B: wǒ xiāng xìn tōng guò zì jǐ de nǔ lì shì kě yǐ gǎi biàn mìng yùn de.
저는 스스로의 노력을 통해 운명을 바꿀 수 있다는 걸 믿어요.

A：你觉得什么可以改变命运?
A: nǐ jué de shén me kě yǐ gǎi biàn mìng yùn?
당신은 무엇을 통해 운명을 바꿀 수 있다고 생각해요?

B：我觉得知识可以改变命运。
B: wǒ jué de zhī shi kě yǐ gǎi biàn mìng yùn.
저는 지식이 운명을 바꿀 수 있다고 생각해요.

A：你相信命运吗?
A: nǐ xiāng xìn mìng yùn ma?
당신은 운명을 믿어요?

B：当我遇见那个女孩的那一刻，我相信是命运安排。
B: dāng wǒ yù jiàn nà gè nǚ hái de nà yí kè, wǒ xiāng xìn shì mìng yùn ān pái.
제가 그 여자를 만나는 순간에 이 만남은 운명이라고 믿었어요.

364 摸 mō — 어루만지다. 쓰다듬다. 만지다

A: 小孩子哭了，你会怎么安慰他?
A: xiǎo hái zi kū le, nǐ huì zěn me ān wèi tā?
어린 아이가 울면 당신이 그를 어떻게 위로할 것이에요?

B: 我会抱抱他或者摸摸他的头。
B: wǒ huì bào bao tā huò zhě mō mo tā de tóu.
저는 그를 안거나 그의 머리를 만질 것이에요.

A: 你不是有被子吗? 怎么又买了一套?
A: nǐ bú shì yǒu bèi zi ma? Zěn me yòu mǎi le yí tào?
당신은 이불이 있잖아요? 어째서 또 한 세트를 샀어요?

B: 因为我摸这个被子时，觉得特别柔软，刚好两套换着用。
B: yīn wèi wǒ mō zhè gè bèi zi shí, jué de tè bié róu ruǎn, gāng hǎo liǎng tào huàn zhe yòng.

저는 이 이불을 만질 때 너무 부드러워요, 적당하게 두 개 바꿔 써요.

A：大家不要随便摸这些画哦！

A:dà jiā bú yào suí biàn mō zhè xiē huà ó！

다들 이 그림들을 함부로 만지지 마요!

B：是呀！如果每个人都摸一下的话，很快就会摸坏了。

B:shì yā！Rú guǒ měi gè rén dōu mō yí xià de huà,hěn kuài jiù huì mō huài le.

그래요! 사람마다 다 한 번씩 만지면 금방 망가지겠어요.

A：你对你的选择有信心吗？

A:nǐ duì nǐ de xuǎn zé yǒu xìn xīn ma？

당신은 자기의 선택에 자신이 있어요?

B：我也不清楚，我只是摸着石头过河。

B:wǒ yě bù qīng chǔ,wǒ zhǐ shì mō zhe shí tóu guò hé.

글쎄요, 저는 그냥 돌을 더듬어 가며 강을 건너는 것이에요.

365 模仿 mófǎng

모방하다. 흉내 내다. 모방하다

A：你觉得模仿能力重要吗？

A:nǐ jué de mó fǎng néng lì zhòng yào ma？

당신은 모방 능력이 중요하다고 생각해요?

B：我觉得模仿能力很重要。

B:wǒ jué de mó fǎng néng lì hěn zhòng yào.

중요하다고 생각해요.

A：怎么样才能像老师一样有标准的发音？

A:zěn me yàng cái néng xiàng lǎo shī yí yàng yǒu biāo zhǔn de fā yīn？

어떻게 해야 선생님처럼 표준 발음을 가질 수 있어요?

B：练习发音时，要多多模仿。

B:liàn xí fā yīn shí,yào duō duō mó fǎng.

발음을 연습할 때는 많이 모방해야 해요.

A：大家为什么大笑？

A:dà jiā wèi shén me dà xiào？

다들 왜 크게 웃어요?

B：因为他模仿喜剧演员模仿得非常像。

B:yīn wèi tā mó fǎng xǐ jù yǎn yuán mó fǎng de fēi cháng xiàng.

그가 개그맨을 잘 흉내냈기 때문이에요.

A：什么动物会模仿人类说话？

A:shén me dòng wù huì mó fǎng rén lèi shuō huà？

어떤 동물이 인간의 말을 모방할 수 있어요?

B：鹦鹉会模仿人类说话。

B:yīng wǔ huì mó fǎng rén lèi shuō huà.

앵무새요.

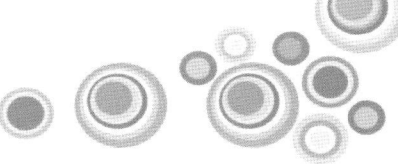

梦想中国语 会话

366 模糊 móhu — 모호하다. 애매하게 하다. 뚜렷하지 않다

A：你见过中国雨后的江南吗?
A: nǐ jiàn guò zhōng guó yǔ hòu de jiāng nán ma？
당신은 비가 온 후에 중국의 강남을 본 적이 있어요?

B：我见过, 雨后世界宛如模糊的烟雾，非常美丽。
B: wǒ jiàn guò, yǔ hòu shì jiè wǎn rú mó hu de yān wù, fēi cháng měi lì.
저는 본 적이 있어요, 비가 온 후에 세상이 마치 모호한 연기와 같고 아주 아름다워요.

A：你记得那件事吗?
A: nǐ jì de nà jiàn shì ma？
당신은 그 일을 기억하고 있나요?

B：时隔多年，如今的记忆有些模糊了。
B: shí gé duō nián, rú jīn de jì yì yǒu xiē mó hu le.
오랜만이라서 지금은 기억이 분명하지 않아요.

A：我最近看东西总是觉得很模糊。
A: wǒ zuì jìn kàn dōng xī zǒng shì jué de hěn mó hu.
저는 요즘에 뭘 보면 자꾸 흐릿한 느낌이 있어요.

B：你是不是近视眼了? 有空我陪你去医院看一看。
B: nǐ shì bú shì jìn shì yǎn le？Yǒu kòng wǒ péi nǐ qù yī yuàn kàn yí kàn.
당신은 근시가 아니예요? 제가 시간이 있을 때 당신과 같이 병원에 갈게요.

A：他的回答怎么样?
A: tā de huí dá zěn me yàng？
그의 대답은 어때요?

B：他的回答很模糊，没有明确的态度。
B: tā de huí dá hěn mó hu, méi yǒu míng què de tài dù.
그의 대답은 애매하고 명확한 태도가 없어요.

367 陌生 mòshēng — 생소하다. 낯설다

A：你会轻易给陌生人开门吗?
A: nǐ huì qīng yì gěi mò shēng rén kāi mén ma？
당신은 낯선 사람에게 쉽게 문을 열어요?

B：我不会轻易给陌生人开门。
B: wǒ bú huì qīng yì gěi mò shēng rén kāi mén.
저는 낯선 사람에게 쉽게 문을 열지 않아요.

A：你认识他吗?
A: nǐ rèn shi tā ma？
당신은 그를 알아요?

B：我只是知道他而已，我们没有什么交集，很陌生。
B: wǒ zhǐ shì zhī dào tā ér yǐ, wǒ men méi yǒu shén me jiāo jí, hěn mò shēng.
저는 단지 그를 알고 있을 뿐이고, 우리는 아무런 교집합도

A：去陌生的地方，你会想念亲人吗？

B：去陌生的地方，我会很想念我的亲人。

A：你想去哪里旅游？

B：我想去一个陌生的地方旅游。

A：你觉得最熟悉的陌生人是谁？

B：是我的前男/女友。

368 某 mǒu 아무. 어느. 아무개, 모

A：我们什么时候会再见面？

B：可能某年的这个时候我们还会见面。

A：你怎么了？脸色这么难看！

B：我某个牙齿特别疼。

A：你有什么愿望？

B：我希望某一天，可以再次遇见她。

A：某人知道你喜欢她吗？

없고 낯설어요.

A：qù mò shēng de dì fāng, nǐ huì xiǎng niàn qīn rén ma?
낯선 곳에 가면 가족이 그리워요?

B：qù mò shēng de dì fāng, wǒ huì hěn xiǎng niàn wǒ de qīn rén.
저는 낯선 곳에 가면 가족들이 많이 그리울 것이에요.

A：nǐ xiǎng qù nǎ lǐ lǚ yóu?
당신은 어디로 여행을 가고 싶어요?

B：wǒ xiǎng qù yí gè mò shēng de dì fāng lǚ yóu.
저는 낯선 곳으로 여행 가고 싶어요.

A：nǐ jué de zuì shú xī de mò shēng rén shì shuí?
당신은 가장 익숙한 낯선 사람이 누구라고 생각해요?

B：shì wǒ de qián nán/nǚ yǒu.
옛날 남자/ 여자 친구.

A：wǒ men shén me shí hòu huì zài jiàn miàn?
우리는 언제 다시 만날 수 있어요?

B：kě néng mǒu nián de zhè gè shí hòu wǒ men hái huì jiàn miàn.
아마 어느 해 이 시간에 우리가 다시 만날 것이에요.

A：nǐ zěn me le? Liǎn sè zhè me nán kàn!
당신은 왜 그래요? 얼굴이 이렇게 엉망이에요!

B：wǒ mǒu gè yá chǐ tè bié téng.
저는 어떤 이가 특별히 아파요.

A：nǐ yǒu shén me yuàn wàng?
당신은 무슨 소원이 있어요?

B：wǒ xī wàng mǒu yì tiān, kě yǐ zài cì yù jiàn tā.
저는 언젠가 그녀를 다시 만날 수 있기를 바래요.

A：mǒu rén zhī dào nǐ xǐ huān tā ma?
그 사람은 당신이 그를 좋아하는 걸 알아요?

B：应该不知道。 | B:yīng gāi bù zhī dào.
모를 것 같아요.

369 目标 mùbiāo | 목표.

A：你今年的目标是什么？ | A:nǐ jīn nián de mù biāo shì shén me？
당신의 올해 목표는 무엇이에요?

B：我今年的目标是拿下HSK6级。 | B:wǒ jīn nián de mù biāo shì ná xià HSK 6 jí.
제 올해의 목표는 HSK6급을 따는 것이에요.

A：你觉得目标重要吗？ | A:nǐ jué de mù biāo zhòng yào ma？
당신은 목표가 중요하다고 생각해요?

B：我觉得目标很重要，它可以激励我们不断前行。 | B:wǒ jué de mù biāo hěn zhòng yào,tā kě yǐ jī lì wǒ men bú duàn qián xíng.
저는 중요하다고 생각해요, 그것은 우리가 계속해서 앞으로 나아갈 수 있도록 격려할 수 있어요.

A：这节课的目标是什么？ | A:zhè jié kè de mù biāo shì shén me？
이번 수업의 목표가 무엇이에요?

B：这节课的目标是学会这些单词。 | B:zhè jié kè de mù biāo shì xué huì zhè xiē dān cí.
이번 수업의 목표는 이 단어를 습득하는 것이에요.

A：你喜欢设立目标吗？ | A:nǐ xǐ huān shè lì mù biāo ma？
당신은 목표를 세우는 걸 좋아해요?

B：我喜欢设立目标。 | B:wǒ xǐ huān shè lì mù biāo.
저는 목표를 세우는 걸 좋아해요.

A：你觉得怎么样才能实现自己的目标？ | A:nǐ jué de zěn me yàng cái néng shí xiàn zì jǐ de mù biāo？
당신은 어떻게 해야 자신의 목표가 이루어질 수 있다고 생각해요?

B：需要不断地坚持和努力。 | B:xū yào bú duàn de jiān chí hé nǔ lì.
계속해서 견지하는 것과 부단한 노력이 필요해요.

370 目录 mùlù | 목록

A：看书你会先看目录吗？ | A:kàn shū nǐ huì xiān kàn mù lù ma？
당신은 책을 읽을 때 먼저 목록부터 볼 것이에요?

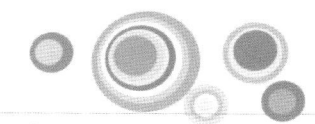

B：我会先看目录的。
B:wǒ huì xiān kàn mù lù de.
저는 우선 목록을 볼 것이에요.

A：你觉得看目录有什么作用？
A:nǐ jué de kàn mù lù yǒu shén me zuò yòng？
당신은 목차를 보는 건 무슨 효과가 있다고 생각해요？

B：看目录可以让我们大致了解文章内容。
B:kàn mù lù kě yǐ ràng wǒ men dà zhì liǎo jiě wén zhāng nèi róng.
목차를 보면 글의 대략적인 내용을 알게 될 것이에요.

A：你会用电脑生成目录吗？
A:nǐ huì yòng diàn nǎo shēng chéng mù lù ma？
당신은 컴퓨터로 목록을 생성할 수 있을까요？

B：小意思，我很擅长生成目录。
B:xiǎo yì sī,wǒ hěn shàn cháng shēng chéng mù lù.
별 것 아니에요, 저는 목록을 생성하는 걸 잘해요.

A: 学士论文需要写目录吗？
A:xué shì lùn wén xū yào xiě mù lù ma？
학사 논문에 목록을 작성할 필요가 있어요？

B：学士论文需要写目录。
B:xué shì lùn wén xū yào xiě mù lù.
학사 논문에 목록을 작성할 필요가 있어요.

371 哪怕 nǎpà

설령 ~라 해도. 혹시

A：你每天都坚持跑步吗？
A:nǐ měi tiān dōu jiān chí pǎo bù ma？
당신은 맨날 꾸준히 달리기를 해요？

B：哪怕是加班，我也会坚持跑步。
B:nǎ pà shì jiā bān,wǒ yě huì jiān chí pǎo bù.
야근이라 해도 저는 꾸준히 달리기를 할 것이에요.

A：你每天都会练习汉语吗？
A:nǐ měi tiān dōu huì liàn xí hàn yǔ ma？
당신은 매일 중국어를 연습할 것이에요？

B：哪怕是节假日，我也会练习汉语。
B:nǎ pà shì jié jià rì,wǒ yě huì liàn xí hàn yǔ.
공휴일이라도 저는 중국어를 연습할 것이에요.

A：你迟到过吗？
A:nǐ chí dào guò ma？
당신은 지각한 적이 있나요？

B：我从来没有迟到过，哪怕是刮风下雨，我也会按时到教室。
B:wǒ cóng lái méi yǒu chí dào guò,nǎ pà shì guā fēng xià yǔ,wǒ yě huì àn shí dào jiào shì.
저는 지금까지 지각한 적이 없으며, 바람이 불거나 비가 오거나 해도 저는 제 시간에 교실에 도착할 것이에요.

梦想中国语 会话

A：你旷过课吗？

B：我没有，哪怕是感冒，我也会坚持上课。

A:nǐ kuàng guò kè ma？
당신은 결석한 적이 있나요?

B:wǒ méi yǒu,nǎ pà shì gǎn mào,wǒ yě huì jiān chí shàng kè.
저는 없어요, 감기에 걸려도 버티면서 수업을 들어요.

A：你喜欢他吗？

B：我很喜欢他。哪怕他不喜欢我，我也喜欢他。

A:nǐ xǐ huān tā ma？
당신은 그를 좋아해요?

B:wǒ hěn xǐ huān tā.Nǎ pà tā bù xǐ huān wǒ,wǒ yě xǐ huān tā.
저는 그를 아주 좋아해요. 그가 나를 좋아하지 않더라도 저는 그를 좋아해요.

372 难怪 nánguài

어쩐지. 과연. 그러기에

A：听说小红去过中国。

B：难怪她那么了解中国。

A:tīng shuō xiǎo hóng qù guò zhōng guó.
빨강이가 중국에 가 본 적이 있다고 들었어요.

B:nán guài tā nà me liǎo jiě zhōng guó.
어쩐지 그가 중국을 그래서 그렇게 많이 알군요.

A：他好像喜欢小红。

B：难怪他每次见到小红，都会脸红！

A:tā hǎo xiàng xǐ huān xiǎo hóng.
그는 빨강이를 좋아할 것 같아요.

B:nán guà itā měi cì jiàn dào xiǎo hóng,dōu huì liǎn hóng!
어쩐지 그가 빨강이를 만날 때마다 얼굴이 빨개졌어요!

A：他好像是生病了。

B：难怪他今天脸色那么不好。

A:tā hǎo xiàng shì shēng bìng le.
그는 오늘 아픈 것 같아요.

B:nán guài tā jīn tiān liǎn sè nà me bù hǎo.
어쩐지 그가 오늘 얼굴이 그렇게 안 좋더라.

A：他的人际交往能力很好！

B：难怪他人缘那么好。

A:tā de rén jì jiāo wǎng néng lì hěn hǎo！
그는 사교능력이 뛰어나요!

B:nán guài tā rén yuán nà me hǎo.
어쩐지 그의 인간 관계가 그렇게 좋더라.

A：他总是很努力学习，经常学到深夜。

B：难怪他总是名列前茅。

A:tā zǒng shì hěn nǔ lì xué xí,jīng cháng xué dào shēn yè.
그는 항상 열심히 공부하고 밤늦게까지 공부를 해요.

B:nán guài tā zǒng shì míng liè qián máo.

어쩐지 그가 성적이 항상 선두에 있더라

373 难看 nánkàn

못생기다. 보기 싫다. 체면이 서지 못하다.

A：这件衣服怎么样？

A:zhè jiàn yī fu zěn me yàng？

이 옷은 어때요？

B：我觉得很难看。

B:wǒ jué de hěn nán kàn.

저는 매우 못생겼다고 생각합니다.

A：你的脸色怎么这么难看？

A:nǐ de liǎn sè zěn me zhè me nán kàn？

당신의 얼굴이 왜 이렇게 좋지 않아요？

B：我的肚子特别痛，好像吃东西吃坏了。

B:wǒ de dù zi tè bié tòng,hǎo xiàng chī dōng xī chī huài le.

저는 배가 너무 아파요, 음식을 잘 못 먹을 것 같아요.

A：什么事让他很难看？

A:shén me shì ràng tā hěn nán kàn？

무슨 일이 그를 어색하게 했어요？

B：他考试作弊被同学发现让他很难看。

B:tā kǎo shì zuò bì bèi tóng xué fā xiàn ràng tā hěn nán kàn.

그는 시험에서 커닝을 하다가 친구에게 들켜서 자기를 어색하게 만들었어요.

A：你觉得这两个包包哪个好一点？

A:nǐ jué de zhè liǎng gè bāo bāo nǎ gè hǎo yì diǎn？

이 두 개의 가방 중에 어느 것이 더 좋다고 생각해요？

B：我觉得左面的很漂亮，右面的很难看。

B:wǒ jué de zuǒ miàn de hěn piào liàng,yòu miàn de hěn nán kàn.

왼쪽에 있는 건 예쁘고 오른쪽에 있는 건 못생겼다고 생각해요.

374 嫩 nèn

부드럽다. 연하다

A：春天来了，树上长出来了什么？

A:chūn tiān lái le,shù shàng zhǎng chū lái le shén me?

봄이 되니깐 나무에 무엇이 생겼어요？

B：树上长出了嫩叶。

B:shù shàng zhǎng chū le nèn yè.

나무에 어린 잎이 생겼어요.

A：你最喜欢妈妈做的哪道菜？

A:nǐ zuì xǐ huān mā ma zuò de nǎ dào cài？

당신은 엄마가 만든 요리 중에 어떤 걸 제일 좋아해요？

B：我最喜欢妈妈做的鸡蛋羹，鲜鲜嫩嫩，非常好吃。

B:wǒ zuì xǐ huān mā ma zuò de jī dàn gēng,xiān xiān nèn nèn,fēi cháng hǎo chī.

계란찜을 제일 좋아하는데 그것은 아주 부드럽고 맛있어요.

A：你吃过中国的锅包肉吗？

A:nǐ chī guò zhōng guó de guō bāo ròu ma？
당신은 중국의 꿔바로우를 먹어 본 적이 있나요?

B：我吃过，外酥里嫩，非常美味。

B:wǒ chī guò, wài sū lǐ nèn, fēi cháng měi wèi.
먹어 본 적이 있어요, 겉은 바삭바삭하고 속은 연해요, 아주 맛있어요.

A：我说的都是实话，没有骗你。

A:wǒ shuō de dōu shì shí huà, méi yǒu piàn nǐ.
제가 말하는 건 모두 사실이며, 당신을 속이지 않았어요.

B：不要和我耍心眼！和我玩，你还嫩了点。

B:bú yào hé wǒ shuǎ xīn yǎn！Hé wǒ wán, nǐ hái nèn le diǎn.
나에게 잔꾀 부리지 마! 나와 놀려면 너는 아직 어려.

A：你喜欢吃嫩一点的玉米，还是老一点的玉米？

A:nǐ xǐ huān chī nèn yì diǎn de yù mǐ, hái shì lǎo yì diǎn de yù mǐ？
연한 옥수수랑 질긴 옥수수 중에 무엇을 먹기 좋아해요?

B：我喜欢吃嫩一点的玉米。

B:wǒ xǐ huān chī nèn yì diǎn de yù mǐ.
저는 연한 옥수수를 먹기 좋아해요.

375 能干 nénggàn

유능하다. 재능이 있다.

A：他为什么被破格提拔了？

A:tā wèi shén me bèi pò gé tí bá le？
그는 왜 파격적으로 발탁되었어요?

B：因为他在工作方面很能干。

B:yīn wèi tā zài gōng zuò fāng miàn hěn néng gàn.
왜냐하면 그는 일하는 방면에서 아주 유능하기 때문이에요.

A：大家为什么一直推选他当市长？

A:dà jiā wèi shén me yì zhí tuī xuǎn tā dāng shì zhǎng？
다들 왜 계속 그를 시장으로 추천했어요?

B：因为他很能干。

B:yīn wèi tā hěn néng gàn.
그는 유능하기 때문이에요.

A：你是个能干的人吗？

A:nǐ shì gè néng gàn de rén ma？
당신은 재능이 있는 사람이에요?

B：我觉得我勉强算是个能干的人。

B:wǒ jué de wǒ miǎn qiǎng suàn shì gè néng gàn de rén.
저는 억지로 재능이 있는 사람으로 칠 수 있다고 생각해요.

A：你的家里谁最能干？

A:nǐ de jiā lǐ shuí zuì néng gàn？
당신의 집에서는 누가 가장 유능해요?

B：我的爸爸最能干。
B:wǒ de bà ba zuì néng gàn.
우리 아빠가 가장 유능해요.

A：公司需要什么样的员工？
A:gōng sī xū yào shén me yàng de yuán gōng?
회사는 어떤 직원이 필요해요?

B：公司需要踏实能干的员工。
B:gōng sī xū yào tā shí néng gàn de yuán gōng.
회사는 성실하고 유능한 직원을 필요로 해요.

376 能源 néngyuán
에너지원. 에너지.

A：地球上的能源是无穷无尽的吗？
A:dì qiú shàng de néng yuán shì wú qióng wú jìn de ma?
지구상의 에너지는 무궁무진한 것이에요?

B：地球上的能源不是无穷无尽的。
B:dì qiú shàng de néng yuán bú shì wú qióng wú jìn de.
지구상의 에너지는 무궁무진한 것이 아니에요.

A：我们需要节约能源吗？
A:wǒ men xū yào jié yuē néng yuán ma?
우리는 에너지를 절약할 필요가 있어요?

B：我们需要节约能源。
B:wǒ men xū yào jié yuē néng yuán
에너지를 절약할 필요가 있어요.

A：我们应该怎样节约能源？
A:wǒ men yīng gāi zěn yàng jié yuē néng yuán?
우리는 어떻게 에너지를 절약해야 해요?

B：从一点一滴做起。比如，以步代车。
B:cóng yì diǎn yì dī zuò qǐ. Bǐ rú, yǐ bù dài chē.
조금씩부터 시작해요, 예를 들어 차를 타는 대신 발로 걸어요.

A：石油是可再生能源吗？
A:shí yóu shì kě zài shēng néng yuán ma?
석유는 재생 가능한 에너지예요?

B：石油是不可再生能源。
B:shí yóu shì bù kě zài shēng néng yuán.
석유는 재생 불가능한 에너지예요.

A：酒精都有什么用途？
A:jiǔ jīng dōu yǒu shén me yòng tú?
알코올은 무슨 용도가 있나요?

B：酒精可以消毒，也可以做新能源。
B:jiǔ jīng kě yǐ xiāo dú, yě kě yǐ zuò xīn néng yuán.
알코올은 소독할 수 있고 새로운 에너지로도 사용할 수도 있어요.

377 年代 niándài — 시대. 연대.

A：韩剧《请回答1988》讲的是哪个年代的事？
A: hán jù <qǐng huí dá 1988> jiǎng de shì nǎ gè nián dài de shì？
'응답하라 1988'은 어느 시대의 일을 이야기하는 건가요?

B：讲的是20世纪80年代的事。
B: jiǎng de shì 20 shì jì 80 nián dài de shì.
1980년대의 일이에요.

A：我们为什么要珍惜和平？
A: wǒ men wèi shén me yào zhēn xī hé píng？
우리는 왜 평화를 소중히 여겨야 해요?

B：因为和平年代来之不易。
B: yīn wèi hé píng nián dài lái zhī bú yì.
평화로운 시대가 오기가 쉽지 않기 때문이에요.

A：你是哪个年代的人？
A: nǐ shì nǎ gè nián dài de rén？
당신은 어느 시대의 사람이에요?

B：我是21世纪的人。
B: wǒ shì 21 shì jì de rén.
저는 21세기의 사람이에요.

378 年纪 niánjì — 나이. 연령

A：你今年多大年纪啦？
A: nǐ jīn nián duō dà nián jì lā？
당신은 올해 몇 살이에요?

B：我今年二十八岁了。
B: wǒ jīn nián èr shí bā suì le.
저는 올해 28살이에요.

A：你觉得人生最美的年纪是多大？
A: nǐ jué de rén shēng zuì měi de nián jì shì duō dà？
당신은 인생 중에 가장 아름다운 나이가 몇 살이라고 생각해요?

B：我觉得二十岁出头是人生最美的年纪。
B: wǒ jué de èr shí suì chū tóu shì rén shēng zuì měi de nián jì.
20대 초반이 인생 가장 아름다운 나이라고 생각해요.

A：父母的身体怎么样？
A: fù mǔ de shēn tǐ zěn me yàng？
부모님 건강은 어때요?

B：父母的年纪渐渐变大，身体不如年轻时候了。
B: fù mǔ de nián jì jiàn jiàn biàn dà, shēn tǐ bù rú nián qīng shí hòu le.
부모님의 나이가 점점 많아지고, 몸이 젊은 시절에 비할 바가 아니에요.

A：你多大年纪时去了中国？
A: nǐ duō dà nián jì shí qù le zhōng guó？

梦想中国语 会话

B：我十岁左右时就去了中国。

당신은 중국에 갔을 때가 몇 살이에요?
B:wǒ shí suì zuǒ yòu shí jiù qù le zhōng guó.
저는 10살 쯤에 중국에 갔어요.

379 念 niàn — 읽다. 낭독하다. 그리워하다. 공부하다

A：你觉得怎么样才能把课文背下来？

B：反复念几遍，就可以很快背下来了。

A:nǐ jué de zěn me yàng cái néng bǎ kè wén bèi xià lái?
어떻게 해야 본문을 외울 수 있다고 생각해요?
B:fǎn fù niàn jǐ biàn, jiù kě yǐ hěn kuài bèi xià lái le.
몇 번 반복해서 읽으면 금방 외울 수 있어요.

A：你喜欢念书吗？

B：我喜欢念书，因为我可以学习到很多知识。

A:nǐ xǐ huān niàn shū ma?
당신은 책을 읽는 걸 좋아해요?
B:wǒ xǐ huān niàn shū, yīn wèi wǒ kě yǐ xué xí dào hěn duō zhī shi.
좋아해요, 제가 많은 지식을 배울 수 있기 때문이에요.

A：当你去了心心念念的大学时，心情如何？

B：心情非常激动。

A:dāng nǐ qù le xīn xīn niàn niàn de dà xué shí, xīn qíng rú hé?
바라던 대학교에 들어갔을 때 기분이 어땠어요?
B:xīn qíng fēi cháng jī dòng.
마음이 아주 설레였어요.

A：你在家会念课文吗？

B：会的，我常常会反复念好几遍。

A:nǐ zài jiā huì niàn kè wén ma?
당신은 집에서 본문을 읽어요?
B:huì de, wǒ cháng cháng huì fǎn fù niàn hǎo jǐ biàn.
읽어요, 저는 자주 몇 번이나 반복해서 읽어요.

A：念在你叫我姐姐的份上，
我把我的学习秘诀都告诉你！

B：真的？谢谢姐姐。

A:niàn zài nǐ jiào wǒ jiě jie de fèn shàng, wǒ bǎ wǒ de xué xí mì jué dōu gào sù nǐ！
저를 언니라고 부르니깐 제 학습 비법을 다 당신에게 알려 줄게요!
B:zhēn de？Xiè xie jiě jie.
진짜요? 언니 고마워요.

380 宁可 nìngkě — 차라리~할지언정. 설령 ...할지라도

A：你不喜欢学英语吗？

A:nǐ bù xǐ huān xué yīng yǔ ma?
당신은 영어를 배우기 싫어요?

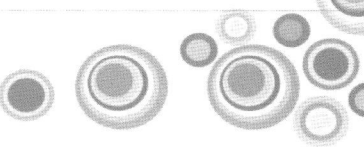

B：是的，我宁可学汉语也不学英语。
B:shì de,wǒ nìng kě xué hàn yǔ yě bù xué yīng yǔ.
네, 저는 차라리 중국어를 배우더라도 영어를 배우지 않을 것이에요.

A：你考试作弊吗？
A:nǐ kǎo shì zuò bì ma?
당신은 시험에서 컨닝을 하나요?

B：我考试宁可空着不写，也不会作弊。
B:wǒ kǎo shì nìng kě kòng zhe bù xiě,yě bú huì zuò bì.
차라리 시험지를 비어 있게 할지언정, 컨닝하지 않아요.

A：你会求他帮忙吗？
A:nǐ huì qiú tā bāng máng ma?
당신은 그에게 도움을 부탁할 것이에요?

B：我宁可自己慢慢解决，也不会求他。
B:wǒ nìng kě zì jǐ màn màn jiě jué,yě bú huì qiú tā.
저는 차라리 스스로 천천히 해결할지언정, 그에게 부탁하지 않을 것이에요.

A：你快去和他道歉吧！
A:nǐ kuài qù hé tā dào qiàn ba!
당신은 빨리 가서 그에게 사과를 해요!

B：我宁可不和他说话，也不去道歉。
B:wǒ nìng kě bù hé tā shuō huà,yě bú qù dào qiàn.
차라리 그와 말을 하지 않을지언정, 사과하지 않아요.

A：你这么饿肚子，就只为去听他的演唱会？
A:nǐ zhè me è dù zi,jiù zhǐ wèi qù tīng tā de yǎn chàng huì?
이렇게 굶는 이유는 오로지 그의 콘서트를 보러 가는 것이에요?

B：我宁可不吃饭，也要去看他的演唱会。
B:wǒ nìng kě bù chī fàn,yě yào qù kàn tā de yǎn chàng huì.
밥을 안 먹을지언정, 그의 콘서트를 보러 가야 해요.

381 浓 nóng

진하다.

A：你觉得这个茶怎么样？
A:nǐ jué de zhè gè chá zěn me yàng?
당신은 이 차에 대해 어떻게 생각해요?

B：茶的味道非常浓，很好喝。
B:chá de wèi dào fēi cháng nóng,hěn hǎo hē.
차 맛이 매우 진하고 맛있어요.

A：你喜欢喝浓一点的咖啡还是淡一点的咖啡？
A:nǐ xǐ huān hē nóng yì diǎn de kā fēi hái shì dàn yì diǎn de kā fēi?
맛이 진한 커피 아니면 약한 커피를 마시기 좋아해요?

B：我喜欢喝味道浓一点的咖啡。
B:wǒ xǐ huān hē wèi dào nóng yì diǎn de kā fēi.
저는 맛이 진한 커피를 좋아해요.

A：是谁喷了香水？

B：你闻出来啦？味道很浓吗？

A:shì shuí pēn le xiāng shuǐ？
누가 향수를 뿌렸어요？

B:nǐ wén chū lái la？Wèi dào hěn nóng ma？
당신은 냄새를 맡았어요？ 진해요？

A：你知道哪个成语可以用来形容亲情吗？

B："血浓于水"这个词可以形容亲情。

A:nǐ zhī dào nǎ gè chéng yǔ kě yǐ yòng lái xíng róng qīn qíng ma？
당신이 아는 어떤 말이 가족애를 묘사할 수 있나요？

B:"xuè nóng yú shuǐ"zhè gè cí kě yǐ xíng róng qīn qíng.
'피는 물보다 진하다'란 단어가 가족애를 묘사할 수 있어요.

A：你喜欢八月吗？

B：我很喜欢，因为在八月可以闻到浓浓的桂花味儿。

A:nǐ xǐ huān bā yuè ma？
당신은 8월을 좋아해요？

B:wǒ hěn xǐ huān,yīn wèi zài bā yuè kě yǐ wén dào nóng nóng de guì huā wèi ér.
좋아해요, 8월에 진한 계수나무꽃의 냄새를 맡을 수 있기 때문이에요.

382 农业　nóngyè

농업.

A：中国是农业大国吗？

B：中国是农业大国。

A:zhōng guó shì nóng yè dà guó ma？
중국은 농업 대국인가요？

B:zhōng guó shì nóng yè dà guó.
중국은 농업 대국이에요.

A：你知道哪个国家的农业发展得比较好吗？

B：中国的农业发展得比较好。

A:nǐ zhī dào nǎ gè guó jiā de nóng yè fā zhǎn de bǐ jiào hǎo ma？
당신은 어느 국가의 농업이 잘 발전하고 있는지 알아요？

B:zhōng guó de nóng yè fā zhǎn de bǐ jiào hǎo.
중국이요.

A：她考上了什么大学？

B：东北农业大学。

A:tā kǎo shàng le shén me dà xué？
그녀는 어떤 대학교에 붙었어요？

B:dōng běi nóng yè dà xué.
동북 농업 대학교이에요.

A：你觉得农业对一个国家来说重要吗？

A:nǐ jué de nóng yè duì yí gè guó jiā lái shuō zhòng yào ma？
당신은 농업이 국가에 중요하다고 생각해요？

273

B：粮食乃国之根本，所以农业很重要。
B:liáng shi nǎi guó zhī gēn běn,suǒ yǐ nóng yè hěn zhòng yào.
식량은 국가의 근본이라서 농업은 중요해요.

A：你有银行卡吗？
A:nǐ yǒu yín háng kǎ ma?
당신은 은행 카드가 있나요?

B：我有一张中国农业银行的银行卡。
B:wǒ yǒu yì zhāng zhōng guó nóng yè yín háng de yín háng kǎ.
저는 중국 농업 은행의 카드가 있어요.

383 偶然 ǒurán   우연히. 뜻밖에

A：你是怎么认识他的？
A:nǐ shì zěn me rèn shi tā de?
당신은 어떻게 그를 알게 되었어요?

B：我是在一次汉语演讲中偶然认识他的。
B:wǒ shì zài yí cì hàn yǔ yǎn jiǎng zhōng ǒu rán rèn shi tā de.
저는 어느 중국어 연설에서 우연히 그를 만났어요.

A：你知道歌曲《感恩的心》的第一句怎么唱吗？
A:nǐ zhī dào gē qū <gǎn ēn de xīn> de dì yī jù zěn me chàng ma?
당신은 <은혜에 감사한 마음>의 첫 마디를 어떻게 부르는 줄 알아요?

B：我来自偶然，像一颗尘土。
B:wǒ lái zì ǒu rán,xiàng yì kē chén tǔ.
저는 오연히 먼지처럼 온다.

A：你觉得你们的相遇是偶然吗？
A:nǐ jué de nǐ men de xiāng yù shì ǒu rán ma?
당신은 당신들의 만남이 우연이라고 생각해요?

B：我觉得更像是命中注定。
B:wǒ jué de gèng xiàng shì mìng zhōng zhù dìng.
저는 운명으로 정해져 있는 것 같다고 생각해요.

A：你怎么知道了这个事情的？
A:nǐ zěn me zhī dào le zhè gè shì qing de?
당신은 이 일을 어떻게 알게 되었어요?

B：他和我谈话时，偶然间提起的。
B:tā hé wǒ tán huà shí,ǒu rán jiān tí qǐ de.
그가 저와 이야기 나눌 때 우연히 언급했어요.

A：你怎么突然流泪了？
A:nǐ zěn me tū rán liú lèi le?
당신은 왜 갑자기 눈물이 나요?

B：看到外面的学生，我偶然想起了我的中学时光。
B:kàn dào wài miàn de xué shēng,wǒ ǒu rán xiǎng qǐ le wǒ de zhōng xué shí guāng.
밖에 있는 학생들을 보니 저는 우연히 우리 중학교 시절을 떠올렸어요.

384 拍 pāi

치다. (사진·영화 등을) 찍다

A: 你会唱《拍手歌》吗?
A: nǐ huì chàng <pāi shǒu gē> ma?
당신은 <박수 노래>를 부를 줄 알아요?

B: 我不会唱，是要一边拍手一边唱的歌吗?
B: wǒ bú huì chàng, shì yào yì biān pāi shǒu yì biān chàng de gē ma?
저는 부를 줄 몰라요, 박수를 치면서 부르는 노래예요?

A: OPPO手机拍照怎么样?
A: OPPO shǒu jī pāi zhào zěn me yàng?
OPPO 휴대폰으로 사진을 찍은 게 어때요?

B: 拍照技术非常好，还自带美颜功能。
B: pāi zhào jì shù fēi cháng hǎo, hái zì dài měi yán gōng néng.
사진이 잘 나오고 얼굴을 예쁘게 만드는 기능도 있어요.

A: 她拍的《太阳的后裔》又是特别火。
A: tā pāi de <tài yáng de hòu yì> yòu shì tè bié huǒ.
그녀가 출연한 <태양의 후예>가 아주 인기가 많아요.

B: 你说的是宋慧乔吧，我很喜欢她。
B: nǐ shuō de shì sòng huì qiáo ba, wǒ hěn xǐ huān tā.
당신이 말하는 사람은 송혜교이죠, 저는 그를 좋아해요.

A: 昨天晚上我一直没有睡好，因为蚊子一直嗡嗡叫。
A: zuó tiān wǎn shàng wǒ yì zhí méi yǒu shuì hǎo, yīn wèi wén zi yì zhí wēng wēng jiào.
어제 밤에 잘 못 잤어요, 모기가 계속 윙윙거렸어요.

B: 你倒是拍死它啊。
B: nǐ dào shì pāi sǐ tā ā.
당신은 그것을 죽여야 하는데 말이에요.

385 排队 páiduì

줄을 서다

A: 在哪里需要排队?
A: zài nǎ lǐ xū yào pái duì?
어디에서 줄을 서야 해요?

B: 一般在公共场合都需要排队。
B: yì bān zài gōng gòng chǎng hé dōu xū yào pái duì.
보통 공공장소에서는 다 줄을 서야 해요.

A: 去医院挂号需要排队吗?
A: qù yī yuàn guà hào xū yào pái duì ma?
병원에서 수속하려면 줄을 설 필요가 있어요?

B: 因为挂号的人很多，为了维持秩序，人人需要排队。
B: yīn wèi guà hào de rén hěn duō, wèi le wéi chí zhì xù, rén rén xū yào pái duì.
수속하는 사람이 많으니까 질서를 유지하기 위해 사람마다 다 줄을 서야 해요.

梦想中国语 会话

A：大家为什么给他白眼？ B：因为刚刚上公交车的时候他没有排队。	A:dà jiā wèi shén me gěi tā bái yǎn？ 다들 왜 그에게 눈을 흘겼어요？ B:yīn wèi gāng gāng shàng gōng jiāo chē de shí hòu tā méi yǒu pái duì. 왜냐하면 그는 아까 버스를 탈 때 줄을 서지 않았기 때문이에요.
A：你吃过那家的红枣蛋糕吗？ B：我吃过，他们家的蛋糕特别火，每次都要排好久队才能买到。	A:nǐ chī guò nà jiā de hóng zǎo dàn gāo ma？ 당신은 그 집의 대추 케이크를 먹어 본 적이 있나요？ B:wǒ chī guò,tā men jiā de dàn gāo tè bié huǒ,měi cì dōu yào pái hǎo jiǔ duì cái néng mǎi dào. 먹어 본 적이 있어요, 그 집의 케이크가 아주 인기가 많아서 매번 오랫동안 줄을 서야 살 수 있어요.
386 派 pài	**파견하다**
A：你是乐天派吗？ B：我觉得我是个乐天派。	A:nǐ shì lè tiān pài ma？ 당신은 낙천주의자예요？ B:wǒ jué de wǒ shì gè lè tiān pài. 저는 제가 낙천주의자라고 생각해요.
A：你们班级内部分派吗？ B：什么啊？大家要和睦相处，分什么派别。	A:nǐ men bān jí nèi bù fēn pài ma？ 당신의 반에 파벌을 나눠요？ B:shén me a？Dà jiā yào hé mù xiāng chǔ,fēn shén me pài bié. 다들 화목하게 함께 지내야 되는데 파벌을 왜 나눠요？
A：你知道中国的武当派吗？ B：我知道，那是中国过去一个很有名气的武功派别。	A:nǐ zhī dào zhōng guó de wǔ dāng pài ma？ 당신은 중국의 무당파가 뭔지 알아요？ B:wǒ zhī dào,nà shì zhōng guó guò qù yí gè hěn yǒu míng qì de wǔ gōng pài bié. 알아요, 그건 중국 옛날에 아주 유명한 무술 파벌이에요.
A：什么是两面派？ B：两面派就是既和一面好，又和对立的那面好。	A:shén me shì liǎng miàn pài？ 기회주의자가 무엇이에요？ B:liǎng miàn pài jiù shì jì hé yí miàn hǎo,yòu hé duì lì de nà miàn hǎo. 기회주의자는 한편으로 이 쪽과 친하면서 한편으로 대립되는 쪽과도 친해요.

梦想中国语 会话

387 盼望 pànwàng — 간절히 바라다

A：你在盼望什么?
A: nǐ zài pàn wàng shén me？
당신은 무엇을 간절히 바라고 있어요?

B：我在盼望圣诞节的到来。
B: wǒ zài pàn wàng shèng dàn jié de dào lái.
저는 크리스마스가 오기를 바래요.

A：你觉得对一个人来说盼望重要吗?
A: nǐ jué de duì yí gè rén lái shuō pàn wàng zhòng yào ma？
당신은 바람이 사람한테 중요하다고 생각해요?

B：盼望如同生命的光, 很重要。
B: pàn wàng rú tóng shēng mìng de guāng, hěn zhòng yào.
바람은 생명의 빛인 것 같아서 매우 중요하다고 생각했어요.

A：你盼望回家吗?
A: nǐ pàn wàng huí jiā ma？
당신은 집에 돌아가는 걸 바래요?

B：自从上了大学，我都半年没有回家了, 万分盼望啊!
B: zì cóng shàng le dà xué, wǒ dōu bàn nián méi yǒu huí jiā le, wàn fēn pàn wàng a！
저는 대학교에 입학한 후에 반 년 동안 집에 돌아가지 않아서 아주 간절히 바라고 있어요.

A：你知道妈妈每天盼望什么吗?
A: nǐ zhī dào mā ma měi tiān pàn wàng shén me ma？
당신은 엄마가 맨날 무엇을 바라고 있는지 알아요?

B：盼望自己的孩子健康成长。
B: pàn wàng zì jǐ de hái zi jiàn kāng chéng zhǎng.
자신의 아이들이 건강하게 성장하기를 바래요.

A：你盼望世界和平吗?
A: nǐ pàn wàng shì jiè hé píng ma？
당신은 세계 평화를 바래요?

B：我盼望着世界和平, 不再有战争和冲突。
B: wǒ pàn wàng zhe shì jiè hé píng, bú zài yǒu zhàn zhēng hé chōng tū.
저는 세계 평화와 더 이상 전쟁과 충돌이 없는 걸 바래요.

388 赔偿 péicháng — 배상하다. 변상하다. 물어 주다.

A：去图书馆借的书丢了该怎么办?
A: qù tú shū guǎn jiè de shū diū le gāi zěn me bàn？
도서관에서 빌린 책을 잃어버리면 어떻게 해야 해요?

B：丢了的话需要按照价格赔偿。
B: diū le de huà xū yào àn zhào jià gé péi cháng.
잃어버리면 가격에 의거해서 배상해야 해요.

梦想中国语　会话

A：弄坏了玻璃怎么办啊！

B：赔偿一块玻璃吧。

A:nòng huài le bō li zěn me bàn a！
유리를 망가뜨리면 어떡하죠!

B:péi cháng yí kuài bō li bā.
유리 한 덩어리를 배상해야 해요.

A：你为什么买车险了？

B：因为一旦出现什么意外，保险公司可以帮忙赔偿一部分费用。

A:nǐ wèi shén me mǎi chē xiǎn le？
당신은 왜 차 보험에 가입했어요?

B:yīn wèi yí dàn chū xiàn shén me yì wài,bǎo xiǎn gōng sī kě yǐ bāng máng péi cháng yí bù fen fèi yòng.
만일 어떤 의외의 사고가 발생하면, 보험 회사는 일부분의 비용을 배상할 수 있기 때문이에요.

A：对不起，我把你的钢笔弄坏了，我赔偿你一根钢笔吧？

B：一根钢笔而已，不用赔偿啦。

A:duì bu qǐ,wǒ bǎ nǐ de gāng bǐ nòng huài le,wǒ péi cháng nǐ yì gēn gāng bǐ bā？
죄송해요, 제가 당신의 만년필을 망가뜨렸어요, 제가 하나를 배상할까요?

B:yì gēn gāng bǐ ér yǐ,bú yòng péi cháng lā.
만년필 하나일 뿐이고 배상할 필요가 없어요.

389 培养 péiyǎng

배양하다. 키우다

A：语文教学可以培养学生的什么能力？

B：语文教学可以培养学生的听说读写能力。

A:yǔ wén jiào xué kě yǐ péi yǎng xué shēng de shén me néng lì？
국어 교육은 학생의 어떤 능력을 키울 수 있어요?

B:yǔ wén jiào xué kě yǐ péi yǎng xué shēng de tīng shuō dú xiě néng lì.
국어 교육은 학생들의 듣기, 말하기, 읽기와 쓰기 능력을 키울 수 있어요.

A：素质教育在于培养什么？

B：素质教育在于培养学生各方面的能力。

A:sù zhì jiào yù zài yú péi yǎng shén me？
소양 교육은 주로 무엇을 양성하는 것이에요?

B:sù zhì jiào yù zài yú péi yǎng xué shēng gè fāng miàn de néng lì.
소양 교육은 학생들의 각 방면의 능력을 양성하는 것이에요.

A：妈妈会帮你做很多事吗？

B：不会，妈妈很注意培养我独立生活的能力。

A:mā ma huì bāng nǐ zuò hěn duō shì ma？
엄마가 당신에게 일을 많이 도와 줄 것이에요?

B:bú huì,mā ma hěn zhù yì péi yǎng wǒ dú lì shēng huó de néng lì.
아니요, 엄마가 제 독자적으로 생활하는 능력을 키우는 걸 신

A：毕业了，有什么感想？

B：我很感谢学校和老师对我的培养。

A:bì yè le, yǒu shén me gǎn xiǎng?
졸업하는데 무슨 소감이 있나요?

B:wǒ hěn gǎn xiè xué xiào hé lǎo shī duì wǒ de péi yǎng.
저는 학교와 선생님이 저를 키워 준 것에 매우 감사해요.

A：你的汉语进步得好快啊！

B：多亏了老师的辛勤培养。

A:nǐ de hàn yǔ jìn bù de hǎo kuài a!
당신의 중국어 실력은 아주 빨리 진보했어요!

B:duō kuī le lǎo shī de xīn qín péi yǎng.
선생님이 고생스럽게 가르쳐 주신 덕분이에요.

390 佩服 pèifú 탄복하다. 감탄하다

A：你最佩服的人是谁？

B：我最佩服的人是我妈妈，她很善良，又会为人处世。

A:nǐ zuì pèi fú de rén shì shuí?
당신이 가장 탄복하는 사람은 누구이에요?

B:wǒ zuì pèi fú de rén shì wǒ mā ma, tā hěn shàn liáng, yòu huì wéi rén chǔ shì.
저는 가장 탄복하는 사람은 어머니이고, 엄마는 착한 사람이며 처세할 줄 아는 사람이에요.

A：你佩服他的什么？

B：我佩服他做过学生会主席的经历。

A:nǐ pèi fú tā de shén me?
당신은 그의 무엇에 탄복해요?

B:wǒ pèi fú tā zuò guò xué shēng huì zhǔ xí de jīng lì.
저는 그가 학생회 회장의 경력을 탄복해요.

A：你最佩服中国的哪个主持人？

B：我最佩服的主持人是董卿。

A:nǐ zuì pèi fú zhōng guó de nǎ gè zhǔ chí rén?
당신이 가장 감탄하는 중국 진행자가 누구예요?

B:wǒ zuì pèi fú de zhǔ chí rén shì dǒng qīng.
제가 가장 감탄하는 중국 진행자는 동경이에요.

A：听了报告之后有什么感想？

B：我很佩服他的能力，也明白了这能力的培养需要慢慢磨练。

A:tīng le bào gào zhī hòu yǒu shén me gǎn xiǎng?
보고를 들은 후 어떤 감상이 있어요?

B:wǒ hěn pèi fú tā de néng lì, yě míng bái le zhè néng lì de péi yǎng xū yào màn màn mó liàn.
저는 그의 능력에 감탄하고 이 능력을 배양하려면 천천히 단련해야 하는 걸 깨달았어요.

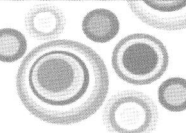

梦想中国语 会话

A：你的作文写得这么好，我真佩服你！

B：你的汉语口语那么棒我也很佩服你呢。

A:nǐ de zuò wén xiě de zhè me hǎo,wǒ zhēn pèi fú nǐ！

당신이 글을 이렇게 잘 써서 저는 아주 탄복해요!

B:nǐ de hàn yǔ kǒu yǔ nà me bàng wǒ yě hěn pèi fú nǐ ne.

당신이 중국어 회화를 그렇게 잘해서 저도 탄복해요.

391 配合 pèihé

협동하다. 협력하다.

A：听说你们一起排练话剧呢？怎么样？

B：大家配合得很默契。

A:tīng shuō nǐ men yì qǐ pái liàn huà jù ne？Zěn me yàng？

당신들이 함께 연극 리허설을 한다고 들었는데 어때요?

B:dà jiā pèi hé de hěn mò qì.

다들 호흡이 잘 맞았어요.

A：那个牌子上写的是什么？

B："请勿大声喧哗，谢谢配合"。

A:nà gè pái zi shàng xiě de shì shén me？

게시판에 뭐가 써 있어요?

B:"qǐng wù dà shēng xuān huá,xiè xie pèi hé".

큰 소리로 떠들지 마시오, 협조 감사합니다.

A：如今在工作中，更注重什么？

B：更注重团队的相互配合。

A:rú jīn zài gōng zuò zhōng,gèng zhù zhòng shén me？

지금 일하는 중에 무엇을 더 중시한다고 생각해요?

B:gèng zhù zhòng tuán duì de xiāng hù pèi hé.

단체에서 서로 협력하는 걸 더 중시해요.

A：你觉得班干部们应该怎么工作？

B：既要有分工，又要相互配合！

A:nǐ jué de bān gàn bù men yīng gāi zěn me gōng zuò？

당신은 반 간부들이 어떻게 일을 해야 한다고 생각해요?

B:jì yào yǒu fēn gōng,yòu yào xiāng hù pèi hé！

서로 분업하기도 하고 협력하기도 해야 해요.

392 碰见 pèngjiàn

우연히 만나다.

A：你猜我今天碰见谁了？

B：难道碰见你的大学同学了？

A:nǐ cāi wǒ jīn tiān pèng jiàn shuí le？

당신이 오늘 누구를 만났는지 맞혀 볼까요?

B:nán dào pèng jiàn nǐ de dà xué tóng xué le？

설마 대학 동창을 만났어요?

A：如果你碰见了曾经的老师，你会做什么？

A:rú guǒ nǐ pèng jiàn le céng jīng de lǎo shī,nǐ huì zuò shén me？

당신이 만약에 옛날 선생님을 우연히 만나면 무엇을 할 것이

B：我会和她一起吃饭，聊聊天。

에요?

B:wǒ huì hé tā yì qǐ chī fàn,liáo liáo tiān.

저는 선생님과 같이 밥을 먹고 이야기를 나눌 것이에요.

A：你觉得在异国他乡碰见一个熟人容易吗？

A:nǐ jué de zài yì guó tā xiāng pèng jiàn yí gè shú rén róng yì ma？

이국타향에서 아는 사람을 만나는 건 쉽다고 생각해요?

B：简直像大海捞针。

B:jiǎn zhí xiàng dà hǎi lāo zhēn.

그야말로 해저에서 바늘을 건지는 것 같아요.

A：你的脸色这么差，怎么了？

A:nǐ de liǎn sè zhè me chà,zěn me le？

당신 얼굴이 왜 이렇게 안 좋아요?

B：今天碰见了我的前男友。

B:jīn tiān pèng jiàn le wǒ de qián nán yǒu.

저는 오늘 옛날 남자 친구를 만났어요.

A：你怎么没有钱了？

A:nǐ zěn me méi yǒu qián le？

당신은 왜 돈이 없어요?

B：我在路上碰见了一个残疾的乞讨老人，把钱都给他了。

B:wǒ zài lù shàng pèng jiàn le yí gè cán jí de qǐ tǎo lǎo rén,bǎ qián dōu gěi tā le.

저는 길에서 장애가 있고 구걸하는 노인을 만나서 돈을 다 그에게 주었어요.

393 披 pī

덮다. 걸치다. 감싸다

A：现在外面冷吗？

A:xiàn zài wài miàn lěng ma？

지금 밖에 추워요?

B：外面有点冷，如果要出去的话，披件衣服吧。

B:wài miàn yǒu diǎn lěng,rú guǒ yào chū qù de huà,pī jiàn yī fu ba.

지금 밖에 좀 추워요, 나가려면 옷을 하나 더 걸쳐요.

A："披着羊皮的狼"是形容什么的？

A:"pī zhe yáng pí de láng"shì xíng róng shén me de？

'양가죽을 걸치는 늑대'라는 말이 무엇을 비유하는 것이에요?

B：形容假装善良但实际上狡诈的坏人。

B:xíng róng jiǎ zhuāng shàn liáng dàn shí jì shàng jiǎo zhà de huài rén.

착한 척 하지만 실제로는 교활한 나쁜 사람을 비유하는 것이에요.

A：你今天怎么披着头发？

A:nǐ jīn tiān zěn me pī zhe tóu fà？

당신은 오늘 어째서 머리카락을 풀어헤치고 있어요?

B：刚刚洗头发了，头发还没有完全干。
B:gāng gāng xǐ tóu fà le,tóu fà hái méi yǒu wán quán gān.
아까 머리를 감아서 아직은 다 마르지 않았어요.

A：你喜欢披着头发吗？
A:nǐ xǐ huān pī zhe tóu fà ma?
당신은 머리를 풀어헤치는 걸 좋아해요?

B：我很喜欢披着头发，感觉很好。
B:wǒ hěn xǐ huān pī zhe tóu fà,gǎn jué hěn hǎo.
저는 좋아해요, 느낌이 좋아요.

394 批 pī

양사, 무리. 떼. 패

A：这批产品什么时候能够生产完？
A:zhè pī chǎn pǐn shén me shí hòu néng gòu shēng chǎn wán?
이 제품들은 언제 다 생산할 수 있어요?

B：这批产品下周一才能生产完。
B:zhè pī chǎn pǐn xià zhōu yī cái néng shēng chǎn wán.
다음 주까지 다 생산할 수 있어요.

A：一批货物有多少吨？
A:yì pī huò wù yǒu duō shǎo dūn?
원 로트 화물은 몇 톤이에요?

B：一批货物有60吨呢。
B:yì pī huò wù yǒu 60 dūn ne.
60톤이에요.

A：你认识学生会的人吗？
A:nǐ rèn shi xué shēng huì de rén ma?
당신은 학생회의 사람을 알아요?

B：现在是新的一批人了，我不太认识。
B:xiàn zài shì xīn de yì pī rén le,wǒ bú tài rèn shi.
지금은 다 새로운 사람이니깐 저는 잘 모르겠어요.

A：这批水果批发价是多少钱？
A:zhè pī shuǐ guǒ pī fā jià shì duō shǎo qián?
이 과일들의 도매가격은 얼마이에요?

B：这批水果最低批发价是18元每斤。
B:zhè pī shuǐ guǒ zuì dī pī fā jià shì 18 yuán měi jīn.
이 과일들의 최저 도매 가격은 한 근에 18 위안이에요.

A：需要分几批发货？
A:xū yào fēn jǐ pī fā huò?
몇 번을 나눠서 출하해야 해요?

B：这些东西有点多，需要分两批发货。
B:zhè xiē dōng xi yǒu diǎn duō,xū yào fēn liǎng pī fā huò.
물건이 좀 많으니깐 두 번에 나눠서 출하해야 해요.

395 批准 pīzhǔn

비준하다. 허가하다. 승인하다. 재가하다.

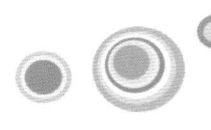
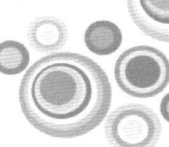

A: 老师批准你回家了吗？

B: 是的。我向老师请假了，他已经批准了。

A: lǎo shī pī zhǔn nǐ huí jiā le ma？
선생님은 당신이 집에 돌아가는 것을 허락해 줬어요?

B: shì de. Wǒ xiàng lǎo shī qǐng jià le, tā yǐ jīng pī zhǔn le.
네, 선생님에게 휴가를 신청했고 선생님은 이미 허락했어요.

A: 在中国，创立公司需要工商局的批准吗？

B: 创立公司需要工商局的批准。

A: zài zhōng guó, chuàng lì gōng sī xū yào gōng shāng jú de pī zhǔn ma？
중국에서 회사를 창립하려면 상공업관리국의 허락이 필요한가요?

B: chuàng lì gōng sī xū yào gōng shāng jú de pī zhǔn.
필요해요.

A: 申办奥运会由谁批准？

B: 申办奥运会由国际奥委会批准。

A: shēn bàn ào yùn huì yóu shuí pī zhǔn？
올림픽을 유치하는 건 누구한테 허가를 받아야 되나요?

B: shēn bàn ào yùn huì yóu guó jì ào wěi huì pī zhǔn.
국제올림픽위원회의 허가를 받아야 돼요.

A: 你为什么批准他放假？

B: 他的话有情有理，我只好批准他的请求。

A: nǐ wèi shén me pī zhǔn tā fàng jià？
당신은 그의 휴가 신청을 왜 허가했어요?

B: tā de huà yǒu qíng yǒu lǐ, wǒ zhǐ hǎo pī zhǔn tā de qǐng qiú.
그는 적합한 이유가 있기 때문에 어쩔 수 없어서 허가했어요.

396 疲劳 píláo

피곤하다. 고단하다. 지치다 피곤

A: 长时间看电脑对眼睛有什么影响？

B: 长时间看电脑会使眼睛疲劳。

A: cháng shí jiān kàn diàn nǎo duì yǎn jīng yǒu shén me yǐng xiǎng？
장시간 동안 컴퓨터를 보면 눈에 어떤 영향이 있어요?

B: cháng shí jiān kàn diàn nǎo huì shǐ yǎn jīng pí láo.
장시간 동안 컴퓨터를 보면 눈이 피로하게 될 것이에요.

A: 怎么缓解眼疲劳？

B: 经常做眼保健操。

A: zěn me huǎn jiě yǎn pí láo？
눈의 피로를 어떻게 풀까요?

B: jīng cháng zuò yǎn bǎo jiàn cāo.
자주 눈 건강체조를 해야 해요.

A: 为什么爸爸最近脸色不太好？

A: wèi shén me bà ba zuì jìn liǎn sè bú tài hǎo？
아빠가 요즘에 얼굴이 왜 이렇게 안 좋죠?

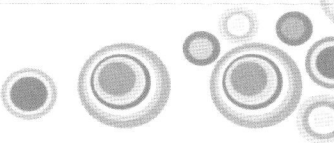

B：因为爸爸工作很累，每天都很疲劳。
B:yīn wèi bà ba gōng zuò hěn lèi, měi tiān dōu hěn pí láo.
아빠가 일하는 건 힘들고 매일 피곤해요.

A：怎样缓解身体疲劳？
A:zěn yàng huǎn jiě shēn tǐ pí láo?
몸의 피로를 어떻게 풀까요?

B：到外面呼吸新鲜空气，锻炼一下身体。
B:dào wài miàn hū xī xīn xiān kōng qì, duàn liàn yí xià shēn tǐ.
밖에 나가서 신선한 공기를 마시고 좀 단련을 해요.

A：你知道什么是审美疲劳吗？
A:nǐ zhī dào shén me shì shěn měi pí láo ma?
당신은 심미 피로가 뭔지 알아요?

B：就是指一个东西即使很美丽，看久了也会觉得习以为常。
B:jiù shì zhǐ yí gè dōng xi jí shǐ hěn měi lì, kàn jiǔ le yě huì jué de xí yǐ wéi cháng.
어떤 것은 아주 아름다워도 오랫동안 보면 평범한 것으로 생각될 것이에요.

397 匹 pǐ   양사. 마리 [말이나 소를 세는 양사]

A：你看过三毛的书吗？
A:nǐ kàn guò sān máo de shū ma?
당신은 싼마오의 책을 읽어 본 적이 있어요?

B：我读过她的《我有一匹马》。
B:wǒ dú guò tā de <wǒ yǒu yì pǐ mǎ>.
<저는 말 한 마리가 있다>라는 책을 읽어 본 적이 있어요.

A：你买过布吗？
A:nǐ mǎi guò bù ma?
당신은 천을 산 적이 있나요?

B：我曾经买过一匹布。
B:wǒ céng jīng mǎi guò yì pǐ bù.
저는 천을 한 필을 산 적이 있어요.

A：你骑过马吗？
A:nǐ qí guò mǎ ma?
당신은 말을 타 본 적이 있어요?

B：去中国内蒙古旅游时，我骑过一匹白马。
B:qù zhōng guó nèi měng gǔ lǚ yóu shí, wǒ qí guò yì pǐ bái mǎ.
저는 중국 네이멍구에 여행하러 갈 때는 흰 말을 타 본 적이 있어요.

A：为什么有人说他是一匹千里马？
A:wèi shén me yǒu rén shuō tā shì yì pǐ qiān lǐ mǎ?
왜 누군가가 그가 천리마라고 했어요?

B：因为他能力很强。
B:yīn wèi tā néng lì hěn qiáng.
왜냐하면 그의 능력이 뛰어나기 때문이에요.

398 片 piàn — 양사. 편(편평하고 얇은 모양), 조각

A: 你吃过西瓜味的口香糖吗?
A: nǐ chī guò xī guā wèi de kǒu xiāng táng ma?
당신은 수박맛 껌을 먹어 본 적이 있나요?

B: 我没吃过，我想尝一片。
B: wǒ méi chī guò, wǒ xiǎng cháng yí piàn.
먹어 본 적이 없어요, 저는 한 조각을 먹어 보고 싶어요.

A: 你看! 这一片黄澄澄的都是油菜花。
A: nǐ kàn! Zhè yí piàn huáng chéng chéng de dōu shì yóu cài huā.
거봐요! 여기 다 금빛 찬란한 유채꽃이에요.

B: 这么大一片油菜花，真的好美啊。
B: zhè me dà yí piàn yóu cài huā, zhēn de hǎo měi ā.
이만큼 드넓은 유채꽃밭은 참 아름다워요.

A: 你手里拿着什么呢?
A: nǐ shǒu lǐ ná zhe shén me ne?
당신은 손에 무엇을 들고 있어요?

B: 我拿着一片叶子，它像手掌一样，非常好看。
B: wǒ ná zhe yí piàn yè zi, tā xiàng shǒu zhǎng yí yàng, fēi cháng hǎo kàn.
저는 나뭇잎 하나 들고 있어요, 그는 손바닥처럼 아주 아름다워요.

A: 你看天空好漂亮!
A: nǐ kàn tiān kōng hǎo piào liàng!
당신은 하늘이 얼마나 아름다운지 봐요!

B: 是啊! 一片片晚霞像枫叶一样美丽。
B: shì a! Yí piàn piàn wǎn xiá xiàng fēng yè yí yàng měi lì.
그래요! 한 조각 한 조각 저녁 노을이 마치 단풍잎처럼 아름다워요.

A: 你喜欢秋天吗?
A: nǐ xǐ huān qiū tiān ma?
당신은 가을을 좋아하나요?

B: 我不喜欢秋天。因为看到秋天一片片落叶掉落下来，我心里很难受。
B: wǒ bù xǐ huān qiū tiān. Yīn wèi kàn dào qiū tiān yí piàn piàn luò yè diào luò xià lái, wǒ xīn lǐ hěn nán shòu.
저는 가을을 좋아하지 않아요, 왜냐하면 낙엽이 한 조각 한 조각 떨어지는 걸 보면 마음이 괴로워요.

399 片面 piànmiàn — 일방적이다. 단편적이다. 편파적이다

A: 为什么不能片面地看待问题?
A: wèi shén me bù néng piàn miàn de kàn dài wèn tí?
왜 단편적으로 문제를 보면 안 돼요?

B: 万物都有两面性，
B: wàn wù dōu yǒu liǎng miàn xìng, piàn miàn de kàn wèn tí zhǐ huì

片面地看问题只会让问题变得绝对化。

ràng wèn tí biàn de jué duì huà.

만물이 다 양면성이 있고 단편적으로 문제를 보면 문제가 절대화 될 뿐이에요.

A：你觉得她的想法正确吗？

A: nǐ jué de tā de xiǎng fǎ zhèng què ma？

그녀의 생각이 올바르다고 생각해요?

B：我觉得她的想法有些片面。

B: wǒ jué de tā de xiǎng fǎ yǒu xiē piàn miàn.

저는 그녀의 생각이 좀 단편적이라고 생각해요.

A："只见树木，不见森林"的做法可取吗？

A: "zhǐ jiàn shù mù, bú jiàn sēn lín" de zuò fǎ kě qǔ ma？

'나무만 보고 숲은 보지 못하다'는 방법은 취할 수 있나요?

B：这是片面地看问题，所以不可取。

B: zhè shì piàn miàn de kàn wèn tí, suǒ yǐ bù kě qǔ.

단편적으로 문제를 보는 방법이니까 취할 수 없어요.

A：我们在发展的过程中，可以片面追求经济增长吗？

A: wǒ men zài fā zhǎn de guò chéng zhōng, kě yǐ piàn miàn zhuī qiú jīng jì zēng zhǎng ma？

우리가 발전하는 과정에서 단편적으로 경제 성장을 추구할 수 있나요?

B：不可以，我们应该重视全面的发展。

B: bù kě yǐ, wǒ men yīng gāi zhòng shì quán miàn de fā zhǎn.

안 돼요, 우리는 전면적으로 발전하는 걸 중시해야 해요.

A：你觉得他的发言怎么样？

A: nǐ jué de tā de fā yán zěn me yàng？

당신은 그의 발표를 어떻게 생각해요?

B：他只说出来其中一个方面，忽视了另一方面，有些片面。

B: tā zhǐ shuō chū lái qí zhōng yí gè fāng miàn, hū shì le lìng yī fāng miàn, yǒu xiē piàn miàn.

그는 단지 한 방면을 말하는 것 같고 다른 방면을 소홀해서 좀 단편적이에요.

400 飘 piāo

바람에 나부끼다. 흩날리다, 나부끼다

A：天安门广场上飘着什么旗？

A: tiān ān mén guǎng chǎng shàng piāo zhe shén me qí？

천안문 광장에는 어떤 깃발이 나부끼고 있어요?

B：天安门广场上飘着五星红旗。

B: tiān ān mén guǎng chǎng shàng piāo zhe wǔ xīng hóng qí.

천안문 광장에는 오성홍기가 나부끼고 있어요.

A：你为什么经常披着头发？

A: nǐ wèi shén me jīng cháng pī zhe tóu fà？

당신은 왜 자꾸 머리를 풀어헤치고 있어요?

B：我喜欢自己的头发飘在空中的感觉。

B:wǒ xǐ huān zì jǐ de tóu fà piāo zài kōng zhōng de gǎn jué.

저는 머리카락이 공중에 떠 있는 느낌을 좋아해요.

A：那个飘在空中的东西是什么？

A:nà gè piāo zài kōng zhōng de dōng xi shì shén me？

저기 공중에 떠 있는 것이 무엇이에요?

B：那是一只五颜六色的风筝。

B:nà shì yì zhī wǔ yán liù sè de fēng zhēng.

그것은 색깔이 다양한 연이에요.

A：你第一次喝酒有什么感觉？

A:nǐ dì yī cì hē jiǔ yǒu shén me gǎn jué？

당신은 처음에 술을 마실 때 무슨 느낌이에요?

B：我感觉身体特别轻，好像要飘起来了。

B:wǒ gǎn jué shēn tǐ tè bié qīng,hǎo xiàng yào piāo qǐ lái le.

몸이 되게 가볍고 마치 날아갈 수 있는 것 같아요.

A：氢气球为什么能飘在天空中？

A:qīng qì qiú wèi shén me néng piāo zài tiān kōng zhōng？

수소 풍선은 왜 하늘에 뜰 수 있어요?

B：因为氢气很轻。

B:yīn wèi qīng qì hěn qīng.

왜냐하면 수소가 매우 가볍기 때문이에요.

부록: < 단어 1-50 >

1-50 单词	拼音	意思
公民	gōngmín	국민. 공민.
公共财产	gōnggòngcáichǎn	공공 재산. 공공 자산.
乱扔垃圾	luànrēnglājī	쓰레기를 함부로 버리다
相处	xiāngchǔ	함께 살다[지내다].
互相	hùxiāng	서로. 상호.
粮食	liángshi	양식. 식량.
伯伯	bóbo	백부. 큰아버지.
辛勤	xīnqín	부지런하다. 근면하다.
换来	huànlái	갈아 끼우다
坚持	jiānchí	견지하다. 굳건히 보지하다.
耐心	nàixīn	참을성이 있다. 인내심이 강하다.
倾诉	qīngsù	하소연
挫折	cuòzhé	좌절하다
长大成人	zhǎngdàchéngrén	장성하여 어른이 되다
杀毒软件	shādúruǎnjiàn	백신 소프트웨어(software).
防止	fángzhǐ	방지하다.
病毒入侵	bìngdúrùqīn	바이러스가 침입하다.
无线网络	wúxiànwǎngluò	무선 네트워크
盏	zhǎn	잔. 잔 모양의 용기. 개.
日光灯	rìguāngdēng	형광등

空调	kōngtiáo	공기를 조절하다.에어컨
效率	xiàolǜ	(작업 등의) 능률.(기계·전기 등의) 효율.
预习	yùxí	예습하다.
相结合	xiāngjiéhé	서로 결합하다
分寸	fēncùn	명사 (일이나 말의) 분별. 분수. 주제.
镜子	jìngzi	거울.안경.
化妆台	huàzhuāngtá	화장대.
尾巴	wěibā	꼬리
分别	fēnbié	분별하다
筷子	kuàizi	젓가락.
勺子	sháozi	(조금 큰) 국자. 주걱. 수저.
护照	hùzhào	여권
登机	dēngjī	비행기에 탑승하다
手续	shǒuxù	절차.수속
入住	rùzhù	입주하다
业务	yèwù	업무
开设	kāishè	개설하다
干净整洁	gānjìngzhěngjié	깨끗하고 청결하다.
按时	ànshí	제때에. 시간에 맞추어.
卫生	wèishēng	위생
长命百岁	shǎngmìngbǎisuì	천 년 만 년 살다
心态	xīntài	심리 상태
读书室	dúshūshì	독서실
注意	zhùyì	주의하다. 조심하다.
安静	ānjìng	조용하다. 잠잠하다. 고요하다.

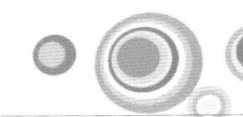

司机	sījī	운전사. 기관사. 기사
清醒	qīngxǐng	맑다. 분명하다. 또렷하다.
死机	sǐjī	컴퓨터가 다운되다
来得及	láidejí	제 시간에 댈 수 있다
资料	zīliào	자료
丢失	diūshī	분실되다.
儿时	érshí	어린 시절
信息	xìnxī	정보.음신(音信). 소식. 편지.
电子邮箱	diànzǐyóuxiāng	이메일함
意见	yíjiàn	견해. 의견. 이의
尊重	zūnzhòng	존중하다.중시하다.(언행이) 정중하다.
职责	zhízé	직책
毫无	háowú	조금도 없다
传授	chuánshòu	전수하다
古迹	gǔjì	고적
本来	běnlái	본래. 원래.원래의.
面貌	miànmào	면모
战斗英雄	zhàndòuyīngxióng	전투 영웅.
毕业论文	bìyèlùnwén	졸업 논문
演讲	yǎnjiǎng	강연하다
大礼堂	dàlǐtáng	대강당
跆拳道	táiquándào	태권도
钢琴	gāngqín	피아노
绘画	huìhuà	회화
跳舞	tiàowǔ	춤을 추다.

刻苦	kèkǔ	노고를 아끼지 않다. 고생을 참아 내다.
埋头苦干	máitóukǔgàn	몰두하여 열심히 일하다.
看待	kàndài	취급하다
透过现象	tòuguòxiànxiàng	현상 투과
评价	píngjià	평가하다.
以貌取人	yǐmàoqǔrén	용모로 사람의 품성·능력을 평가하다.
蒸	zhēng	찌다
合适	héshì	적당[적합]하다. 알맞다.
具有	jùyǒu	가지고 있다
审美	shěnměi	심미
勤奋	qínfèn	꾸준하다. 부지런하다.
火锅	huǒguō	신선로
鱼香肉丝	yúxiāngròusī	위샹러우쓰(돼지 살코기 볶음)
落叶归根	luòyèguīgēn	타향에 있는 사람도 결국에는 고향으로 돌아간다.
两小无猜	liǎngxiǎowúcāi	남녀 어린아이가 허물없이 지내다. 어린아이의 순진한 감정[마음].
学富五车	ixuéfùwǔchē	읽은 책이 수많은 수레를 가득 채울 수 있다.
流行	liúxíng	유행하다. 성행하다. 널리 퍼지다.
经典老歌	jīngdiǎnlǎogē	클래식 이전의 노래
规律	guīlǜ	규율. 법칙. 규칙.규율에 맞다.
优胜劣汰	yōushènglièitài	우승열패하다. 나은 자는 이기고 못한 자는 패하다.
适者生存	shìzhěshēngcún	적자생존.
违法犯罪	wéifǎfànzuì	위법 범죄
下场	xiàchǎng	퇴장하다. 시험장에 가서 시험을 보다. 끝장
制裁	zhìcái	제재하다.

磨砺	mólì	연마하다
付出	fùchū	바치다
柴米油盐	cháimǐyóuyán	(땔감·곡식·기름·소금 등) 생활 필수품.
资源	zīyuán	자원
淡水	dànshuǐ	담수
每时每刻	měishíměikè	늘. 언제나. 항상.
戒掉	jièdiào	끊다
顺其自然	shùnqízìrán	순리대로 내버려 두다.
过分追求	guòfènzhuīqiú	지나치게 추구하다
敢说	gǎnshuō	감히 말하다
上了年纪	shànglenniánjì	나이를 먹다
不如以前	bùrúyǐqián	예전보다 못하다
早恋	zǎoliàn	이른[어린] 나이에 연애하다.
故乡	gùxiāng	고향
增长见闻	zēngzhǎngjiànwén	견문을 넓히다.
坐井观天	zuòjǐngguāntiān	우물 속에 앉아 하늘을 보다.
失误	shīwù	실수하다.
遵守	zūnshǒu	준수하다
规则	guīzé	규칙. 규정. 법규.
酒后驾车	jiǔhòujiàchē	음주 운전
人生在世	rénshēngzàishì	인생이 살아 있다
挫折	cuòzhé	좌절하다
失败	shībài	실패하다.
成立	chénglì	성립되다
神舟号	shénzhōuhào	신주호

飞船	fēichuán	우주선
发射	fāshè	발사하다.
航天技术	hángtiānjìshù	우주 비행 기술
水平	shuǐpíng	수평.수준.
限速	xiànsù	속도를 제한하다
应急停车	yìngjítíngchē	비상 브레이크
指路	zhǐlù	길을 가리키다.
心理成熟	xīnlǐchéngshú	심리적 성숙
哭闹	kūnào	울다
区别于	qūbiéyú	~와 구별되다
劳动	láodòng	노동하다
成绩	chéngjì	성적. 성과. 수확.
值得	zhídé	값에 상응하다. 값이 맞다. 값이 ...할 만하다.
原则性	yuánzéxìng	원칙적인 원칙
立场	lìchǎng	입장
态度	tàidù	태도.기색. 표정.
长颈鹿	chángjǐnglù	기린
落枕	luòzhěn	목이 뻣뻣해지다
舒服	shūfu	편안하다. 쾌적하다. 가볍다.
鸭脖子	yābózi	오리 목
戴	dài	착용하다. 쓰다. 차다. 달다. 끼다.
手表	shǒubiǎo	손목시계.
手链	shǒuliàn	팔찌
播放器	bōfàngqì	재생기
歌曲	gēqǔ	가곡

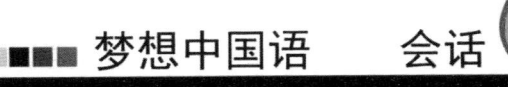 

流行	liúxíng	유행하다. 성행하다. 널리 퍼지다.
广播	guǎngbō	방송하다.방송 프로그램.널리 전파되다.
娱乐电台	yúlèdiàntái	오락 방송국
讲道理	jiǎngdàolǐ	이치를 따지다
担心	dānxīn	염려하다. 걱정하다.
挣钱	zhèngqián	돈을 벌다.
操心	cāoxīn	마음을 쓰다. 신경을 쓰다. 걱정하다. 애를 태우다.
反省	fǎnxǐng	반성하다.
超越	chāoyuè	초월하다
除夕夜	chúxīyè	섣달 그믐날 밤. 제야.
热闹	rènào	떠들썩하다
接连不断	jiēliánbúduàn	연해 연방
鞭炮声	biānpàoshēng	폭죽 소리
源源不断	yuányuánbùduàn	끝없이 이어지다
拥有	yōngyǒu	갖고 있어요.
坚持	jiānchí	유지하다
任何	rènhé	어떠한
说谎	shuōhuǎng	거짓말하다.
善意	shànyì	선의의
衣着打扮	yīzhuódǎbàn	옷차림새
言谈举止	yántánjǔzhǐ	말과 행동
礼貌	lǐmào	예의 바르다
无限	wúxiàn	끝이 없다.
人格	réngé	인격
成长	chéngzhǎng	성장하다.

294

唠叨	láodao	잔소리하다.
排队	páiduì	줄을 서다.
等待	děngdài	기다리다.
结账	jiézhàng	계산하다
广告单	guǎnggàodān	광고 전단지
抽一根烟	chōuyìgēnyān	담배 한 대 피우다
犯错误	fàncuòwù	잘못을 저지르다.
重新挑战	chóngxīntiǎozhàn	재도전
勇气	yǒngqì	용기
期中	qīzhōng	학기 중. 학기 중간.
亡羊补牢	wángyángbǔláo	소 잃고 외양간 고친다.
认真	rènzhēn	진지하다
期末	qīmò	기말
取得	qǔdé	취득하다
走夜路	zǒuyèlù	밤길을 가다
尽量	jìnliàng	가능한 한
独自	dúzì	독자
礼物	lǐwù	선물
奶酪	nǎilào	치즈
蛋糕	dàngāo	케이크
熟悉	shúxī	익숙하다
回忆	huíyì	추억을 돌아보다.
往事	wǎngshì	옛 일
家庭	jiātíng	가정
社会	shèhuì	사회

面试	miànshì	면접
违法犯罪	wéifǎfànzuì	위법 범죄
下场	xiàchǎng	퇴장하다. 시험장에 가서 시험을 보다. 끝장. 말로.
法律	fǎlǜ	법률
制裁	zhìcái	제재하다.
怀疑	huáiyí	의심하다
缺课	quēkè	(수업에) 결석하다.
驾车	jiàchē	차를 끌다.
事故	shìgù	사고
承诺	chéngnuò	승낙하다. 대답하다. 승낙. 대답.
清楚	qīngchǔ	분명하다. 조리있다. 알기 쉽다. 명백하다. 뚜렷하다.
一言既出,驷马难追	yìyánjìchūsìmǎnánzhuī	말이 입 밖으로 나가면 사두마차로도 되돌릴 수가 없다.
红烧肉	hóngshāoròu	홍사오로우. [돼지고기 요리].
烤鸭	kǎoyā	오리 구이
天时不如地利,地利不如人和	Tiānshíbùrúdìlì, dìlìbùrúrénhé	천시불여지리지리불여인화. 하늘이 주는 좋은 때는 지리적 이로움만 못하고 지리적 이로움도 사람의 화합만 못함.
把握	bǎwò	파악하다.
空想	kōngxiǎng	공상하다
未来	wèilái	미래
远亲不如近邻	yuǎnqīnbùrújìnlín	먼 친척보다 가까운 이웃이 낫다.
遇	yù	만나다
急难	jínàn	위급한 상황에 직면하다
远道的	yuǎndàode	먼 노정의

亲戚	qīnqī	친척
近旁的	jìnpángde	가까운
邻居	línjū	이웃집. 이웃 사람.
及时	jíshí	제때에
大富大贵	dàfùdàguì	많이 부귀하다.
培根	péigēn	베이컨
五彩缤纷	wǔcǎibīnfēn	울긋불긋하다. 오색찬란하다.
美中不足	měizhōngbùzú	전체적으로 훌륭한 가운데에도 조금 부족한 점이 있다.
尺有所短，寸有所长	chǐyǒusuǒduǎn, cùnyǒusuǒzhǎng	척유소단촌유소장. 한 자의 길이도 짧을 때가 있고, 한 치의 길이도 길 때가 있다
比喻	bǐyù	비유하다
安装空调	ānzhuāngkōngtiáo	에어컨을 설치하다
说明书	shuōmíngshū	설명서
处理	chǔlǐ	처리하다
条理	tiáolǐ	조리
操之过急	cāozhīguòjí	너무 성급하게 일처리를 하다.
解	jiě	해소하다
数学题	shùxuétí	수학 문제
正确	zhèngquè	정확하다
记者	jìzhě	기자
职业	zhíyè	직업
报道新闻	bàodàoxīnwén	뉴스를 보도하다
节目	jiémù	프로그램(program). 프로. 종목.
明星	míngxīng	스타

对待	duìdài	대하다.
认真仔细	rènzhēnzǐxì	진지하게 생각하다
紧急时刻	jǐnjíshíkè	긴급한 순간
措施	cuòshī	조치. 대책.
果断	guǒduàn	과단성이 있다
急刹车	jíshāchē	급브레이크를 밟다.
不小心	bùxiǎoxīn	조심하지 않다
道歉	dàoqiàn	사과를 하다.
译文	yìwén	번역문
积极	jījí	적극적이다.
班级	bānjí	학급
集体活动	jítǐhuódòng	단체 활동
批评	pīpíng	비평하다
恨不得	hènbude	안타까워하다
老鼠洞	lǎoshǔdòng	쥐 구멍
钻进去	zuānjìnqù	들어가다
儿行千里母担忧	érxíngqiānlǐmǔdānyōu	오늘 저녁 어머니께서 걱정하실 것을 걱정하신다.
表明	biǎomíng	표명하다
从来	cónglái	지금까지. 여태껏. 이제까지.
相册	xiàngcè	사진첩
定期	dìngqī	정기적으로
知识	zhīshí	지식
掌握	zhǎngwò	파악하다
发明家	fāmíngjiā	발명가
菲律宾	fēilùbīn	필리핀

泰国	tàiguó	태국
松岛	sōngdǎo	송도
地理	dìlǐ	지리
食品贸易	shípǐnmàoyì	식품 무역
皇帝	huángdì	황제
呐喊	nàhǎn	절규하다
回音	huíyīn	답신
总统	zǒngtǒng	대통령
全民投票	quánmíntóupiào	전 국민 투표
选举	xuǎnjǔ	선거하다
相处	xiāngchǔ	함께 지내다
感情	gǎnqíng	감정
可怜	kělián	불쌍하다
同情心	tóngqíngxīn	동정심
超市	chāoshì	슈퍼 마켓
沿着	yánzhe	따라가다
一直	yìzhí	줄곧
发过火	fāguòhuǒ	화를 내다
多久	duōjiǔ	얼마 오래
打扫	dǎsǎo	청소하다
改掉	gǎidiào	고쳐 버리다
睡懒觉	shuìlǎnjué	늦잠자다.
获得	huòdé	획득하다.
理解	lǐjiě	이해하다.
沉默寡言	chénmòguǎyán	과묵하다. 말수가 적다. 입이 무겁다.

取得	qǔdé	취득하
爆发	bàofā	멸망하다
灭亡	mièwáng	터지다
著名	zhùmíng	유명하다
文学家	wénxuéjiā	문학가
鲁迅	lǔxùn	루쉰
年轻	niánqīng	젊다
结交	jiéjiāo	사귀다

< 단어 51-100 >

51-100 单词	拼音	意思
礼貌话	lǐmàohuà	예의 바른 말
称呼	chēnghū	호칭
作文	zuòwén	작문
人称	rénchēng	인칭
乐器	yuèqì	악기
之首	zhīshǒu	머리. 앞. 우두머리.
鼓	gǔ	북
爱惜粮食	àixīliángshi	양식을 소중히 여기다.
尊重	zūnzhòng	존중하다.중시하다.
科技发展	kējìfāzhǎn	과학 기술 발전하다.
机器人	jīqìrén	로봇
有所	yǒusuǒ	다소 …하다. 어느 정도 …하다. 좀 …하다.
语言	yǔyán	언어

总结	zǒngjié	총괄하다. 총화하다. 총결산하다.
坚持	jiānchí	유지하다
各项	gèxiàng	각종 항목
审批	shěnpī	심사하여 비준하다
充满	chōngmǎn	충만하다
酸甜苦辣	suāntiánkǔlà	세상 풍파. 풍상고초. 세상의 온갖 고초.
孟母三迁	mèngmǔsānqiān	맹모삼천.
典故	diǎngù	고사
份儿	fènér	처지
原谅	yuánliàng	용서하다.
请求	qǐngqiú	요청하다. 바라다. 부탁하다.
为人厚道	wéirénhòudào	사람됨이 너그럽고 관대하다.
勇于	yǒngyú	용감하다
责任	zérèn	책임
做生意	zuòshēngyì	장사를 하다
难免	nánmiǎn	면하기 어렵다
风险	fēngxiǎn	위험(성). 모험.
不仅	bùjǐn	뿐만 아니라
繁重	fánzhòng	번잡하고[많고] 무겁다. 힘들다.
家务	jiāwù	집안 일
惯坏	guànhuài	나쁜 버릇이 들다
麦霸	màibà	노래방에가서 노래를 엄청 열정있게 부르는 사람
讨厌	tǎoyàn	싫어하다. 미워하다. 혐오하다.
失恋	shīliàn	실연하다. 연애[사랑]에 실패하다.
心理	xīnlǐ	심리

梦想中国语　会话

无法	wúfǎ	방법이 없다
亲人	qīnrén	가족
不听老人言	bùtīnglǎorényán	노인의 말을 듣지 않다.
吃亏在眼前	chīkuīzàiyǎnqián	손해가 눈앞에 닥치다
诚实	chéngshí	성실하다.
细心	xìxīn	세심하다
说实话	shuōshíhuà	진실을 말하다. 참말을 하다.
说谎话	shuōhuǎnghuà	거짓말을 하다
迟早	chízǎo	조만간. 머지않아.
雨季	yǔjì	우기
保持优秀	bǎochíyōuxiù	우수를 유지하다
物价	wùjià	물가
上涨	shàngzhǎng	(수위·물가 등이) 오르다.
发高烧	fāgāoshāo	고열이 나다
严重	yánzhòng	심각하다
讲卫生	jiǎngwèishēng	위생을 중시하다
冲洗	chōngxǐ	씻어 내다
燕麦片	yànmàipiàn	오트밀(oatmeal). 빻은 귀리.
迟到	chídào	지각하다.
飞快地	fēikuàidì	재빠르게
打出租车	dǎchūzūchē	택시를 잡다
评价	píngjià	평가하다.
接受	jiēshòu	받아들이다.
利用	lìyòng	이용하다.
朝着	cháozhe	향하다

诱惑	yòuhuò	유혹하다.
选择	xuǎnzé	선택하다.
股	gǔ	대퇴. 넓적다리. 허벅다리.배당. 몫. 출자금.명사 주식. 증권.
味道	wèidào	냄새. 맛
香水	xiāngshuǐ	향수
遍	biàn	두루 갖추다
实现	shíxiàn	실현하다
专注	zhuānzhù	전념하다
完成	wánchéng	완성하다.
布置	bùzhì	배치하다
任务	rènwù	임무
翻译家	fānyìjiā	번역가
留住	liúzhù	만류하여 묵게 하다
开学典礼	kāixuédiǎnlǐ	개학식
校长	xiàozhǎng	교장
婚礼	hūnlǐ	결혼식
表姐	biǎojiě	사촌 누나.
毕业典礼	bìyèdiǎnlǐ	졸업식
春节	chūnjié	음력 정월 초하루. 춘절.
节日	jiérì	명절
若要人不知，除非己莫为	Ruòyàorénbùzhī, chúfēijǐmòwéi	남이 모르게 하려면, 자기가 할 수 있는 일을 남에게 시키지 마라.
隐瞒不住	yǐnmánbúzhù	숨길 수 없다
否则	fǒuzé	그렇지 않으면

梦想中国语 会话

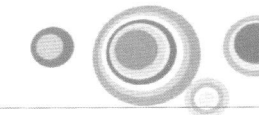

信念	xìnniàn	신념
放弃	fàngqì	버리다. 포기하다.
打败	dǎbài	물리치다
犯	fàn	범하다
蜜蜂	mìfēng	꿀벌
花丛	huācóng	꽃밭
传播花粉	chuánbōhuāfěn	꽃가루를 뿌리다
真空	zhēnkōng	진공
教师	jiàosh	교사
职责	īzhízé	직책
知识	zhīshí	지식
商业贸易	shāngyèmàoyì	상업 무역
迁徙	qiānxǐ	옮겨 다니다
工具	gōngjù	도구
奥运圣火	àoyùnshènghuǒ	올림픽 성화
壮观	zhuàngguān	장관이다.
歌声	gēshēng	노랫 소리
忧伤	yōushāng	근심 걱정에 잠기다
拜年	bàinián	세배를 드리다.
亲朋好友	qīnpénghǎoyǒu	친지와 친구.
祝福	zhùfú	축복하다.
预防	yùfáng	예방하다.
有效	yǒuxiào	효과가 있다
途径	tújìng	경로
飞沫	fēimò	비말. 날아 흩어지는 물방울.

接触	jiēchù	접하다.
不幸	búxìng	불행하다.
患上	huànshàng	걸리다
隔离治疗	gélízhìliáo	격리 치료
保持盈利	bǎochíyínglì	이윤을 유지하다
与时俱进	yǔshíjùjìn	시대와 같이 전진하다.시대의 보조를 따라가다.
实现	shíxiàn	실현하다. 달성하다.
岗位	gǎngwèi	직장. 부서. 근무처.보초 서는 곳.
业绩	yèjì	업적
爱迪生	àidíshēng	토머스 에디슨
电灯	diàndēng	전등
口哨	kǒushào	휘파람
吹牛皮	chuīniúpí	허풍을 떨다. 큰소리치다. 흰소리하다
折断	zhéduàn	꺾다. 끊다. 부러뜨리다.
树枝	shùzhī	나뭇가지
断	duàn	(도막으로) 자르다. 끊다.단절하다.
下功夫	xiàgōngfū	공을 들이다.
认真	rènzhēn	진지하다
散步	sànbù	산책하다.
促进	cùjìn	촉진하다.
肠胃消化	chángwèixiāohuà	소화 기관이 위장하다
减肥	jiǎnféi	살을 빼다.
效率	xiàolǜ	(작업 등의) 능률.(기계·전기 등의) 효율.
分清	fēnqīng	분명하게 가리다
是否	shìfǒu	…인지 아닌지.

前景	qiánjǐngi	전망
浑身	húnshēn	온몸
火药味	huǒyàowè	화약 냄새. 격렬한 충돌 분위기. 강렬한 적의.
好像	hǎoxiàng	마치 …과 같다〔비슷하다〕. 닮다. 유사하다. 비슷하다.
含羞草	hánxiūcǎo	함수초. 감응초(感應草). 미모사(mimosa).
缩起来	suōqǐlái	움츠러들다
比赛	bǐsài	경기를 하다.
紧张	jǐnzhāng	긴장하다.
海盗船	hǎidàochuán	해적선
犯人	fànrén	범인
出狱	chūyù	출감하다
改邪归正	gǎixiéguīzhèng	잘못을 고쳐 바른 길로 돌아오다.
老老实实	lǎolǎoshíshí	고분고분 하다
欺骗	qīpiàn	기만하다
结婚	jiéhūn	결혼하다.
开展	kāizhǎn	전개하다
课外活动	kèwàihuódòng	과외 활동
开阔	kāikuò	너르다
知识面	zhīshímiàn	지식 범위
魔术表演	móshùbiǎoyǎn	마술 공연
魔术师	móshùshī	마술사
神奇	shénqí	신기하다
中华餐厅	zhōnghuácāntīng	중국 식당
独特	dútè	독특하다.
风味	fēngwèi	풍미

吸引	xīyǐn	흡인하다. 빨아당기다
顾客	gùkè	고객. 손님.
发扬	fāyáng	선양하여 발전시키다. 드높이다.
取得	qǔdé	취득하다
过上	guòshàng	지나다, 보내다
好日子	hǎorìzǐ	좋은 날, 행복한 삶
脆弱	cuìruò	취약하다
坚强	jiānqiáng	굳세다. 굳고 강하다. 꿋꿋하다. 완강하다.
相貌平平	xiàngmàopíngpíng	용모가 평범하지 않다.
长成	zhǎngchéng	~로 자라다
开发	kāifā	개발하다.
食品贸易	shípǐnmàoyì	식품 무역
将来	jiānglái	장래. 미래
医学工作	yīxuégōngzuò	의학 직장/일.
前途	qiántú	전도
急躁	jízào	안달복달하다.
缺点	quēdiǎn	결점. 단점. 부족한 점.
鲁莽	lǔmǎng	저돌적이다
办成	bànchéng	해내다
经济政策	jīngjìzhèngcè	경제 정책
改革	gǎigé	개혁하다.개혁.
慢跑	mànpǎo	조깅하다
血液循环	xuèyèxúnhuán	혈액 순환
有利于	yǒulìyú	유리하다
酸奶	suānnǎi	요구르트

肠胃	chángwèi	위장
吸收	xīshōu	섭취하다. 흡수하다.빨아들이다.
生产	shēngchǎn	생산하다.출산하다. 몸풀다. 해산하다.
必须	bìxū	반드시 …해야 한다. 꼭 …해야 한다.
挫折	cuòzhé	좌절하다
良药	liángyào	좋은 약
零食	língshí	간식. 군것질. 주전부리.
发胖	fāpàng	살이 찐다.
营养失衡	yíngyǎngshīhéng	영양 불균형
考虑	kǎolǜ	고려하다. 생각하다.구상하다.
催化剂	cuīhuàjì	촉매제.촉매.
加快	jiākuài	박차를 가하다.
化学反应	huàxuéfǎnyìng	화학 반응
速度	sùdù	속도
催眠曲	cuīmiánqǔ	자장가.
昨日重现	zuórìchóngxiàn	어제 다시 살아나다
后果	hòuguǒ	결과. 뒷일. 뒤탈.
存活	cúnhuó	생존하다
根本	gēnběn	근본. 근원. 기초.
无缺	wúquē	결함이 없다
总结	zǒngjié	총괄하다. 총화하다. 총결산하다.
采取	cǎiqǔ	채택하다. 취하다. 강구하다.
制订	zhìdìng	작성하다
资金投入	zījīntóurù	자금 돌입하다.
贫困	pínkùn	가난하다

捐款	juānkuǎn	헌금하다
办学校	bànxuéxiào	학교를 꾸리다, 학교를 만들어 운영하다.
事故	shìgù	사고
法律	fǎlǜ	법률
加强监管	jiāqiángjiānguǎn	감시 통제를 강화하다.
马虎	mǎhu	소홀하다, 세심하지 못하다.
委婉指出	wěiwǎnzhǐchū	완곡하게 지적하다
改正	gǎizhèng	시정하다, 고치다
主观	zhǔguān	주관적이다
教育	jiàoyù	교육
造成	zàochéng	초래하다, 만들다
产生反常	chǎnshēngfǎncháng	이변이 일어나다
心理	xīnlǐ	심리
做到	zuòdào	해내다
陪	péi	모시다
演唱会	yǎnchànghuì	콘서트
航天技术	hángtiānjìshù	우주 비행 기술
先进水平	xiānjìnshuǐpíng	선진 수준.
废寝忘食	fèiqǐnwàngshí	(어떤 일에) 전심전력하다. 매우 몰두하다.
一箭双雕	yíjiànshuāngdiāo	일석이조. 일거양득.
目的	mùdì	목적
做生意	zuòshēngyì	장사를 하다
客户	kèhù	고객, 거래처
讲信用	jiǎngxìnyòng	신용을 중시하다.
中华料理	zhōnghuáliàolǐ	중화 요리

迷路	mílù	길을 잃다. 정확한 방향을 잃다. 길을 잘못 들다.
陌生人	mòshēngrén	낯선 사람
初次	chūcì	처음
朴素	pǔsù	소박하다
出手	chūshǒu	물건을 내다 팔다
面试	miànshì	면접
保持	bǎochí	유지하다. 지키다. 보지하다.
面带微笑	miàndàiwēixiào	얼굴에 미소를 띠다
举止	jǔzhǐ	거동
吓呆	hèdāi	놀라서 멍해지다
恶作剧	èzuòjù	못된 장난
偿还	chánghuán	상환하다
利息	lìxī	이자
食宿	shísù	숙식을 제공하다
平等	píngděng	동일한〔평등한〕대우를 받다. 평등하다.
优惠	yōuhuì	특혜의. 우대의. 할인의
国庆节	guóqìngjié	국경일
薪资	xīnzī	임금
天真	tiānzhēn	천진하다. 순진하다. 꾸밈이 없다.
背单词	bèidāncí	단어를 암기하다.
诚实	chéngshí	진실하다. 참되다. 성실하다.
丰富多彩	fēngfùduōcǎi	풍부하고 다채롭다
一成不变	yìchéngbùbiàn	고정 불변하다
兴趣	xìngqù	취미
演员	yǎnyuán	배우. 연기자.

情节	qíngjié	플롯
类型	lèixíng	종류
人民币	mínbì	중국돈, 인민폐
机关	jīguān	기관
职务	zhíwù	직무
理事	lǐshì	이사
主编	zhǔbiān	편집장
主办方	zhǔbànfāng	주최 측
央视 CCTV	Yāngshì CCTV	중앙 텔레비전 방송국 CCTV

< 단어 101-150 >

101-150 单词	拼音	意思
鞋	xié	신발
袜	wà	양말
物品	wùpǐn	물품
固定	gùdìng	고정되다, 고정적
免得	miǎnde	…하지 않도록….않기 위해서
退学	tuìxué	퇴학하다
傻事	shǎshì	바보짓, 멍청한 짓
锦绣前程	jǐnxiùqiánchéng	전도양양한 앞날. 아름답고 빛나는 미래. 유망한 전도.
本该	běngāi	원래 마땅히 …해야 한다.
课程	kèchéng	교과 과정
面试	miànshì	면접

高尚	gāoshàng	고상하다
情操	qíngcāo	정서
交情	jiāoqíng	우정. 친분. 정분.
挡风玻璃	dǎngfēngbōlí	바람 막이용 유리
裂痕	lièhén	갈라진 금
震碎	zhènsuì	흔들려서 부서지다
阻挡	zǔdǎng	저지하다. 가로막다.
风格各异	fēnggégèyì	성격/기질/스타일 제각기 다르다.
毕业	bìyè	졸업(하다).
统筹	tǒngchóu	전면적인 계획을 세우다. 통일된 계획을 세우다. 총괄하다.
才华	cáihuá	재능. 재주.
组织	zǔzhī	조직하다. 구성하다. 결성하다.
拍摄	pāishè	촬영하다. (사진을) 찍다.
深受	shēnshòu	(매우) 깊이 받다. 크게 입다.
物色	wùsè	물색하다.
事故	shìgù	사고.
擅离职守	shànlízhíshǒu	마음대로 직장을 이탈하다
堵塞	dǔsè	막히다. 가로막다.
城区	chéngqū	도시 구역
枯竭	kūjié	고갈되다
倒闭	dǎobì	(상점·회사·기업 등이) 도산하다.
经营	jīngyíng	운영하다.(기업 등을) 경영하다.
不善	búshàn	좋지 않다. 나쁘다.대단하다.
食用	shíyòng	식용하다. 먹다.식용의.생활비.

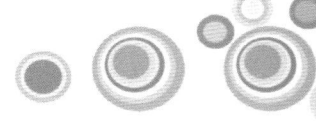

热量	rèliàng	열량
肥胖	féipàng	(인체가) 풍풍하다. 비만하다.
乘务员	chéngwùyuán	승무원
列车	lièchē	열차
傍晚	bàngwǎn	저녁 무렵
凌晨	língchén	새벽
按照	ànzhào	…에 따르다. …의거하다. …에 의해. …에 따라.
计划	jìhuà	계획하다. 기획하다. 꾸미다.
晚点	wǎndiǎn	연착하다
倒贴	dàotiē	(글자·그림 등을) 거꾸로 붙이다.
倒是	dàoshì	도리어
倒立	dàolì	거꾸로 서다
饮料	yǐnliào	음료
继续	jìxù	계속하다. 끊임없이 하다. 연속. 계속. 속편.
龟兔赛跑	guītùsàipǎo	토끼와 거북이가 경주하다
谦虚	qiānxū	겸허하다
深奥	shēnào	심오하다
则	zé	양사 조항. 문제. 편. 토막
寓言	yùyán	우언. 우화
拿好	náhǎo	잘 들어 두다
护照	hùzhào	여권.(출장·운송·여행 따위의) 통행증. 증명서.
候机厅	hòujītīng	대합실
照相	zhàoxiàng	사진을 찍다
纪念	jìniàn	기념하다.
核对	héduì	대조 확인[검토]하다. 조합(照合)하다

考勤	kǎoqín	출근을 기록하다
填写	tiánxiě	써넣다
工商局	gōngshāngjú	상공 행정 관리국
备份	bèifèn	백업하다
开店	kāidiàn	가게를 열다. 상점을 개업하다.
目不转睛	mùbùzhuǎnjīng	눈 한 번 깜빡하지 않고 보다. 주시하다. 응시하다.
发射塔	fāshètǎ	송신탑
火箭	huǒjiàn	로켓
升空	shēngkōng	하늘로 날아올라 가다
开演	kāiyǎn	공연이 시작되다
耐心	nàixīn	인내심
小站	xiǎozhàn	작은 역. 간이역.
竞选	jìngxuǎn	경선하다.
七上八下	qīshàngbāxià	안절부절못하다
不忍打搅	bùrěndǎjiǎo	차마 폐를 끼치지 못하다
独自	dúzì	독자
老槐树	lǎohuáishù	늙은 회나무
身影	shēnyǐng	모습
手术室	shǒushùshì	수술실
升旗仪式	shēngqíyíshì	국기 게양식.
寒风刺骨	hánfēngcìgǔ	차가운 바람이 뼛속까지 파고든다.
恒心	héngxīn	변함없는[꾸준한] 마음[의지]. 항심.
俗话说	súhuàshuō	속담에서.... 속설에서....
滴水穿石	dīshuǐchuānshí	작은 힘이라도 꾸준히 계속하면 성공할 수 있다.
缓解	huǎnjiě	완화되다. 호전되다. 누그러지다.

眼疲劳	yǎnpíláo	눈이 피로하다
眼药水	yǎnyàoshuǐ	물 안약.
滴答	dīdá	똑똑. 뚝뚝. [물방울이 떨어지는 소리]
荡起	dàngqǐ	돌아다니다. 어슬렁거리다.방탕하다. 방종하다.
涟漪	liányī	잔잔한 물결[파문].
胜败乃兵家常事	shèngbàinǎibīngjiāchángshì	승패는 병가의 상사이다.
近视眼	jìnshìyǎn	근시안.
引起	yǐnqǐ	끌다. 야기하다. 불러 일으키다.
射箭	shèjiàn	활을 쏘다.활쏘기. 궁도.양궁
技术	jìshù	기술.기교. 재량.
高明	gāomíng	고명하다. 빼어나다
打官司	dǎguānsī	소송하다. 고소하다. 재판을 걸다.
费钱费力	fèiqiánfèilì	돈이 많이 들다.힘을 들이다.
羡慕	xiànmù	흠모하다. 부러워하다.
保证	bǎozhèng	보증하다. 담보하다.
手艺	shǒuyì	손재간. 솜씨.
运	yùn	돌다. 이동하다. 운행하다. 운동하다.운송하다. 운반하다.
成就感	chéngjiùgǎn	성취감.
令人	lìngrén	사람을 도취시키다
帽子	màozi	모자
戴手套	dàishǒutào	장갑을 끼다.
温度	wēndù	온도
速冻食品	sùdòngshípǐn	냉동 식품
悠久	yōujiǔ	장구하다
底蕴	dǐyùn	상세한 내용[경위]. 내부 상황

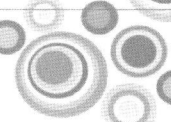

独特	dútè	독특하다.
风土人情	fēngtǔrénqíng	풍토와 인정
画廊	huàláng	갤러리
意境	yìjìng	(문학·예술 작품에 표현된) 예술적 경지[정취·분위기].
观赏	guānshǎng	관상하다. 구경하다.
蜘蛛	zhīzhū	거미
本领	běnlǐng	능력
结网	jiéwǎng	그물을 뜨다
捕食	bǔshí	포식하다. (동물이) 먹이를 잡다.
轨迹	guǐjì	자취
名垂青史	míngchuíqīngshǐ	청사에 길이 남을 이름[업적]이다.
风格	fēnggé	스타일
闻名	wénmíng	명성을 날리다
硝烟弥漫	xiāoyānmímàn	초연이 자욱하다.
支撑	zhīchēng	버티다. 받치다. 지탱하다.
真挚	zhēnzhì	진지하다.
敬老院	jìnglǎoyuàn	양로원
领导	lǐngdǎo	지도하다. 영도하다. 영도자. 지도자.
祝愿	zhùyuàn	축원하다.
与会者	yùhuìzhě	회의 참가자
愉快	yúkuài	기쁘다. 유쾌하다. 즐겁다.
到处	dàochù	도처. 곳곳. 이르는 곳. 가는 곳.
堆积	duījī	퇴적되다. 쌓여 있다. 쌓이다.
相差悬殊	xiāngchàxuánshū	그 차이가 현격하다.
今昔	jīnxī	현재와 과거

两重天	liǎngzhòngtiān	(서로 다른) 두 세상. 완전히 다른 두 개의 상황.
双胞胎	shuāngbāotāi	쌍둥이
沉静	chénjìng	평온하다
活泼	huópō	활발하다
南辕北辙	nányuánběizhé	속으로는 남쪽으로 가려 하면서 수레는 도리어 북쪽으로 몰다.하는 행동과 목적이 상반되다.
耻笑	chǐxiào	비웃다. 조소하다.
全局	quánjú	전역
利害	lìhài	이해하기 어렵다
攸关	yōuguān	걸려 있다
逆反	nìfǎn	역반응
反思	fǎnsī	되짚어 가다
婚姻	hūnyīn	혼인. 결혼.
慎重	shènzhòng	신중하다.
随心所欲	suíxīnsuǒyù	자기 뜻대로 하다. 하고 싶은 대로 하다.
人强马壮	rénqiángmǎzhuàng	사람은 굳세고 말은 건장하다. 군대가 매우 강하다.어떤 집단이 활력이 넘치다
思维敏捷	sīwéimǐnjié	사유가 민첩하다
谈吐锋利	tántǔfēnglì	화제를 모으다
驳得	bódé	반박하다. 논박하다.얼룩덜룩하다
哑口无言	yǎkǒuwúyán	벙어리처럼 말을 못 하다.
委屈	wěiqū	울하다. 답답하다. 괴롭다
一番	yìfān	한바탕. 한차례. 한번.한 종류.한 배.
治病救人	zhìbìngjiùrén	사람의 결점과 잘못을 지적하여 고치도록 하다.
冷遇	lěngyù	냉대하다

建交	jiànjiāo	수교하다
大使馆	dàshǐguǎn	대사관
反驳	fǎnbó	반박하다
驳倒	bódǎo	반박하여 굴복시키다
错误观点	cuòwùguāndiǎn	잘못된 관점
输	shū	패하다. 지다. 잃다. 운송하다.
后劲	hòujìn	뒷심
冲刺	chōngcì	스퍼트 하다
机智	jīzhì	기지가 넘치다
知己知彼	zhījǐzhībǐ	자기의 기량을 정확히 평가하고 또 상대방도 충분히 파악하여야 한다.
分析	fēnxī	분석하다.
对象	duìxiàng	대상자
追求	zhuīqiú	추구하다.
秀外慧中	xiùwàihuìzhōng	잘생기고 똑똑하다.
捕捉	bǔzhuō	포착하서로 결탁하여 나쁜 짓을 하다.다
乱点鸳鸯	luàndiǎnyuānyāng	줄달다
接二连三	jiēèrliánsān	몇 번 연이어서. 잇따라. 연속적으로. 끊임없이.
应对	yìngduì	응답하다. 대답하다. 대응하다. 대처하다.
克服	kèfú	극복하다.
有利有弊	yǒulìyǒubì	이로움도 있고 폐단도 있다.
课堂应用	kètángyìngyòng	수업 시간 활용
疑惑	yíhuò	의혹을 품다
请教	qǐngjiào	가르침을 청하다
叛逆	pànnì	반역하다

给予	jǐyǔ	기여하다.
恰当	qiàdàng	타당하다
引导	yǐndǎo	인도하다
祝贺	zhùhè	축하드립니다.
鼓励	gǔlì	격려하다.
省得	shěngdé	중요하지 않다
淋湿	línshī	흠뻑 젖다
提醒	tíxǐng	주의를 환기시키다
煞费苦心	shàfèikǔxīn	몹시 고심하다
四处奔走	sìchùbēnzǒu	동분서주
买不下	mǎibùxià	살 수 없다
捐出去	juānchūqù	기부금을 내다
存到	cúndào	예금하다
保险	bǎoxiǎn	보험
获利	huòlì	이익을 얻다..
事实证明	shìshízhèngmíng	사실이 증명하듯이
老鼠洞	lǎoshǔdòng	쥐 구멍
生人	shēngrén	출생하다. 태어나다.낯선 사람.
赶紧	gǎnjǐn	서둘러. 재빨리
捉迷藏	zhuōmícáng	숨바꼭질.말이나 행동이 숨바꼭질하듯 하다.
逃走	táozǒu	도망치다.
深山老林	shēnshānlǎolín	깊은 산 속의 원시림.
逃避	táobì	도피하다.
制裁	zhìcái	제재하다.
巢居穴处	cháojūxuéchù	구멍을 뚫어 동굴 입구에 정박하다

法网恢恢	fǎwǎnghuīhuī	법망을 빠져나갈 방도가 없다
惩罚	chéngfá	벌을 주다.징벌(하다).
恐怖分子	kǒngbùfènzǐ	테러리스트.
曾经	céngjīng	예전
坚持	jiānchí	유지하다, 버티다.
品质	pǐnzhì	품질
来往	láiwǎng	다니다.교제하다. 거래하다.
沙漠	shāmò	사막
不起眼	bùqǐyǎn	눈에 차지 않다. 눈에 띄지 않다.
顽强	wánqiáng	완강하다. 억세다. 드세다. 강경하다.
盛开	shèngkāi	활짝 피다
佩服	pèifu	탄복하다
艰苦	jiānkǔ	힘들고 고되다
迎难而上	yíngnánérshàng	어려움에 굴복하지 않고 전진하다
微博	wēibó	웨이보
与众不同	yǔzhòngbùtóng	뭇 사람과 다르다. 남다르다.
开展	kāizhǎn	전개하다
干涉	gānshè	간섭하다
内政	nèizhèng	내정
强烈抗议	qiánglièkàngyì	강력히 항의하다
时机	shíjī	시기
瓜熟蒂落	guāshúdìluò	참외가 익으면 꼭지가 절로 떨어진다.
留心观察	liúxīnguānchá	주의 깊게 관찰하다
消瘦	xiāoshòu	수척하다
依我看	yīwǒkàn	내가 보기에는

水来土掩	shuǐláitǔyǎn	물이 오면 흙으로 덮다. 적절한 방법으로 대처하다.
对付	duìfu	대처하다
莫名其妙	mòmíngqímiào	영문도 모르다
缩短	suōduǎn	단축하다
差距	chājù	차이가 있다.
科学技术	kēxuéjìshù	과학 기술
建设	jiànshè	건설하다
吸取	xīqǔ	흡수하다
经验	jīngyàn	경험
后进	hòujìn	뒤떨어진 사람. 후진의. 뒤떨어진.
先进	xiānjìn	선진의. 남보다 앞선. 진보적인.
兴旺发达	xīngwàngfādá	대단히 번창하다.
纵横交错	zònghéngjiāocuò	종횡으로 교차하다
肌肉	jīròu	근육
技巧	jìqiǎo	기교. 기예.
超常	chāocháng	뛰어나다
夺取	duóqǔ	탈취하다
冠军	guànjūn	우승자
积极性	jījíxìng	적극성
创造性	chuàngzàoxìng	창조성
市民	shìmín	시민
一举夺得	yìjǔduódé	일 거에 따내다
枚	méi	매. 장. 개.
火药	huǒyào	화약

古代	gǔdài	고대
纺织	fǎngzhī	방직하다
爱迪生	àidíshēng	토머스 에디슨
崇拜	chóngbài	숭배하다
莱特兄弟	láitèxiōngdì	라이트 형제
望远镜	wàngyuǎnjìng	망원경
观察	guānchá	지켜보다.
肉眼	ròuyǎn	맨눈
退换	tuìhuàn	반품하다
凭证	píngzhèng	증빙 서류
餐厅	cāntīng	식당
索要	suǒyào	요구하다. 달라고 하다. 구하다.
课堂	kètáng	교실.학습의 장.
积极	jījí	적극적이다.
争先恐后	zhēngxiānkǒnghòu	뒤질세라 앞을 다투다.
长篇大论	chángpiāndàlùn	지나치게 길거나 끊임없이 이어지는 말.
出口成章	chūkǒuchéngzhāng	말하는 것이 그대로 글이 되다. 글을 짓는 영감과 말재주가 뛰어나다.
精彩	jīngcǎi	멋지다
规则	guīzé	규칙
乱停放	luàntíngfàng	주차하다
违章	wéizhāng	규정을 위반하다
破坏公物	pòhuàigōngwù	공공 기물을 파손하다
角落	jiǎoluò	구석
领子	lǐngzǐ	옷깃. 칼라

照着镜子	zhàozhejìngzi	거울을 비추다
模棱两可	móléngliǎngkě	이도 저도 아니다. 애매 모호하다.
参赛	cānsài	시합에 참가하다
力所能及	lìsuǒnéngjí	힘이 미칠 수 있는 바
年满	niánmǎn	연한이 차다
考研	kǎoyán	대학원 시험에 응시하다
理	lǐ	정리하다. 다스리다. 다스리다. 관리하다. 거들떠보다.
安慰	ānwèi	위로하다.
领情	lǐngqíng	(상대방의 호의를) 감사히 받다[여기다].
怪罪	guàizuì	책망하다
扑灭	pūmiè	박멸하다
猛	měng	맹렬하다
火上浇油	huǒshàngjiāoyóu	불에 기름을 끼얹다
干部	gànbù	간부.지도자. 관리자.
气愤	qìfèn	화 내다.분개하다.
老百姓	lǎobǎixìng	백성
以权谋私	yǐquánmóusī	직권을 이용하여 사리 사욕을 채우다.
逆反	nìfǎn	역반응
仔细推敲	zǐxìtuīqiāo	곰곰이 헤아리다
说话算话	shuōhuàsuànhuà	말한 대로 말하다.
反悔	fǎnhuǐ	후회하다
大丈夫	dàzhàngfū	대장부
说一不二	shuōyībúèr	하나도 남지 않다
无常	wúcháng	불귀의 객이 되다
强调	qiángdiào	강조하다.

实情	shíqíng	실정
认定	rèndìng	인정하다
无济于事	wújìyúshì	일에 아무런 도움이 안 되다. 아무 쓸모 없다.
厉害	lìhài	대단해
赔礼道歉	péilǐdàoqiàn	예를 갖추고 사과하다
不管	bùguǎn	...을 막론하고. ...에 관계없이. 상관하지 않다. 돌보지 않다.
随便	suíbiàn	마음대로. 좋을 대로. 자유로이.
摆摊儿	bǎitānér	노점을 벌이다[차리다].
悄悄地	qiāoqiāodì	살그머니, 살며시, 살금살금.
生怕	shēngpà	(...할까 봐) 몹시 두려워하다. 매우 걱정하다.
阿姨	āyí	아주머니
周到	zhōudào	주도면밀하다
偶尔	ǒuěr	때때로. 간혹. 이따금.
租金	zūjīn	임대료
徐悲鸿	xúbēihóng	서비홍, 쉬베이홍(1985년 7월 19일-1953년 9월 26일), 중국 현실주의 화가이자 미술 교육가.
有神	yǒushén	생기가 있다. 원기가 있다. 신통하다. 기묘하다.
骏马	jùnmǎ	준마
奋蹄奔跑	fèntíbēnpǎo	네발로 달리다
钢铁	gāngtiě	철강 같다
横跨	héngkuà	가로지르다
孪生	luánshēng	쌍둥이를 낳다
相仿	xiāngfǎng	비슷하다
游记	yóujì	기행문
身临其境	shēnlínqíjìng	어떤 장소에 직접 가(서 체험하)다. 어떤 입장에 서다.

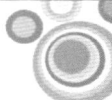

逆水行舟	nìshuǐxíngzhōu	물을 거슬러 배를 몰다.어려운 지경에 처하더라도, 반드시 노력하여 헤쳐 나가야 한다.
不进则退	bùjìnzétuì	앞으로 가지 않으면 후퇴하기 마련임을 이르는 말.
时刻	shíkè	시시각각
语调平缓	yǔdiàopínghuǎn	말투가 온화하다.
紧张	jǐnzhāng	긴장하다.
警惕	jǐngtì	경계심
闭目养神	bìmùyǎngshén	눈을 감고 마음을 안정시키다
肌肉	jīròu	근육
走神	zǒushén	정신이 팔리다
有名	yǒumíng	유명하다, 명성을 날리다
文物古迹	wénwùgǔjì	문물 고적
哮喘病	xiàochuǎnbìng	천식
慢性	mànxìng	만성
狠心抛弃	hěnxīnpāoqì	독한 마음을 버리다
狼心狗肺	lángxīngǒufèi	흉악하고 잔인하다. 배은망덕하다.
撕心裂肺	sīxīnlièfèi	몹시 마음이 아프거나 고통스럽다.

< 단어 151-200 >

151-200 单词	拼音	意思
肺癌	fèiái	폐 암
忌讳	jìhuì	기피하다
连篇	liánpiān	전편에 걸쳐 있다
无病呻吟	wúbìngshēnyín	무병 신음하다

突出	tūchū	뛰어나다.
一钱不值	yìqiánbùzh	걸레 같다, 가치가 없다.
稿件	ígǎojiàn	원고
矛盾	máodùn	모순
贵贱	guìjiàn	귀천. 귀하고 천한 것.
光阴似箭	guāngyīnsìjiàn	세월이 화살처럼 빠르게 지나가다.
化工厂	huàgōngchǎng	화학 공장
董事会	dǒngshìhuì	이사회
人事变动	rénshìbiàndòng	인사 이동
股权	gǔquán	주주권
围拢	wéilǒng	주위에 모여들다
周围	zhōuwéi	주위
严肃	yánsù	엄숙하다
时局	shíjú	시국
豁然贯通	huòránguàntōng	훤히 뚫리다.갑자기 깨닫다.
有条有理	yǒutiáoyǒulǐ	조리 정연하다
理清	lǐqīng	정산하다
线索	xiànsuǒ	단서
散落	sǎnluò	흩어져 떨어지다
瑟瑟	sèsè	부들부들 떨다
落叶	luòyè	낙엽
红艳艳	hóngyànyàn	붉고 아름답다
枫叶	fēngyè	단풍잎
纷纷扬扬	fēnfēnyángyáng	(눈·꽃·낙엽 등이) 어지럽게 날리다. 흩날리다.
洒满	sǎmǎn	가득 채우다

山坡	shānpō	산 비탈
景象	jǐngxiàng	광경
灾区	zāiqū	재해 지역
捐款	juānkuǎn	헌금하다
捐物	juānwù	의연품
颐和园	yíhéyuán	이화원
独特	dútè	독특하다.
敬佩	jìngpè	경탄하다
仗义执言	izhàngyìzhíyán	정의를 위해 공정한 말을 하다.
强烈	qiángliè	강하다.
物质利益	wùzhìlìyì	물질적 이익
高尚	gāoshàng	고상하다
幼稚	yòuzhì	유치하다. 어리다.
粽子	zòngzi	쫑쯔.[찹쌀을 대나무 잎사귀나 갈대잎에 싸서 삼각형으로 묶은 후 찐 음식. 단오절에 굴원(屈原)을 기리기 위한 풍습]
赛龙舟	sàilóngzhōu	용머리로 뱃머리를 장식하다
年夜饭	niányèfàn	제야에 먹는 음식.
春联	chūnlián	춘련
月饼	yuèbǐng	월병
赏月	shǎngyuè	달구 경하다
理睬	lǐcǎi	아랑곳하지 않다
漫画	mànhuà	만화
夸张手法	kuāzhāngshǒufǎ	과장 법
寓意	yùyì	메시지
不劳而获	bùláoérhuò	불로 소득을 얻다

环节	huánjié	환절
登山	dēngshān	등산하다.
方案	fāngàn	방안
自相矛盾	zìxiāngmáodùn	스스로 모순되다.
论证恰恰	lùnzhèngqiàqià	논증이 정확하다.
论点	lùndiǎn	논점
批评	pīpíng	비평하다
查清	cháqīng	철저히 조사하다
真相	zhēnxiàng	진상
错过	cuòguò	놓치다
灵便	língbiàn	민첩하다
头晕	tóuyūn	머리가 어지러워요.
有空	yǒukōng	틈이 나다.
书架	shūjià	책꽂이
中央政府	zhōngyāngzhèngfǔ	중앙 정부
各自为政	gèzìwéizhèng	제각기 따로 따로 자기 생각대로만 일하다
赛场	sàichǎng	경기장
判决	pànjué	판결하다
天职	tiānzhí	천직
画展	huàzhǎn	회화 전람회.
百余	bǎiyú	100 여
幅	fú	폭
美术课	měishùkè	미술 과목
博览馆	bólǎnguǎn	관광지
刷卡	shuākǎ	카드로 결재하다.

分期	fēnqī	할부하다
手续	shǒuxù	수속
资料	zīliào	자료
最初	zuìchū	맨 처음
摆脱	bǎituō	벗어나다
沉重	chénzhòng	무겁다
负担	fùdān	부담하다
完善	wánshàn	완벽하다
改革开放	gǎigékāifàng	개혁 개방.
贫困	pínkùn	가난하다.
资金	zījīn	자금
办学	bànxué	학교를 세우다
建成	jiànchéng	건설하다
歧视	qíshì	차별 대우
惭愧	cánkuì	부끄럽다
教导	jiàodǎo	교도하다
虚心听从	xūxīntīngcóng	허심하게 말을 듣다.
立即	lìjí	즉시, 바로
锅	guō	솥
创意	chuàngyì	아이디어
摔碎	shuāisuì	바스러지다
剧情	jùqíng	줄거리
简略	jiǎnluè	간략하다
杜甫	dùfǔ	두보.
形象化	xíngxiànghuà	형상화하다

梦想中国语 会话

深刻地	shēnkède	심각히
矛盾	máodùn	갈등. 대립. 배척. 배타.
作风	zuòfēng	기풍. 태도. 풍격
干脆利落	gàncuìlìluò	깔끔하고 시원스럽다.
优柔寡断	yōuróuguǎduàn	우유부단하다. 결단력이 없다.
断绝往来	duànjuéwǎnglái	왕래를 끊다
维持	wéichí	유지하다.
关门大吉	guānméndàjí	문을 닫다. 도산하다. 휴업하다.
将计就计	jiāngjìjiùjì	계책을 꾸미다
兜圈子	dōuquānzǐ	변죽을 울리다
肇事者	zhàoshìzhě	장본인
事态	shìtài	사태
溜之大吉	liūzhīdàjí	몰래 달아나다〔도망치다〕. 줄행랑 놓다.
摔倒	shuāidǎo	쓰러지다. 넘어지다. 자빠지다
呼救	hūjiù	도움을 요청하다
究竟	jiūjìng	도대체
劳累	láolèi	지치다
道歉	dàoqiàn	사과를 하다.
踩到	cǎidào	~를 밟았다.
彬彬有礼	bīnbīnyǒulǐ	점잖고 예절 바르다.
夜长梦多	yèzhǎngmèngduō	밤이 길면 꿈이 많다.밤이 길면 꿈이 많다.
拖延	tuōyán	지연시키다
解放军	jiěfàngjūn	해방군.
父老乡亲	fùlǎoxiāngqīn	동네 어르신과 마을 사람들.
每逢佳节倍思亲	měiféngjiājiébèisīqīn	명절 때가 되면 언제나 부모님 생각이 더 하다

梦想中国语 会话

游子	yóuzǐ	유자. 나그네. 방랑자.
战斗英雄	zhàndòuyīngxióng	전투 영웅.
骁勇善战	xiāoyǒngshànzhàn	용맹하고 싸움을 잘하다.
最佳	zuìjiā	최상의
男主角奖	nánzhǔjiǎojiǎng	남자 주연 상
千锤百炼	qiānchuíbǎiliàn	백방으로 단련하다.
养护	yǎnghù	양생하다
动脉	dòngmài	동맥
畅通无阻	chàngtōngwúzǔ	막힘 없이 잘 통하다.
朴素	pǔsù	소박하다
宽敞	kuānchǎng	널찍하다
豪华	háohuá	호화스럽다
美满和谐	měimǎnhéxié	원만하고 원만하다
纺织	fǎngzhī	방직하다
迅速	xùnsù	신속하다, 신속히
花色	huāsè	때깔
款式	kuǎnshì	스타일
日新月异	rìxīnyuèyì	나날이 새로워 지다.
种植业	zhǒngzhíyè	재식농업
依赖	yīlài	의지하다
蒸蒸日上	zhēngzhēngrìshàng	날로 번영[번창]하다. 빠르게 진보하다.
缩影	suōyǐng	축도
细分	xìfēn	세분하다
焦虑不安	jiāolǜbùān	초조하고 불안하다.
获奖名单	huòjiǎngmíngdān	입상자 명단

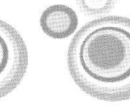

七上八下	qīshàngbāxià	안절부절 못하다, 불안하다.
光临指导	guānglínzhǐdǎo	왕림하고 지도해 주시다.
内情	nèiqíng	내정
透露	tòulù	토로하다
暂时	zànshí	잠시
抛头露面	pāotóulùmiàn	부녀자가 대중 앞에 모습을 드러내다.
疑问	yíwèn	의문
财务账目	cáiwùzhàngmù	재무 계정
待遇	dàiyù	대우
冷嘲热讽	lěngcháorèfěng	차가운 조소와 신랄한 풍자.
指责	zhǐzé	책망하다
愤愤不平	fènfènbùpíng	섭섭하다
多媒体	duōméitǐ	멀티 미디어
怀着好奇	huáizhehàoqí	호기심을 갖고 있다
完备	wánbèi	완비되어 있다
保健品	bǎojiànpǐn	건강의약품
降血脂	jiàngxuèzhī	고지혈증을 낮추다
降血糖	jiàngxuètáng	혈당증을 낮추다
戒骄戒躁	jièjiāojièzào	교만함과 성급함을 경계하다.
精明	jīngmíng	총명하다
兵不厌诈	bīngbùyànzhà	전란으로 세상이 어수선하다.
妥当	tuǒdāng	타당하다. 알맞다. 온당하다.
默默无闻	mòmòwúwén	이름이 알려지지 않다
出息	chūxī	출세하다
强盛	qiángshèng	강성하다

332

要道	yàodào	요도. [중요한 길]
镜头	jìngtóu	렌즈
暗箱	ànxiāng	어둠 상자
快门	kuàimén	셔터
装置	zhuāngzhì	장치하다
交相辉映	jiāoxiānghuīyìng	여러 빛이나 색채 따위가 서로 어울려 비치다
美妙	měimiào	아름답다
碧水	bìshuǐ	푸른 물
绝妙	juémiào	절묘하다
盲目	mángmù	맹목적으로
损失惨重	sǔnshīcǎnzhòng	손실이 막대하다.
下跌	xiàdiē	떨어지다
刷地	shuādì	휙
稳定	wěndìng	안정적이다
频繁	pínfán	빈번하다
话剧剧本	huàjùjùběn	연극 극본
岩石	yánshí	암석
松动	sōngdòng	붐비지 않다
树根	shùgēn	나무 뿌리
养活	yǎnghuó	부양하다
零敲碎打	língqiāosuìdǎ	문무를 겸비하다
安身	ānshēn	몸을 의탁하다
一年到头	yìniándàotóu	일년 내내
处所	chùsuǒ	장소.
严峻	yánjùn	준엄하다

废物	fèiwù	폐기물
液体	yètǐ	액체
胶	jiāo	접착제
保姆	bǎomǔ	보모
民工	míngōng	노동자
富裕	fùyù	부유하다
种田养家	zhòngtiányǎngjiā	농사를 짓고 가족을 부양하다.
看护	kānhù	간호하다
等级	děngjí	등급
互联网	hùliánwǎng	인터넷
自找	zìzhǎo	자초하다
扣人心弦	kòurénxīnxián	심금을 울리다
迎来	yínglái	맞다
出场	chūchǎng	출연하다
八面威风	bāmiànwēifēng	위풍 당당하다
窈窕淑女	yǎotiǎoshūnǚ	요조 숙녀
地道	dìdào	명산지의
缺少	quēshǎo	부족하다
水龙头	shuǐlóngtóu	수도꼭지
导致	dǎozhì	야기하다
眼眶	yǎnkuàng	눈 언저리
湿润	shīrùn	촉촉하다.
充满	chōngmǎn	충만하다
问候	wènhòu	안부를 묻다.
无微不至	wúwēibúzhì	지극하다

感激	gǎnjī	감격하다
叛逆	pànnì	반역하다
充满	chōngmǎn	충만하다
积累	jīlěi	쌓이다.
积攒	jīzǎn	조금씩 모으다
酸碱	suānjiǎn	산과 알칼리
中和	zhōnghé	중화하다
生成	shēngchéng	생성되다
盐	yán	소금
化学反应	huàxuéfǎnyìng	화학 반응
望远镜	wàngyuǎnjìng	망원경
银河	yínhé	은하
密密麻麻	mìmìmámá	빼곡하다
思路	sīlù	사고 방식.
辩题	biàntí	변론대회의 제목.
正方	zhèngfāng	정방형
恰恰	qiàqià	마침
古希腊	gǔxīlàfǎzhì	고대 그리스
法制	fǎzhì	법제.
驱逐	qūzhú	추방하다
传宗接代	chuánzōngjiēdài	대를 잇다.
抛弃	pāoqì	포기하다
盈利	yínglì	이윤을 남기다
雷锋	léifēng	레이펑(1940년 12월 18일 - 1962년 8월 15일)은 중국 인민해방군의 모범병사.

结出硕果	jiéchūshuòguǒ	큰 열매가 맺히다
地域	dìyùxǐ	지역
喜迁新居	qiānxīnjū	새집을 옮겨 이사하다.
肥沃	féiwò	비옥하다

< 단어 201-250 >

201-250 单词	拼音	意思
如此	rúcǐ	이렇게
演奏乐器	yǎnzòuyuèqì	악기를 연주하다.
结算方式	jiésuànfāngshì	결제 방식
适用范围	shìyòngfànwéi	적용 범위
规矩	guījǔ	규칙
比喻	bǐyù	비유하다
遵守规则	zūnshǒuguīzé	규칙을 지키다.
秩序	zhìxù	질서
守规矩	shǒuguījǔ	규칙을 지키다
处事谨慎	chǔshìjǐnshèn	일처리가 신중하다.
正所谓	zhèngsuǒwèi	이른바
一辈子	yíbèizi	한평생
种田	zhòngtián	농사를 짓다
安分守己	ānfènshǒujǐ	성실히 자기의 본분을 지키다
庄稼汉	zhuāngjiàhàn	농사짓는 젊은 남자.
大胆	dàdǎn	대담하다
打破	dǎpò	깨지다.

创作	chuàngzuò	창작하다
体裁	xīntǐcái	체재. 장르
宏大	hóngdà	웅대하다
水利工程	shuǐlìgōngchéng	수리 공사
国庆阅兵	guóqìngyuèbīng	건국 기념일 열병.
气势雄壮	qìshìxióngzhuàng	기세가 웅장하다.
战役	zhànyì	전투
空前	kōngqián	공전의
盛大	shèngdà	성대하다
爆炸	bàozhà	터지다.
失误	shīwù	실수하다.
竟然	jìngrán	놀랍게도
引起	yǐnqǐ	일으키다
不止	bùzhǐ	그치지 않다
顺序	shùnxù	순서
入场	rùchǎng	입장하다
抽签	chōuqiān	제비를 뽑다
惩罚	chéngfá	벌을 주다.
溺爱	nìài	지나치게 귀여워하다
穿着	chuānzhuó	입을 열다
益处	yìchù	유익한 점
制止	zhìzhǐ	제지하다.
当众指责	dāngzhòngzhǐzé	대중 앞에서 질책하다.
未免	wèimiǎn	어쩌면
海鲜	hǎixiān	해산물

嘴唇	zuǐchún	입술
肿	zhǒng	붓다
菠萝	bōluó	파인애플
护照	hùzhào	여권
扣留	kòuliú	억류하다
伪造	wěizào	위조하다
查获	cháhuò	수색하여 체포하다
劣质香烟	lièzhìxiāngyān	질이 나쁜 담배
打击	dǎjī	타격을 가하다
走私	zǒusī	밀수하다
提高警惕	tígāojǐngtì	경각심을 높이다.
无孔不入	wúkǒngbúrù	한푼의 수입도 없다
肉制品	ròuzhìpǐn	육제품.
啤酒	píjiǔ	맥주
据说	jùshuō	말하는 바에 의하면 …라 한다.
导致	dǎozhì	야기하다
痛风	tòngfēng	통풍
捕捞	bǔlāo	어획하다
虾	xiā	새우
螃蟹	pángxiè	게
领导	lǐngdǎo	이끌다.
重视	zhòngshì	중시하다
掌握	zhǎngwò	파악하다
顶尖	dǐngjiān	최고의
评审团	píngshěntuán	판정단

邀请	yāoqǐng	초청하다. 초대하다.
评估顾问	pínggūgùwèn	평가 고문
出任	chūrèn	담당하다
出台	chūtái	출범하다
随着	suízhe	따라
分工	fēngōng	분업하다
高楼	gāolóu	고층 건물
洋房	yángfáng	양옥
轿车	jiàochē	승용차
百姓	bǎixìng	백성
望洋兴叹	wàngyángxīngtàn	멍하니 바라보며 탄식하다.
香港	xiānggǎng	홍콩
出海	chūhǎi	바다로 나가다
游艇	yóutǐng	유람선
游轮	yóulún	유람선
船舱	chuáncāng	배의 선실
宽敞	kuānchǎng	널찍하다
舒适	shūshì	편안하다
威尼斯酒店	wēinísījiǔdiàn	베네치아 호텔
金碧辉煌	jīnbìhuīhuáng	휘황찬란하다
装修	zhuāngxiū	인테리어
总统套房	zǒngtǒngtàofáng	로얄 스위트 룸
天性	tiānxìng	천성
多功能	duōgōngnéng	다기능의
充满	chōngmǎn	충만하다

无限	wúxiàn	끝이 없다.
打量	dǎliàng	훑어보다.
拆开	chāikāi	떼어 내다
闹钟	nàozhōng	자명종
内部结构	nèibùjiégòu	내부 구조
化学实验	huàxuéshíyàn	화학 실험
瞪大	dèngdà	（눈이） 동그래지다, 눈을 크게 뜨다.
利益	lìyì	이익
携带	xiédài	휴대하다, 가지다, 지니다.
枪支	qiāngzhī	총기
某些	mǒuxiē	어떤
权益	quányì	권익
依法	yīfǎ	법에 의거하다
妇女儿童	fùnǚértóng	부녀자 아동
安排	ānpái	안배하다
废除	fèichú	폐지되다.
收费制度	shōufèizhìdù	요금 제도
建筑物	jiànzhùwù	건축물
设计	shèjì	디자인
对称	duìchèn	대칭
针对	zhēnduì	겨냥하다
规章	guīzhāng	규칙
调整	tiáozhěng	조정하다
取消	qǔxiāo	취소하다
签订	qiāndìng	체결하다

认真履行	rènzhēnlǚxíng	성실히 이행하다
进城	jìnchéng	시내에 가다.
手续	shǒuxù	수속
最终	zuìzhōng	결국
协商	xiéshāng	협상하다
租赁	zūlìn	임대하다.
毕业	bìyè	졸업하다.
许多	xǔduō	허다하다
往事	wǎngshì	지난 일. 옛일.
浮现	fúxiàn	떠오르다
脑海	nǎohǎi	머릿속
毕业相	bìyèxiāng	졸업 사진
留念	liúniàn	기념으로 남기다
获奖	huòjiǎng	상을 타다. 수상하다.
戴	dài	끼다
金灿灿	jīncàncàn	금빛 찬란하다
奖牌	jiǎngpái	메달
球迷	qiúmí	축구 팬
拍	pāi	찍다
项目	xiàngmù	프로젝트
企业家	qǐyèjiā	기업가
教育家	jiàoyùjiā	교육자
办学	bànxué	학교를 세우다
效率	xiàolǜ	효율성
团队分工	tuánduìfēngōng	단체적 분업

抓住	zhuāzhù	잡아라.
恐怖分子	kǒngbùfènzǐ	테러 분자
警方通力	jǐngfāngtōnglì	경찰 측 대리인.
共产党	gòngchǎndǎng	공산당
国民党	guómíndǎng	국민당
失落	shīluò	섭섭하다. 잃어버리다. 분실하다.
前进	qiánjìn	전진하다.
难免	nánmiǎn	면하기 어렵다. 피하기 어렵다. ...하게 마련이다.
大惊小怪	dàjīngxiǎoguài	별것 아닌 일에 크게 놀라다.
逞强	chěngqiáng	잘난 척하다. 으스대다.
看待	kàndài	취급하다
光明正大	guāngmíngzhèngdà	광명 정대하다
偷偷摸摸	tōutōumōmō	슬며시 하다
只不过	zhǐbúguò	다만 ...에 불과하다.
偷	tōu	훔치다.
撕心裂肺	sīxīnlièfèi	몹시 비통해 하다.
拐弯抹角	guǎiwānmòjiǎo	빙 둘러서 말하다
珍惜	zhēnxī	아끼다.
觅	mì	찾다. 구하다.
肝胆相照	gāndǎnxiāngzhào	간담상조. 서로 속마음을 털어놓고 진심으로 사귀다.
推心置腹	tuīxīnzhìfù	진심으로 사람을 대하다.
知己	zhījǐ	막역한 친구
颐和园	yíhéyuán	이화원

叙述	xùshù	서술하다
前因	qiányīn	전생의 인연. 업보.
劣质材料	lièzhìcáiliào	저질 재료
矛盾	máodùn	갈등. 대립. 배척.
驾车	jiàchē	차를 몰다
危害	wēihài	해를 끼치다
害人害己	hàirénhàijǐ	남에게 해를 끼치다.
不堪设想	bùkānshèxiǎng	상상조차 할 수 없다
忽视	hūshì	홀시 하다
施工	shīgōng	시공하다
抓	zhuā	잡다
教学	jiàoxué	교수
口语表达	kǒuyǔbiǎodá	구어 표현
培养	péiyǎng	키우다.
偏重	piānzhòng	편중하다
现状	xiànzhuàng	현황
人性	rénxìng	인간성
算命先生	suànmìngxiānshēng	점쟁이
胡说八道	húshuōbádào	말도 안 되는 소리를 하다. 입에서 나오는 대로 지껄이다.
严肃	yánsù	엄숙하다
容不得	róngbùdé	용납할 수 없다
调查	diàochá	조사하다.
成天	chéngtiān	밤낮 없이
窄	zhǎi	좁다

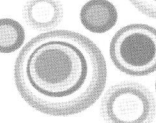

狭窄	xiázhǎi	협착하다
穿过	chuānguò	통과하다
尽头	jìntóu	끝
通常	tōngcháng	통상적인, 보통
保温	bǎowēn	보온하다
暖壶	nuǎnhú	보온병
挑选	tiāoxuǎn	고르다. 선발하다.
古典	gǔdiǎn	고전하다, 고전적인, 레전드
龙井	lóngjǐng	룽징차
制作工艺	zhìzuògōngyì	제작 공예
千差万别	qiānchàwànbié	천차 만별이다.
重担	zhòngdàn	무거운 짐
挑起来	tiǎoqǐlái	받쳐 놓다.
担此重任	dāncǐzhòngrèn	중임을 맡다
悔恨不已	huǐhènbùyǐ	뼈저리게 뉘우쳐 마지 않다.
一塌糊涂	yītāhútú	엉망진창이다.
聪明一世，糊涂一时	cōngmíngyìshìhútúyìshí	총명이 일생을 풍미하던 사람도, 때로는 멍청해 진다.
永恒	yǒnghéng	영원히 변하지 않다. 영원하다.
班会	bānhuì	학년·반·조 등의 회의.
开展	kāizhǎn	전개하다
孝敬	xiàojìng	웃어른을 잘 섬기다
激烈	jīliè	격렬하다
革命	gémìng	혁명하다
壮烈	zhuàngliè	장렬하다

牺牲	xīshēng	희생하다.
战士	zhànshì	전사
童年	tóngnián	동년. 어린 시절. 어릴 적
抒发	shūfā	나타내다. 토로하다.
游子	yóuzǐ	유자. 나그네. 방랑자.
祖国	zǔguó	조국.
时光	shíguāng	세월
旱情	hànqíng	가뭄의 상태〔상황·정도〕.
及时雨	jíshíyǔ	때맞춰 내리는 비. 단비.
开通	kāitōng	개통하다
线路	xiànlù	선로
拥挤	yōngjǐ	붐비다. 혼잡하다.
状况	zhuàngkuàng	상황
免疫力	miǎnyìlì	면역력
休闲	xiūxián	레저
有助于	yǒuzhùyú	도움이 되다
宇宙飞船	yǔzhòufēichuán	우주선
太空	tàikōng	스페이스, 우주
遨游	áoyóu	유람하다, 여행하다.
千奇百怪	qiānqíbǎiguài	괴상하다
童话	tónghuà	동화
奇妙	qímiào	기묘하다
审讯	shěnxùn	심문하다
犯人	fànrén	범인
显得	xiǎndé	드러나다.…인 것 같다.

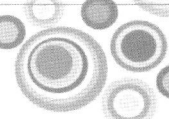

梦想中国语 会话

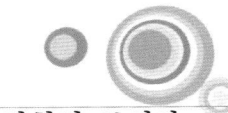

		...하게 보이다....인 것처럼 보이다
答非所问	dáfēisuǒwèn	동문서답하다
神色	shénsè	표정
怀疑	huáiyí	의심하다
可疑	kěyí	의심스럽다
假期	jiàqī	방학, 휴가
布满	bùmǎn	가득 차다
抹布	mābù	걸레
新鲜	xīnxiān	신선하다.
悬浮	xuánfú	부유하다
冲刷掉	chōngshuādiào	침식을 잊어 버리다
扬起	yángqǐ	휘날리다
灰心丧气	huīxīnsàngqì	낙담하다. 낙심하다. 의기소침하다.
一而再	yīérzài	재차. 재삼. 연속적으로.
失败	shībài	실패하다.
挫折	cuòzhé	좌절하다
佩服	pèifu	탄복하다
操场	cāochǎng	운동장
平静	píngjìng	고요하다
铃	líng	벨
响	xiǎng	울리다
治理	zhìlǐ	다스리다
清澈	qīngchè	맑고 깨끗하다
抢救	qiǎngjiù	(응급 상황에서) 서둘러 구호하다.
发挥	fāhuī	발휘하다

衣袖	yīxiù	옷 소매
云彩	yúncǎi	구름
徐志摩	xúzhìmó	서지마. 중국의 시인. 신시운동의 중심인물.
再别康桥	zàibiékāngqiáo	강교를 다시 이별하다
酒精	jiǔjīng	에틸 알코올
稳定性	wěndìngxìng	안정성
挥手告别	huīshǒugàobié	손을 흔들며 작별하다.
很不是滋味	hěnbùshìzīwèi	몹시 서운하다
演讲	yǎnjiǎng	강연하다
不可胜数	bùkěshēngshǔ	이루 다 헤아릴 수 없다
举办	jǔbàn	개최하다.
课余生活	kèyúshēnghuó	과외 생활
思维	sīwéi	사유, 사유하다. 숙고하다
解答	jiědá	해답하다
课堂气氛	kètángqìfēn	교실 분위기.
生动	shēngdòng	생동감 있다. 생동하다
满足	mǎnzú	만족하다.
需要	xūyào	필요하다.
及时	jíshí	제때에
范围	fànwéi	범위
旱情	hànqíng	가뭄 상태
解除	jiěchú	해제하다
开支状况	kāizhīzhuàngkuàng	지출 상황
额外	éwài	별도
竞争	jìngzhēng	경쟁하다.

梦想中国语 会话

裹足不前	guǒzúbùqián	우물쭈물 하며 앞으로 나아가지 않다
统一	tǒngyī	통일하다
意见	yíjiàn	의견
挨骂	āimà	욕을 먹다.
住院	zhùyuàn	입원하다.
赶到	gǎndào	서둘러 도착하다
单位	dānwèi	단위
赶回	gǎnhuí	급히 돌아가다
背起	bèiqǐ	짊어지다
争光	zhēngguāng	생색내다
精力	jīnglì	정력
期末	qīmò	기말
雨量	yǔliàng	우량
坚持防汛	jiānchífángxùn	홍수 방비를 늦추어 홍수를 막다.
抗旱并重	kànghànbìngzhòng	가뭄과 싸워 모두 중시하다.
熟练	shúliàn	숙련되다
计算题	jìsuàntí	계산 문제
仔细	zǐxì	꼼꼼하다.
做笔记	zuòbǐjì	필기하다
创造	chuàngzào	창조하다.
真实	zhēnshí	진실하다
抗震救灾	kàngzhènjiùzāi	지진에 맞서서 재난을 구제하다.
模糊	móhu	희미하다
故乡	gùxiāng	고향
印象深刻	yìnxiàngshēnkè	인상 깊다.

记忆犹新	jìyìyóuxīn	기억이 생생해요.
场景	chǎngjǐng	정경
精彩	jīngcǎi	멋지다
跳高	tiàogāo	높이뛰기
大胃王	dàwèiwáng	먹보
目前	mùqián	현재
拉面	lāmiàn	라면
厉害	lìhài	무섭다. 사납다. 무시무시하다.
严格	yángé	엄격하다.
遵守	zūnshǒu	준수하다
泄露	xièlù	누설하다
机密	jīmì	기밀
出差	chūchāi	출장
班级	bānjí	학급
涣散	huànsàn	이완시키다
端午节	duānwǔjié	단오절.
粽子	zòngzi	쫑쯔. [찹쌀을 대나무 잎사귀나 갈대잎에 싸서 삼각형으로 묶은 후 찐 음식. 단오절에 굴원(屈原)을 기리기 위한 풍습]
民间	mínjiān	민간
赛龙舟	sàilóngzhōu	용머리로 뱃머리를 장식하고 배 경주를 하다.
传说	chuánshuō	전설
屈原	qūyuán	굴원
人民英雄纪念碑	rénmínyīngxióngjìniànbēi	인민영웅기념비.
竖立	shùlì	똑바로 세우다
中央	zhōngyāng	중앙

合影	héyǐng	함께 사진을 찍다
收藏	shōucáng	수집하다
上夜班	shàngyèbān	야근하다.
嫦娥	chángé	항아
天宫	tiāngōng	항아
冰冷	bīnglěng	차디차다
玉兔	yùtù	옥토끼
陪伴	péibàn	동무가 되다. 짝이 되다. 함께 하다.
排解	páijiě	중재하다
电台节目	diàntáijiémù	라디오 프로그램
旅途	lǔtú	여행 도중
雪糕	xuěgāo	아이스크림
无人问津	wúrénwènjīn	관심을 갖는 사람이 아무도 없다.
柜台	guìtái	카운터
离群	líqún	집단[무리]에서 떨어지다·떠나다.
大雁	dàyàn	기러기
举行	jǔxíng	열리다
战争	zhànzhēng	전쟁
倒流	dàoliú	거꾸로 흐르다
姥姥	lǎolao	외할머니
诗人	shīrén	시인
诗歌	shīgē	시가
赞美	zànměi	찬미하다
小猫	xiǎomāo	새끼 고양이
老鼠	lǎoshǔ	쥐

偷吃	tōuchī	훔쳐먹다
猛扑	měngpū	맹렬하게 돌진하다
前天	qiántiān	그제
明明	míngmíng	분명히
扭头	niǔtóu	머리를 돌리다

< 단어 251-300 >

251-300 单词	拼音	意思
丢掉	diūdiào	잃다. 잃어버리다. 없애다.
可惜	kěxī	형용사 섭섭하다. 아쉽다. 애석하다. 아깝다. 유감스럽다.
修理	xiūlǐ	수리하다.
报废	bàofèi	폐기 처분하다
空洞	kōngdòng	공허하다
即使	jíshǐ	설령설령
华丽	huálì	화려하다.
驾照	jiàzhào	운전 면허증
违章	wéizhāng	규정을 위반하다
交警	jiāojǐng	교통 경찰
扣留	kòuliú	억류하다
宇航事业	yǔhángshìyè	우주 비행 사업.
贡献	gòngxiàn	공헌하다
宇宙飞船	yǔzhòufēichuán	우주선
幻想	huànxiǎng	환상
亲手	qīnshǒu	손수

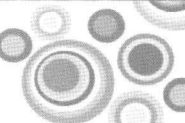

驰骋	chíchěng	질주하다
改正	gǎizhèng	시정하다
打击	dǎjī	타격을 가하다
经济犯罪	jīngjìfànzuì	경제 범죄
果断	guǒduàn	과단성이 있다
侵略	qīnlüè	침략하다
弱国	ruòguó	약소국가.
男尊女卑	nánzūnnǚbēi	남존여비.
一丝	yìsī	한 가닥의 실
余地	yúdì	여지
磨炼	móliàn	단련하다
意志	yìzhì	의지
持有	chíyǒu	보유하다
勇敢	yǒnggǎn	용감하다.
唉声叹气	āishēngtànq	한숨 쉬며 한탄하다.
沙漠	shāmò	사막
植树	zhíshù	나무를 심다
难度	nándù	난이도
任务	rènwù	임무
充分	chōngfèn	충분하다.
思想准备	sīxiǎngzhǔnbè	마음가짐
继承	ijìchéng	계승하다
发扬	fāyáng	발양하다
奋斗	fèndòu	분투 노력하다
优良传统	yōuliángchuántǒng	우량한 전통

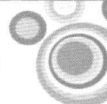

老红军	lǎohóngjūn	늙은 홍 군.
朴素	pǔsù	소박하다
磨炼	móliàn	단련하다
愚不可及	yúbùkějí	어수룩함은 따라갈 수 없다.
不劳而获	bùláoérhuò	스스로 일하지 않고 남의 성과를 점유하다.
发财	fācái	큰돈을 벌다. 부자가 되다.
白日做梦	báirìzuòmèng	백일몽을 꾸다. 대낮에 꿈을 꾸다.
丢失	diūshī	분실되다.
项链	xiàngliàn	목걸이
海底捞针	hǎidǐlāozhēn	해저에서 바늘을 건지다. 대단히 찾기 힘들다.
核战争	hézhànzhēng	핵 전쟁
友谊	yǒuyì	우의. 우정.
长期	chángqī	장기간
纯真	chúnzhēn	순진하다
患难	huànnàn	환난
亲密无间	qīnmìwújiàn	사이가 아주 좋아 전혀 격의가 없다.
考察员	kǎocháyuán	고찰원
南极	nánjí	남극
终年积雪	zhōngniánjīxuě	일년 내내 눈이 쌓여 있다.
考察站	kǎocházhàn	고찰소
正式	zhèngshì	본격화하다
建交	jiànjiāo	수교하다
本领	běnlǐng	능력
调动	diàodòng	이동하다

服务	fúwù	봉사하다.
甘愿	gānyuàn	달갑게 여기다
牺牲	xīshēng	희생하다.
宁可	níngkě	차라리
吃苦受累	chīkǔshòulěi	고생을 하고 괴로움을 당하다.
围绕	wéirào	둘러싸다
课外活动	kèwàihuódòng	과외 활동
采纳	cǎinà	채택하다
合理	hélǐ	합리적이다
幢	chuáng	동. 채.
完工	wángōng	완공하다
主体	zhǔtǐ	주체
举世闻名	jǔshìwénmíng	전세계에 이름이 알려지다.
埃及	āijí	이집트
金字塔	jīnzìtǎ	피라미드
混凝土	hùnníngtǔ	콘크리트
水泥	shuǐní	시멘트
砂	shā	모래
混合	hùnhé	혼합하다
哈尔滨	hāěrbīn	하얼빈 시
俄罗斯式	éluósīshì	러시아식
风格	fēnggé	스타
盲目	mángmù	맹목적으로
蛮干	mángàn	무모하게 하다
诚信	chéng	성실하고 정직하다

算数	xìnsuànshù	한 수를 책임 지다
信用	xìnyòng	비평하다, 비평하다
批评	pīpíng	비판하다. 지적하다.
实事求是	shíshìqiúshì	실사구시. 사실에 토대로 하여 진리를 탐구하다.
分寸	fēncùn	분별. 분수. 주제.
朴实	pǔshí	소박하다
打扮	dǎbàn	단장하다
相声	xiàngshēng	만담. 재담
逗	dòu	놀리다
茄	jiā	가지
幼苗	yòumiáo	새싹
奄奄一息	yǎnyǎnyìxī	마지막 숨을 모으다.
与其说	yǔqíshuō	말하기보다는
倒不如说	dàobùrúshuō	차라리 말하는 것이 낫다
自生自灭	zìshēngzìmiè	자생 자멸.
施肥松土	shīféisōngtǔ	거름을 주어 흙을 바수다
栽树	zāishù	나무를 심다.
挖坑	wākēng	구덩이를 파다
接着	jiēzhe	이어서
埋	mái	묻다
互通有无	hùtōngyǒuwú	유무 상통하다
促进	cùjìn	촉진하다.
纪念品	jìniànpǐn	기념품
婚礼	hūnlǐ	결혼식

新郎	xīnláng	신랑
新娘	xīnniáng	신부
称赞	chēngzàn	칭찬하다.
积极	jījí	적극적이다.
不论	búlùn	논하지 않다
旷古绝伦	kuànggǔjuélún	공전에 없을 정도로 뛰어나다
警惕	jǐngtì	경계심
狐假虎威	hújiǎhǔwēi	호가호위하다.
狐狸	húli	여우
借助	jièzhù	힘입다
威风	wēifēng	위풍 당당하다
原形毕露	yuánxíngbìlù	본색이 완전히 드러나다
歹徒	dǎitú	악당
法网	fǎwǎng	법망.
痕迹	hénjī	흔적
眼力	yǎnlì	시력.
好苗子	hǎomiáozi	좋은 싹
意图	yìtú	의도
差劲	chàjìn	형편 없다
搓手顿脚	cuōshǒudùnjiǎo	손을 비벼 따뜻하게 하다
武术	wǔshù	무술
事故	shìgù	사고
儿戏	érxì	아이들 장난
吸取	xīqǔ	흡수하다
狠狠	hěnhěn	매섭게

类似	lèisì	비슷하다.
经验	jīngyàn	경험
犯罪	fànzuì	범죄를 저지르다.
值得	zhídé	가치가 있다
提醒	tíxǐng	주의를 환기시키다
竟然	jìngrán	뜻밖에도. 의외로. 상상 외로
紧张	jǐnzhāng	긴장하다.
即将	jíjiāng	곧. 머지않아. 불원간
面临	miànlín	직면하다
康复	kāngfù	건강을 회복하다
如释重负	rúshìzhòngfù	무거운 짐을 벗은 듯하다
身子骨	shēnzǐgǔ	신체
结实	jiēshí	튼튼하다
绑	bǎng	묶다
捐赠	juānzèng	기부하다.
书籍	shūjí	서적
捆绑	kǔnbǎng	줄로 묶다.
不三不四	bùsānbúsì	너절하다. 단정하지 않다. 올바르지 않다.
善意	shànyì	선의의
体察民情	tǐchámínqíng	민정을 살피다.
一窍不通	yíqiàobùtōng	쥐뿔도 모르다
冷冰冰	lěngbīngbīng	냉랭하다
来宾	láibīn	내빈
怠慢	dàimàn	태만하다
读者	dúzhě	독자

周到	zhōudào	주도면밀하다
出色	chūsè	뛰어나다
严肃	yánsù	엄숙하다
科研成果	kēyánchéngguǒ	과학 연구 성과.
据说	jùshuō	듣건대
尾声	wěishēng	코다(coda). 결미.
过年	guònián	설을 쇠다. 새해를 맞다.
热闹	rènào	번화하다. 흥성거리다. 떠들썩하다.
锣鼓喧天	luógǔxuāntiān	징 소리와 북 소리가 하늘을 진동시키다.
鞭炮齐鸣	biānpàoqímíng	폭죽이 일제히 울리다
缝	féng	이음매. 이음새. 솔기.
打个结	dǎgèjié	매듭을 짓다
浑然一体	húnrányìtǐ	혼연일체가 되다. 완전히 하나로 어우러지다.
煮饭	zhǔfàn	밥을 삶다
掏	tāo	꺼내다. 끄집어 내다.
勤俭	qínjiǎn	근검하다
风力发电	fēnglìfādiàn	풍력 발전
能源	néngyuán	에너지
注重	zhùzhòng	중시하다
提倡低碳	tíchàngdītàn	저탄죽이 일제히 울리다.
描写	miáoxiě	묘사하다
名人名言	míngrénmíngyán	명인 명언
延长	yáncháng	연장하다
均摊	jūntān	균등하게 분담하다

紧凑	jǐncòu	조밀하다
一气呵成	yīqìhēchéng	단숨에 일을 해치우다.
背诵	bèisòng	외우다. 암송하다.
机器	jīqì	기계
核心	héxīn	핵심
毛病	máobìng	결함
国情	guóqíng	국정
抄袭	chāoxí	표절하다
劳逸结合	láoyìjiéhé	일과 휴식을 적절히 결합하다
否则	fǒuzé	그렇지 않으면
事半功倍	shìbàngōngbèi	적은 노력으로 많은 성과를 올리다.
迷人	mírén	마음이 끌리다〔쏠리다〕. 마음을 끌다
古都	gǔdū	고도
时尚	shíshàng	트랜드
透彻	tòuchè	투철하다
轻易	qīngyì	호락호락하게
下结论	xiàjiélùn	결론을 내리다.
根据	gēnjù	따르다.
武断	wǔduàn	독단적으로 판단하다
结账	jiézhàng	계산하다
消费	xiāofèi	소비하다.
营业	yíngyè	영업하다
解甲归田	xièjiǎguītián	제대하여 고향에 돌아가다.
胜利	shènglì	승리하다.
迎来	yínglái	맞다

梦想中国语 会话

抗洪抢险	kànghóngqiǎngxiǎn	홍수와 싸우며 긴급 구조를 하다.
出动	chūdòng	출동하다
投入	tóurù	투입하다
整齐	zhěngqí	가지런하다
方阵	fāngzhèn	정방 행렬
气势磅礴	qìshìpángbó	기세가 드높다.
放松	fàngsōng	힘을 빼다.
学业	xuéyè	학업
汉语桥	hànyǔqiáo	Chinese Bridge
冠军	guànjūn	우승자
马拉松	mǎlāsōng	마라톤
奥运会	àoyùnhuì	올림픽(경기).
青岛	qīngdǎo	칭다오
预计	yùjì	예측하다
躲着	duǒzhe	비키다
刁难	diāonàn	비난하다
沉迷于	chénmíyú	깊이 빠지다
五花八门	wǔhuābāmén	천태만상
尤其	yóuqí	특히
实话	shíhuà	실화
拧	nǐng	비틀다
瓶盖	pínggài	병 마개
手头	shǒutóu	수중. 신변. 몸 가까이.
延搁	yángē	(시일을) 지연하다. 지체하다. 끌다.
转危为安	zhuǎnwēiwéiān	위험한 상황에 처하다.

昏迷	hūnmí	혼수 상태에 빠지다
清醒	qīngxǐng	맑고 깨끗하다
采取	cǎiqǔ	채취하다
有效措施	yǒuxiàocuòshī	유효한 조치
意外事故	yìwàishìgù	우발 사고
挺身而出	tǐngshēnérchū	용감하게 나서다
关头	guāntóu	결정적인 시기. 중요한 시기
详细	xiángxì	상세한
戒骄戒躁	jièjiāojièzào	교만함과 성급함을 경계하다.
绝不	juébù	결코
盛气凌人	shèngqìlíngrén	의기양양하여 남을 깔보다.
自以为是	zìyǐwéishì	혼자 잘났어.
为人处事	wéirénchùshì	사람 됨됨이가 겸허하고 성실하다.
精明	jīngmíng	영리하다. 총명하다.
兵不厌诈	bīngbùyànzhà	전란으로 세상이 어수선하다.
妥当	tuǒdāng	타당하다. 알맞다. 온당하다.
避免	bìmiǎn	피하다. (모)면하다.
方言	fāngyán	방언
词语	cíyǔ	어휘
减肥操	jiǎnféicāo	다이어트 체조
双臂	shuāngbì	양팔
伸展	shēnzhǎn	뻗다
保证	bǎozhèng	장담하다.
繁忙	fánmáng	일이 많고 바쁘다.
以免	yǐmiǎn	…하지 않도록. …않기 위해서.

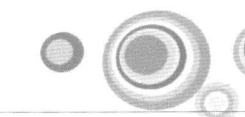

累赘	léizhuì	(문자가) 번잡하다.(사물이) 쓸데없는
职场新人	zhíchǎngxīnrén	직장 신입 사원
力所能及	lìsuǒnéngjí	힘이 미칠 수 있는 바
本职	běnzhí	본직. 본 직장. 자기의 직책
阿姨	āyí	아주머니. 아줌마.이모.
赡养	shànyǎng	먹여 살리다.(부모를) 봉양하다.
公婆	gōngpó	시아버지와 시어머니.
好评	hǎopíng	호평
许诺	xǔnuò	허락하다
铺子	pùzi	점포
查封	cháfēng	차압하(여 봉인하)다. 조사한 후 봉인하다.
追求	zhuīqiú	추구하다. 탐구하다.
扭转	niǔzhuǎn	교정하다. 바로잡다. 시정하다.
倒闭	dǎobì	(상점·회사·기업 등이) 도산하다.
局面	júmiàn	국면. 형세. 양상.규모.
敏锐	mǐnruì	(감각이) 빠르다. 예민하다.
捕捉	bǔzhuō	잡다. 붙잡다. 체포하다.
充沛	chōngpèi	넘쳐흐르다. 충족하다.
深受	shēnshòu	(매우) 깊이 받다. 크게 입다.
毕生	bìshēng	일생. 평생.
智慧	zhìhuì	지혜
无私地	wúsīde	사심 없이
献给	xiàngěi	바치다
鬓发斑白	bìnfàbānbá	귀밑 머리가 희끗희끗하다.
旺盛	iwàngshèng	왕성하다

致敬	zhìjìng	경의를 표하다
贡献	gòngxiàn	공헌하다
荣耀	róngyào	영광스럽다
周恩来总理	zhōuēnláizǒnglǐ	저우언라이의 총리
批阅	pīyuè	읽고 지시하다
堂堂正正	tángtángzhèngzhèng	떳떳하다
师长	shīzhǎng	사단장.
沙哑	shāyǎ	목이 잠기다
嗓子	sǎngzi	목소리. 목청.목구멍.
捧为	pěngwéi	추어올리다
放肆	fàngsì	버릇없이[제멋대로] 굴다. 방자하다.
大骂	dàmà	욕을 퍼붓다.
撒谎	sāhuǎng	거짓말을 하다. 허튼소리를 하다.
收拾	shōushi	거두다. 정리하다. 정돈하다.
勇敢	yǒnggǎn	용감하다
总统	zǒngtǒng	대통령
选举	xuǎnjǔ	선거하다
波浪	bōlàng	파도. 물결.
岸边猛扑	ànbiānměngpū	강가에 갑자기 뛰어들다
壮观	zhuàngguān	장관이다
认不出来	rènbùchūlái	분간할 수 없다
原子核裂变	yuánzǐhélièbiàn	원자 핵 분열
释放	shìfàng	석방하다.방출하다. 내보내다.
能量	néngliàng	에너지
形势	xíngshì	정세. 형편. 상황.

梦想中国语 会话

洪涝灾害	hónglàozāihài	논밭의 침수 재해.
损失	sǔnshī	소모하다. 소비하다. 잃어버리다.
学说	xuéshuō	학설
曾	céng	일찍이
学术界	xuéshùjiè	학술계
反响	fǎnxiǎng	반향
盛极一时	shèngjíyìshí	한때 크게 성행하다. 일시에 대성황을 이루다.
飞翔	fēixiáng	하늘을 빙빙 돌며 날다. 비상하다
喂养	wèiyǎng	양육하다
实施	shíshī	실시하다.
暂缓实行	zànhuǎnshíxíng	잠시 늦추어 시행하다.
敏锐	mǐnruì	빠르다. 예민하다.
观察力	guāncháli	관찰력
亲和力	qīnhélì	친화력
骨干	gǔgàn	골간
提纲	tígāng	대요.
发挥	fāhuī	발휘하다
语句通畅	yǔjùtōngchàng	문장이 유창하다.
绝食	juéshí	절식하다
一味地	yíwèide	단순히. 무턱대고. 맹목적으로.
饿肚子	èdùzǐ	단배 주리다
方案	fāngàn	방안
天鹅	tiāné	백조
伴侣	bànlǚ	반려자

练嗓	liànsǎn	목을 길게 빼다
健身	gjiànshēn	단련하다
退学	tuìxué	퇴학하다
摆	bǎi	진열하다
安置	ānzhì	안치하다
一对	yíduì	한쌍
辟邪	pìxié	액막이를 하다.
眼保健操	yǎnbǎojiàncāo	탐욕스럽고 수법이 악랄하다
不妨试试	bùfángshìshì	시도해 보아도 무방하다
具备	jùbèi	갖추다
披荆斩棘	pījīngzhǎnjí	가시덤불을 헤치고 나아가다
读研究生	dúyánjiūshēng	대학원생을 연수하다.
调皮	tiáopí	장난스럽다
不懂事	bùdǒngshì	철이 없다. 사물을 분간하지 못하다.
表扬	biǎoyáng	표창하다
克服	kèfú	극복하다.
打架斗殴	dǎjiàdòuōu	싸움질하고 때리며 싸우다.
安分守己	ānfènshǒujǐ	성실히 자기의 본분을 지키다
坚持	jiānchí	유지하다
动摇	dòngyáo	동요하다
不自觉地	bùzìjuédì	엉겁결에
乱花钱	luànhuāqián	돈을 무분별하게 쓰다.
次要	cìyào	부차적인 것
马虎	mǎhu	소홀하다
充当	chōngdāng	충당하다

老鹰	lǎoyīng	독수리
参演	cānyǎn	공연에 참가하다.
影片	yǐngpiàn	영화 필름.
扮演	bànyǎn	연기하다
舞台	wǔtái	무대
用心	yòngxīn	마음을 쓰다.
反思	fǎnsī	되짚어 가다
不光彩	bùguāngcǎi	불명예스럽다
娱乐	yúlè	오락
分清主次	fēnqīngzhǔcì	주객을 분명히 하다
本末倒置	běnmòdàozhì	본말이 전도되다
服从命令	fúcóngmìnglìng	명령에 복종하다
上级	shàngjí	상급. 상부. 상급자.
首创	shǒuchuàng	창시하다
静止	jìngzhǐ	정지하다
袒护	tǎnhù	비호하다.

< 단어 301-350 >

301-350 单词	拼音	意思
资源	zīyuán	자원
过度	guòdù	과도하다. 지나치다
软件	ruǎnjiàn	소프트웨어
研发部	yánfābù	연구 개발 부서
流失	liúshī	떠내려가 없어지다. 유실되다

乱砍乱伐	luànkǎnluànfá	함부로 벌목하다. 남벌하다
逮捕	dǎibǔ	체포하다. 잡다
持	chí	쥐다. 잡다. 가지다
好吃懒做	hàochīlǎnzuò	먹는 것만 밝히고 일은 게을리하다. 즐기려고만 하지 일하려고 하지 않는다.
啃老	kěnlǎo	캥거루족늙은 부모에게 얹혀사는 다 큰 성인 자녀
惹麻烦	rěmáfán	말썽을 일으키다
名牌	míngpái	유명 상표. 유명 브랜드
智慧	zhìhuì	지혜
挨淋	áilín	비를 맞다
厨师	chúshī	요리사. 조리사
潜力	qiánlì	잠재 능력. 잠재력. 저력
明媚	míngmèi	(경치가) 명미하다. 맑고 아름답다
野餐	yěcān	야외에서 식사를 하다
游行	yóuxíng	시위하다. 데모하다
噘嘴	juēzuǐ	(화가 나거나 기분이 나쁠 때) 입을 삐죽 내밀다
逼	bī	강제로 받아 내다. 호되게 독촉하다
愤慨	fènkǎi	분개하다
北极星	běijíxīng	북극성
北斗七星	běidǒuqīxīng	북두칠성
勺子	sháozi	국자
引导	yǐndǎo	안내하다. 인도하다
贴心	tiēxīn	친절하다.

浑身	húnshēn	전신. 온몸
信用	xìnyòng	신용
严肃	yánsù	(표정·기분 등이) 엄숙하다. 근엄하다
不苟言笑	bùgǒuyánxiào	함부로 말하거나 웃지 않다
重头再来	chóngtóuzàilái	처음부터 다시 하다
干扰	gānrǎo	방해
意志力	yìzhìlì	의지력
规律	guīlǜ	규율. 법칙. 규칙
转移	zhuǎnyí	바꾸다. 변경하다
尊重	zūnzhòng	존중하다
组织	zǔzhī	조직
电视剧	diànshìjù	텔레비전 드라마
换	huàn	바꾸다
通常	tōngcháng	평상시. 보통
视频	shìpín	영상통화
随心所欲	suíxīnsuǒyù	자기 뜻대로 하다. 하고 싶은 대로 하다
食量	shíliàng	식사량
饿	è	배고프다
方向盘	fāngxiàngpán	(자동차 등의) 핸들
脾气	píqì	성격. 성질
说实话	shuōshíhuà	진실을 말하다. 참말을 하다
夸奖	kuājiǎng	칭찬하다
谦虚	qiānxū	겸손하다. 겸허하다

368

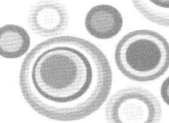

打交道	dǎjiāodào	가까이하다. 접하다. 상대하다. 접촉하다.
主修	zhǔxiū	전공하다
专业	zhuānyè	전공
合格	hégé	합격이다. 규격[표준]에 맞다.
品质	pǐnzhì	품성. 인품. 자질
耐心	nàixīn	인내심. 인내성
细心	xìxīn	세심하다. 면밀하다
大熊猫	dàxióngmāo	판다
国宝	guóbǎo	국보. 나라의 보배
韩剧	hánjù	한국드라마를 줄인 말
思维	sīwéi	사유
说法	shuōfǎ	표현. 설. 얘기
预报	yùbào	예보
西伯利亚	xībólìyà	시베리아
冷空气	lěngkōngqì	냉기. 냉각 기류
法庭	fǎtíng	법정
内	nèi	안. 안쪽. 속. 내부
用处	yòngchù	용도. 용처. 쓸모
拦截	lánjié	막다
关严	guānyán	꼭 닫다. 제대로 닫다
交警	jiāojǐng	(교통 경찰)의 약칭
灿烂	cànlàn	찬란하다. 눈부시다. 빛나다
扔掉	rēngdiào	버리다

梦想中国语 会话

喝醉	hēzuì	(술에) 취하다
烂醉如泥	lànzuìrúní	(취해서) 고주망태가 되다
伯伯	bóbo	아저씨
常年	chángnián	평년. 오랜 기간. 장기간
得过	déguò	얻었다. 획득했다. 받았다
荣誉	róngyù	명예
获得	huòdé	얻다. 취득하다. 획득하다
模范	mófàn	모범
称号	chēnghào	칭호. 호칭
人工智能	réngōngzhìnéng	인공 지능.
取代	qǔdài	대체하다. 대치하다
精明	jīngmíng	영리하다. 총명하다. 재치가 있다
烤肉店	kǎoròudiàn	불고깃집
正宗	zhèngzōng	정통의
管理	guǎnlǐ	(어떤 일을) 맡아서 처리하다. 관리하다
搞小动作	gǎoxiǎodòngzuò	딴 짓을 하다
真相	zhēnxiàng	진상. 실상
诺贝尔奖	nuòbèiěrjiǎng	노벨상
提出	tíchū	제출하다. 제의하다. 신청하다. 제기하다
新颖	xīnyǐng	새롭다. 신선하다. 참신하다
物理	wùlǐ	물리(학)
理论	lǐlùn	이론
无聊	wúliáo	무료하다. 심심하다.

实际能力	shíjìnénglì	실기 능력
后者	hòuzhě	뒤의 것
歪理论	wāilǐlùn	바르지 않는 이론
常规	chángguī	일반적인. 통상적인. 평상적인. 정규적인. 정상적인
张学友	zhāngxuéyǒu	장학우 (스타의 이름)
节约粮食	jiéyuēliángshi	양식을 절약하다
谁知盘中餐，粒粒皆辛苦	shuízhīpánzhōngcān, lìlìjiēxīnkǔ	우리 밥상위의 식사의 알알에 그들의 고생이 서려있을지 누가 알겠는가
沙子	shāzi	모래
木糖醇	mùtángchún	자일리톨 껌
口香糖	kǒuxiāngtáng	껌
香蕉味	xiāngjiāowèi	바나나맛
碗	wǎn	그릇
剩	shèng	남다. 남기다
被盗	bèidào	도난 당하다. 절도를 당하다
报警	bàojǐng	경찰에 신고하다
心脏病	xīnzàngbìng	심장병
复发	fùfā	재발하다. 다시 도지다
磨磨蹭蹭	mómócèngcèng	꾸물대다. 동작이 굼뜬 모양. 꾸물거리다
背书包	bēishūbāo	가방을 메다
敬礼	jìnglǐ	경례하다
氛围	fēnwéi	분위기
话音刚落	huàyīngāngluò	말이 떨어지자마자

举手	jǔshǒu	손을 들다. 거수하다
热闹	rènào	떠들썩하다. 시끌벅적하다
明星	míngxīng	스타
上场	shàngchǎng	출장하다. 등장하다
领导	lǐngdǎo	영도자. 지도자. 리더. 보스
分配	fēnpèi	분배하다. 안배하다
拖延	tuōyán	(시간을) 끌다. 지연하다. 연기하다. 늦추다. 연장하다
执行	zhíxíng	집행하다. 수행하다. 실행하다. 실시하다
抓紧	zhuājǐn	서둘러 하다. 급히 하다
玩耍	wánshuǎ	놀다. 장난치다
尽一切	jìnyíqiè	모든 힘을 다하다. 모든 노력을 다 바치다
祖国	zǔguó	조국
贡献	gòngxiàn	공헌하다. 기여하다
全部	quánbù	전부. 전체. 모두
依靠	yīkào	의존하다. 의지하다. 기대다
练习	liànxí	연습하다. 익히다
跆拳道	táiquándào	태권도
建材	jiàncái	건축 재료
销售	xiāoshòu	판매. 매출
空间	kōngjiān	공간
犯罪	fànzuì	죄를 저지르다〔범하다〕
不惜冒险	bùxīmàoxiǎn	모험해도 아깝지 않다
存折	cúnzhé	예금 통장. 저축 통장

本金	běnjīn	원금
取	qǔ	찾다
弄明白	nòngmíngbái	이해하다
划算	huásuàn	채산이 서다
欠他人情	qiàntārénqíng	그에게 신세를 지다
借给	jiègěi	빌려주다
不要	bùyào	받지 않다
损害	sǔnhài	손실을 입다. 손상시키다. 손해를 입다. 해치다
集体	jítǐ	집단. 단체
文章	wénzhāng	독립된 한 편의 글. 문장. 글월.
坚守	jiānshǒu	꿋꿋이 지키다
良知	liángzhī	양지. 타고난 지혜. 양심
熏心	xūnxīn	마음을 미혹시키다. 정신이 팔리다
品格高尚	pǐngégāoshàng	품격이 고상하다
团队	tuánduì	단체. 집체. 대오. 팀
计较	jìjiào	따지다. 계산하여 비교하다
个人得失	gèréndéshī	개인의 이해 득실
连忙	liánmáng	얼른. 급히. 재빨리. 바삐. 분주히
拉开	lākāi	떼어 놓다. 갈라 놓다
往	wǎng	…쪽으로. …(을·를) 향해
晕倒	yūndǎo	기절하여 쓰러지다. 졸도하다
扶	fú	일으키다. 부축하다
哎呦	āiyōu	아이고

摔倒	shuāidǎo	쓰러지다. 넘어지다
敲门	qiāomén	노크하다. 문을 두드리다
左右逢源	zuǒyòuféngyuán	일이 모두 순조롭다. 일처리가 원만해서 주위 관계를 매끄럽게 처리하다
人际关系	rénjìguānxì	인간 관계
基础	jīchǔ	기초. 바탕. 밑바탕. 토대. 기반
勤奋	qínfèn	꾸준하다. 부지런하다. 열심히하다
商界	shāngjiè	상업계
打拼	dǎpīn	악착같이 노력하다. 분투하다. 최선을 다하다.
信誉	xìnyù	신용
状况	zhuàngkuàng	상황. 형편. 상태
勉强	miǎnqiǎng	겨우. 가까스로
全对	quánduì	다 맞다
赢	yíng	이기다. 승리하다
《了不起的盖茨比》	liǎobùqǐdegàicíbǐ	<위대한 개츠비>
精彩	jīngcǎi	뛰어나다. 훌륭하다. 근사하다. 멋지다
特质	tèzhì	특질. 특유의 성질
常人	chángrén	평범한 사람. 보통 사람. 일반 사람
无法替代	wúfǎtìdài	대신할 수 없다
价值	jiàzhí	가치
聚会	jùhuì	모임, 파티
工资	gōngzī	월급. 임금. 노임
晚点	wǎndiǎn	(차·배·비행기 등이) 규정 시간보다 늦다. 연착[연발]하다

任务	rènwù	임무
会议室	huìyìshì	회의실
部门	bùmén	부. 부문. 부서
魔术师	móshùshī	마술사. 마술에 정통한 사람
着迷	zháomí	반하다. 몰두하다. 사로잡히다
优势	yōushì	우세
数学	shùxué	수학
运用	yùnyòng	운용하다. 활용하다. 응용하다
政党	zhèngdǎng	정당
实习生	shíxíshēng	실습생. 인턴생
下面	xiàmiàn	다음에
各位	gèwèi	여러분
毛泽东	máozédōng	모택동
金达莱花	jīndáláihuā	진달래꽃
口口相传	kǒukǒuxiāngchuán	입으로 전해 내려왔다
经典之作	jīngdiǎnzhīzuò	고전인 작품
打磨	dǎmó	(문장·문학 작품 등을) 매끄럽게 다듬다. 윤색하다
算作	suànzuò	…인 셈이다. …으로 치다. …로 간주하다
网页	wǎngyè	인터넷 홈페이지
精读	jīngdú	정독하다
预习	yùxí	예습하다
图片	túpiàn	사진·그림·탁본 등의 총칭
解题	jiětí	문제를 풀다

全文	quánwén	전문. 문장 전체
其次	qícì	전문. 문장 전체
审题	shěntí	제목을 자세히 살펴보다. 표제를 잘 파악하다
最后	zuìhòu	최후의. 맨 마지막의
选项	xuǎnxiàng	선택 사항. 제시된 항목. 선택한 항목
露水	lùshuǐ	이슬
晶莹剔透	jīngyíngtītòu	매우 윤기가 나고 투명하다
露肩	lòujiān	오프숄더
凉快	liángkuài	시원하다. 서늘하다
性感	xìnggǎn	섹시하다
裙子	qúnzi	치마. 스커트
尽量	jìnliàng	가능한 한. 되도록. 될 수 있는 대로
膝盖	xīgài	무릎
照证件照	zhàozhèngjiànzhào	증명사진을 찍다
耳朵	ěrduō	귀
景象	jǐngxiàng	광경. 정경. 상황
开放	kāifàng	만발하다
通知书	tōngzhīshū	통지서
目前	mùqián	지금. 현재
应聘	yìngpìn	초빙에 응하다. 지원하다
入职体检	rùzhítǐjiǎn	입사 신체 검사
超级激动	chāojíjīdòng	엄청 설레다
打扫卫生	dǎsǎowèishēng	청소하다

梦想中国语 会话

班级	bānjí	반. 클래스(class). 학급. 학년
课堂	kètáng	수업
有利有弊	yǒulìyǒubì	이로운 점도 있고, 해로운 점도 있다
住院	zhùyuàn	입원하다
照顾	zhàogù	보살피다. 돌보다. 간호하다
姑姑	gūgū	고모
解答	jiědá	해답하다. 질문을 풀다. 의문을 풀다
清晰	qīngxī	뚜렷하다. 분명하다
逻辑思维	luójìsīwéi	논리적 사고. 추상적 사고
佩服	pèifú	탄복하다. 감탄하다. 경탄하다. 심복하다. 감복하다
厉害	lìhài	대단하다. 굉장하다
谦虚	qiānxū	겸손하다. 겸허하다
骄傲	jiāoào	오만하다. 거만하다
甘于	gānyú	기꺼이 …하다.…할 각오가 되어 있다.…을 감수하다
无比	wúbǐ	더 비할 바가 없다
常常	chángcháng	늘. 항상. 자주. 수시로. 언제나. 흔히
感恩	gǎnēn	은혜에 감사하다. 감은하다
跳槽	tiàocáo	다른 부서로 옮기다. 직업을 바꾸다
发展空间	fāzhǎnkōngjiān	발전 공간
手表	shǒubiǎo	손목시계
电池	diànchí	전지
出毛病	chūmáobìng	잘못이 생기다. 고장이 나다
改掉	gǎidiào	고쳐 버리다

时常	shícháng	늘. 자주. 항상
反省	fǎnxǐng	반성하다
虚心接受	xūxīnjiēshòu	겸허하게 받아들이다
批评	pīpíng	비판하다. 비평하다
通顺	tōngshùn	(문장이) 매끄럽다. 조리가 있다. 순탄하다. 순조롭다
售后	shòuhòu	애프터(서비스).
情侣	qínglǚ	애인. 연인. 커플
舌头	shétou	혀
碰到	pèngdào	부딪치다. 닿다
牙齿	yáchǐ	이. 치아
理解	lǐjiě	알다. 이해하다.
角度	jiǎodù	각도. 시각
反思	fǎnsī	반성
辅修	fǔxiū	(대학의) 부전공. 제 2 전공
实务	shíwù	실무
往来	wǎnglái	거래하다. 왕래하다.
国际	guójì	국제
信任	xìnrèn	신뢰. 신임
质量	zhìliàng	질. 품질. 질량

< 단어 351-400 >

351-400 单词	拼音	意思
资源	zīyuán	자원
丰富	fēngfù	많다. 풍부하다. 넉넉하다. 풍족하다

山西大同	shānxīdàtóng	산시성다퉁시
大量	dàliàng	대량의. 다량의. 많은 양의. 상당한 양의
污染	wūrǎn	오염시키다
燃烧	ránshāo	연소하다. 타다
气体	qìtǐ	기체
二氧化碳	èryǎnghuàtàn	이산화탄소(CO_2)
保持好奇心	bǎochíhàoqíxīn	호기심을 유지하다
戴	dài	차다
珍珠项链	zhēnzhūxiàngliàn	진주 목걸이
衬托	chèntuō	부각시키다. 돋보이게 하다
人格	réngé	인격. 품격. 인품
毕业旅行	bìyèlǚxíng	졸업 여행
亲人	qīnrén	가족. 직계 친족. 배우자
害怕	hàipà	겁내다. 두려워하다. 무서워하다
只身一人	zhīshēnyìrén	홀로. 혼자서. 단독으로
不安	bùān	불안하다. 편안하지 않다. 안정되지 못하다
路痴	lùchī	길치
熬夜	áoyè	밤새다. 철야하다
不利	búlì	불리하다. 좋지 않다
猜	cāi	의심하다. 추측하다. 맞추다
暧昧	àimèi	(남녀 관계가) 그렇고 그런 사이다. 애매하다
悄悄话	qiāoqiāohuà	귓속말. 비밀 이야기
失败	shībài	실패

重新	chóngxīn	다시. 재차. 새로
不敢	bùgǎn	감히 …하지 못하다
虚心	xūxīn	겸손하다. 겸허하다. 자만하지 않다. 허심하다
改正	gǎizhèng	(잘못을·착오를) 개정하다. 시정하다
诱惑	yòuhuò	유혹하다
抵制住	dǐzhìzhù	배척하다. 억제하다
弱者	ruòzhě	약자. 나약한 사람
给予	gěiyǔ	주다. 해 주다
尊重	zūnzhòng	존중하다. 중시하다
低沉	dīchén	의기소침하다. 기분이 가라앉다. 사기가 떨어지다
破产	pòchǎn	파산하다. 도산하다. 망하다
毕业季	bìyèjì	졸업 시즌
情侣	qínglǚ	애인. 연인. 커플
异地恋	yìdìliàn	장거리 연애
考验	kǎoyàn	시험하다. 시련을 주다. 검증하다
灾难	zāinàn	재난. 재해
沉着冷静	chénzhuólěngjìng	침착하고 냉정하다
迅速寻找	xùnsùxúnzhǎo	빠르게 구하다
意境	yìjìng	예술적 경지
骆驼祥子	luòtuoxiángzi	낙타상자
主人公	zhǔréngōng	주인공
悲惨	bēicǎn	비참하다. 슬프다. 비통하다
景物	jǐngwù	경물. 풍물. 경치

封建	fēngjiàn	봉건
来之不易	láizhībúyì	아주 어렵게 이루어졌다
由	yóu	...통해서. ...에 의해
选举	xuǎnjǔ	선거하다. 선출하다
清华大学	qīnghuádàxué	청화대학
彩色	cǎisè	컬러
黑眼圈	hēiyǎnquān	다크서클
加班	jiābān	야근하다. 연장 근무. 잔업하다
半夜	bànyè	심야. 한밤중. 늦은 밤. 반밤
内部结构	nèibùjiégòu	내적 구조
显微镜	xiǎnwēijìng	현미경
士兵	shìbīng	병사. 사병
服从	fúcóng	따르다. 복종하다. 지키다
上级	shàngjí	상급. 상부. 상급자. 상사
绝对	juéduì	절대적인. 무조건적인
亲子	qīnzǐ	친자. 부모와 자식 간의 혈연 관계
交流	jiāoliú	서로 소통하다. 교류하다
温柔	wēnróu	온유하다. 부드럽고 상냥하다
军人	jūnrén	군인
天职	tiānzhí	직분. 천직
无条件地	wútiáojiànde	조건 없이, 무조건으로
交响曲	jiāoxiǎngqǔ	교향악
贝多芬	bèiduōfēn	베토벤

遇见	yùjiàn	우연히 만나다. 마주치다. 조우하다
那一刻	nàyíkè	그 순간
安排	ānpái	안배하다
安慰	ānwèi	위로하다. 안위하다
抱抱	bàobao	안아 주다
一套	yítào	한 세트
柔软	róuruǎn	유연하다. 부드럽고 연하다
刚好	gānghǎo	딱. 공교롭게. 알맞게
换着用	huànzheyòng	바꿔 쓰다
随便	suíbiàn	마음대로. 자유로이. 함부로
摸着石头过河	mōzhuózheshítouguòhé	돌을 더듬어 가며 강을 건너다 세심한 주의를 기울여 일을 처리하다
标准	biāozhǔn	표준. 기준
发音	fāyīn	발음
喜剧演员	xǐjùyǎnyuán	개그맨. 코미디언
鹦鹉	yīngwǔ	앵가. 앵무(새)
江南	jiāngnán	장난 (창장 이남 지역)
宛如	wǎnrú	마치〔흡사〕…같다
烟雾	yānwù	연기·안개
时隔	shígé	…만에
如今	rújīn	지금. 이제. 오늘날. 현재
记忆	jìyì	기억
近视眼	jìnshìyǎn	근시안

梦想中国语 会话

有空	yǒukòng	틈이 나다
陪	péi	모시다. 동반하다
明确	míngquè	명확하다. 확실하다
而已	éryǐ	...뿐이다
交集	jiāojí	왕래하다. 교제하다
想念	xiǎngniàn	그리워하다. 생각하다
熟悉	shúxī	잘 알다. 익숙하다. 생소하지 않다
牙齿	yáchǐ	이. 치아
拿下	náxià	따다
激励	jīlì	격려하다. 북돋워 주다
前行	qiánxíng	앞으로 나아가다
设立	shèlì	설정하다
大致	dàzhì	대충. 대략. 대체
文章	wénzhāng	독립된 한 편의 글. 문장. 글월
生成	shēngchéng	생겨나다. 생성되다. 만들어지다
小意思	xiǎoyìsī	언급할 가치도 없는 작은 일.사소한 것.별것 아닌 것
擅长	shàncháng	뛰어나다. 잘하다. 정통하다
学士论文	xuéshìlùnwén	학사 논문
节假日	jiéjiàrì	명절과 휴일
刮风	guāfēng	바람이 불다
按时	ànshí	제때에. 시간에 맞추어
旷课	kuàngkè	결석하다
脸红	liǎnhóng	얼굴이 빨개지다. 부끄러워하다

人际交往	rénjìjiāowǎng	대인 관계. 사교. 인간관계
人缘	rényuán	인연. 인간관계
深夜	shēnyè	심야. 깊은 밤. 한밤
名列前茅	mínglièqiánmáo	성적이 선두에 있다. 석차가 수석이다
考试作弊	kǎoshìzuòbì	시험 중에 컨닝하다
嫩叶	nènyè	부드러운 잎. 어린 잎. 새로 돋아난 잎
鸡蛋羹	jīdàngēng	계란찜
鲜鲜嫩嫩	xiānxiānnènnèn	아주 부드럽다. 매우 연하다
锅包肉	guōbāoròu	꿔바로우. 탕수육
酥	sū	바삭바삭하다
骗	piàn	속이다. 기만하다
耍心眼	shuǎxīnyǎn	용심을 부리다. 꾀피우다
玉米	yùmǐ	옥수수
破格提拔	pògétíbá	파격 발탁. 특진되다
推选	tuīxuǎn	천거[추천]하여 선발[선출]하다
市长	shìzhǎng	시장
勉强	miǎnqiǎng	겨우. 간신히. 가까스로. 억지로
算是	suànshì	…인 셈이다. …으로 치다. …로 간주하다
踏实	tāshi	착실하다. 실하다. 견실하다. 성실하다
无穷无尽	wúqióngwújìn	무궁무진하다. 무진장하다. 한이 없다
节约	jiéyuē	절약하다. 줄이다. 아끼다
一点一滴	yìdiǎnyìdī	한 방울 한 방울. 조금씩
以步代车	yǐbùdàichē	차대신 발로 걷다

可再生	kězàishēng	재생이 가능하다
酒精	jiǔjīng	알코올
用途	yòngtú	용도
消毒	xiāodú	소독하다
珍惜	zhēnxī	진귀하게 여겨 아끼다. 귀중[소중]히 여기다
和平	hépíng	평화
出头	chūtóu	넘기다
渐渐	jiànjiàn	점점. 점차
课文	kèwén	(교과서 중의) 본문
背下来	bèixiàlái	외우다
反复	fǎnfù	반복하다
念书	niànshū	책을 읽다. 독서하다. 공부하다
心心念念	xīnxīnniànniàn	한결같이 생각하다. 일념으로 바라다
如何	rúhé	어떠한가. 어떠하냐
激动	jīdòng	흥분하다. 설레다
秘诀	mìjué	비결. 비장의 방법
作弊	zuòbì	컨닝하다
慢慢	mànmàn	느리다. 천천히. 느릿느릿. 차츰
道歉	dàoqiàn	사과하다. 사죄하다
演唱会	yǎnchànghuì	음악회. 콘서트
喷	pēn	뿌리다
闻出来	wénchūlái	냄새를 맡았다
血浓于水	xuènóngyúshuǐ	피는 물보다 진하다.

梦想中国语 会话

		혈육의 정은 피할 수 없다
桂花	guìhuā	목서나무의 꽃
东北农业大学	dōngběinóngyèdàxué	동북농업대학
粮食	liángshi	양식. 식량
乃	nǎi	즉 ...이다. 바로〔곧〕...이다
感恩	gǎnēn	은혜에 감사한 마음
尘土	chéntǔ	먼지
相遇	xiāngyù	만나다. 마주치다
命中注定	mìngzhōngzhùdìng	운명으로 정해져 있다. 숙명적이다.
提起	tíqǐ	말을 꺼내다. 언급하다
自带	zìdài	자체
美颜功能	měiyángōngnéng	얼굴을 예쁘게 만드는 기능(작용. 효능)
太阳的后裔	tàiyángdehòuyì	태양의 후예
特别火	tèbiéhuǒ	아주 인기 있다
宋慧乔	sònghuìqiáo	송혜교
蚊子	wénzi	모기
嗡嗡叫	wēngwēngjiào	윙윙거리다. 붕붕거리다
倒是	dàoshì	그러게 말이에요/그러게
白眼	báiyǎn	눈을 흘기다. 흰자위를 번득이다. 빈축
红枣蛋糕	hóngzǎodàngāo	대추 케이크
好久	hǎojiǔ	오래다
乐天派	lètiānpài	낙천주의자. 태평스러운 사람.
内部分派	nèibùfēnpài	내부 배정하다

和睦相处	hémùxiāngchǔ	화목하게 함께 지내다
派别	pàibié	파별. 파(派). 유파
武当派	wǔdāngpài	무당파
两面派	liǎngmiànpài	야누스의 얼굴. 표리부동한 사람. 양면적인 수법을 쓰는 사람
对立	duìlì	적대적인
圣诞节	shèngdànjié	성탄절. 크리스마스
如同	rútóng	마치 …와[과] 같다. 흡사하다
万分	wànfēn	대단히. 극히. 매우.
战争	zhànzhēng	전쟁
冲突	chōngtū	충돌. 모순.
按照价格赔偿	ànzhàojiàgépéicháng	가격에 의거해서 배상하다
弄坏	nònghuài	망치다. 망가뜨리다. 못쓰게 하다. 부수다. 고장내다
玻璃	bōli	유리
车险	chēxiǎn	자동차 보험 업종
一旦	yídàn	일단
意外	yìwài	의외의 사고. 뜻하지 않은 사고
保险	bǎoxiǎn	보험
帮忙	bāngmáng	도움을 주다
费用	fèiyòng	비용. 지출
钢笔	gāngbǐ	펜
一根	yìgēn	한 개
教学	jiàoxué	교육

素质	sùzhì	소양. 자질
在于	zàiyú	…에 있다
注意	zhùyì	주의하다. 조심하다
独立	dúlì	독립하다. 혼자의 힘으로
感想	gǎnxiǎng	감상. 느낌. 소감
多亏	duōkuī	덕분이다
辛勤	xīnqín	부지런다. 근면하다
为人处世	wéirénchǔshì	남과 잘 사귀며 살아가다. 남과 잘 어울리며 처세하다
学生会主席	xuéshēnghuìzhǔxí	학생회 회장
经历	jīnglì	경험. 경력
主持人	zhǔchírén	MC. 진행자. 사회자
董卿	dǒngqīng	동경(중국 유명한 사회자)
报告	bàogào	보고. 보고서. 리포트
磨练	móliàn	단련하다. 연마하다. 갈고 닦다
棒	bàng	좋다. 강하다
排练	páiliàn	무대 연습을 하다. 리허설을 하다
话剧	huàjù	연극
默契	mòqì	마음이 잘 통하다. 호흡이 잘 맞다. 손발이 맞다
牌子	páizi	팻말. 패. 게시판. 공고판
请勿大声喧哗	qǐngwùdàshēngxuānhuá	큰소리로 말하거나 시끄러운 소리를 내지맙시다
注重	zhùzhòng	중시하다. 중점을 두다
团队	tuánduì	단체. 집체. 대오. 팀
班干部	bāngànbù	반 간부

分工	fēngōng	분업하다. 분담하다
难道	nándào	설마 ...란 말인가? 설마 ...하겠는가?
曾经	céngjīng	이전에. 예전에
聊聊天	liáoliáotiān	채팅하다. 이야기하다. 함께 말하다
异国他乡	yìguótāxiāng	이국타향
熟人	shúrén	잘 아는 사람
简直	jiǎnzhí	완전히. 정말로. 참으로
大海捞针	dàhǎilāozhēn	해저에서 바늘을 건지다
残疾	cánjí	신체적 장애가 있다
乞讨	qǐtǎo	구걸하다
假装善良	jiǎzhuāngshànliáng	착한 척 하다
狡诈	jiǎozhà	간사하다. 교활하다
货物	huòwù	화물. 물품. 상품
吨	dūn	(중국식) 톤(ton)
批发价	pīfājià	도매가격
每斤	měijīn	한 근. 근 마다
发货	fāhuò	화물을 출하하다. 화물을 발송하다
请假	qǐngjià	휴가를 신청하다. 말미를 얻다
创立	chuànglì	창립하다. 창설하다. 창건하다. 새로 세우다
工商局	gōngshāngjú	상공 행정 관리국. 상공업관리국
国际奥委会	guójìàowěihuì	국제올림픽위원회(IOC)
放假	fàngjià	방학하다. 쉬다
缓解	huǎnjiě	완화되다. 호전되다. 누그러지다. 풀리다. 개선되다

眼保健操	yǎnbǎojiàncāo	(근시를 예방하기 위한) 눈 건강체조. 눈 운동
呼吸	hūxī	호흡하다. 숨을 쉬다
新鲜	xīnxiān	신선하다
锻炼	duànliàn	(몸을) 단련하다
审美	shěnměi	심미. 아름다움을 감상[감별]하고 평가하다
习以为常	xíyǐwéicháng	(자주 하다 보니) 습관이 생활화되다.
三毛	sānmáo	싼마오(중국 작가 이름)
布	bù	천
内蒙古	nèiménggǔ	네이멍구자치구
千里马	qiānlǐmǎ	뛰어난 인재(천리마)
口香糖	kǒuxiāngtáng	껌
尝	cháng	맛보다. 시험삼아 먹어 보다. 시식하다
黄澄澄	huángdēngdēng	금빛 찬란하다. 샛노랗다
油菜花	yóucàihuā	유채꽃
手掌	shǒuzhǎng	손바닥
晚霞	wǎnxiá	저녁 노을
枫叶	fēngyè	단풍잎
落叶	luòyè	낙엽
掉落	diàoluò	떨어지다
难受	nánshòu	(마음이) 슬프다. (마음이) 아프다.
看待	kàndài	대하다.보다.생각하다
万物	wànwù	세상 만물
两面性	liǎngmiànxìng	양면성. 이중성

绝对化	juéduìhuà	극단적〔절대적〕으로 보다. 절대시하다. 절대화하다
只见树木, 不见森林	zhǐjiànshùmù, bújiànsēnlín	나무만 보고 숲은 보지 못하다. 부분만 보고 전체를 보지 못하다.
可取	kěqǔ	취할〔받아들일〕만하다. 배울 만하다. 바람직하다
追求	zhuīqiú	추구하다
经济增长	jīngjìzēngzhǎng	경제 성장
重视	zhòngshì	중시하다. 중요시하다
发言	fāyán	발언. 발표한 의견
忽视	hūshì	소홀히 하다. 홀시하다. 경시하다. 주의하지 않다
五星红旗	wǔxīnghóngqí	오성홍기. [중화 인민 공화국의 국기]
披着	pīzhe	풀어헤치다
风筝	fēngzhēng	연
氢气球	qīngqìqiú	경기구. 수소 기구